TEORIA GERAL DO PROCESSO CIVIL

Coordenadores
ANTÔNIO PEREIRA GAIO JÚNIOR
HUMBERTO DALLA BERNADINA DE PINHO

TEORIA GERAL DO PROCESSO CIVIL

Novos Paradigmas frente ao CPC/2015

Autores
Antônio Pereira Gaio Júnior • Carla Teresa Bonfadini de Sá • Clara Ramos Jayme • Fernando Gonzaga Jayme • Humberto Dalla Bernardina de Pinho • José Roberto Sotero de Mello Porto • Leonardo Faria Schenk • Lucas Buril de Macêdo • Marco Antonio dos Santos Rodrigues • Márcia Michele Garcia Duarte • Maurício Schibuola de Carvalho • Paulo Henrique dos Santos Lucon • Zulmar Duarte

GZ EDITORA
Rio de Janeiro
2018

1ª edição – 2018

Presidente do Conselho Editorial
Nelson Nery Costa

Diagramação
Olga Martins

CIP – Brasil. Catalogação-na-fonte.
Sindicato Nacional dos Editores de Livros, RJ.

N T29
Teoria geral do processo civil: novos paradigmas frente ao CPC/2015 / coordenação Antônio Pereira Gaio Júnior, Humberto Dalla Bernadina de Pinho. - 1. ed. - Rio de Janeiro: LM.J Mundo Jurídico, 2018.
326 p.: il.; 24 cm.

Inclui bibliografia e índice
ISBN 978-85-9524-035-3

1. Processo civil - Brasil. 2. Direito processual - Brasil. I. Gaio Júnior, Antônio Pereira. II. Pinho, Humberto Dalla Bernadina de. III. Título.

18-48093 CDU: 347.91/.95(81)

Av. Erasmo Braga, 299 – sala 202
CEP: 20020-000 – Rio de Janeiro – RJ
Tels.: (0XX21) 2240-1406 / 2240-1416 – Fax: (0XX21) 2240-1511
contato@editoragz.com.br
www.editoragz.com.br

Impresso no Brasil
Printed in Brazil

AGRADECIMENTOS

Aos estimados processualistas que aqui contribuíram com suas reflexões críticas e muito fôlego, sempre na crença por dias melhores na prestação jurisdicional brasileira.

À Editora GZ, por sempre acreditar na máxima de que o saber transforma realidades.

Ao dileto assessor acadêmico Alexandre Fairbanks, pelo contributo nas formatações textuais necessárias.

DEDICATÓRIA

À Professora de todos nós, Ada Pellegrini Grinover, pelo que representa para a evolução do Direito Processual no mundo e para a construção da cultura de uma Teoria Geral do Processo em todos nós.

SOBRE OS COORDENADORES

ANTÔNIO PEREIRA GAIO JÚNIOR

Pós-Doutor em Direito (Universidade de Coimbra/PT). Pós-Doutor em Democracia e Direitos Humanos (Ius Gentium Conimbrigae/ Faculdade de Direito da Universidade de Coimbra-PT). Doutor em Direito (UGF). Mestre em Direito (UGF). Pós-Graduado em Direito Processual (UGF). Professor Associado de Direito Processual Civil e Teoria Geral do Processo da Universidade Federal Rural do Rio de Janeiro (UFRRJ). Membro da International Association of Procedural Law (IAPL). Membro do Instituto Iberoamericano de Direito Processual (IIDP). Membro do Instituto Brasileiro de Direito Processual (IBDP). Membro da International Bar Association (IBA). Membro da Associação de Direito e Economia Europeia (ADEE). Membro Efetivo da Comissão Permanente de Direito Processual Civil do IAB-Nacional. Membro da Comissão de Educação Jurídica da OAB-MG. Líder do Grupo de Pesquisa em Processo Civil e Desenvolvimento (CNPQ/ UFRRJ) Advogado. www.gaiojr.com

HUMBERTO DALLA BERNADINA DE PINHO

Pós-Doutor pela University of Connecticut School of Law Professor Titular de Direito Processual Civil na UERJ, na Estácio e no IBMEC. Diretor Acadêmico da Escola do Ministério Público do Rio de Janeiro. Editor-Chefe da Revista Eletrônica de Direito Processual – REDP, publicação oficial do Departamento de Direito Processual da UERJ. Membro do Instituto dos Advogados Brasileiros (IAB), Membro do Instituto Brasileiro de Direito Processual (IBDP), Membro do Instituto Ibero-Americano de Direito Processual (IIDP), Membro da Associação Internacional de Direito Processual (IAPL), Membro da International Bar Association (IBA) e Membro da International Association of Prosecutors (IAP). Promotor de Justiça no Estado do Rio de Janeiro. www.humbertodalla.pro.br

SOBRE OS AUTORES

ANTÔNIO PEREIRA GAIO JÚNIOR

Pós-Doutor em Direito (Universidade de Coimbra/PT). Pós-Doutor em Democracia e Direitos Humanos (Ius Gentium Conimbrigae/ Faculdade de Direito da Universidade de Coimbra-PT). Doutor em Direito (UGF). Mestre em Direito (UGF). Pós-Graduado em Direito Processual (UGF). Professor Associado de Direito Processo Civil e Teoria Geral do Processo da Universidade Federal Rural do Rio de Janeiro – UFRRJ. Membro da International Association of Procedural Law-IAPL. Membro do Instituto Iberoamericano de Direito Processual – IIDP. Membro do Instituto Brasileiro de Direito Processual – IBDP. Membro da International Bar Association – IBA. Membro da Associação de Direito e Economia Europeia – ADEE. Membro Efetivo da Comissão Permanente de Direito Processual Civil do IAB-Nacional. Membro da Comissão de Educação Jurídica da OAB-MG. Advogado, Consultor Jurídico e Parecerista. jgaio@terra.com.br

CARLA TERESA BONFADINI DE SÁ

Mestre em Direito Processual (UERJ). Juíza Federal.

CLARA RAMOS JAYME

Bacharel em Direito pela PUC Minas. Mediadora extrajudicial de conflitos.

FERNANDO GONZAGA JAYME

Doutor e Mestre pela UFMG. Professor Associado de Direito Processual Civil e Diretor da Faculdade de Direito da UFMG. Membro do CONEDH – Conselho Estadual de Defesa dos Direitos Humanos. Associado ao Instituto os Advogados de Minas Gerais. Membro do Instituto de Direito Processual – IDPRO. Membro do Conselho Técnico-Científico do Parque Tecnológico BHTEC. Conselheiro Seccional da OAB/MG. Advogado.

HUMBERTO DALLA BERNARDINA DE PINHO

Professor Titular de Direito Processual Civil na Faculdade de Direito da UERJ. Martin-Flynn Global Law Professor (University of Connecticut School of Law). Professor Titular de Direito Processual Civil na Estácio. Professor Titular de Direito Processual Civil no IBMEC. Diretor da FEMPERJ – Fundação Escola do Ministério Público do Estado do Rio de Janeiro. Membro do Ministério Público do Estado do Rio de Janeiro.

JOSÉ ROBERTO SOTERO DE MELLO PORTO

Mestrando em Direito Processual pela UERJ. Pós-graduado em Direito Privado pela UCAM. Defensor Público do Estado do Rio de Janeiro

LEONARDO FARIA SCHENK

Doutor em Direito Processual (UERJ). Professor Adjunto de Direito Processual Civil (UERJ). Advogado.

LUCAS BURIL DE MACÊDO

Doutorando em Direito Processual pela Universidade de São Paulo (USP). Mestre em Direito pela Universidade Federal de Pernambuco (UFPE). Graduado em Bacharelado em Direito pela Universidade Católica de Pernambuco (UNICAP). Professor de Direito Processual Civil. Membro da Associação Norte e Nordeste de Professores de Processo (ANNEP). Membro do Instituto Brasileiro de Direito Processual (IBDP). Advogado.

MARCO ANTONIO DOS SANTOS RODRIGUES

Pós-doutor em Direito pela Universidade de Coimbra. Doutor em Direito Processual (UERJ). Mestre em Direito Público (UERJ). Professor adjunto de Direito Processual Civil da UERJ. Procurador do Estado do Rio de Janeiro. Professor de cursos de pós-graduação em Direito da Fundação Getúlio Vargas, da PUC-RS, Escola da Magistratura (EMERJ), da Faculdade Baiana de Direito e da Faculdade de Direito de Vitória. Membro efetivo da InternationalAssociationof Procedural Law, do Instituto Iberoamericano de DerechoProcesal (IIDP), do Instituto Brasileiro de Direito Processual e do Instituto Português de Processo Civil. Membro fundador do Instituto Carioca de Processo Civil (ICPC). Autor de livros e artigos jurídicos. Membro do Conselho Editorial de revistas jurídicas. Advogado.

MÁRCIA MICHELE GARCIA DUARTE

Pós-doutora em Democracia e Direitos Humanos (Universidade de Coimbra/Portugal) e Pós-doutora em Direito Processual (UERJ). Doutora, Mestra, Especialista e Graduada em Direito (UNESA). Professora Adjunta na Universidade do Estado do Rio de Janeiro (UERJ), e na Universidade Federal Fluminense (UFF). www.professoramarciaduarte.com

MAURÍCIO SCHIBUOLA DE CARVALHO

Graduado em Direito pela Universidade Federal de Pernambuco (UFPE). Advogado.

PAULO HENRIQUE DOS SANTOS LUCON

Pós-doutorando em Direito Processual Civil na Faculdade de Direito da Universidade de Lisboa. Livre Docente, Doutor e Mestre em Direito pela Universidade de São Paulo (USP). Especialização em Direito Processual Civil pela Universidade Estatal de Milão. Presidente do Instituto Brasileiro de Direito Processual – IBDP (2016-2018), Conselheiro (2016-2018) e Vice-Presidente (2013-2015) do Instituto dos Advogados de São Paulo – IASP, Diretor e Membro do Instituto Ibero-Americano de Direito Processual Civil, Membro da International Association of Procedural Law, Integrou a Comissão Especial do Código de Processo Civil de 2015 da Câmara dos Deputados. Membro da Comissão de Direito Eleitoral da Ordem dos Advogados do Brasil – Seção de São Paulo. Sócio do Escritório Lucon Advogados.

ZULMAR DUARTE

Especialista em Direito Civil e Direito Processual Civil. Professor da Unisul e de diversos Cursos de Pós-Graduação. Professor Convidado Permanente da Escola Superior da Advocacia – OAB/SC. Delegado para Região Sul da ABDPro (Associação Brasileira de Direito Processual). Membro do Instituto Brasileiro de Direito Processual (IBDP), do IAB (Institutos dos Advogados Brasileiros) e do CEAPRO (Centro de Estudos Avançados de Processo). Autor de diversos livros, artigos e pareceres com ênfase em Direito Processo Civil. Advogado. Consultor Jurídico.

SUMÁRIO

PREFÁCIO

Tive a honra de ter sido convidada para fazer a apresentação desta primorosa obra, coordenada por excelentes processualistas e grandes amigos, Antônio Pereira Gaio Jr e Humberto Dalla Bernardina Pinho.

A obra se volta principalmente ao estudo dos principais fundamentos da teoria geral do processo.

Sabe-se que, há, na doutrina tradicional, mais de uma corrente acerca da sistematização do direito processual: uns entendem haver unidade da teoria geral do processo (teoria unitarista), de molde a que processo civil e penal possam ser tratados em conjunto; outros, sustentam a necessidade de separação entre os ramos civil e penal, uma vez que haveria muitas peculiaridades no processo penal que tornariam inviável a utilização dos fundamentos do processo civil.

Controvérsias à parte, fato é que longe de pretender afirmar a possibilidade de tratamento único no plano legislativo, a teoria geral do processo permite, sim, segundo os autores, condensação científica de caráter metodológico, elaborando e interrelacionando os mais importantes conceitos, princípios e estruturas do direito processual.

Assim, a possibilidade do estudo da teoria geral do processo é fruto da autonomia científica alcançada pelo direito processual e tem como objeto o complexo de regras e princípios que regem o exercício conjunto da *jurisdição* pelo Estado-Juiz; da *ação*, pelo demandante (e da defesa, pelo demandado); bem das regras acerca do *processo*, do *procedimento* e de seus pressupostos.

As normas genéricas definidas pela Teoria Geral do Processo dizem respeito ao *processo*, à *ação* e à *jurisdição*. Esses elementos integram a trilogia estrutural do processo, e, em tempos de adaptação da doutrina e da jurisprudência às normas do novo Código de Processo Civil, é bastante oportuno que se retome a reflexão sobre esses pontos, o que, por vezes, leva à própria ressignificação desses elementos.

Nesse contexto, foi concebida a obra que é integrada por dez capítulos, escritos por um grupo de professores que se vem notabilizando, na doutrina brasileira, pela forma inovadora de enxergar e trabalhar com os fundamentos do processo.

O primeiro capítulo trata da jurisdição civil e neste momento se faz uma reflexão acerca dos novos paradigmas para a adequada compreensão do fenômeno. A circunstância de a obra começar pelo estudo da *jurisdição* é, de fato, emblemática, já que este talvez seja o instituto que tem passado pela mais intensa transformação, além do fato de ser, há muito, o polo metodológico do direito processual.

No segundo capítulo, os autores fazem uma releitura da polêmica em torno da ação e das questões terminológicas que suscita. Em seguida, são examinados o processo e o procedimento, sendo que esse último é analisado sob o prisma inovador da ideia de cidadania.

O capítulo quinta trata da competência, já sob o viés da cooperação nacional e internacional. Os capítulos sexto e sétimo se dedicam ao estudo dos sujeitos do processo, das partes e dos terceiros. Aqui, são analisadas as figuras que, no CPC/2015, deixaram de ser consideradas como formas de intervenção de terceiros, bem como aquelas que foram alçadas a esse patamar, como é o caso do *amicus curiae* e daquele cujo patrimônio vai ser atingido por que teria havido desconsideração da personalidade jurídica.

O capítulo oitavo trata da teoria das provas, outro ponto que sofreu inúmeras alterações e significativo aperfeiçoamento, sobretudo no que concerne à prova emprestada, ao ônus da prova e a prova pericial simplificada.

O capítulo nono se dedica ao estudo dos negócios processuais e sua potencialidade e suas limitações. Finalmente, o décimo capítulo se ocupa da sentença e dos novos parâmetros para que se construa sua definição.

Como visto, a obra apresenta uma estrutura objetiva e que abrange os principais fundamentos da teoria do processo.

Além da honra e da alegria que me foram proporcionadas pelo convite para apresentar este interessante e criativo trabalho, a tarefa se tornou ainda mais especial, emocionante mesmo, porque os coordenadores querem, com esta obra, homenagear Ada Pellegrini Grinover.

Amiga querida, intelectual brilhante e corajosa, infelizmente nos deixou em julho deste ano. Deixou saudades, fará muita falta.

Mulher de alma generosa e grande coração, desempenhou papel ativo e relevante na doutrina que construiu a interpretação dos CPCs de 1939, de 1973 e também o de 2015.

Não passava despercebida pelos locais onde ia. Não tinha "papas" na língua; dizia o que pensava. Se isto desagradava alguns, conquistava outros, que sentiam que podiam confiar na sua sinceridade, na sua autenticidade.

Não que fosse uma pessoa fácil... dizer isso seria retomar o *cliché* de que pessoas que se vão não tinham defeitos. Era bem brava como toda napolitana... Mas era divertida, não se levava muito a sério. Ria de si mesma, rodeada sempre de seus gatos e cachorros... que eu amava também. Perfeitamente aberta ao diálogo, dava chance aos mais moços, abria portas.

Adorava seu filho, seus netos, seus amigos. Adorava seu trabalho. Dava-lhe prazer e alegria de viver. Morreu, como muito provavelmente teria escolhido morrer, se lhe tivesse sido dada oportunidade de escolha: em plena atividade

Era fidelíssima amiga de seus amigos e, por isso, muito amada: deixou um buraco nos nossos corações.

Onde quer que esteja, com certeza, essas estará dando um belo sorriso, de satisfação, por mais essa homenagem, tão gentilmente prestada pelos coordenadores deste magnifico trabalho.

Teresa Arruda Alvim
Livre-docente, Doutora e Mestra
em Direito pela PUC-SP

APRESENTAÇÃO

É da dinâmica de qualquer Ciência Social a busca pela edificação de modelos teóricos e pragmáticos compatíveis com a dinâmica da vida real que observa em dado tempo e espaço.

Com a Ciência Jurídica não é diferente e ainda, mais especificamente com o Processo, tal afirmativa se faz potencialmente viva.

O Processo como instrumento de liberdade, democrático, ideológico e de busca incessante pela paz social, possui inegavelmente um escopo realizador do direito material inadimplido, fincando suas raízes a partir do estágio civilizatório por que passa o tecido social receptor de seus comandos.

Daí, quando se tem elevada incompatibilidade do desejo social frente ao ambiente formalmente posto, portanto, oposto aos anseios de realização do que dele, efetivamente, se espera, a crise do instrumento Processo torna-se inevitável, necessitando invariavelmente ser superada.

O Código de Processo Civil de 2015 veio a lume encarnado exatamente de tal propósito, ou seja, possibilitar – dentro do possível! – a compatibilização da realização do direito a partir de um novel ambiente social edificado sob bases circunstancialmente diferentes diploma revogado (CPC/1973), o que repercute como um novo depositário de esperanças e crenças, sobretudo, na racionalidade e boa vontade de seus aplicadores.

Precedendo aos desejosos resultados práticos, encontramos a razão teórica protagonizadora dos pilares firmes para a construção do Processo Justo: a Teoria Geral do Processo Civil.

Em verdade, inegável é que a edição de um novato diploma legal, como o é o CPC/2015, repercute superlativamente nas bases teóricas da Teoria Processual, qualificando institutos, exigindo a releitura de tantos outros e repaginando a trilogia estrutural do Processo – Jurisdição, Ação e Processo – em permissivas reflexões acerca de seu modo de ser, exigindo contornos dogmáticos e para um uso da razão prática compatível com os novos tempos.

Para tanto, a partir de elenco de tópicos essenciais (Jurisdição, Ação, Processo, Procedimento, Atos e Negócios Processuais, Competência, Sujeitos do Processo, Partes e Terceiros, Provas e Sentença), verdadeiras bases concretas pelas quais a Teoria Geral do Processo Civil repousa, pretendemos refletir juntos na presente obra, os impactos inovadores e/ou restauradores que o novel CPC, de certo, opera sobre aqueles.

Para o nosso intento, contamos aqui com as letras de grandes e talentosos processualistas de várias partes do Brasil, inspiradores deste Projeto qualificador de novos paradigmas para uma Teoria Geral do Processo Civil compatível, hodiernamente, com o seu tempo!

A edificação de um Processo Justo exige de todos uma qualificada compreensão dos pilares que o sustenta. Que possamos então levar a sério sua Teoria Geral.

É nisso que cremos. Este é o propósito.

Ótima e proveitosa "quebra de paradigma" a todos.

Antônio Pereira Gaio Júnior
Humberto Dalla Bernadina de Pinho
Coordenadores

Capítulo I

JURISDIÇÃO CIVIL: REFLEXÕES SOBRE NOVOS PARADIGMAS PARA A SUA COMPREENSÃO

Antônio Pereira Gaio Júnior

1. Introdução

É fato que o senso comum, invariavelmente, transforma fenômenos históricos em realidades naturais que teriam existido sempre e de maneira uniforme ou mesmo que, de repente, surgiram já em seu modelo atual.

Verdade é que, ao se utilizar das mesmas palavras para definir fenômenos em constante transformação, gera-se a ilusão de que são eles a-históricos.[1]

Nesta esteira, muito bem esclarece Thomas Kuhn,[2] que as revoluções ou quebras de paradigmas são decorrentes de uma série de evoluções[3] operacionali-

---

1 SORJ. *A Nova Sociedade Brasileira*. Rio de Janeiro: Jorge Zahar Editor, 2000, p. 44.
Na esteira da importância do fundamento histórico para o descortinar de uma realidade, muitas vezes despercebida pela necessidade de se viver intensamente o presente (consequência) sem se comunicar com a origem (causa) do fenômeno em questão, importante aqui trazer à lume a ideia de Kuhn acerca de tal sensação, sustentando o filósofo que: "Se a história fosse vista como repositório para algo mais do que anedotas ou cronologias, poderia produzir uma transformação decisiva na imagem de ciência que atualmente nos domina." KUHN. *A estrutura das revoluções científicas*. São Paulo: Perspectiva, 2003, p. 19.

2 KUHN. *A Revolução copernicana*. Rio de Janeiro: Lisboa, Edições 70, 2002.

3 É de se observar que a ideia de evolução para Thomas Kuhn não significaria exatamente uma noção de progresso, mas, sim, na ideia de que se a ciência é a reunião de fatos, teorias e métodos reunidos nos textos atuais, então os cientistas são homens que com ou sem sucesso, empenharam-se em contribuir com um ou outro elemento para essa constelação específica. O desenvolvimento torna-se o processo gradativo através do qual esses itens foram adicionados, isoladamente ou em combinação, ao estoque sempre crescente que constitui o conhecimento e a técnica científicos. KUHN. *A Estrutura das Revoluções Científicas*, p. 20.
Importante, então, o entendimento acerca dos paradigmas (não obstante o caráter polissêmico de seus conceitos) como toda concepção científica alicerçada por determinados pressupostos, aceitos pela comunidade científica como verdades indiscutíveis.

zadas sob ou ao redor de determinados modelos construídos ou aqui institutos que, como em qualquer ciência social, se realizam sempre em caráter pendular, ou seja, fatores sociais, econômicos, políticos e mesmo jurídicos se entrelaçam na quebra de paradigmas que, longe da matemática, podem subtrair antes mesmo de somar, ou mesmo subdividir fenômenos antes mesmo de multiplicá-los.[4]

A jurisdição, como um dos atributos do Estado moderno, não tem paradeiro diferente. Ainda que atingida em suas características e princípios, ou mesmo em alguns deles, se vê, diante de flexibilização do conceito de soberania, uma guinada em seus aspectos e dogmas, sacramentados e eternizados por uma construção doutrinária que edificada, no plano constitucional[5] já nos séculos XVIII e XIX e, posteriormente, alocada para o plano processual[6] no século XX.

Nesta toada, ao se relacionarem o processo evolutivo e progressão da ciência por meio de revoluções e daí a quebra de paradigmas ou "verdades científicas", temos que, segundo Kuhn, a história das ciências não deve ser estudada, supondo-se, como a historiografia tradicional imagina, que o processo científico se dá através da acumulação contínua de conquistas obtidas pelas gerações precedentes, de modo que se pudesse descrevê-las como um processo evolutivo. As revoluções científicas (ou a quebra de um determinado paradigma e sua substituição por outro) ocorrem, esporadicamente, quando um determinado modelo deixa de ofertar soluções para um numerário considerável de problemas, impulsionados por novas condições históricas bem como pelo próprio desenvolvimento da ciência.

Veja-se, portanto, que é plenamente adaptável à constatação de que tal fenômeno revolucionário vem atingindo construções conceituais e por que não práticas em vários institutos aqui processuais tais como a jurisdição, ação, processo e mesmo na organização judiciária, onde, construídos sob outras "verdades científicas", não coadunam, ou ainda, não mais se aderem à dinâmica jurídica e ao tecido social hodierno.

---

4 BOBBIO. *A Era dos Direitos*. Carlos Nelson Coutinho (Trad.). Rio de Janeiro: Campus, 1992, p. 67 *et seq*. A multiplicação e mesmo a mundialização de determinados direitos coloca a ciência jurídica diante de enfrentamentos aos quais o próprio modelo europeu continental – deitado em raízes kelsianas – onde a verdade jurídica condicionava à sua própria segurança, não previa suportar.

Como adverte Ovídio Batista, ao examinar o caráter materializante da normatividade jurídica diante de tecido social complexo, usando como pano de fundo a autoridade do grande lógico e jurista Leibniz, em seus escritos acerca do método da jurisprudência, dando plena medida do significado e da novidade da concepção matematizante da Ciência do Direito: "'a teoria do direito inclui-se entre aqueles – escreve ele (Leibniz) – que não dependeu de experimentos, mas de definições' e logo após, como confirmação, aduz ser possível compreender que algo é justo, mesmo quando não haja ninguém que possa fazê-lo vigorar, não diversamente do que ocorre emmatemática, onde 'as relações aritméticas são verdadeiras, mesmo que não haja quem as numere nem existam coisas a numerar'". Democracia Moderna e Processo Civil. *In:* GRINOVER; DINAMARCO; WATANABE (Coord.). *Participação e Processo*. São Paulo: RT, 1988, p. 111.

5 ALBERTINI, Pierre et al. *La Déclaration des droits de l'homme et du citoyen de 1789*. Paris: Economica, 1993, p. 113.

6 CHIOVENDA. *Principios de Derecho Procesal Civil*. Traducción do Prof. José Casais Y Santaló. México: Cardenas, 1989, t. I, p. 95-96; CARNELUTTI. *Instituciones del Proceso Civil*. Vol. 1. Traducción de la quinta edición italiana por Santiago Sentis Melendo. Buenos Aires: Ediciones Jurídicas Europa-America, 1956, p. 28.

Apenas a título introdutório, já que será enfrentado em item próprio, nota-se, sob um olhar amplo, ou seja, voltado ao contexto mundial que, em meados do aludido século XX, mais precisamente com o advento do Tratado de Paris, de 18 de abril de 1951, operacionalizou-se a instituição da Comunidade Europeia do Carvão e do Aço (CECA), levando a Europa Ocidental a conduzir um processo de integração econômica complexo, findando em uma quebra paradigmática na evolução do Direito Internacional com a construção do Direito Comunitário, hoje Direito da União Europeia.

Sob a ótica do instituto da jurisdição é que se deve depreender a guinada conceitual e prática dos atributos inerentes ao Estado, na medida em que o Direito da União Europeia relaciona matérias que, além de serem concernentes aos Direitos Público e Privado, constrói entidades supranacionais (Conselho de Ministros, Comissão Europeia – Órgãos Executivos; Parlamento Europeu; Tribunal de Justiça Europeu) os quais exercem autoridade, eficácia e efetividade sobre os Estados que compõem a denominada, hoje, União Europeia,[7] espancando, portanto, princípios clássicos do direito moderno, sobretudo no que se refere ao papel do Estado perante seus poderes intra e extraterritoriais.

Sobre tais questões supracitadas é que desenvolveremos algumas breves reflexões que, no seu decorrer, poderão suscitar outras indagações e possíveis soluções, resultando, quem sabe e ainda que timidamente, em futuras evoluções.

Ainda, dentro do contexto ínsito ao campo da funcionalidade jurisdicional, é de se observar atividades voltadas à composição de conflitos, aquelas a que denominamos

---

7 Fazem parte hoje da estrutura institucional da União Europeia:
a) O Parlamento Europeu.
b) Conselho Europeu. .
c) Conselho.
d) Comissão Europeia.
e) Tribunal de Justiça da União Europeia.
f) Tribunal de Contas
O Conselho e a Comissão supracitados são assistidos por dois comitês com funções consultivas: O Comitê Econômico e Social e o Comitê das Regiões.
Complementando a presente estrutura está o Banco Europeu de Investimentos – BEI, dotado de personalidade jurídica, o Sistema Europeu de Bancos Centrais – SEBC e o Banco Central Europeu – BCE, também dotado de personalidade jurídica.
Especificamente sobre a estrutura institucional da UE, ver, dentre outros, GAIO JÚNIOR. *O Consumidor e sua Proteção na União Europeia e Mercosul*. Lisboa: Juruá Editorial,2014, p. 47-92; ARNAUD, Vicente Guillermo. *Mersocur* – Unión Europea, Nafta y hos Processos de Integración regional. Buenos Aires: Abeledo-Perrot, 1996, p. 271; FARIA, Werter R. Quadro Institucional da Comunidade Européia. *In: Revista de Informação Legislativa*, a. 32, nº 28, p. 179.
Para um aprofundamento mais específico em tão formidável e essencial instituição, confira ainda, dentre outros: CAMPOS, João da Mota. *Direito Comunitário*, 3ª ed. Ed. Lisboa: Fundação Calouste Gulbenkian, 1989; CASSELA, Paulo Borba. *Comunidade Européia e seu ordenamento jurídico*. São Paulo: Ltr, 1994.; CARCOMO LOBO, Maria Tereza. *Manual de Direito Comunitário*. Curitiba: Juruá, 2001; ALBUQUERQUE MELLO, Celso D. de. *Direito Internacional da Integração*. Rio de Janeiro: Renovar, 1996; PORTO, Manuel *et al. A União Européia*. Coimbra: Centro de Estudos Europeus, 1994; MOURA RAMOS, Rui Manuel. *Das Comunidades à União Européia*. Coimbra: Coimbra Editora, 1994.

de "meios propícios à solução de conflitos", entendendo aí a Conciliação, Mediação e Arbitragem, cuja prática voltada à realização dos direitos se faz inegavelmente presente, o que, de certo, enfrentaremos mais adiante.

Fazendo parte do conteúdo a ser aqui assentado, temos ainda o ambiente cartorário como ensejador de uma série de demandas que, tradicionalmente, encontrava lugar tão somente no ambiente forense, mas que, carreada pela Lei n.11.441/2007, passou a ter outro *locus operandi* ou campo de domínio possível para a sua satisfação. Estamos a falar das pretensões em sede de separação, divórcio, inventário e partilha consensuais que, somadas àquela da usucapião (autorizada pela Lei n.13.105/2015), poderão se acertadas em um cartório de notas, logicamente, desde que se perfaça uma série de requisitos que, igualmente, serão motivos de enfrentamento no presente estudo.

De tudo, objetiva-se aqui apresentar reflexões que possam demonstrar que tanto o campo conceitual como o funcional da jurisdição passam por variáveis que possibilitam, de certa forma, um olhar plurívoco de realização em vários ambientes, que não somente aquele do aparato jurisdicional, tudo no interesse da necessária satisfação dos direitos.

2. Reflexões sobre o conceito de Jurisdição

O Estado moderno, para melhor atingir seu objetivo, que é o bem comum, dividiu seu poder soberano em três outros: Poder Legislativo, Poder Executivo e Poder Judiciário, tendo cada um deles uma função estatal.

Assim, ao Legislativo compete a estruturação da ordem jurídica por meio da atitude legislativa; ao Executivo, a administração e ao Judiciário, de um modo geral, a composição dos litígios nos casos concretos.

À função de compor litígios, de declarar e realizar o Direito dá-se o nome de Jurisdição.

Etimologicamente, a palavra Jurisdição é derivada do latim *jurisdictio* (ação de administrar a justiça, oriunda das expressões *jus dicere, jurisdictio*).[8]

Como já bem expressava Celso Neves,[9] o vocábulo "jurisdição" é insuficiente para demonstrar todo o alcance intelectivo e prático que se poderia delinear tal instituto, dificultando, inclusive, a construção uníssona para entendimento acerca deste assunto, tanto em nível pátrio quanto na literatura estrangeira. Couture[10] já dizia ser o conceito de Jurisdição uma prova de fogo para os juristas e mesmo Calamandrei, de maneira vanguardista, quase que como premunição, sustentava não ser possível

---

8 DE PLÁCIDO E SILVA. *Vocabulário Jurídico*. 23ª ed. Rio de Janeiro: Forense, 2003, p. 802.

9 NEVES, Celso. *Estrutura Fundamental do Processo Civil*. Rio de Janeiro: Forense, 1997, p. 3.

10 No entanto, afirmava ser a função imediata da jurisdição aquela de decidir conflitos e controvérsias de relevância jurídica.
COUTURE, Eduardo J. *Fundamentos de Derecho Procesal Civil*. 2ª ed. Buenos Aires: Depalma, 1958, p. 42.

dar à Jurisdição uma definição para todos os tempos e para todos os povos,[11] o que também lhe seguia Alfredo Rocco,[12] dizendo ainda tratar-se de um problema conceitual ainda por se decidir a ciência jurídica.

O fato é que, notoriamente, o homem, enquanto animal político, encontra na coletividade organizada formas efetivas para o alcance de pretensões individuais, daí a concepção também de Estado.

Impulsionado pelo alargamento natural do Estado, Montesquieu sistematizou uma forma de separação de poderes que, a despeito das ideias mesmo que ainda incipientes nos escritos de Aristóteles e de Locke, partia da noção de que o próprio poder controlaria o poder, estabelecendo-se uma compartimentação entre os mesmos, definindo-se, portanto, em um sistema de freios e contrapesos. Daí, a concepção de tripartição dos Poderes em Legislativo, Executivo e Judiciário.[13]

Neste sentido, a cada um dos Poderes supracitados fica reservada a responsabilidade precípua em uma atividade específica.

Assim, ao Legislativo compete a atividade estrutural da ordem jurídica através da atitude legislativa, ao Executivo cabe, enquanto atividade principal, a administração da máquina pública, reservando ao Judiciário, como atividade primordial, aquela de índole jurisdicional, notadamente, a composição de litígios e/ou declaração de direitos diante dos casos concretos.

Convém ressaltar que nenhum dos aludidos Poderes realiza as funções acima referidas com exclusividade. Isto porque, ao Poder Legislativo, cabe, por conseguinte, julgar em determinados casos, como nos crimes de responsabilidade de seus próprios pares, assim como também no que concerne ao Presidente da República; em outro passo, ao Poder Executivo poderá normatizar determinadas situações através, por exemplo, das Medidas Provisórias; diferente também não se faz no âmbito do Poder Judiciário, pelo qual este realizará atividades administrativas, quando da organização e forma de atuação de seus servidores ou mesmo no que toca aos tribunais, quando de edições de resoluções, objetivando uma melhor otimização nos serviços cartorários.[14]

---

11 *"Del concetto di giurisdizione non si può dare uma definizione assoluta , valevole per tutti i tempi e per tutti i popoli."*. CALAMANDREI, Piero. *Opere Giuridiche*.Vol. IV. Napoli: Morano Editore,1970, p. 34.

12 ROCCO, Alfredo. *La Sentenza Civile*. Milano: Giuffrè, 1962, p.10.

13 Cabe notar que Montesquieu, em sua obra "Do Espírito das Leis", já abrandava a rigidez da divisão entre os diversos Poderes do Estado. Vale ressaltar ainda que, mais precisamente no Capítulo VI do Livro XI da referida obra, observa-se que diversamente do que alguns entendem, o aludido autor não sustenta os Poderes como conteúdos estanques. Admitindo ele a unidade do denominado Poder Estatal, exclamava a ingerência de um dos Poderes do Estado em competências aparentemente alheias à sua área de abrangência.
É de se frisar, como já afirmava Léon Duguit (*Traité de droit constitucionnel: la théorie génerale de i' état.* V. II. Paris: DeBoccard, 1928, p. 663), que a confusão entre a separação de funções não provém de Montesquieu, mas de seus intérpretes.

14 Oportuno trazer aqui as ideias de Calamandrei acerca do assunto, em que o mestre italiano sustenta que a distinção entre as funções dos Poderes Judiciário, Executivo e Legislativo, pode-se

Isto posto, partindo da ideia de Jurisdição como atributo conferido ao exercício da atividade jurisdicional por parte de um dos Poderes do Estado, qual seja, o Poder Judiciário, o seu conceito – como já referido por Calamandrei em linhas acima – possui uma diversidade de alcances.

Para Chiovenda, a Jurisdição consiste na atuação da lei mediante a substituição da atividade alheia pela atividade dos órgãos públicos, afirmando ainda a existência de uma vontade da lei e colocando-a posteriormente em prática.[15]

Já, para Francesco Carnelutti, a Jurisdição é entendida como um meio de que se vale o Estado para a justa composição da lide. Neste sentido, a atividade jurisdicional exercida pela autoridade estatal por meio do processo visa à composição de um conflito de interesses, sendo justa pois, que se refere, estar a solução da demanda de acordo com o Direito vigente, entendendo-se ainda por "lide", o conflito de interesses qualificado por uma pretensão resistida.[16]

Guasp e Aragones, após subdividirem a concepção de Jurisdição sob três pontos de vista, quais sejam: o objetivo (conjunto de matérias processuais em que intervêm os órgãos do Estado); subjetivo (conjunto de órgãos estatais que intervêm no processo) e atividade (conjunto de atos realizados pelos órgãos estatais, ao intervir no processo),[17] reduzem a ideia da mesma em uma *"función estatal de satisfacción de pretensiones"*[18]

Para Rosenberg, Schwb e Gottwald a finalidade da atividade jurisdicional civil seria a satisfação dos direitos subjetivos.[19]

Em critério mais amplo e, por isso, vetorizando de forma segura a incidência do instituto com a sua atuação primária nas órbitas dos poderes do Estado, somado ao real e efetivo comprometimento *lato* e *stricto sensu* com o exercício da atividade jurisdicional, Celso Neves[20] considerou a Jurisdição como *poder*, relacionando-a ao plano da soberania estatal, justificada pela manifestação do monopólio estatal

dar, pelo menos teoricamente, pelo exercício de três critérios, sendo eles o orgânico, o formal e o substancial.

O critério orgânico implica na distinção da função a partir do órgão que a exerce. Já, no que se refere ao critério formal, este corresponde a uma distinção realizada mediante a forma de como se revestem os atos praticados pelas três funções estatais. Quanto ao critério substancial, este dita a análise sob a óptica da natureza ou do conteúdo do ato em si bem como os seus efeitos jurídicos, independente do órgão que o exerce. CALAMANDREI. *Instituciones de derecho procesal civil*, v. 1, p. 186.

15 CHIOVENDA. *Principii di diritto processuale civile*, 4ª ed. Napoli: Jovene, 1965, p. 301.

16 CARNELUTTI. *Instituciones del proceso civil*, v. 1, p. 28.

17 GUASP, Jaime; ARAGONES, Pedro. *Derecho procesal civil.* T. I. 5ª ed. Madri: Civitas, 2002, p. 89.

18 Idem, p. 92.

19 ROSEMBERG, Leo; Schwab, Karl Heinz; GOTTWALD, Peter. *Zivilprozeßcht.* Münchhen, 2004, p.2-3.

20 NEVES, Celso. Ob. cit., p. 28; CINTRA, Antônio Carlos de Araújo; GRINOVER, Ada Pellegrini; DINAMARCO, Cândido Rangel. *Teoria Geral do Processo*. 28ª ed. São Paulo: Malheiros Editores, 2012, p. 125.

em sede de capacidade de decidir e impor, imperativamente, suas decisões; como *função*, justificada pelas atribuições que caracterizam os órgãos estatais, estas diretamente relacionadas à promoção da pacificação social por meio do processo; como *atividade*, já aí relacionada à prática dos atos no âmbito do processo – instrumento pelo qual a jurisdição opera – exercício este praticado pelo magistrado, oriundo do poder a ele conferido pelo próprio Estado.

Conforme se depreende, para a caracterização da Jurisdição critérios e conceitos se diversificam na medida das concepções e do foco de observação do instituto enquanto fenômeno jurídico.

Notadamente, convém pontuar aqui que a função de pacificação social não se faz unívoca no tocante ao amplo espectro que campeia a atividade jurisdicional.

De fato, em se tratando da denominada a Jurisdição Voluntária, não obstante sua notável e pontual característica prática que é representada pela realização de uma intensa função jurisintegrativa,[21] no que se refere à sua natureza processual, esta, sem dúvida, é marcada por controvérsias e questionamentos que ora recrudescem, atravessando gerações no âmbito do progresso da ciência processual, mesmo diante da ótica hodierna, encravada sob o manto da instrumentalidade.

Tal natureza jurídica acima referendada, cujo teor investigativo se fundamenta, em um primeiro momento, na noção de Jurisdição como função do Estado de solucionar conflitos a ele submetidos e, neste ínterim, ser a Jurisdição Voluntária uma autêntica Jurisdição; em um segundo momento, sendo considerada efetiva Jurisdição, justificar a existência de similitudes bem como as diferenças que a fragmentam da Jurisdição contenciosa, sob os domínios dos elementos caracterizadores de uma atividade jurisdicional voltada à solução de conflitos.

Com relação à primeira indagação, mesmo que a despeito do que já bem expressa o art. 16 do CPC, é patente que a atividade jurisdicional não limita supressão de contenciosidade. Não precisaríamos nem mesmo pedir auxílio ao texto legal, *v.g.*, art. 20 do CPC; bastaria, sim, exercício intelectivo no reconhecimento da existência de situações jurídicas que ainda não se constituíram em relações jurídicas, entretanto, em futuro próximo, podem se converter nestas relações, precisando, por isso, ser acauteladas de quaisquer sofismas, tornando verdadeiramente certo o direito duvidoso, cabendo aqui exclamar, nos dizeres de Carnelutti, que a incerteza equivale ao perigo do litígio.[22]

Assim se poderia colocar o problema da contenciosidade ou não da Jurisdição Voluntária – para aqueles que entendem estar atrelada à atividade da Jurisdição somente a solução de controvérsias – na ideia de que, de certo, diferentemente da Jurisdição Contenciosa, onde, nesta se conhece o conflito de interesses *atual*, na

---

21 Sobre a característica prática oriunda de atividade processual jurisintegrativa, esta desenvolvida pelo exercício da Jurisdição Voluntária, ver por todos, NEVES, Celso. Ob. cit., p. 43-51.

22 CARNELUTTI. *Instituciones del nuevo proceso civil italiano*. Vol. I. Roma: Foro Italiano, 1951, p. 19.

Jurisdição Voluntária se conhece um conflito de interesses *potencial*,[23] ainda que entendido e estendido à forma latente.

Lopes da Costa, ao contextualizar o papel exercido pela Jurisdição voluntária, a despeito do exercício quer de uma função jurisdicional quer administrativa, coloca no plano do auxílio ou mesmo da intervenção do Estado na chancela para a validade de negócio jurídico, *a intenção prática da identidade voluntária* desta Jurisdição. De maneira precisa, antes mesmo de afirmar a denominação dada por Zanobini,[24] sustenta haver também na ordem privada um mundo jurídico, este formado por pessoas, sob o ponto de vista de sua capacidade jurídica bem como pelas relações jurídicas que entre elas se estabelecem.

Trata-se de uma ordem eminentemente dinâmica, em evolução, onde Direitos se extinguem se adquirem ou mesmo se transmitem; nesta citada ordem "o Estado intervém, ou realizando atos que também pelo particular podem ser praticados e a ele assim se equipara (compra, venda, locação, permuta), ou cooperando com o particular para auxiliá-lo na aquisição e na alteração de direitos privados. Cria sujeitos de direito (pessoas jurídicas), supre ou integra a capacidade jurídica dos incapazes (tutela, curatela), providencia sobre documentação e a publicidade de atos jurídicos, regula registros públicos, como forma de aquisição ou conservação de direitos e assim por diante".[25]

Observa-se que, se há voluntariedade nesta espécie de Jurisdição, tal voluntariedade partiria mesmo do Estado que, de maneira voluntária – ativa, exige sua participação, como em um controle jurisdicional indispensável, de maneira voluntária e proposital para o reconhecimento da validade do interesse jurídico ansiado pelo interessado.

Por outro lado, em recente obra, a nossa festejada Ada Pellegrini Grinover assenta com propriedade ser que jurisdição na atualidade, não mais poder, mas "função, atividade e garantia. Seu principal indicador é o acesso à Justiça, estatal ou não, e seu objetivo, o de pacificar com justiça."[26] Este conceito, atesta a brilhante professora, abrange a justiça estatal, a justiça arbitral e a justiça conciliativa.

Cediço é que a atividade jurisdicional em um seus aspectos finalísticos, qual seja, a composição do litígio e como consequência, a pacificação social a partir de um processo justo, não se restringe somente à atividade estatal. É fato que a própria arbitragem possui tal virtude e mesmo a conciliação e mediação, quer extra ou endo-

---

23 Idem, p. 21.

24 "A chamada jurisdição voluntária abrange, pois, os atos de administração de interesses privados, qualquer que seja o órgão que o pratique, autoridade administrativa ou autoridade jurisdicionária. Sob a mesma denominação, à espera que outra surja, menor (*sic*) que a de Zanobini, para vencer a lei do menor esforço que vai mantendo a romana através dos séculos." LOPES DA COSTA, Alfredo de Araújo. *A administração pública e a ordem jurídica privada (jurisdição voluntária)*. Belo Horizonte: Bernardo Álvares, 1961, p. 65-70.

25 Idem, p. 65.

26 GRINOVER, Ada Pellegrini. *Ensaio sobre a processualidade*. Brasília: Gazeta Jurídica, 2016, p. 30.

processual, estão encarnadas da expectativa pela composição de litígios, possuindo aptidão para a pacificação das relações entre os partícipes de tais meios.

Por tudo, entendemos diferentemente da professora supracitada no que se refere à afirmativa de não ser mais a jurisdição dotada do elemento "poder", já que para Ada, na justiça conciliativa não haveria exercício do poder.[27]

De fato, conforme já pontuamos alhures, a noção de "poder" como um dos elementos constituidores do conceito de jurisdição, de muito já vem sendo flexibilizada, não sendo considerado de conteúdo indubitável ou absoluto em suas razões, mesmo porque, conforme já ilustrado em sede europeia, os Estados-membros da União Europeia delegam ao Tribunal Europeu parcela de sua soberania, ao se comprometerem com o respeito para com o controle das decisões de seus Tribunais de Justiça.

Diante disso, mesmo em sede pátria, quando se tem prometido pelo texto constitucional, mais precisamente no art. 5º, §4ª, que o "Brasil se submete à jurisdição de Tribunal Penal Internacional a cuja criação tenha manifestado adesão", não se tem a descaracterização do elemento "poder" como integrante do conceito de jurisdição, mas tão somente a perspectiva de sua flexibilização para fins de alcance ao respeito da dinâmica do direito material a ser protegido.

Em verdade, ao observarmos o crescente alargamento dos ambientes propiciadores de uma solução de controvérsias, notamos que o objetivo inegável do legislador fora viabilizar *locus* diversos daquele estatal para fins de, igualmente, oportunizar a satisfação dos direitos justificadora do alcance da paz social, algo que, desde sempre, notabiliza como um dos elementos da jurisdição: a sua "função".

De tudo, seja a justiça arbitral, a justiça conciliativa e mesmo ainda os procedimentos pela via cartorária, não correspondem à jurisdição a partir de seu conceito racionalmente construído, mas possuem natureza voltada à função jurisdicional que é propiciar a paz social com solução da *questio* colocada pelas partes ou mesmo apresentada pelos interessados para fins de homologação da vontade, o que, em última análise, se apresenta em sede de jurisdição voluntária onde o caráter de administração de interesses privados se faz presente.

3. Soberania Estatal e a flexibilização do "Poder" Jurisdicional

É fato que não podemos figurar na crédula ilusão de que nosso sistema jurídico está fundamentalmente desvinculado e mesmo descomprometido com sistemas processuais alienígenas ou organismos supranacionais com funções jurisdicionais específicas as quais estaríamos nós, brasileiros, submetidos diante de eventuais demandas.

O Brasil, por meio de suas instituições, dando prova de seu interesse nesta matéria, ainda que de forma incipiente – acompanhadas pelas grades curriculares do Ensino Jurídico no país que, lamentavelmente, ainda não contemplam de maneira satisfatória o estudo dos Direitos Internacional e Comunitário, insistindo assim, em

27 Idem, p. 5.

fechar os olhos para uma realidade que já bate à nossa porta – fez aprovar, conforme já acostado em linhas atrás, a Emenda Constitucional nº 45, onde em seu art. 5º, § 4º, expressa: "O Brasil se submete à jurisdição de Tribunal Penal Internacional a cuja criação tenha manifestado adesão."

Notadamente, como se observa e, decorrente do que já foi avençado na introdução do presente texto, vem a Jurisdição – paradigmaticamente ao modelo clássico, este já visto e essencialmente ligado à noção do também conceito clássico de Soberania – obtendo contornos evolutivos e complexos, quando as próprias características do que se entende por Soberania saem do contexto jurídico e ingressam, de forma correta, no âmbito político.

Trata-se, na verdade, de questão eminentemente complexa já que a análise da soberania nacional, na sua percepção atual, envolve uma série de fatores que devem ser levados em consideração.[28]

Não se pretende aqui aprofundar tal questão, entretanto, convém como já expresso acima, ressaltar a importância do tema diante da relação de interdependência dos Estados partícipes de uma integração quer regional, comunitária e mesmo internacional, tanto em modelos de organismos supranacionais quanto intergovernamentais.[29]

---

28 CASTEX, Paulo Henrique. Os blocos econômicos como sociedade transnacional – A questão da Soberania. In: CASELLA, Paulo Borba (Coord.). *Mercosul, integração regional e globalização*. Rio de Janeiro: Renovar, 2000, p. 279-280. No mesmo sentido JELLINEK, Georg. *Teoria general del estado*. Buenos Aires: Editorial Albatroz, 1954, p. 356.

29 Contribui para a análise da intensidade do grau de interdependência entre os Estados-partes em um determinado modelo integracionista, a observância em torno da estrutura institucional deste próprio modelo, trazendo a lume assim, a existência de organismos supranacionais e intergovernamentais.

A supranacionalidade, cujo conteúdo se encontra presente em uma etapa do processo integracionista denominada "União Econômica", tendo por modelo atual a União Européia, é exposta assim por Pierre Pescatore (*Lê droit de l'integration emergence d'un phénomène nouveau dans les relations internationales selon l'expérience des Communautés Européennes*. Genève: Sijthoff – Leiden/IHUEI, 1972, p. 51): "*Voilà donc en résumé ce que je comprends, pour ma part, comme constituant l'essenciel de la supranacionalité: um pouvoir, réel et aoutonome, placé au service d'objectifs communs à pluisiers Etats. Dans cette définition, la notion d'objectif' doit resumer en um mot l'idée d'ordre determiné par l'existence de valeurs et d'intérêts communs.*"

Neste sentido, a supranacionalidade se caracteriza pela reunião de três elementos: o reconhecimento, por um grupo de Estados, de um conjunto de interesses ou valores comuns; a criação de um poder efetivo colocado a serviço desses interesses ou valores; a autonomia desse poder.

Os interesses ou valores comuns motivam certos Estados a se unirem com o intuito de alcançar objetivos comuns. Tais interesses comuns podem ser os mais diversos, como a própria implementação de um mercado comum, por exemplo. Já os valores comuns são os motivadores da união de esforços empreendidos pelo grupo de Estados, que se dispõe, até mesmo, a subordinar os interesses nacionais em prol dos interesses comuns no intuito de atingirem os objetivos comuns.

Para a realização desses objetivos comuns são criados poderes efetivos. A institucionalização é colocada a serviço desses objetivos comuns, cabendo aos órgãos estruturais criados produzir, interpretar e aplicar normas jurídicas que devem ser respeitadas bem como tomar decisões que comprometam os Estados.

Inicialmente, deve-se sobressair que a noção de soberania é verdadeiramente histórica, variando a sua interpretação no tempo e espaço onde,

---

Ainda é preciso haver autonomia dos citados órgãos estruturais, caracterizando-se por ser um poder distinto dos poderes dos Estados-Membros. Deste modo, "(...) os órgãos supranacionais são formados por um quadro próprio de funcionários, desvinculados dos governos dos países-membros, e suas decisões são autônomas em relação a esses governos". LIMA FLORENCIO, Sérgio Abreu e; FRAGA ARAÚJO, Ernesto Henrique. *Mercosul Hoje*. São Paulo: Alfa Omega, 1996, p. 69.
A criação de órgãos colocados exclusivamente a serviço dos objetivos comunitários faz com que a continuidade do processo integracionista se encontre resguardada dos ímpetos políticos circunstanciais dos governos.
Sobre tal questão, entende Ricardo Seitenfus (*Para uma nova política externa brasileira. Para uma nova política externa brasileira.* Porto Alegre: Livraria do Advogado, 1994, p. 115) que "a instituição comunitária não deve, então ser tão somente o somatório das vontades dos Estados-Membros. Possui dinâmica e latitude de atuação próprias, a permitir a tomada de posições que extrapolem a visão imediatista e os interesses personalistas das administrações dos países que a integram. Certamente, a instituição espelha as vontades dos seus membros, inclusive no que diz respeito a sua incorporação funcional, mas é, a um só tempo, distinta e superior, na medida em que a ordem comunitária deverá sobrepor-se à ordem nacional que persiste naqueles assuntos para os quais foi definida sua competência".
Deste modo, os órgãos, dotados de poderes autônomos não representam a vontade individual dos Estados, mas a vontade comunitária. Assim, a supranacionalidade determina o aparecimento de um poder que se coloca acima dos Estados, resultante da transferência de parte das suas funções próprias aos domínios abrangidos pela entidade supranacional, passando esta a exercê-las tendo em vista o interesse comunitário e não o interesse individual dos Estados.
De certo, é, portanto, o órgão supranacional, independente face aos governos dos Estados-Membros, assinalando neste sentido Gualtiero Martín-Marchesini (La supranacionalidad en la integración latinoamericana. *In*: *Revista de Direito Público*, a. XXI, nº 85, jan./mar. 1998, p. 148): "*La supranacionalidad es el poder que los Estados miembros de una comunidad delegan en organismos independientes de los gobiernos de dichos Estados para que tengan competencia suficiente de normar, ejecutar y dirimir todo lo referente a los objetivos comunes que llevaron a dichos Estados a integrarse en una comunidad organizada.*"
Já com relação à intergovernabilidade, esta desenvolvida no âmbito do modelo mercosulino de integração, possui característica que se apresenta no sentido de relacionamento entre governos, disso decorrendo o fato de os Estados Nacionais preservarem suas autonomias plenamente. E, sendo assim, "as disposições que entre eles se celebram não podem jamais impor a qualquer deles a supremacia de outra, ou qualquer forma de submissão a algum organismo posto acima da soberania", conforme sustenta Adroaldo Furtado Fabrício (A prejudicialidade de Direito Comunitário nos tribunais supranacionais. *In*: *Revista da AJURIS*, a. XXIV, nº 69, mar. 1997, p. 20).
Deste modo, o Estado-Membro detém a mesma liberdade de ação que possuía antes mesmo de pertencer a determinado bloco integracionista, compreendendo aí que as decisões internas poderão ser tomadas ainda que venham a contrariar o intuito integracionista. O Estado-parte não sofre, ademais, qualquer ingerência na sua autonomia individual.
Os interesses discutidos em fóruns de negociação intergovernamental são individuais, ou seja, advêm de cada Estado-Membro em sua particularidade e as decisões, porventura tomadas, são aplicadas por iniciativa dos Estados mediante formas próprias de internalização.
Os órgãos estruturais, com característica intergovernamental, não são autônomos e independentes em relação aos governos nacionais. Representam, na verdade, a vontade política dos Estados-Membros, cabendo aos funcionários de tais órgãos a representação fiel da vontade dos governos.

simultaneamente, à sua evolução e conceituação, tem-se a evolução do conceito de Estado.[30]

Neste entendimento, assentam Sérgio Florêncio e Ernesto Araújo (Ob. cit., p. 69): "Órgãos intergovernamentais são aqueles formados por representantes dos governos-funcionários que exercem uma função no quadro administrativo interno de cada país e que são encarregados também de participar das negociações; a decisão de um órgão intergovernamental é simplesmente uma decisão conjunta dos governos nele representados."

Do exposto, percebe-se a nítida distinção entre as duas características em foco, a saber: a supranacionalidade e a intergovernabilidade, possuindo cada qual peculiaridades as quais qualificam a estrutura institucional do processo integracionista que as adota, cabendo ainda salientar a diferença apontada por Deisy Ventura (*A Ordem Jurídica do Mercosul. A ordem jurídica do Mercosul.* Porto Alegre: Livraria do Advogado, 1996, p. 29) entre os organismos dotados de órgãos supranacionais e daqueles detentores de órgãos intergovernamentais: "(...) a diferença básica a ser estabelecida entre organismos intergovernamentais e supranacionais é precisamente a detecção do interesse predominante. Nos primeiros, trata-se de fóruns destinados a cotejar interesses individuais e, se for o caso, harmonizá-los. São marcadamente espaços de negociação, cujas decisões, em existindo, serão aplicadas por iniciativa dos Estados-Membros. Entidades supranacionais pressupõem a negociação em outro nível, para definir o interesse coletivo, através de processo decisório próprio, a serviço do qual elas colocarão em funcionamento uma estrutura independente."

---

30 FISCHBACH, Oscar Georg. *Teoria general del estado*. Barcelona: Editorial Laboral, 1949, p. 135.

Raquel Kritsch (*Soberania. A construção de um conceito*. São Paulo: Humanitas. FFLCH/USP: Imprensa Oficial do Estado, 2002, p. 29-31), com rigor, sob o ponto de vista histórico, delineia o momento no qual a noção de soberania pôde ser diretamente associada ao nascente Estado moderno: "A noção de soberania, (...), aparece como um conceito em transformação desde pelo menos a difusão ideológica e prática do cristianismo na Europa, a partir do século X. Num primeiro momento, esse fenômeno que viria a ser nomeado soberania indicava mais a atribuição da função de 'comissário de Deus' a este ou aquele agente. Isto é, a determinação de quem fazia cumprir a lei em nome de Deus nesta ou naquela esfera de governo em circunstâncias determinadas. A Questão das Investiduras, por exemplo, girava em torno do problema de quem teria poder para nomear os bispos e investir o clero. Neste momento, o problema da soberania se colocava não apenas para o imperador ou para o papa, mas para todos os poderes que pretendiam obter a supremacia nas querelas em questão. E, de modo um pouco diferente do que ocorreria com a noção de Estado moderno, soberania, nesse sentido, não era incompatível com a ideia de uma comunidade universal cristã.

Foi apenas num momento posterior, com os acréscimos políticos e conceituais gerados pela recuperação do direito romano e dos escritos dos antigos – em especial os de Aristóteles –, pela síntese de Tomás de Aquino e pelas transformações em curso no Ocidente latino, sobretudo nos séculos XII e XIII, que se tornou possível pensar a capacidade de criar e impor a lei – fosse em nome de um legislador divino ou humano – como um atributo do conceito que seria sintetizado na ideia de soberania. A decisão de Felipe, o Belo, de taxar o clero francês, independentemente de seus laços com a igreja de Roma, ilustra bem a nova dimensão do problema: tratava-se agora de impor uma lei num determinado território como afirmação de uma vontade humana suprema.

Somente depois de adquirir esse segundo sentido é que a noção de soberania pôde ser diretamente associada ao nascente Estado moderno: foi a partir daí que o poder de criação e imposição da lei por um legislador passou a transformar-se mais e mais num atributo de uma formação de poder territorial específica, definida em termos cada vez mais leigos e independente de normas e concepções divinas e universalistas. Quando essa 'união' conceitual e prática passa a ter lugar,

Neste sentido, justifica-se o que preceitua Paulo Henrique Castex:

> "Primeiramente a soberania é um conceito de difícil definição jurídica, pois está intrinsecamente fundamentada em elementos de filosofia política e outros metajurídicos. Em segundo lugar, sua análise, muitas vezes, está permeada de enfoques ideológicos, ligados a sentimentos patrióticos e ideologias nacionalistas, o que dificulta, consideravelmente, uma abordagem científica neutra do tema. Por fim, o debate sobre a transformação do conceito de soberania é recente e não recebeu ainda a atenção necessária da doutrina especializada, porque está diretamente relacionado com a fase de transição pela qual estão passando o mundo e o direito, com os fenômenos da globalização e processos de integração econômica".[31]

Não obstante as dificuldades conceituais atuais da soberania há de se levar em conta a existência de um determinado consenso quanto às características da mesma.[32]

Boa parte da doutrina classifica-a como una, indivisível, imprescritível e inalienável.[33]

---

a história desses dois conceitos se entrelaça de tal modo que como duas entidades teórica e historicamente distintas, como dois movimentos temporais diferenciados que – numa quase fusão – se encontram por um certo período e em determinado lugar na história."

Sobre toda a doutrina clássica da soberania, esta, baseada numa visão tradicional desenvolvida por Bodin, Hobbes, Rosseau, Hegel, dentre outros, ver BONAVIDES. Paulo. *Ciência Política*, 10ª ed. São Paulo: Malheiros Editores, 2000, p. 123-132; FRIEDE. Reis *Curso da Teoria Geral do Estado*. Teoria Constitucional e Relações Internacionais. Rio de Janeiro: Forense Universitária, 2000, p. 32-37; REIS, Márcio Monteiro. Interpretação Constitucional do Conceito de Soberania – As possibilidades do Mercosul. *In*: CASELLA, Paulo Borba (Coord). *Mercosul, integração regional e globalização*. Rio de Janeiro: Renovar, 2000, p. 917-919; PAUPÉRIO, Arthur Machado. *O Conceito Polêmico de Soberania*. 2ª ed. Rio de Janeiro: Forense, 1958, p. 35-149.

---

31 Ob. cit., p. 280.

Vale ressaltar opinião de Celso D. Albuquerque Mello (Ob. cit., p. 123) que, entendendo também estarmos em um período de transição, sustenta que a soberania hoje tem um conteúdo meramente formal, "soberania é um feixe de competências que o Estado possui e lhe é dado pela ordem jurídica internacional".

Sobre a problemática conceitual de Soberania, a que também a denomina de "crise contemporânea desse conceito". Ver BONAVIDES, Paulo. Ob. cit., p. 122-123.

32 REIS. Ob. cit., p. 922.

33 "Una, por não ser possível a convivência simultânea de dois poderes soberanos. Soberano é aquele poder que se situa acima de todos os demais, não estando submetido a nenhum outro. Não é compatível a convivência de mais de um poder soberano no mesmo âmbito. Indivisível, por conclusão lógica entre a sua unidade; no entanto, a indivisibilidade da soberania não impede a divisão do seu exercício. A teoria da divisão de poderes importa, na verdade, em uma divisão da própria soberania. Imprescritível e inalienável, pois encarna o poder supremo, insuscetível de lesão e indisponível." *Idem, Ibidem*.

Ocorre que, diante dos condicionamentos econômicos ditados pelas grandes mutações em um contexto mundial atual, deve-se observar, com extremo cuidado, a óptica da soberania ilimitada, isto é, sem restrições.

Com o desenvolvimento dos processos de integração, a soberania do Estado passou a ter uma percepção especial onde, nas palavras de Luís Sá, "a emergência do fenômeno das limitações formais dos poderes soberanos dos Estados na nossa época, sobretudo, em resultado da integração dos Estados, implicou na necessidade de revisão, ou melhor, de adulteração profunda do conceito de soberania tal como surgiu e foi constituído historicamente."[34]

Neste sentido, permeando tanto pelos aspectos substantivos quanto adjetivos da soberania,[35] as características da indivisibilidade e inalienabilidade da soberania

---

Para Hermann Heller: *"La soberanía del Estado significa, pues, la soberania de la organización estatal como poder de ordenación territorial supremo y exclusivo. El Estado, como organización territorial soberana, es creador supremo de las normas y tiene el monopolio del poder de coacción física legítima, la ultima ratio de todo poder."* HELLER, Hermann. *Teoria del estado*. Pánuco: Fondo de Cultura Economica, 1963, p. 273.

Sobre tais características, sustentando ainda que soberania é o poder originário, incondicionado, exclusivo e coativo, ver dentre outros, DALLARI. Dalmo de Abreu. *Elementos da Teoria Geral do Estado*, 16ª ed. São Paulo: Saraiva, 1991, p. 69; PAUPÉRIO. Arthur Machado. *Teoria Democrática da Soberania*, V. 2. 3ª ed. Rio de Janeiro: Forense Universitária, 1997, p. 15-17.

---

34 SÁ, Luís. *Soberania e Integração na CEE*. Lisboa: Editorial Caminho, 1987, p. 54.

35 "Soberania, em termos objetivos se traduz através de um conceito extremamente complexo. Trata-se de uma expressão que pode ser traduzida, simultaneamente, por intermédio de duas diferentes classes gramaticais, ou seja, a classe substantiva e a adjetiva. No sentido material (substantivo) é o poder que tem a coletividade humana (povo) de se organizar jurídica e politicamente (forjando, em última análise, o próprio Estado) e de fazer valer, no seu território, a universalidade de suas decisões. No aspecto adjetivo, por sua vez, a soberania se exterioriza conceitualmente como qualidade suprema do poder, inerente ao Estado, como nação política e juridicamente organizada." FRIEDE, Reis. Ob. cit., p. 31-32. No mesmo sentido, BONAVIDES, Paulo. Ob. cit., p. 122-123; PAUPÉRIO, Arthur Machado. *O Conceito Polêmico de Soberania*, p. 27-28.

Observando tais aspectos em um sentido externo e interno, R. Carré de Malberg sustenta que: *"(...), la soberanía del Estado se presenta habitualmente como doble: se la divide en soberanía externa y soberanía interna. La primera se manifiesta em las relaciones internacionales de los Estados. Implica para el Estado soberano la exclusión de toda subordinación, de toda dependencia respecto de los Estados extranjeros. Gracias a la soberanía externa, el Estado tiene, pues, una potestad suprema, en el sentido de que su potestad se halla libre de toda sujeción o limitación respecto a una potestad exterior. Decir que los Estados son soberanos en sus relaciones recíprocas significa también que son respectivamente iguales los unos a los otros, sin que ninguno de ellos pueda pretender jurídicamente una superioridad o autoridad cualquiera sobre ningún otro Estado. En la expresión 'soberanía externa' la palabra soberanía es, pues, en realidad sinónima de independencia: no tiene así sino un alcance completamente negativo. Por el contrario, en la expresión 'soberanía interna' parece tomar una significación positiva. La soberanía interna implica en efecto que el Estado posee, bien en las relaciones con aquellos individuos que son miembros suyos o que se hallan dentro de su territorio, o bien en sus relaciones con todas las demás agrupaciones públicas o privadas formadas dentro de*

estatal devem ser relativizadas na medida em que a integração regional, limitando a esfera da jurisdição doméstica dos Estados-Membros, alarga as possibilidades de colaboração intergovernamental, fortificada por um processo decisório coletivo.[36]

Caminha-se assim, em face da *ratione necessitatis* econômica, para uma soberania supranacional oriunda de parcerias econômicas e políticas de países, objetivando uma maior projeção dos seus produtos internos e atraindo investimentos, bem como adotando fórmulas protecionistas para a defesa de seus mercados, evitando, assim, certo isolamento diante da concorrência crescente, garantindo, portanto, uma maior participação no sistema mundial atual.

Diante do contexto vigente, temos a limitação ou divisão da soberania, entretanto, não sendo a mesma perdida, conforme observa Celso Mello:

> "Tem-se considerado que o estado dotado de soberania continua a existir e o que ele delega aos organismos internacionais são apenas algumas competências. Enfim, a soberania não é mais indivisível."[37]

A chamada "limitação da soberania" deve ser interpretada a partir da ideia de que os Estados-Membros partícipes de uma integração, em determinadas áreas específicas delegam seus direitos soberanos aos órgãos representantes desta integração.[38] Desta forma, tal delegação significa uma transferência de poder decisório para instituições comunitárias em determinadas searas.

Por meio das ditas noções, os países da Comunidade Europeia firmaram o que se chamou de soberania compartilhada ou coletiva.

él, una autoridad suprema, en el sentido de que su voluntad predomina sobre todas las voluntades de esos individuos o grupos, al no poseer éstas sino una potestad inferior a la suya. La palabra soberanía sirve, pues, aquí para expresar que la potestad estatal es la más alta potestad que existe en el interior del Estado, que es una summa potestas. Por lo tanto la soberanía tiene dos facetas. Y sin embargo no debe verse, en la soberanía interior y exterior, a dos soberanías distintas." MALBERG, R. Carré de. *Teoria general del estado*. México: Fondo de Cultura Económica, 2001, p. 81-82.

36 Aponta no mesmo sentido, Oliveiros Litrento (A soberania em mudança. *In*: *Revista de Ciência Política*, v. 27, maio/ago. 1994), sustentando que a necessidade de cooperação entre Estados – cooperação política, militar e econômica – que revela no mundo contemporâneo uma verdadeira interdependência entre os mesmos, faz com que haja uma quase integração de suas vidas política, econômica e social.

Para tal, há uma limitação prática (necessária) da esfera da jurisdição de cada Estado, com reflexos óbvios na soberania nacional.

De acordo com o autor supracitado, a interdependência econômica e tecnológica é indiscutível e irreversível e mostra a nítida perspectiva de um mundo unificado pela técnica nas próximas décadas.

37 Ob. cit., p. 123.

38 OBRADOVIC, Daniela. Community law and doctrine of disible sovereignty. *In*: *Legal issues of europe Integration*. Deventer, The Netherlands: Kluwer Law and Taxation Publishers, 1993/1, p.7.

Neste modelo, os Estados-Membros limitaram seus próprios direitos soberanos em certas áreas[39] e os transferiram para instituições comunitárias sobre as quais não detêm o controle direto.

Considera-se assim que cada Estado-Membro cede parte de sua soberania e liberdade de ação em matérias específicas sobre as quais não pode dispor individualmente, investindo tais direitos nos órgãos supranacionais, os quais têm competência para legislar ou gerenciar em questões veiculadas aos objetivos da comunidade.[40]

Importante ressaltar que o que se transfere não é a titularidade irrevogável dos poderes estatais, mas, sim, o *exercício* de poderes determinados dos Estados-partes para a comunidade.

Com o fenômeno da integração e da emergência de sociedades que se relacionam em instâncias supranacionais, é de afirmar que a noção tradicionalmente construída de soberania exclusiva não atende à realidade atual, na medida em que uma nova forma de relação entre os Estados, situada entre o próprio Estado e uma organi-

---

39 ROCHA, Wagner. *Mercosul. Da intergovernabilidade à supranacionalidade?* Curitiba: Juruá, 2000, p. 7.
O autor supracitado sustenta ainda que, em se tratando de tal limitação da soberania, "não existe, como temem os 'eurocéticos', os 'mercocratas' e os 'nacio-autoritários', uma supressão da soberania do Estado, mas sim uma limitação consentida posto que disposta através de tratados, permanecendo intocada a subordinação direta de cada país ao Direito Internacional".

40 Os tratados estabelecendo a Comunidade não cedem jurisdição sobre todos os campos de atividade para as instituições da comunidade.
Dito entendimento tem fundamento no chamado princípio da subsidiariedade, objetivado no preâmbulo do Tratado da União Europeia (Acordo de Maastricht) e definido pelo art. 3º, B, do tratado que instituiu a Comunidade Europeia nos seguintes termos:
"A Comunidade Europeia atuará nos limites das atribuições que lhe são conferidas e dos objetivos que lhe são cometidos pelo presente tratado.
Nos domínios que não sejam das suas atribuições exclusivas, a Comunidade intervém apenas de acordo com o princípio da subsidiariedade, se e na medida em que os objetivos da ação encarada não possam ser suficientemente realizados pelos Estados-Membros e possam, pois, devido à dimensão ou aos efeitos da ação prevista, ser melhor alcançados no nível comunitário.
A ação da Comunidade não deve exceder o necessário para atingir os objetivos do presente tratado."
Denota-se que o princípio supracitado tem por finalidade assegurar uma divisão entre poderes atuais da Comunidade Europeia e os poderes residuais dos Estados-Membros.
Sustenta Luizella Giardino B. Branco que: "O princípio da subsidiariedade constitui, para os Estados-Membros, um mecanismo judicial obrigatório de autodefesa contra o que se percebe como um risco do uso excessivo dos poderes comunitários, garantindo o direito dos seus próprios poderes residuais em áreas não cobertas pelas ações comunitárias." BRANCO, Luizella Giordano B.. *Sistema de solução da controvérsia no Mercosul. Perspectivas para a criação de um modelo institucional permanente*. São Paulo: LTr, 1997, p. 30.
Sobre o princípio da subsidiariedade no âmbito da União Europeia, ver também LENAERTS, Koen. The principle of subsiadiarity and the environment in the european union: Kee Ping The Balance of Federalism. *In: Fordham International Law Journal*, v. 17, nº 4, 1994, p. 846-852; PIRES, Francisco Lucas. *Tratados que instituem a comunidade e união européia.* Lisboa: Alquitas Editorial Notícias, 1994, p. 1-2; CARCOMO LOBO, Maria Tereza. Ob. cit., p. 131.

zação internacional, traduz na ideia da soberania dividida ou limitada, não condicionada, entretanto há uma questão eminentemente irrevogável, como adverte João da Mota Campos:

"Aceitar limitações da soberania nacional não significa aceitar a possibilidade de transferências irrevogáveis de competências soberanas (...), a autolimitação da soberania não afeta a independência do Estado, que continua liberta de qualquer ingerência exterior nos seus assuntos internos; diversamente, a transferência de competências soberanas do Estado tem como consequência que a entidade que delas se beneficia adquire o poder de as exercer e de tomar contra a vontade do Estado, decisões que o vinculam."[41]

Depois de toda a contextualização hodierna da Soberania, na entrada de um novo milênio, surgem formas ou endereços jurisdicionais, em escala local, nacional, regional, comunitária e mesmo internacional, abrangendo o chamado contencioso dos Direitos Humanos (Tribunais ou Cortes de Direitos Humanos), órgãos protetores das liberdades públicas ou repressivos de ilícitos praticados face à humanidade (Tribunais Penais Internacionais), de interesses essenciais e comuns quer a entes públicos, quer a particulares.

Em sede do CPC 2015, procurou o legislador avançar bem em relação ao Código Buzaid, ao prever um título relativo aos limites Jurisdição Nacional e atributos para uma Cooperação Internacional (Livro II, Titulo II), demonstrando, nitidamente, a premente necessidade de diálogo jurisdicional com como órgãos jurisdicionais alienígenas, de modo a fazer valer as decisões internas e externas, ou seja, o exercício da soberania é também de índole cooperativa.

4. A realização da função jurisdicional: uma busca pela pacificação social

4.1. Breve introdução justificadora

Com a percepção de que a atividade jurisdicional estatal tem sido deveras incipiente, isto em decorrência de uma série de fatores, como os de origens procedimentais, administrativas ou operacionais e até mesmo de quadros, vem crescendo a consciência de que fundamental é pacificar, mesmo que esta não decorra de obra eminentemente estatal desde que seja por método eficiente e protetor das liberdades fundamentais do cidadão.[42]

---

41 CAMPOS. João da Mota. *Direito Comunitário,..*, Vol. 1, 3. ed., p. 537.

42 O próprio Estado Brasileiro, em prática reiterada diante das Cortes Arbitrais Internacionais, reconhece a eficiência da Arbitragem como meio propício à satisfação de contendas em uma diversidade de matérias, o que, certamente, deveria funcionar como política de incentivos à prática de tal via instrumental resolutiva de conflitos em território pátrio.
Disso, bem já noticiava Arnold Wald há bons anos, ratificando a aludida ideia incentivadora: "A exemplo dos últimos anos, o de 2007 representou uma fase de consolidação da arbitragem nacional e internacional no Brasil. O instituto tem sido cada vez mais utilizado por empresas brasileiras e

A política do consenso deve ser estimulada como tônica essencial na formação jurídica do operador do direito hodierno, sendo perceptível, sem exigir muitos esforços, o despreparo deste, sobretudo no campo prático, com as mais diversas modalidades instrumentais fora do aparato jurisdicional estatal, v.g., conciliação, mediação e arbitragem.

Em feliz apontamento, estreitando laços com o assunto, assinala Cappelletti:

> "Numa época em que se falou demasiadamente e com frequência sobre revoluções culturais, vale a pena sublinhar o caráter genuinamente revolucionário do movimento em prol do acesso à justiça, não somente no âmbito da ação prática, senão também quanto ao método de pensamento e mais particularmente do método de análise jurídica.
>
> Se, na verdade, no terreno da ação, a mudança aportada e projetada foi radical, tendo-se dado um sentido novo e com conteúdo à ideia já por si mesma revolucionária, no plano do pensamento, em troca, foi tal, que se transformaram completamente os temas e modos de análise científica do jurista moderno."[43]

4.2. A Justiça Arbitral

Conforme enfrentado no item anterior acerca do fenômeno da integração e da emergência de sociedades que se relacionam em instâncias supranacionais, é de afirmar que a noção tradicionalmente construída de soberania exclusiva não atende à realidade atual, na medida em que uma nova forma de relação entre os Estados, situada entre o próprio Estado e uma organização internacional, se traduz na ideia da soberania dividida ou limitada, não condicionada, entretanto há uma questão eminentemente irrevogável, como adverte João da Mota Campos:

---

recentes dados da Corte Internacional de Arbitragem da Câmara de Comércio Internacional (CCI) mostram que o Brasil se tornou o maior usuário da arbitragem na América Latina e já está em quarto lugar **no ranking mundial da CCI**, atrás apenas dos Estados Unidos, da França e da Alemanha" (WALD, Arnold. *Brasil lidera uso de arbitragem na América Latina*. *In*: *Revista Consultor Jurídico*, disponível em: http://www.consultorjuridico.com.br, acesso em 26.11.2015).

Para conhecimento mais amplo do instituto da Arbitragem como meio propício à solução de conflitos em âmbito internacional, mais precisamente no que se refere a conflitos comerciais e resilição de controvérsias em blocos econômicos tais como Mercosul e União Europeia, ver, por todos, GAIO JÚNIOR. Antônio Pereira. *O Consumidor e Sua Proteção na União Europeia e Mercosul - Pesquisa Conjuntural como Contribuição à Política Desenvolvimentista de Proteção Consumerista nos Blocos*. Lisboa: Juruá Editorial, 2014; GAIO JÚNIOR, Antônio Pereira; MACHADO GOMES, J. M.. *Compêndio de Direito Econômico*. Rio de Janeiro: América Jurídica, 2005.

---

43 CAPPELLETTI, Mauro. *Processo, Ideologias e Sociedade*. Vol. I. trad. e notas de Elicio de Cresci Sobrinho. Porto Alegre: Sergio Antônio Fabris Editor, 2008. p. 391.

"Aceitar limitações da soberania nacional não significa aceitar a possibilidade de transferências irrevogáveis de competências soberanas (...), a autolimitação da soberania não afeta a independência do Estado que continua liberta de qualquer ingerência exterior nos seus assuntos internos; diversamente, a transferência de competências soberanas do Estado tem como consequência que a entidade que delas se beneficia adquire o poder de as exercer e de tomar contra a vontade do Estado decisões que o vinculam".[44]

Notadamente, vem a Jurisdição – paradigmaticamente ao seu modelo clássico, este essencialmente ligado à noção do também conceito clássico de Soberania – obtendo contornos evolutivos e complexos quando as próprias características do que se entende por soberania saem do contexto jurídico e ingressam, de forma correta, no âmbito político.

Forçoso se faz, portanto, acostar as ideias supracitadas a toda problemática que envolve a Arbitragem e sua natureza jurídica, justificadora da tipicidade que a mesma adquire quando de sua instituição, indo muito mais além, tocando, certeiramente, na função a que a mesma fora concebida, isto é, como mais uma via propícia à solução de conflitos, contribuindo substancialmente com a função pacificadora da sociedade, esta nota característica de umas das relevantes funções do Estado Moderno, sempre sob os auspícios do Poder Judiciário.

Trata a Arbitragem (regulada pela Lei nº 9.307/1996) de meio propício à solução de conflitos sobre direitos patrimoniais disponíveis ou transacionáveis[45], que, por meio de árbitro privado, escolhido pelas partes e destas recebendo poderes, decide a controvérsia, possuindo tal decisão a mesma força e efeitos jurídicos decorrentes daquelas sentenças proferidas pelos órgãos do Poder Judiciário.

---

44 CAMPOS, João da Mota. *Direito Comunitário*. Vol. I. 3ª ed. Lisboa: Fundação Calouste Gulbenkian, 1989, p. 537.

45 Cabe frisar aqui que, no caso, a ressalva feita acerca de direitos "transacionáveis", a despeito de o próprio texto legal indicar "direitos patrimoniais disponíveis" (art. 1º da Lei .9.307/96)) como aqueles passíveis de solução pela arbitragem, possui razão de ser. Ainda que o direito possa ser indisponível, não significa que seja impossível de ser transacionado como v. g., os alimentos. Nisso, o direito de alimentos é, verdadeiramente, indisponível, no entanto, quanto ao *quantum* referente a ele, o mesmo não podemos sustentar idêntica indisponibilidade, dada a possibilidade de ser objeto de transação, disponível nestes termos.
No mesmo sentido, ver dentre outros, LA CHINA, Sérgio (*L'Arbitrato: Il Sistema e l'experienza*. Milano: Giuffrè, 1999, p.27-28), para quem " il necessario rispetto di una certa disciplina non *significa che la stessa sai adottada a tutela di diritti assoluti della persona o di status assimilabili a quelli familiari e coniugali (e troppo corrivi si è oggi nel parlare di status e statuti del lavoratore, dell'impeditore, senza rendersi conto delle pericolose implicazioni di um uso improprio del linguaggio*)"; também CÂMARA, Alexandre Freitas. *Arbitragem. Lei nº 9.307/96.* Rio de Janeiro: Lúmen Júris, 1997, p.13.
Nesta seara, merece ainda acostar apontamento de NERY JÚNIOR, Nelson; ANDRADE NERY, Rosa Maria de. (*Código de Processo Civil Comentado.*10ª ed. São Paulo: RT, 2007, p.1393): "É disponível o direito sobre o qual as partes podem dispor, transigir, abrir mão. Em suma, todo direito que puder ser objeto de transação (CC 841; CC/16 1035) pode ser examinado e julgado por meio de juízo arbitral."

Assim, temos que as partes, capazes, envolvidas em um conflito acerca de direitos patrimoniais disponíveis ou transacionáveis possuem a faculdade de escolher uma pessoa, física ou jurídica para solucionar específica lide, deixando de lado a prestação jurisdicional estatal.

Nesta toada, é válido afirmar ser a arbitragem, efetivamente, um foro privilegiado e propício para a concretização do direito agredido, seja por meio de uma composição amigável ou mesmo através da convergência dos esforços dos litigantes no sentido de lograrem de maneira célere, sem atropelos às garantias essenciais do devido processo legal, da segurança jurídica e da justiça da decisão, a solução da controvérsia.

Por outro lado, dúvidas não restam ter a arbitragem, no tocante ao seu desenvolvimento como um método propício à solução de litígios, natureza tipicamente processual, configurando-se, verdadeiramente, em instrumento hábil para tal satisfação do direito molestado.

É efetivamente possível a flexibilização da função judicante estatal para outros entes por ele autorizados, sendo despiciendo aludir que até a própria Constituição Federal de 1988 é autorizadora de hipóteses sobre as quais o Estado brasileiro reconhece esta necessidade (*ex vi* da própria Justiça Desportiva, Arbitragem em Dissídios Coletivos e mesmo em sede de submissão à jurisdição de Tribunal Penal Internacional).

Nisto, ao se revelar em sede de via arbitral, atividade tipicamente exercida pelo Poder Judiciário através de juízes togados – como o ato de julgar um conflito de interesses, proferindo-se sentença com força de coisa julgada – se nota o caráter jurisdicional de tal atividade, inclusive como instrumento de pacificação social e é nestes termos que deve ser entendida sua natureza.

Há, inclusive, quem diga ter o CPC/2015 reconhecido a própria existência de outra jurisdição não estatal na medida em que regra o seu art. 337, §6º que a "ausência de alegação da existência de convenção de arbitragem, na forma prevista neste Capítulo, implica aceitação da jurisdição estatal e renúncia ao juízo arbitral", portanto, implicando na expressão "jurisdição estatal", a possibilidade de outra jurisdição, *in casu*, a arbitral.[46]

A ideia esboçada em linhas atrás, esta referente à flexibilização da soberania estatal, entendendo a jurisdição, de certo, como um dos conteúdos alocados na esfera de poderes do Estado, demonstra, certamente, que mirado na concepção conceitual de jurisdição (Poder, Função e Atividade do Estado)[47], é plenamente possível o exercício de atributo tipicamente jurisdicional, ainda que, cabe frisar, não se possa generalizar estar presente de forma plena, todo o conteúdo representativo da jurisdição estatal e nem se pretende tal intento!

---

46 SOUZA, André Pagani de *et al*. *Teoria Geral do Processo Contemporâneo*. São Paulo: Atlas, 2016, p. 123.

47 Cf. por todos, NEVES, Celso. *Estrutura Fundamental do Processo Civil*. Rio de Janeiro: Forense, 1997, p. 28; ARAÚJO CINTRA, Antônio Carlos de; GRINOVER, Ada Pellegrini; DINAMARCO, Cândido Rangel. *Teoria Geral do Processo*. 28ª ed. São Paulo: Malheiros Editores, 2012, p. 155.

No âmbito da doutrina pátria, merece, neste sentido, trazer à colação alguns pontos de realce em consonância com aludido entendimento, a despeito de igual sintonia ser encontrada na literatura estrangeira.[48]

Nestes termos, bem observa Nery Júnior e Andrade Nery:

> "A natureza jurídica da arbitragem é de jurisdição. O árbitro exerce jurisdição porque aplica o direito ao caso concreto e coloca fim à lide que existia entre as partes. A arbitragem é instrumento de pacificação social. Sua decisão é exteriorizada por meio de "sentença", que tem qualidade de título executivo judicial (CPC 475-N IV), não havendo necessidade de ser homologada pela jurisdição estatal. A execução da sentença arbitral é aparelhada por título judicial, sendo passível de impugnação ao cumprimento de sentença com fundamento no CPC 475-L, segundo a LArb 33 §3º."[49]

Para Carlos Alberto Carmona, os árbitros como os juízes togados dizem o direito, concretizando a vontade da lei, exercendo, nestes termos, a função, atividade e poder, características da jurisdição, visto que o árbitro, ao aceitar o encargo, recebe das partes o poder de conhecer as questões de fato e de direito da demanda, valorar as provas produzidas bem como decidir a controvérsia, substituindo a vontade destas mesmas partes, dado o caráter vinculativo do ato sentencial por ele prolatado.[50]

Na mesma toada, Joel Dias Figueira Júnior afirma que os termos claros e precisos utilizados pelo legislador pátrio, ao equiparar sentença arbitral à sentença proferida pelo juiz estatal, "colocou uma pá de cal sobre a questão", dado que a decisão prolatada pelo árbitro corresponde a ato de autoridade que decide o conflito e vincula as partes ao cumprimento da declaração, constituição, condenação, mandamento ou execução, gerando todos os efeitos da coisa julgada. Neste sentido, o juízo arbitral regulado pela

---

48 Ver, por todos, NAVARRETE, Antonio María Lorca. *Manual de Derecho de Arbitraje:Manual Teórico Práctico de Jurisprudencia Arbitral Española.* Madrid: Dykinson, 1997, p. 113-114; POZNANSKI, Bernard G.The Nature and Extent of na Arbitrator's Powers international Comercial Arbitration. *In: Journal of International Arbitration*, 04/71/108, n. 03, 1987. Aliás, para este : *"An arbitrator's authotity is actually hybrid innature, consisting of a contractual basis for the creation and restriction of his powers, coupled with a jurisdictional authority as permitted to exist or as assisted by state authority. It has been proposed that the contratual and the jurisdictional nature of arbitration are in the process of assimilating each other. This type of consideration, it is submitted, is unnecessary. As will be seen, the powers of an arbitrator are the result of a combination of both natures which creates a process for dispute settlement with its origin in contract yet reflecting some of the characteristics of the public judicial process".*

49 NERY JÚNIOR, Nelson; ANDRADE NERY, Rosa Maria. *Código de Processo Civil Comentado...*, 2007, p. 1398.

50 CARMONA, Carlos Alberto. Árbitros e juízes: guerra ou paz? *In:* MARTINS, Pedro A. Batista *et al. Aspectos fundamentais da lei de arbitragem.* Rio de Janeiro: Forense, 1999, p. 425.

Lei nº 9.307/96 tem natureza jurisdicional, exercendo o árbitro "jurisdição de caráter privado", de maneira veraz.[51]

Em verdade, "a decisão do árbitro não 'equivale' a uma sentença; ela é uma sentença; a eficácia da sentença arbitral e a autoridade de coisa julgada que resulta dela não têm nenhuma diferença daquela que qualifica a sentença judicial"[52] e, ainda que pese ser carecedora, p. ex., em casos de necessidade de imposição de força executiva sobre os julgados arbitrais quando do descumprimento pela parte perdedora, tal dado não desqualificaria a natureza, haja vista a ótica dirigida sobre a função restauradora da composição do conflito em sede arbitral quando do próprio cumprimento da decisão! Teríamos aí, então, que típica função? Outra, notoriamente, não seria senão aquela classicamente desenvolvida pelo Poder Judiciário que é a da pacificação social e que, flexibilizada com autorização legal para o exercício judicante pela via do juízo arbitral.[53]

Deve-se atentar para o fato de que a adoção de qualquer das teorias que enfrentam a natureza jurídica da arbitragem, certamente, irá depender das premissas tomadas como verdadeiras para o desenvolvimento intelectual reflexivo e mesmo pragmático da argumentação objetivada.

4.3. A Justiça Conciliativa

A Ciência Jurídica como qualquer ciência social, sob o ponto de vista da historicidade, se realiza, indubitavelmente, de maneira pendular. Queremos entender com isso que os métodos de solução de controvérsias, mesmo após a detenção do monopólio jurisdicional pelo Estado, não alteraram em sentido metodológico as formas que já eram praticadas em nível de resilição de conflitos.

Neste sentido, partindo – e apenas – da ideia de divisão das formas de solução de controvérsias, Niceto Alcalá Zamora y Castillo na prestigiosa obra *Proceso, Autocomposición y Autodefesa*,[54] bem retratou os aludidos métodos como relativos à autodefesa, autocomposição e heterocomposião.[55]

Pois bem. É fato que a conciliação e a mediação, tidas como métodos de autocomposição de conflitos, portanto, componentes da denominada Justiça Conciliativa fazem parte a cultura do consenso, ou cultura de conciliação[56] que conheceu impulso crescente na sociedade pós-industrial, mas que tem, nos países em desenvolvimento,

---

51 FIGUEIRA JÚNIOR, Joel Dias. *Manual da Arbitragem*. São Paulo: Revista dos Tribunais, 1997, p. 94-96.

52 ALVIM, J. E. Carreira. *Tratado Geral da Arbitragem Interno*. Belo Horizonte: Mandamentos, 2000, p. 89.

53 Cf o nosso *Teoria Geral da Arbitragem*. Curitiba: Juruá, 2016, p. 73-77.

54 CASTILLO, Niceto Alcalá Zamora y. *Proceso, autocomposición y autodefesa*. México: UNAM, 1970.

55 Sobre o assunto ver o nosso *Instituições de Direito Processual Civil*. 3ª ed. Salvador: JusPodivm, 2017, p. 66-67.

56 Denti-Vigoriti, "Le rôle de la conciliation comme moyen d'éviter le procés", Relatório geral apresentado ao VII Congresso Intern. Dir. Proc., Würzburg, 1983, in Effektjver Rechtsschutz und Verfassungsmässige Ordnung, Habscheid, Bielfeld, 1983, p. 350 *apud* GRINOVER, Ada Pellegrini. Os Fundamentos da Justiça Conciliativa. Disponível em: http://www.egov. ufsc.br/ portal/conteudo/ os-fundamentos-da-justi%C3%A7a-conciliativa. Acesso em 03.01.2017.

significativos desdobramentos, indicando "não apenas a institucionalização de novas formas de participação na administração da justiça e de gestão racional dos interesses públicos e privados, mas assumindo também relevante papel promocional de conscientização política."[57]

No Brasil, tem-se a estimulação da conciliação não somente em caráter de plano de trabalho como o faz para fins de "melhoria" da prestação jurisdicional o Conselho Nacional de Justiça – CNJ, com o denominado "movimento pela conciliação", cuja missão é contribuir "para a efetiva pacificação de conflitos, bem como para a modernização, rapidez e eficiência da Justiça Brasileira"[58] e ainda o novel Código de Processo Civil – Lei nº 13.105/15 – com estipulações de incentivo à composição consensual dos conflitos endoprocessualmente, ex vi dos arts. 3º, §§2ª e 3º, 165, 334, muito antes legislações já incentivam as conciliações, como, por exemplo, as Leis nº 9.957 e nº 9.958 de 12.01.2000, estatuindo as Comissões Paritárias de Conciliação Prévia nas empresas; Conselhos de Conciliação e Arbitramento coordenados pelos juízes gaúchos; Juizados Informais de Conciliação em São Paulo; Núcleo Intersindical de Conciliação Trabalhista Rural em algumas cidades mineiras, como Montes Claros e Patrocínio e mesmo, no caso da Mediação, a recentíssima Lei nº 13.140/15.

O que se quer aqui é apontar que, mesmo fora do ambiente jurisidicional estatal, temos que a prática da Justiça Conciliativa exerce o compromisso com a necessária e imprescindível função da pacificação social, escopo indissociável da jurisdição, elemento de caracterização conceitual em sua compreensão.

Notadamente, não se tem tão somente a jurisdição estatal o compromisso para com aludida perspectiva voltada à natureza teleológica que mira a satisfação dos direitos, mas e de maneira pontual tanto a conciliação quanto a mediação são métodos de solução de conflitos que, não obstante em sua prática extraprocessual, não se credenciem como jurisdição em si, assumem um papel exercido pela sociedade civil que assenta e vetoriza uma das peças essenciais na construção conceitual da jurisdição que é, por tudo, a pacificação do conflito, i.e., paz social.

Insta, por fim, atentar, como já fora objeto de linhas atrás, que a jurisdição, ainda que cravada da função pacificadora em sua gênese, não logra invariavelmente em tal êxito, quando, v.g., se estar diante de decisões descumpridas ou mal cumpridas, como também ocorre com a dita Justiça Conciliativa, quando não se chega ao êxito na aplicação técnica de seu intento. Não obstante isso, ontologicamente, não se quer dizer que se prescinda de tal objetivo como caracterizador de sua índole pacificadora.

4.4. Procedimentos Cartorários

Em determinadas matérias, a lei proíbe, de maneira sistemática, a autocomposição, a mediação, o juízo arbitral ou mesmo a satisfação voluntária de determinada pretensão.

57 Ibidem.

58 Movimento pela Conciliação. Disponível em: http://www.cnj.jus.br/programas-e-acoes/conciliacao-e-mediacao-portal-da-conciliacao/movimento-conciliacao-mediacao. Acesso em 03.01.2017.

Em tais casos, a sujeição ao exame judicial para a sua procedência é condição essencial.

Neste contexto é que em sede de direito processual civil pátrio encontra-se lugar a denominada "jurisdição voluntária", ainda que não nominada assim pelo legislador do novel CPC/2015, mas que, nem por isso, se trasmuda em outro "ser" senão nesta própria jurisdição, não obstante tipificada com tal nome pelos códigos processuais civis brasileiros antecessores e de reconhecimento secular.

Entende-se como jurisdição voluntária aquela em que ocorre a mera participação do Poder Judiciário em negócios jurídicos privados a fim de conferir-lhe validade, por isso, é que se diz ser a jurisdição voluntária aquela que exerce a administração pública dos interesses privados, não havendo, portanto, conflitos a serem dirimidos, sendo formalmente capitulada nos arts. 719 a 770 do CPC, em matérias como: divórcio e separação judicial consensual, extinção consensual de união estável, abertura de testamento e codicilo, herança jacente, declaração e divisão de bens de ausente, coisas vagas, interdição , de organização e da fiscalização das fundações, dentre outras.

É bem verdade que a Jurisdição Voluntária, como já outrora pontuado, ainda que diante de sua pontual característica prática, esta representada pela realização de uma intensa função jurisintegrativa,[59] no que se refere à sua natureza processual, se faz marcada por controvérsias e questionamentos que ora recrudescem, atravessando gerações.

Usando a Jurisdição Contenciosa como paradigma em visão macroscópica da mesma, a doutrina, com mais ou menos frequência, vem estampando, em produções intelectuais, pontos de convergência e divergência com relação à Jurisdição Voluntária, no intuito, pensamos, de mero exercício didático, o que, de certo, esconderá reflexões críticas necessárias à exata compreensão do papel desempenhado por ambas as Jurisdições no contexto da processualística civil hodierna.

A bem de todo o exposto, é fato que se dará o emprego procedimental da jurisdição voluntária diante de determinadas circunstâncias nos chamados direitos indisponíveis (no âmbito civil, são as questões ligadas ao estado e à capacidade das pessoas. Ex.: divórcio, anulação de casamento, separação, interdição, investigação de paternidade).

Ocorre que alguns destes procedimentos, quando de índole consensual entre os interessados ou envolvidos no interesse em questão fora compreendidos como possíveis de ser viabilizados fora da seara jurisdicional do Estado, pois que a própria pretensão ansiada pelos interessados, em tese, não exigiria ou justificaria a presença obrigatória do juiz estatal, contribuindo muitas vezes pela atenção a ser dada em procedimentos não contenciosos em face daqueles que, certamente, exigiriam maior participação da atividade judicial na solução de conflitos, somando o interesse na diminuição de demanda que solapam as comarcas de todo o país.

---

59 Sobre a característica prática oriunda de atividade processual jurisintegrativa, esta desenvolvida pelo exercício da Jurisdição Voluntária, ver por todos, NEVES, Celso. Ob. cit., p. 43-51.

Assim, fruto do projeto de Reforma do Poder Judiciário, fora editada a Lei nº 11.441. de 04 de janeiro de 2007, alterando dispositivos da Lei nº 5.869, de 11 de janeiro de 1973 – Código de Processo Civil – possibilitando que procedimentos que até então estavam limitados à exigência de seu processamento no âmbito da jurisdição estatal, fossem alcançados pela possibilidade de propositura em sede de via administrativa (Cartório de Notas), portanto, nos casos de inventário, partilha, separação consensual e divórcio consensual e mesmo no CPC/2015, com a possibilidade de manejo da usucapião na forma extrajudicial, *ex vi* do art. 1.071.

Em verdade, a Lei nº 11.441/2007 busca a desburocratização e efetividade dos atos que, mesmo demonstrando a vontade dos interessados, maiores e capazes, permaneciam submetidos à análise prévia da autoridade judicial, por explícita exigência legal, para produzirem efeitos quando homologados.

Explicitando um pouco sobre o conteúdo da digitada lei, esta autoriza que os inventários em que existam partilhas amigáveis, bem como as separações e os divórcios consensuais, sejam manejados, extrajudicialmente, perante o oficial de registro cartorário.

Importante ressaltar que não poderá haver o interesse de menores, tanto no inventário como nas separações/divórcios, sob pena de tornar vedada a utilização da via extrajudicial.

Resta evidente que a legislação supra, muito embora conceda a opção de realização da separação, do divórcio e do inventário consensual, ou seja, fora das órbitas do Poder Judiciário, permanece reconhecendo como obrigatória a representação dos interessados por meio de advogado.

Observa-se ser essencial tal situação para resguardar que a vontade das partes seja exatamente reproduzida nas disposições levadas ao cartório, sendo necessária a participação de advogado ou defensor público, a fim de evitar abusos e desencontros entre o interesse dos litigantes e a realidade apresentada às autoridades competentes. Aliás, o espírito dos citados §§1º e 2º do art. 610 traduzem em requisito de validade, tais presenças.

A legislação supracitada, contudo, deve ser entendida e isto é de bom grado ratificar, como uma prerrogativa concedida às partes – desde que satisfeitos os requisitos legais – em optarem por realizar o inventário de seu parente, ou ainda sua separação ou seu divórcio pela via extrajudicial.

Diante de eventuais divergências interpretativas e de conteúdo decorrentes da própria extensão e procedimentos prestigiados pela da Lei nº 11.441/2007, o Conselho Nacional de Justiça (CNJ) teve por bem regulamentar a referida Lei, ouvindo, de antemão, o Conselho Federal da Ordem dos Advogados do Brasil e a Associação dos Notários e Registradores do Brasil.

Nestes termos, editada foi a Resolução nº 35 do CNJ, devidamente publicada em 24 de abril de 2007, regulamentando a aplicação da Lei nº 11.441/2007, esta que, como já anteriormente visto, trata da possibilidade de realização dos procedimentos relativos ao inventário, partilha, separação e divórcio consensuais pela via administrativa, qual seja, o Cartório de Notas (Tabelionato).

De início, cabe apontar que a dita Resolução nº 35 estabeleceu, dentre outras regras, o respectivo critério de cobrança dos emolumentos para a prestação dos referidos serviços a serem cobrados pelos cartórios, pois que, com o advento da Lei nº 11.441/2007, ao passar a permitir que determinados procedimentos, sem litígio, fossem realizados na esfera administrativa, uma diversidade de Cartórios, diante da omissão da Lei no que toca ao critério de cobrança, passou a estabelecer taxas muitas vezes excessivas aos interessados na realização dos atos elencados pela própria Lei, sobrecarregando os procedimentos em onerosidade pecuniária, visto que o parâmetro de cobrança praticado estava sendo aquele decorrente da quantidade de bens, ou seja, quanto maior o número de bens envolvidos no procedimento, mais elevado seria o valor a pagar.

Assim, estabelecido foi no art. 4º da Resolução nº 35, o seguinte:

> "Art. 4º. O valor dos emolumentos deverá corresponder ao efetivo custo e à adequada e suficiente remuneração dos serviços prestados, conforme estabelecido no parágrafo único do art. 1º da Lei nº 10.169/2000, observando-se, quanto a sua fixação, as regras previstas no art. 2º da citada lei. "

Cabe esclarecer que o dispositivo apontado pelo art. 4º supra, dita parâmetros mais razoáveis para a cobrança de taxas de emolumentos, fixando, por exemplo, um valor mínimo e máximo para o exercício do ato e ainda a tão necessária observância das peculiaridades socioeconômicas de cada região, otimizando, positivamente, os procedimentos em questão.

Vale a pena lembrar, por conseguinte e em regra, o evidente apelo social dos institutos referidos, não podendo estes culminar em elevadas despesas para os interessados. Não custa sublinhar que a Lei nº 11.441/2007, em seu art.3º, garante aos comprovadamente necessitados a gratuidade dos serviços, abrangendo todos os atos ali previstos, ratificando tal entendimento os arts. 6º e 7º da sempre citada Resolução nº 35 do CNJ.

Em esclarecimento final à questão retro, importante se faz aqui acostar o art. 2º da Lei nº 10.169/2000, cuja referência ao mesmo fora cotejada no corpo do art. 4º alhures citado:

> "Art. 2º Para a fixação do valor dos emolumentos, a Lei dos Estados e do Distrito Federal levará em conta a natureza pública e o caráter social dos serviços notariais e de registro, atendidas ainda as seguintes regras:
> I – os valores dos emolumentos constarão de tabelas e serão expressos em moeda corrente do País;
> II – os atos comuns aos vários tipos de serviços notariais e de registro serão remunerados por emolumentos específicos, fixados para cada espécie de ato;
> II I– os atos específicos de cada serviço serão classificados em:
> a) atos relativos a situações jurídicas, sem conteúdo financeiro, cujos emolumentos atenderão às peculiaridades socioeconômicas de cada região;

> b) atos relativos a situações jurídicas, com conteúdo financeiro, cujos emolumentos serão fixados mediante a observância de faixas que estabeleçam valores mínimos e máximos, nas quais enquadrar-se-á o valor constante do documento apresentado aos serviços notariais e de registro.
> Parágrafo único. Nos casos em que, por força de lei, devam ser utilizados valores decorrentes de avaliação judicial ou fiscal, estes serão os valores considerados para os fins do disposto na alínea b do inciso III deste artigo."

Outro conteúdo de suma importância e esclarecimento pela Resolução nº 35 foi aquele relativo à competência e as regras para determinar a escolha do tabelionato de notas apto à prática dos atos procedimentais da matéria a ser manejada, não deixando dúvidas sobre a liberalidade do interessado no tocante a sua escolha.

Nisso, de pronto, já no art. 1º da multicitada Resolução, tem-se estabelecido que:

> "Art. 1º Para a lavratura dos atos notariais de que trata a Lei nº 11.441/07, é livre a escolha do tabelião de notas, não se aplicando as regras de competência do Código de Processo Civil."

Em seguida, igualmente em matéria relevante, assegurada é a escolha facultativa da via administrativa pelos interessados, podendo, inclusive, solicitar ao juízo – em casos de demandas judiciais já em andamento- a suspensão do processo judicial pelo prazo de 30 (trinta) dias, a fim de que se promova a instauração do procedimento em respectiva instância cartorária. É o que noticia o art. 2º da Resolução nº 35, *in verbis:*

> "Art. 2º É facultada aos interessados a opção pela via judicial ou extrajudicial; podendo ser solicitada, a qualquer momento, a suspensão, pelo prazo de 30 dias, ou a desistência da via judicial, para promoção da via extrajudicial."

Mais precisamente, quanto ao inventário e à partilha, a Resolução expressa em seu art. 11, não ser necessária a observância do art. 990 do CPC/1973 (art. 617 do CPC/2015) no que se refere à ordem para a representação do espólio.

No que toca ao denominado companheiro (a), indicam os arts. 18 e 19 da aludida Resolução nº 35 o entendimento de que seu direito à meação pode ser reconhecido por escritura pública, desde que consentindo os demais herdeiros e interessados na herança, todos absolutamente capazes, alargando assim o alcance das normas estabelecidas na Lei em questão, propriamente para os que vivem sob o *status* de união estável.

Por outro lado, ocorrendo controvérsia acerca de tal questão, esta deverá ser devidamente solucionada em Juízo. Nisto, estabelece o conjunto de dispositivos abaixo:

> "Art. 18. O(A) companheiro(a) que tenha direito à sucessão é parte, observada a necessidade de ação judicial se o autor da herança não deixar outro sucessor ou não houver consenso de todos os herdeiros, inclusive quanto ao reconhecimento da união estável.

> Art. 19. A meação de companheiro (a) pode ser reconhecida na escritura pública, desde que todos os herdeiros e interessados na herança, absolutamente capazes, estejam de acordo."

Outra questão importante é aquela acerca da existência de credores do espólio, o que muito bem define a Resolução em seu art. 27, preceituando que tal ocorrência não impede a realização de inventário, partilha ou adjudicação por escritura pública:

> "Art. 27. A existência de credores do espólio não impedirá a realização do inventário e partilha, ou adjudicação, por escritura pública."

Assim, uma vez tendo o falecido deixado dívidas, é absolutamente possível que se processe respectivo inventário perante o Cartório, sendo em tal instância analisados os bens, efetivando-se o devido pagamento a eventuais credores para, então, partilhar os demais.

Por fim, no que concerne ao sigilo das escrituras públicas, o CNJ, através da Resolução em tela, indica a negativa de sua ocorrência nos casos de separação e divórcios consensuais. É o que anota o art. 42, na seguinte forma:

> "Art. 42. Não há sigilo nas escrituras públicas de separação e divórcio consensuais."

De tudo, resta garantido que, se for de preferência da parte que seu processo seja promovido judicialmente, não poderá ser impedida para tanto, sob pena de inconstitucional afronta ao art. 5º, inciso XXXV, de nossa Constituição Federal, essa que, indubitavelmente, proclama a inafastabilidade da jurisdição, somando-se ainda ao art. 3º, *caput* do CPC.

Com relação à regulação extrajudicial da usucapião, possibilita o CPC/2015 o seu reconhecimento em sede cartorária, no entanto, por óbvio, necessita da consensualidade daquele até então titular do direito real e de outros diretos registrados na matrícula do imóvel usucapiendo bem como na matrícula dos imóveis dos confinantes (inciso II do art. 1.071).

Não havendo dita consensualidade, seja por ausência expressa do consentimento de qualquer um dos titulares de direito reais e de outros direitos registrados ou averbados na matrícula do imóvel usucapiendo e na matrícula dos imóveis confinantes, mesmo que notificado pelo registrador competente para se manifestar em 15 (quinze dias) (art. 1.071, IV, §2º), ou mesmo por meio de impugnação ao pedido de reconhecimento extrajudicial da usucapião (art. 1.068, IV, §10), não impedirá o ajuizamento de eventual ação judicial de usucapião (art. 1071, IV, §9º), ratificando, notadamente, o próprio direito constitucional ao acesso à justiça (art. 5º, XXXV da CF/88 e agora também, art. 3º, *caput* do CPC).

Como se vê, mesmo que diante de requisitos necessários à correta instauração via Cartório de Notas das pretensões em tela (inventário, partilha, separação consensual e divórcio consensual e a usucapião), inegavelmente, nada exclui a ideia de estar-se diante de atividade tipicamente jurisdicional, correspondendo aos próprios ensejos aos quais tem o cidadão quando da procura pela jurisdição estatal, tanto que, conforme frisado repetidamente, nada o impede de provocar o Serviço Público da Justiça quando entender ser a melhor via satisfativa da pretensão escolhida, ainda que não resistida por outrem.

O que se quer com isso é demonstrar que os atributos da jurisdição podem ser parcialmente atribuídos a outros entes, flexibilizados, desde que devidamente reconhecidos e regulados legislativamente, para fins de se obter o interesse almejado.

5. Considerações Finais

Procurou-se aqui demonstrar que, não obstante o caráter plurívoco e destoante dos mais variados conceitos de jurisdição, seus conteúdos (in)formadores , tidos por nós como essenciais – Poder, Função e Atividade – não são exclusivos, indelegáveis ou irrenunciáveis, sendo, de certo, realizados em outros ambientes e, por vezes, em processos e procedimentos fora do domínio do Serviço Público da Justiça (Jurisdição Estatal), de modo a comprovar que a satisfação dos direitos ou alcance das pretensões miradas pode se conquistar em outras órbitas tão legítimas (Justiça Arbitral, Justiça Conciliativa e Cartório de Notas) quanto aquela a qual o cidadão fora "programado" a sempre estrabicamente provocar (Jurisdição Estatal).

Afinal, o que vale sempre é tornar as pessoas mais felizes ou menos infelizes!

6. Referências Bibliográficas

ALBERTINI, Pierre et al. *La Déclaration des droits de l'homme et du citoyen de 1789*. Paris: Economica, 1993.

ALBUQUERQUE MELLO, Celso D. de. Direito Internacional da Integração. Rio de Janeiro: Renovar, 1996.

ALVIM, J. E. Carreira. *Tratado Geral da Arbitragem Interno*. Belo Horizonte: Mandamentos, 2000.

ARNAUD, Vicente Guillermo. *Mersocur* – Unión Europea, Nafta y hos Processos de Integración regional. Buenos Aires: Abeledo-Perrot, 1996.

BOBBIO. *A Era dos Direitos*. Carlos Nelson Coutinho (Trad.). Rio de Janeiro: Campus, 1992.

BONAVIDES. Paulo. *Ciência Política*, 10ª ed. São Paulo: Malheiros Editores, 2000.

BRANCO, Luizella Giordano B.. *Sistema de solução da controvérsia no Mercosul. Perspectivas para a criação de um modelo institucional permanente*. São Paulo: LTr, 1997.

CALAMANDREI, Piero. *Opere Giuridiche*.Vol. IV. Napoli: Morano Editore,1970.

CAMPOS, João da Mota. *Direito Comunitário*. Vol. I. 3ª ed. Lisboa: Fundação Calouste Gulbenkian, 1989.

CÂMARA, Alexandre Freitas. *Arbitragem*. Lei nº 9.307/96. Rio de Janeiro: Lúmen Júris, 1997.

CAPPELLETTI, Mauro. *Processo, Ideologias e Sociedade*. Vol. I. trad. e notas de Elicio de Cresci Sobrinho. Porto Alegre: Sergio Antônio Fabris Editor, 2008.

CARCOMO LOBO, Maria Tereza. *Manual de Direito Comunitário*. Curitiba: Juruá, 2001.

CARMONA, Carlos Alberto. Árbitros e juízes: guerra ou paz? *In:* MARTINS, Pedro A. Batista *et al. Aspectos fundamentais da lei de arbitragem.* Rio de Janeiro: Forense, 1999, p. 425.

CARNELUTTI. *Instituciones del nuevo proceso civil italiano.* Vol. I. Roma: Foro Italiano, 1951.

CARNELUTTI. *Instituciones del Proceso Civil.* Vol. 1. Traducción de la quinta edición italiana por Santiago Sentis Melendo. Buenos Aires: Ediciones Jurídicas Europa-America, 1956.

CASSELA, Paulo Borba. Comunidade Européia e seu ordenamento jurídico. São Paulo: Ltr, 1994.

CASTEX, Paulo Henrique. Os blocos econômicos como sociedade transnacional – A questão da Soberania. In: CASELLA, Paulo Borba (Coord.). *Mercosul, integração regional e globalização.* Rio de Janeiro: Renovar, 2000, p. 279-280.

CASTILLO, Niceto Alcalá Zamora y. *Proceso, autocomposición y autodefesa.* México: UNAM, 1970.

CHIOVENDA. *Principii di diritto processuale civile*, 4ª ed. Napoli: Jovene, 1965.

CHIOVENDA. *Princípios de Derecho Procesal Civil.* Traducción do Prof. José Casais Y Santaló. t. I. México: Cardenas, 1989.

CINTRA, Antônio Carlos de Araújo; GRINOVER, Ada Pellegrini; DINAMARCO, Cândido Rangel. *Teoria Geral do Processo.* 28ª ed. São Paulo: Malheiros Editores, 2012.

COUTURE, Eduardo J. *Fundamentos de Derecho Procesal Civil.* 2ª ed. Buenos Aires: Depalma, 1958.

DALLARI. Dalmo de Abreu. *Elementos da Teoria Geral do Estado*, 16ª ed. São Paulo: Saraiva, 1991.

DE PLÁCIDO E SILVA. *Vocabulário Jurídico.* 23ª ed. Rio de Janeiro: Forense, 2003.

DUGUIT, Léon. *Traité de droit constitucionnel: la théorie génerale de i' état.* V. II. Paris: DeBoccard, 1928.

FABRÍCIO, Adroaldo Furtado. A prejudicialidade de Direito Comunitário nos tribunais supranacionais. *In: Revista da AJURIS*, a. XXIV, nº 69, mar. 1997, p. 20.

FARIA, Werter R. Quadro Institucional da Comunidade Européia. *In: Revista de Informação Legislativa*, a. 32, nº 28, p. 179.

FIGUEIRA JUNIOR, Joel Dias. *Manual da Arbitragem.* São Paulo: Revista dos Tribunais, 1997.

FISCHBACH, Oscar Georg. *Teoria general del estado.* Barcelona: Editorial Laboral, 1949.

FRIEDE. Reis *Curso da Teoria Geral do Estado.* Teoria Constitucional e Relações Internacionais. Rio de Janeiro: Forense Universitária, 2000.

GAIO JÚNIOR, Antônio Pereira. *Instituições de Direito Processual Civil.* 3ª ed. Salvador: JusPodivm, 2017.

______. *Teoria Geral da Arbitragem.* Curitiba: Juruá, 2016.

______. *O Consumidor e Sua Proteção na União Europeia e Mercosul - Pesquisa Conjuntural como Contribuição à Política Desenvolvimentista de Proteção Consumerista nos Blocos.* Lisboa: Juruá Editorial, 2014.

______; MACHADO GOMES, J. M. *Compêndio de Direito Econômico.* Rio de Janeiro: América Jurídica, 2005.

GRINOVER, Ada Pellegrini. *Ensaio sobre a processualidade.* Brasília: Gazeta Jurídica, 2016.

______. *Os Fundamentos da Justiça Conciliativa.* Disponível em: http://www.egov. ufsc.br/ portal/conteudo/os-fundamentos-da-justi%C3%A7a-conciliativa. Acesso em 03.01.2017.

______; DINAMARCO, Cândido Rangel; WATANABE, Kazuo. Participação e processo. São Paulo: RT, 1988.

Movimento pela Conciliação. Disponível em: http://www.cnj.jus.br/programas-e-acoes/conciliacao-e--mediacao-portal daconciliacao /movimento-conciliacao-mediacao. Acesso em 03.01.2017.

GUASP, Jaime; ARAGONES, Pedro. *Derecho procesal civil.* T. I. 5ª ed. Madri: Civitas, 2002.

HELLER, Hermann. *Teoria del estado.* Pánuco: Fondo de Cultura Economica, 1963.

JELLINEK, Georg. *Teoria general del estado.* Buenos Aires: Editorial Albatroz, 1954.

KRITSCH Raquel. *Soberania. A construção de um conceito.* São Paulo: Humanitas. FFLCH/USP: Imprensa Oficial do Estado, 2002.

KUHN. *A estrutura das revoluções científicas.* São Paulo: Perspectiva, 2003.

KUHN. *A Revolução copernicana.* Rio de Janeiro: Lisboa, Edições 70, 2002.

LENAERTS, Koen. The principle of subsiadiarity and the environment in the european union: Kee Ping The Balance of Federalism. *In: Fordham International Law Journal,* v. 17, nº 4, 1994, p. 846-852; PIRES, Francisco Lucas. *Tratados que instituem a comunidade e união européia.* Lisboa: Alquitas Editorial Notícias, 1994.

LA CHINA, Sérgio. *L'Arbitrato: Il Sistema e l'experienza.* Milano: Giuffrè, 1999.

LIMA FLORENCIO, Sérgio Abreu e; FRAGA ARAÚJO, Ernesto Henrique. *Mercosul Hoje.* São Paulo: Alfa Omega, 1996.

LITRENTO, Oliveiros. A soberania em mudança. *In: Revista de Ciência Política,* v. 27, maio/ago. 1994.

LOPES DA COSTA, Alfredo de Araújo. *A administração pública e a ordem jurídica privada (jurisdição voluntária).* Belo Horizonte: Bernardo Álvares, 1961.

MALBERG, R. Carré de. *Teoria general del estado.* México: Fondo de Cultura Económica, 2001.

MARTÍN-MARCHESINI, Gualtiero. La supranacionalidad en la integración latinoamericana. *In: Revista de Direito Público,* a. XXI, nº 85, jan./mar. 1998, p. 148.

MOURA RAMOS, Rui Manuel. *Das Comunidades à União Européia.* Coimbra: Coimbra Editora, 1994.

NAVARRETE, Antonio María Lorca. *Manual de Derecho de Arbitraje: Manual Teórico Práctico de Jurisprudencia Arbitral Española.* Madrid: Dykinson, 1997.

NEVES, Celso. *Estrutura Fundamental do Processo Civil.* Rio de Janeiro: Forense, 1997.

NERY JÚNIOR, Nelson; ANDRADE NERY, Rosa Maria de. *Código de Processo Civil Comentado.* 10ª ed. São Paulo: RT, 2007.

OBRADOVIC, Daniela. Community law and doctrine of disible sovereignty. *In: Legal issues of europe Integration.* Deventer, The Netherlands: Kluwer Law and Taxation Publishers, 1993/1, p. 7.

PAUPÉRIO, Arthur Machado. *O Conceito Polêmico de Soberania*2ª ed. Rio de Janeiro: Forense, 1958.

______. *Teoria Democrática da Soberania,* V. 2. 3ª ed. Rio de Janeiro: Forense Universitária, 1997.

PESCATORE,Pierre. *Lê droit de l'integration emergence d'un phénomène nouveau dans les relations internationales selon l'expérience des Communautés Européennes.* Genève: Sijthoff – Leiden/IHUEI, 1972.

PORTO, Manuel *et al. A União Européia.* Coimbra: Centro de Estudos Europeus, 1994.

POZNANSKI, Bernard G.The Nature and Extent of na Arbitrator's Powers international Comercial Arbitration. *In: Journal of International Arbitration,* 04/71/108, nº 03, 1987.

REIS, Márcio Monteiro. Interpretação Constitucional do Conceito de Soberania – As possibilidades do Mercosul. *In*: CASELLA, Paulo Borba (Coord). *Mercosul, integração regional e globalização*. Rio de Janeiro: Renovar, 2000.

ROCCO, Alfredo. *La Sentenza Civile*. Milano: Giuffrè, 1962.

ROCHA, Wagner. *Mercosul. Da intergovernabilidade à supranacionalidade?* Curitiba: Juruá, 2000.

ROSEMBERG, Leo; Schwab, Karl Heinz; GOTTWALD, Peter. *Zivilprozeßcht*. Münchhen, 2004.

SÁ, Luís. *Soberania e Integração na CEE*. Lisboa: Editorial Caminho, 1987.

SEITENFUS, Ricardo. *Para uma nova política externa brasileira. Para uma nova política externa brasileira.* Porto Alegre: Livraria do Advogado, 1994.

SILVA, Ovídio Batista da. Democracia Moderna e Processo Civil. *In:* GRINOVER, Ada Pellegrini; DINAMARCO, Cândido Rangel; WATANABE, Kazuo. *Participação e processo. São Paulo: RT, 1988*, p. 111.

SORJ. *A Nova Sociedade Brasileira*. Rio de Janeiro: Jorge Zahar Editor, 2000.

SOUZA, André Pagani de *et al. Teoria Geral do Processo Contemporâneo*. São Paulo: Atlas, 2016.

VENTURA, Deisy. *A Ordem Jurídica do Mercosul. A ordem jurídica do Mercosul.* Porto Alegre: Livraria do Advogado, 1996.

WALD, Arnold. *Brasil lidera uso de arbitragem na América Latina. In*: *Revista Consultor Jurídico*, disponível em: http://www.consultorjuridico.com.br , acesso em 26.11.2015.

Capítulo II

RETOMANDO A POLÊMICA EM TORNO DA AÇÃO: APONTAMENTOS COMPREENSIVOS A UMA DISPUTA TERMINOLÓGICA

Lucas Buril de Macêdo
Maurício Schibuola de Carvalho

1. Introdução

Há cerca de dois séculos, é assunto recorrente na doutrina o estudo da teoria da ação, objeto de relevantíssimos escritos com as mais diversas perspectivas, que têm como marco a antiga polêmica entre WINDSCHEID e MÜTHER. Normalmente, vê-se nos textos sobre ação, sejam aqueles que têm uma pretensão propositiva ou nos que abordam o tema de modo meramente descritivo ou didático, várias linhas dedicadas à polêmica quanto ao verdadeiro significado deste conceito, que tem suma relevância para a ciência processual – chegando parcela da doutrina a apontar ser ele o responsável pelo próprio nascimento do direito processual como objeto de conhecimento autônomo.

Porém, a problemática que circunda a ação foi bem mais além das ideias sustentadas na famosa (primeira) polêmica; a famosa disputa em torno do conceito de ação foi sucedida de tantas outras, com quase tantos conceitos quantos são os autores que dedicaram páginas ao assunto.[1] Não foram poucos os juristas que dedicaram esforços para responder à tormentosa questão: *o que é uma ação?*

Todavia, como se costuma repetir, o interesse pelo estudo detido deste tema iniciou-se a partir da publicação do livro *"A Ação do Direito Civil Romano do Ponto de Vista do Direito Atual"* por BERNHARD WINDSCHEID, em 1856, que daria vida ao exaltado debate com THEODOR MÜTHER. Ambos os juristas germânicos escreveram textos que, talvez de um modo que não pudessem prever, marcaram vivamente a história

1 "O conceito de ação talvez seja o mais polêmico entre todos os do Direito Processual. Iniciada a divergência há um século, até hoje não se harmonizam doutrinadores sobre o que seja ação". (BARBI, Celso Agrícola. *Comentários ao Código de Processo Civil*. v. 1. 11ª ed. Rio de Janeiro: Forense, 2002, p. 17; ver também p. 18, aludindo ao grande número de conceitos).

da ciência processual, e o protagonista da disputa foi justamente o conceito romano de *actio* – mais precisamente a definição do jurista Celso, reproduzida por Ulpiano, e a sua transição para o direito pandectista. Até este marco temporal, a *actio* era estudada sem contraposição relevante, mas o tema viria a ganhar um papel fundamental na própria afirmação do direito processual como ciência e inaugura a contraposição entre a teoria imanentista e as teorias dualistas.

Muito embora o debate sobre a ação tenha sido travado em um passado que já pode ser qualificado como remoto para a história da jovem ciência processual, isso não significa que sua relevância seja apenas histórica. De fato, com a afirmação da ação de direito processual, ou simplesmente "direito de ação", e a sedimentação da autonomia da ciência processual, várias outras polêmicas sobre a definição conceitual da ação vieram a lume. Na doutrina italiana, todos os processualistas clássicos dedicaram linhas para tratar do problema e quase invariavelmente colocando-se em conflito diversas concepção do que seria a ação.[2] No Brasil, houve um relativamente recente e importante debate, consolidado na coletânea *"Polêmica em torno da ação"*, da qual participaram relevantes nomes do processo civil brasileiro e que oxigenou a clássica disputa.

Neste espaço, pretendemos resgatar, mais uma vez, a problemática em torno da ação. Não há a pretensão de se esgotar os vários conceitos adotados, que cambiam muito em vários aspectos. Não é exagero afirmar que são quase tantas as cores dadas à ação quanto foram os artistas dedicados a colori-la. Não é uma obra afeita a muitas réplicas, mas a constantes reconstruções e desconstruções. As principais ideias serão, aqui, reunidas em suas linhas mestras, com o intuito de deixar claras suas principais características e o contexto em que foram concebidas.[3]

---

2 Calamandrei chega a justificar a grande quantidade de controvérsias acerca do conceito de ação na variação da noção de Estado e da respectiva relação entre ele o cidadão, ou seja, a partir da balança liberdade e autoridade que se punha por trás de cada uma das ideias defendidas: CALAMANDREI, Piero. La relatività del concetto d'azione. *Opere giuridiche* – a cura di Mauro Cappelletti. Napoli: Morano, 1965, v. 1, p. 429-431. Semelhantemente, aduzindo que a ação, se observada do ângulo público ou privado leva a diversas conclusões: MOREIRA ALVES, José Carlos. Direito subjetivo, pretensão e ação. *Revista de processo*. São Paulo: RT, 1987, v. 47, p. 109.

3 Por outro lado, isso significa também que não será o foco da abordagem a preocupação com eventuais carências deste conceito para descrever novas realidades, que é uma questão suscitada por Ada Pellegrini: "A *ação*, por sua vez, como direito (ou poder) à jurisdição, também vem sofrendo mudanças conceituais, conforme as alterações que se notam na configuração de jurisdição. E institutos já conhecidos (como a reclamação aos tribunais), assim como institutos novos (como a antecipação da prova fora da situação de urgência) escapam do conceito clássico de ação, em que alguns se esforçam para enquadrá-los. Há também mudanças no *princípio dispositivo*, em face dos poderes ampliados do juiz – sobretudo, mas não só, nos processos coletivos – e dos poderes das partes, numa nova simbiose entre *público e privado*, que ainda suscita debates estéreis. E não há exercício de ação na justiça consensual" (GRINOVER, Ada Pellegrini. Revisitando a teoria do processo. Paulo Henrique dos Santos Lucon; Ricardo de Carvalho Aprigliano; João Paulo Hecker da Silva; Ronaldo Vasconcelos; André Orthman (coord.). *Processo em jornadas.* Salvador: Juspodivm, 2016, p. 30). Todavia, como se verá adiante, não parece que o conceito de ação sofra com os

As noções de ação que serão abordadas detidamente são, em uma apertada síntese, a civilista, a concretista, a processual e a eclética.

Desde logo cumpre fazer uma advertência ao caro leitor: não há aqui a pretensão de eleger ou pelejar por um conceito *correto* – até porque, além de um tanto enfadonho neste ponto, é bastante questionável assumir a correição de conceitos, ao menos sem o estabelecimento prévio de critérios metodológicos a partir dos quais se julgará quanto ao seu acerto, dado que os conceitos são mais voltados à *utilidade* ou *inutilidade* técnica. Aliás, muito ao contrário disso das várias pretensões exclusivistas que precederam esta construção: busca-se demonstrar que cada um dos conceitos utilizados tem consistência com algum fenômeno jurídico que busca representar e que, por isso mesmo, cada um deles possui sua particular utilidade.

2. A disputa em torno da ação na formação da ciência processual

2.1. Breve relato histórico acerca da origem e da evolução do conceito de ação

Para se compreender as origens do conceito de ação, é essencial saber um pouco do procedimento dos sistemas romanos, cada um mais ou menos referente a uma fase da história de Roma: monarquia, república e império.[4] Os dois primeiros procedimentos, o do sistema da *legis actiones* (ações da lei, que prevaleceu na monarquia) e o da *per formulas* (formulário, que prevaleceu na república) apresentavam duas fases: *in iure*, perante o magistrado, para escolher a fórmula,[5] e que terminava com a *litiscontestatio*; e *in iudicio*, perante o juiz privado romano ou árbitro (*iudex*), que terminava

problemas suscitados pela autora, uma vez que o conceito é muito mais ligado ao mecanismo para movimentação da jurisdição do que, propriamente, com o conteúdo do que é sindicado no exercício jurisdicional.

4 "Para falar verdade, a Roma dos primeiros reis e dos primeiros tempos da república, não se vive o regime da vingança privada. O litigante, se persegue ele próprio e pela sua força pessoal o objecto da sua reclamação, se age pessoalmente, deve pelo menos submeter-se a certas regras. O Estado obriga-o a fazer controlar a regularidade da sua acção; são estabelecidos magistrados, a fim de presidirem à boa ordem da justiça; são, no período real, o rei, que secunda, duma maneira difícil de precisar, o colégio dos altos dignitários; depois os cônsules; enfim, a partir do ano 367 antes da nossa era, o pretor. O pretor, doravante, recebe no tribunal os cidadãos prontos a fazer-se-lhes justiça; escuta as suas pretensões, autoriza-os, ou não, a prosseguirem a acção; impõe-lhes ordinariamente cessar com toda a violência antes de ter feito verificar a exactidão das suas afirmações por um árbitro, que em Roma usa o nome juiz" (VILLEY, Michel. *Direito romano.* Porto: Rés-Editora, 1991, p. 40).

5 "Para designar a fórmula, as fontes utilizam também o vocábulo *iudicium* (senso estático). *Iudicium*, no entanto, possui significado mais amplo, ora indicando o ato de concessão da própria fórmula, outras vezes todo o procedimento (senso dinâmico), ou, ainda, o julgamento proferido pelo *iudex*" (TUCCI, José Rogério Cruz e; AZEVEDO, Luiz Carlos de. *Lições de história do processo civil romano.* São Paulo: RT, 2001, p. 74)

com a sentença.[6]-[7] A sentença (solução) só podia ser ditada pelo *iudex* de acordo com o fixado na fórmula oral ou escrita.

Posteriormente, no sistema da *cognitio extra ordinem*,[8] as duas fases foram unificadas em uma só instância e as partes litigavam diretamente perante o magistrado, que deveria proclamar a sentença.[9] Neste último período, foi quando adveio a célebre conceituação de Celso, posteriormente reproduzida por Ulpiano, que foi o conceito de ação adotado por muitos anos:[10] *actio autem nihil aliud est quam ius persequendi*

---

6 JUSTO, A. Santos. *Direito Privado Romano – I: parte geral*. Coimbra: Coimbra Editora, 2000, p. 286.

7 "Se o demandado se opusesse, não reconhecendo a pretensão do demandante (através duma *confessio in iure*) nem pactuando uma transação (*transactio*) com o demandante, a fase *in iure* terminava com a designação do *iudex* que o magistrado mandatava para julgar (*iussum iudicandi*)" (JUSTO, A. Santos. *Direito Privado Romano – I: parte geral*. Coimbra: Coimbra Editora, 2000, p. 299).

8 ROSENBERG, Leo. *Da jurisdição no processo* civil. Campinas: Impactus, 2005, p. 29.

9 "Mais importante do que essa modificação na órbita do processo privado, foi a unificação das instâncias: com a ingerência da *cognitio* extraordinária do *princeps* ou de seus delegados, em determinadas causas que careciam de tutela jurídica, o procedimento, até então obrigatoriamente bipartido, passa a desenrolar-se, desde sua instauração, até o final, diante de uma única autoridade estatal (magistrado-funcionário). Assim, a decisão do magistrado, no novo sistema processual, não mais corresponderá a um parecer jurídico (*sententia*) de um simples cidadão autorizado pelas leis, mas, sim, a um comando vinculante de um órgão estatal.

Desse modo, pela primeira vez na história do processo privado romano, a sentença não significa mais um ato exclusivo do cidadão e nem apresentava mais caráter arbitral, mas, em verdade, consubstancia-se na atuação da autoridade do Estado: *ex autoritate principis*" (TUCCI, José Rogério Cruz e; AZEVEDO, Luiz Carlos de. *Lições de história do processo civil romano*. São Paulo: RT, 2001, p. 48).

10 O conceito de ação, no entanto, tem emprego anterior, inclusive já dotado de ambiguidade. Sobre isso, é bastante interessante a seguinte passagem: "L'origine relativamente recente di *'agere'* e *'actio'* aiuta a capire quale può essere stato il significato di questi termini o, più esattamente, perché si siano impiegati questi termini per indicare la categoria di atti sopra menzionata. Bisogna ricordare in proposito che è diffusa l'opinione, pur contestata da alcuni autori, secondo la quale si ebbe uno stretto collegamento nell'antico diritto romano tra l'agire nel processo e l'autodifesa privata, intese come l'impiego della forza da parte del singolo interessato per ottenere quello che affermava spettargli. Quet'opinione è in massima da condividere, ma essa non spiega l'uso dei termini *'agere'* e *'actio'*, specie se si tiene presente il loro significato generale. La categoria così indicata comprendeva, infatti, anche atti del tutto stranei all'impiego della forza; e, d'altro canto, la sfera semantica, sia di *'actio'*, sia anche di 'agere', se ci si attiene alle fonti che usano questi termini (cfr. *Thes. linguae lat.*, I. 438 ss., 1367 ss.), includeva riferimenti ad atti di forza simili a quelli dell'autodifesa. Questo riferimento c'era, invece, nei termini relativi a singoli atti come *'vindicare'* (*'vindicatio'*), *'manum inicere'* (*'manus iniectio'*) e simili. La spiegazione del ricorso a *'agere'* e *'actio'* per indicare qualsiasi atto o complesso di atti rientrante nella categoria suddetta deve dunque cercarsi altrove e precisamente, come sembra più probabile, nella costatazione che uno dei significati di *'agere'* e *'actio'*, un significato antico sviluppatosi poi in alcune variante, è quello di 'recitazione di parole' e 'compimento di gesti rituali' (*Thes. ling. lat.*, I. 440-41), e nell'altra costatazione, coerente con la prima, che il più sicuro aspetto comune dei vari atti indicati con quei termini è proprio la recitazione di formulari, talvolta accompagnata dal compimento di gesti prestabiliti. Su quest'ultimo punto tutte le testimonianze relative alla *'actiones'* più antiche, le *'legis aciones'*, e in ispecie quelle di Cicerone, Gaio e Aulo Gellio, sono concordi. Una delle caratteristiche

in iudicio quos sibi debeatur, ou seja, a ação nada mais é do que o direito de perseguir em juízo o que nos é devido.[11]

Os romanos desconheciam o conceito de direito subjetivo nos moldes atuais,[12] conhecendo somente a *actio*, a qual seria, "o meio jurídico para cada um pedir a satisfação de suas pretensões". Assim: "Para dizer que a Tício tocava um direito, diziam que lhe tocava a *actio*". Desse modo, afirma-se que o sistema jurídico dos romanos foi concebido em função do processo e dos meios oferecidos por este para a tutela dos interesses dos sujeitos.[13]-[14]

Embora até hoje existam divergências sobre o conceito da *actio*,[15] parece que a ideia não buscava representar o que hoje chamamos de ação em sentido processual. Isso significa que o conceito romano de ação remonta à teoria civilista, ficando localizado no plano do direito material,[16] ao contrário do pugnado por parte da doutrina

---

salienti di tali *actiones* era infatti il formalismo, che nelle *legis actiones* meno antiche si estrinsecava nella pronunzia di parole determinate, da ripetersi fedelmente a pena di nullità, e che nelle *legis actiones* più antiche aveva un'ulteriore manifestazione nel compimento di dati gesti, come il toccare l'oggetto della *vindicatio* con una *festaca* o il mettere la mano sula spalla dell'avversario (PUGLIESI, Giovanni. L''actio' e la 'litis contestatio' nella storia del processo romano. *Studi in onore di Enrico Tullio Liebman*. Milano: Giuffrè, 1979, v. 1, 410-411).

---

11 ALVIM, José Eduardo Carreira. *Teoria geral do processo.* 13ª ed. Rio de Janeiro: Forense, 2010, p. 99.

12 Na verdade, mais precisamente, os romanos não se preocupavam em conceituar o direito subjetivo, embora se afirme que eles intuíram esta noção, cf. MOREIRA ALVES, José Carlos. Direito subjetivo, pretensão e ação. *Revista de processo*. São Paulo: RT, 1987, v. 47, p. 109-110.

13 LIEBMAN, Enrico Tullio. *Manual de direito processual civil.* 4ª ed. São Paulo: Malheiros, 2005, p. 196.

14 Compara Liebman: "Hoje vemos as coisas de maneira diferente, porque na sociedade moderna a situação se mostra invertida: as relações entre pessoas apresentam-se na forma de direitos e obrigações de uns perante outros e o processo é apenas o conjunto de meios destinados à proteção dos direitos." (LIEBMAN, Enrico Tullio. *Manual de direito processual civil.* 4ª ed. São Paulo: Malheiros, 2005, p. 197).

15 Nesse sentido, Pugliesi afirma que a 'actio' como conceito destinado ao ato ou o complexo de atos com os quais se afirma um direito em face de um adversário, com o fim de obter a satisfação deste direito apenas surgiu no fim do Século I a.C., e que, para representar esta ideia, usavam-se termos como *vindicar ('vindicatio')*, *'manum inicere' ('manum iniectio')*, *'pignum capere' ('pignoris capio')*, *'in ius vocare' ('in ius vocatio')*, e semelhantes (PUGLIESI, Giovanni. L''actio' e la 'litis contestatio' nella storia del processo romano. *Studi in onore di Enrico Tullio Liebman*. Milano: Giuffrè, 1979, v. 1, 409-410).

16 Sobre a célebre definição romana, observa Chiovenda: "Nihil aliud est actio quam sibi debeatur iudicio persequendi" la doctrina tejía proposiciones aparentemente diversas, pero todas incluyendo un concepto de acción que podría considerarse mixto o impuro. Algunos la configuraban como la potestad inmanente al derecho de reaccionar contra la violación, o como el derecho mismo en su tendencia a la actuación; algunos como un derecho nuevo y por sí mismo, nacido con la violación del derecho, y teniendo por contenido la obligación del adversario de hacer cesar la violación; mixtos o impuros estos conceptos, ya que si a la acción se le da por contenido una obligación cualquiera del sujeto pasivo del derecho, se cae fácilmente en una duplicación inútil del concepto

posterior, até mesmo porque não existia à época da Roma Antiga a definição do "direito de ação" e de "relação jurídica processual".[17] Tomando tudo isso em conta, parece ser mais preciso afirmar que a "*actio* não era direito subjetivo, nem "ação" processual, era uma autorização para o agir privado".[18]-[19]

A crítica ao conceito de ação como agir privado iniciou-se no século XIX.[20] Trata-se da já referida grande polêmica acerca do conceito de ação, que teve como expoentes WINDSCHEID e MÜTHER, e viria a se tornar um verdadeiro evento precursor da autonomia do direito processual em face do material.

Em 1856, BERNHARD WINDSCHEID, em sua obra *"A Ação do Direito Civil Romano do Ponto de Vista do Direito Atual"*, afirmou ser a *actio* romana o poder de agir contra

mismo del derecho. Es necesario tener presente este estado de la doctrina para comprender y justificar el famoso trabajo publicado por Windscheid en 1856" (CHIOVENDA, Giuseppe. *La acción en el sistema de los derechos.* Perú: Instituto Pacífico Editores, 2015, p. 12).

17 NOGUEIRA, Pedro Henrique. *Teoria da ação de direito material.* Salvador: Juspodivm, 2008, p. 52. Inclusive, essa percepção torna-se clara ao se perceber que a noção de relação processual viria a ser desenvolvida na obra de Oskar Von Bullow, a qual, consoante certo consenso doutrinário, seria o marco inicial da ciência processual, por garantir autonomia à disciplina. Nesse sentido, Cândido Dinamarco ao tratar das fases metodológicas na história do processo civil: "A segunda dessas fases (autonomista, conceitual) teve origem em 1868, com a famosa obra de Oskar Von Bullow proclamou em termos sistemáticos a existência de uma relação jurídica toda especial entre os sujeitos principais do processo – juiz, autor e réu –, a qual difere da relação jurídico-material litigiosa por seus sujeitos (a inclusão do juiz), por seu objeto (os provimentos jurisdicionais) e por seus pressupostos (os pressupostos processuais). A sistematização de ideias em torno da relação jurídica processual conduziu às primeiras colocações do direito processual como ciência, afirmado seu método próprio (distinto do método concernente ao direito privado) e seu próprio objeto material (as categorias jurídico-processuais – jurisdição, ação, defesa e processo)" (DINAMARCO, Cândido Rangel. *Instituições de Direito processual civil. v.1.* 8ª ed. São Paulo: Malheiros, 2016, p. 388).

18 SILVA, Ovídio A. Baptista da. *Jurisdição, direito material e processo.* Rio de Janeiro: Forense, 2008, p. 275.

19 Em sentido diverso: "Segundo a concepção romana, a pretensão jurídico-privada, que está na base da actio, não passou de um puro REFLEXO do facto de a ordem jurídica, sob certas condições, prometer a outorga de uma protecção jurídica num PROCESSO a iniciar-se com a actio (como acto de demanda). Pelo facto de este conceito central de actio pertencer simultaneamente ao direito privado e ao direito processual, compreende-se que o direito 'formal' (DIREITO PROCESSUAL) e o direito 'material'(DIREITO PRIVADO) constituam, para os Romanos, em todas as etapas da sua evolução jurídica, uma UNIDADE mais forte do que constituem hoje em dia" (KASER, Max. *Direito privado romano.* Lisboa: Calouste Gulbenkian, 1999, p. 57).

20 "O estudo do direito das ações somente foi possível após o descobrimento das Institutas de Gaio, em 1816. Naquele ano, Niebuhr descobriu, na Biblioteca Capitular de Verona, o famoso palimpsesto no qual Santo Anselmo escreveu suas especulações teológicas, em cujo fundo, porém, apareceu o texto das Institutas de Gaio. Com isso foi possível restaurar parte do livro IV, que estava desaparecida, viabilizando o conhecimento sobre os primeiros sistemas processuais" (POLETTI, Ronaldo. *Elementos de direito romano público e privado.* Brasília: Livraria e Editora Brasília Jurídica, 1996, p. 113).

outrem, conferido pelo pretor, que não seria proveniente de direito ou meio de sua defesa, tratando-se de algo similar ao direito subjetivo moderno. Seria, portanto, algo que é possível exigir de terceiro, nas suas palavras, *"la facultad de imponer la propia voluntad mediante la persecución judicial"*.[21] Justificava que, em Roma, o direito era declarado na fórmula pelo pretor: concedendo a *actio*, o pretor simultaneamente estava declarando o direito. Logo, no direito romano, o sistema não funcionava mediante direitos subjetivos, mas através de *actiones*.[22] Defendia, também, que não é possível se afirmar, como faziam alguns romanistas, a igualdade entre *Actio* e *Anspruch* (pretensão que brota ao direito, independentemente de ser este violado), uma vez que é elemento alheio à pretensão a persequibilidade judicial.[23]

Em 1857, THEODOR MÜTHER, em obra intitulada *"Sobre a teoria da* actio *romana, do hodierno direito de ação, da* litiscontestatio *e da sucessão singular na obrigação"*, tece críticas às conclusões da teoria de WINDSCHEID, em um tom raivoso e irônico.[24] Define a *actio* romana como toda a atividade do autor até o fim do processo, sendo direcionada ao juiz com a finalidade de ter declarado o seu direito preexistente.[25] Não seria a *actio* o direito subjetivo material contra o devedor, ou algo que o valha, mas, de modo mais preciso, o direito público de queixa (*klage* germânica), que envolve propriamente o processo e é direcionado ao pretor.[26]

---

21 WINDSCHEID, Bernhard. La actio del derecho civil romano, desde el punto de vista del derecho actual. *Polémica sobre la actio*, p. 7.

22 DINAMARCO, Cândido Rangel. Polêmicas do processo civil. *Fundamentos do processo civil moderno.* 4ª ed. São Paulo: Malheiros, 2001, v. 1, p. 279.

23 GOMES, Fábio. *Carência de ação*. São Paulo: RT, 1999, p. 23. Ovídio Baptista ressalta o valor da teoria de Windscheid, embora a critique por confirmar a redução de todo o direito material ao Direito das Obrigações, processo que já se realizara desde a obra dos compiladores de Justiniano (SILVA, Ovídio A. Baptista da. Direito material e processo. In: AMARAL, Guilherme Rizzo; MACHADO, Fábio Cardoso (Org.). *Polêmica sobre a ação: a tutela jurisdicional na perspectiva das relações entre direito e processo.* Porto Alegre: Livraria do Advogado, 2006, p. 66). Destacando a necessidade de ter cuidado com o conceito de *Anspruch*, que nem sempre significa efetivamente o que conhecemos por pretensão: DINAMARCO, Cândido Rangel. Polêmicas do processo civil. *Fundamentos do processo civil moderno.v.1.* 4ª ed. São Paulo: Malheiros, 2001, p. 282.

24 DINAMARCO, Cândido Rangel. Polêmicas do processo civil. *Fundamentos do processo civil moderno*, cit., p. 280. Aliás, expõe o Professor Dinamarco, quanto à posição de Muther em relação ao autor e à obra criticados, fazendo referência à crítica que este direcionou aos romanistas em geral de explicarem fenômenos antigos com os olhos dos tempos em que se escreve: "Logo no prefácio, o professor de Königsberg declara-se pessoalmente irritado por não ter o adversário manifestado 'a devida estima a homens que serão orgulho de nossa nação e da ciência ainda em tempos distantes, aos quais eu por isso mesmo venero no mais profundo da alma, como por exemplo Savigny'. Assume, desde logo, uma posição declarada e acintosamente hostil, anuncia que não dará nenhuma resposta a eventual réplica, diz que nada adiantará vir o contendor mais tarde acusá-lo de não ter entendido bem – *o que está escrito está muito claro, Windscheid devia ter sido prudente quando escreveu sua crítica*", p. 280-281.

25 COSTA, Susana Henriques da. *Condições da ação.* São Paulo: Quartier Latin, 2005, p. 21-22.

26 LACERDA, Galeno. *Teoria geral do processo.* Rio de Janeiro: Forense, 2008, p. 217.

Aduziu a existência do direito de agir contra o Estado – a *actio* – cuja prestação exigida seria a concessão da fórmula, o que equivale à tutela jurídica. A concessão da fórmula, assim como da tutela jurídica atual, não seria a mesma coisa que a procedência do pedido do autor, embora afirme que apenas tem direito à formula aquele que detém a posição de direito material, ou seja, colocava como requisito para a obtenção da fórmula a existência de direito subjetivo prévio.[27] Todavia, o efetivo reconhecimento do direito material apenas adviria com a sentença final do *iudex*, e não com a concessão da fórmula pelo pretor.[28]

Exercido o direito de agir com os seus pressupostos presentes, tem o Estado o dever de conceder a fórmula, para, em seguida, exercer a coação necessária frente ao réu, a fim de que ocorra o cumprimento da obrigação.[29] Não era possível ao pretor negar a concessão da fórmula se preenchidas as condições gerais, podendo o requerente fazer queixa contra aquele em caso de negativa arbitrária.[30] Enquanto o pedido de concessão da fórmula tinha como obrigado o Estado[31] ou o pretor, a tutela final consequente obrigaria o particular. Desse modo, vê-se o aparecimento de teoria que separa o direito à tutela jurisdicional do direito subjetivo material do particular.[32]

Ainda em 1857, WINDSCHEID defende seu ponto de vista, embora acate parte da teoria de MÜTHER, em seu livro *"A Actio. Réplica ao Dr. Theodor Muther"*, somando a ação processual à pretensão de direito material; sem modificar, portanto, o seu enten-

---

27 "A *actio* não era um direito, ou faculdade, tendo por sujeito passivo o adversário, mas um direito perante o magistrado, o qual era obrigado a emitir em favor do autor a fórmula adequada; ela difere do direito subjetivo substancial, seja pela diversidade do sujeito passivo, seja pela observação de que há direitos não amparados pela ação. O ordenamento de Roma não era, pois, como queria Windischeid, um sistema de ações, mas um verdadeiro *sistema de direitos*, tanto quanto os da atualidade" (DINAMARCO, Cândido Rangel. Polêmicas do processo civil cit., p. 281). Vale destacar que o excerto é uma explicação do entendimento defendido por Theodor Muther, e não uma tomada de posição do autor.

28 LACERDA, Galeno. *Teoria geral do processo.* Rio de Janeiro: Forense, 2008, p. 217.

29 MARINONI, Luiz Guilherme; ARENHART, Sergio Cruz; MITIDIERO, Daniel. *Novo curso de processo civil: teoria do processo civil.* v. 1. São Paulo: RT, 2015, p. 194.

30 GOMES, Fábio. *Carência de ação.* São Paulo: RT, 1999, p. 24.

31 "Juridicamente o Estado romano é o conjunto dos seus cidadãos; já o diz o seu nome, populus Romanus (bem como civitas ou res publica, derivada de populus)" (KASER, Max. *Direito privado romano.* Lisboa: Calouste Gulbenkian, 1999, p. 116-117).

32 Sobre as ideias defendidas por Muther, há crítica no sentido de que o autor germânico "não se limitou a atribuir novo conceito à *actio*: ele simplesmente apropriou-se do nome conferido a um fenômeno do direito privado para designar outro pertencente ao direito público" (MACHADO, Fábio Cardoso. "Ação" e Ações: sobre a renovada polêmica em torno da Ação de Direito Material. In: AMARAL, Guilherme Rizzo; MACHADO, Fábio Cardoso (Org.). *Polêmica sobre a ação: a tutela jurisdicional na perspectiva das relações entre direito e processo.* Porto Alegre: Livraria do Advogado, 2006, p. 143). Do mesmo modo, há também quem repute ao autor grande visão: "Por isso é que Muther é o pai de todas as teorias da ação, em que se desvinculam ação de Direito subjetivo" (MOREIRA ALVES, José Carlos. Direito subjetivo, pretensão e ação. *Revista de processo.* São Paulo: RT, 1987, v. 47, p. 119).

dimento, já que não exclui a *actio* romana do plano do direito privado. *Nota-se que, ao final,* actio, *para Windscheid, passou a ter dois significados: poder de agir contra outra pessoa e a concessão da tutela processual para assim fazê-lo.*

Percebe-se, aqui, que o debate envolveu, de modo pungente, a relação entre direito material e processo, e, por isso, ganhou grande relevância para a posterior afirmação da autonomia do direito processual.[33] Após o aparecimento do primeiro livro de WINDSCHEID e da réplica de MÜTHER, houve muitas obras escritas sobre o conceito e a natureza da ação, mas quase nada de definitivo foi construído.[34]

Seja como for, o debate gerou certa confusão entre os estudiosos, de modo que não é possível falar em ação, simplesmente, sem alguma ambiguidade. É possível, ou mesmo provável, em um diálogo sobre o tema, se ele não for precedido de um esclarecimento sobre o lugar de fala, que ao se mencionar "ação" o sujeito falante invoque uma noção e os seus interlocutores projetem outras ideias, diversas da que se pretende utilizar. A chance de erros comunicacionais, decorrentes da multiplicidade de conceitos atribuídos ao termo, é imensa.

Passa-se a relatar o desenvolvimento das várias ideias em torno do conceito de ação, que, da visão romana de um fenômeno de direito material passa a ser, paulatinamente, transposto para o direito processual, incorporando várias e diversas características. Esta alteração tem uma função retórica estratégica, que se passa a analisar.

2.2. A retórica da declinação da ação material como uma estratégia de legitimação da ciência processual

Não são poucas as obras de Teoria Geral do Processo que abordam, em proposta de perspectiva *evolutiva*, as várias teorias sobre a ação.[35] E isso tem um significado relevante.

Nelas, costuma-se iniciar pela *actio* romana, referida como pertencente à teoria sincrética ou imanentista da ação ou, simplesmente, como ação civil. Nesta teorização, afirma-se que não se havia percebido, ainda, que a ação seria um fenômeno que transborda o direito material, alocando a ação nesta seara. Ao se mencionar a ação *(actio)*, sob essa perspectiva, faz-se referência a uma categoria de direito material, que é algo mais que o direito em si, mas um verdadeiro estado em que seu titular poderia

---

33 "O mérito fundamental dessa disputa, aquele que resume em si todos os demais, foi o de despertar a ciência jurídica para a importância do direito público, se não acima ao menos ao lado do direito privado; a partir daí, haveria de ser breve o passo para a fundação de um verdadeiro *direito processual científico e sistemático*" (DINAMARCO, Cândido Rangel. Polêmicas do processo civil. *Fundamentos do processo civil moderno. v.1.* 4ª ed. São Paulo: Malheiros, 2001, p. 282).

34 Afirmação emblemática de PASSOS, José Joaquim Calmon de. *A ação no direito processual civil brasileiro.* Salvador: Juspodivm, 2014, p. 17.

35 "O grande mérito das modernas pesquisas científicas consiste não só em distinguir com nitidez o direito subjetivo e a ação, como também em definir o nexo que os une" (BUZAID, Alfredo. *A ação declaratória no direito brasileiro.* 2ª ed. São Paulo: Saraiva, 1986, p. 110).

impor ao sujeito passivo a situação jurídica de que é titular. A ação civil é uma manifestação da autotutela, e assim o é diante da permissão dada aos particulares para que, por si, defendessem os seus direitos.

A esta teoria contrapõem-se as teorias autonomistas, que passam a transpor o direito substancial e alocar a ação no plano processual. Inicialmente, destacou-se a teoria concretista da ação, com ilustres processualistas em suas fileiras, como ADOLF WACH e GIUSEPPE CHIOVENDA. Segundo a ideia de ação autônoma e concreta, a ação seria o direito a uma sentença de procedência – devendo preencher as *condições da ação* para o reconhecimento do direito.[36] Portanto, nesta linha conceitual, a ação desprende-se do direito material, sendo deslocada para o processo, mas essa cisão não é completa, uma vez que a ação pressupõe a sentença de procedência, isto é, o reconhecimento da existência do direito material.

Avançando, vê-se a teoria autonomista e abstrata da ação, onde a dissociação entre direito material e processo chegaria ao seu ápice. Conforme esta teorização, comumente imputada a DEGENKOLB e PLÓSZ – que teriam, sem comunicação, pensado a teoria, cada um autonomamente e ao seu modo –, a ação seria um poder processual que nada tem a ver com a efetiva existência do direito material afirmado. Isso significa que a ação, conforme a teoria autônoma e abstrata, é erigida a um conceito puramente processual, significante do poder de exigir do Estado a prestação jurisdicional, independentemente da efetiva existência de qualquer situação jurídica material.[37] Haveria, portanto, exercício da ação mesmo nos casos de improcedência, isto é, quando a decisão judicial concluísse pela inexistência do direito material afirmado.[38]

Pois bem. Essa breve digressão serve a um propósito: destacar que *a afirmação da ação processual, com a consequente morte da ação material, serviu a um propósito científico e estratégico específico: desvencilhar o direito processual civil do direito material, tornando-o mais do que um mero capítulo deste e afirmá-lo como uma ciência autônoma. De fato, a noção de* actio *acabou sendo um peculiar cabo-de-guerra entre os defensores da autonomia do direito processual que, para consagrar a sua ciência, modificaram um velho conceito, transformando-o na representação de um fenômeno*

---

36 Interessante perceber que as condições da ação estiveram presentes desde a própria concepção da ação, variando de sentido conforme a respectiva teoria da ação, cf. COSTA, Susana Henriques da. *Condições da ação.* São Paulo: Quartier Latin, 2005, p. 17.

37 Descreve Chiovenda as teorias de Degenkolb e Plosz: "...considerando que también aquel que por último pierde la litis, sin embargo, es admitido a promoverla y a conducirla, y buscando fuera de la litis un fundamento jurídico a este poder, lo determinaron en el derecho de accionar en juicio, derecho subjetivo público, independiente de la correspondencia efectiva de un derecho privado, también por alguno de estos escritores llamado 'abstracto'" (CHIOVENDA, Giuseppe. *La acción en el sistema de los derechos.* Perú: Instituto Pacífico Editores, 2015, p. 15).

38 PEKELIS, Alessandro. A Acção. *Revista da Ordem dos Advogados*, 1941, v. II, ano 1, p. 66-89. Alessandro Pekelis vê como ponto em comum entre as supracitadas teorias da ação a apresentação de situação de vantagem do indivíduo em relação ao Estado, enquanto como ponto de divergência a comparação da ação com outras situações de vantagem existentes no ordenamento jurídico, principalmente o direito subjetivo.

diverso e que não se confundia com aquele que o termo romano buscava representar.[39] Partiu-se da *actio* romana até, através da defesa da supressão dela, alcançar-se o chamado direito de ação.

Perceba-se que não se defende aqui que este foi o único propósito da virada conceitual em torno da ação, o que seria escandaloso e absurdo. De fato, a noção de ação processual defendida teve o desiderato de deixar claro que seria possível a todos e a qualquer um ir ao Estado pleitear a tutela jurídica e, por conseguinte, estabelecer o dever deste de, ao menos, outorgar uma resposta. Desse modo, a ação processual veio também para cumprir uma função legitimadora de cunho político, a de firmar o dever estatal de responder a todos que se afirmem titulares de um direito.[40]

E não é só isso. Há também uma justificativa teórica.

O conceito de ação estava ligado, mesmo em Roma, à realização do direito. Pragmaticamente, ao menos no início da história, essa realização fazia-se através da autotutela. O próprio sujeito poderia tutelar o seu direito, o que destaca a noção de impositividade. A partir do momento em que se viu uma modificação na efetivação dos direitos, que saíram, numa observação prática, da realização pelo próprio titular para o monopólio da sua efetivação pelo Estado-juiz, tem-se um dado relevante que precisa ser levado em conta pela ciência jurídica. De fato, houve uma mudança jurídica relevante a impulsionar o movimento do conceito de ação: se, *antes*, o agir privado era autorizado, antes ou após o referendo judicial, levando à obviedade da necessidade de um conceito jurídico que o representasse; *depois*, viu-se o próprio agir privado *proibido de um modo geral*, tornando-se ilícito e sendo a efetivação das situações de vantagem quase que completamente internalizada na atuação jurisdicional. Essa modificação nos sistemas jurídicos motivou o redesenho realizado na doutrina. Assim, do ponto de vista teórico, o deslocamento do conceito de ação se deu por uma compreensão da pragmática – notadamente, a mudança na dinâmica da tutela dos direitos, que saiu da autotutela para a heterocomposição estatal.

Pois bem.

Se o conceito de relação processual foi a base para a construção científica do direito processual civil, a ação processual serviu, por sua vez, como fundamento inevitável da relação processual: trata-se do ato que lhe origina. Ora, como à época o conceito de ação que se conhecia era justamente o pertencente ao direito material,

---

39 Nesse sentido, vê-se, entre muitos outros, ao tratar da evolução do conceito de ação, a seguinte afirmação: "Desde a segunda metade do século XIX, com a renovação dos estudos científicos, acentuaram-se, sobremaneira, a função elevada e independente do Direito Processual, especialmente o Civil, e seu importante valor social", e, depois, a seguinte conclusão: "Determinou-se, então, e conseqüentemente, a *autonomia da ação* que, desvinculando-se da concepção civilística clássica, na qual se fazia elemento do direito subjetivo material, passava a configurar-se como direito – *direito de ação*" (TUCCI, Rogério Lauria. *Da ação e do processo civil na teoria e na prática*. São Paulo: Saraiva, 1978, p. 7-8).

40 Destacando a importância histórico-política da processualização do conceito de ação: PROTO PISANI, Andrea. *Lezioni di diritto processuale civile*. 5ª ed. Napoli: Jovene, 2010, p. 51-52.

não haveria como desenvolver a nova ideia, e com ela a ciência processual, sem antes eliminar o velho conceito. Uma fatalidade necessária.

Contudo, como se percebe desde a resposta de WINDSCHEID a MÜTHER, o conceito de ação como ato inaugural da relação processual não necessariamente abnega o conceito de ação como impositividade de uma situação de vantagem. Todavia, diante da necessidade de afirmação de uma nova ciência, nada mais adequado do que reclamar um conceito tão importante à civilistica e torná-lo um símbolo da recém-inaugurada ciência processual.

Como se percebe, a "morte" da ação material decorreu de um específico contexto histórico e problemático, no qual a continuidade da ciência processual dependia da abnegação do vínculo entre direito material e processo. Estrategicamente, seria, naquele contexto, bastante difícil, senão realmente impossível, fazerem companheiras as ações de direito material e de direito processual.

Amadurecida a ciência processual, coube a PONTES DE MIRANDA, no Brasil, e diante de sua ligação íntima com o pandectismo alemão, resgatar – ou ressuscitar? – o conceito e demonstrar, pioneiramente, a possibilidade de seu harmonioso convívio com a ação de direito processual. Em seguida, será demonstrado que, cientificamente, não há qualquer consistência na eliminação da ação material: sem ela, a representação do fenômeno jurídico é incompleta.

Para que isso fique claro, passa-se a analisar os respectivos conceitos de ação, além da ideia liebmaniana de ação eclética, nos moldes como compreendidos pelos seus defensores.

3. O que é uma ação?

3.1. Prolegômenos

Como já ficou demonstrado, o conceito de ação é cambiante; na verdade, o termo ação tem diversos significados, havendo muita poluição semântica em seu uso: ora ligado ao direito material e ora ligado ao direito processual. O uso do vocábulo "ação" pela doutrina e pela legislação têm quatro principais usos, quais sejam, *i)* ação de direito material, *ii)* ação concreta e *iii)* ação processual ou direito de ação; e *iv)* ação eclética. Além disso, ação também é utilizada para se referir ao meio processual específico utilizado (remédio jurídico processual; tutela específica; procedimento). Os vários significados são totalmente distintos e o uso indiscriminado do termo acaba levando a dificuldades comunicativas, na exata medida em que o falante pode pressupor um significado imputado ao termo enquanto o interlocutor interpreta-o doutra forma.[41]

---

41 Aliás, justamente por isso, Pontes de Miranda, ao se referir à ação de direito processual, preocupava-se em utilizar a palavra "ação", entre aspas, a fim de distinguir da ação em sentido material – talvez o uso historicamente mais congruente do termo. Ver, assim: "A ação exerce-se principalmente por meio de "ação" (remédio jurídico processual), isto é, exercendo-se a pretensão à tutela jurídica, que o Estado criou. A ação exerce-se, porém, de outros modos. Nem sempre é preciso ir-se contra

Neste texto, a preocupação principal é a assunção de uma postura compreensiva, com o que se demonstrará que a disputa em torno da ação, ao invés de ser uma grande batalha conceitual da mais alta relevância para o direito processual, como seu destaque histórico parece conotar, não passa de um conflito *terminológico*; isto é, busca-se demonstrar que a preocupação dos que enaltecem um dos significados é mais em defender um dos seus variados sentidos, em detrimento de outros, como aquele merecedor de ser albergado pela palavra ação – sem, no entanto, negar efetivamente os fenômenos descritos pelos outros conceitos. Quer-se afirmar aqui, enfim, que *o debate sobre a ação centrou-se na pretensão de exclusividade semântica do termo e não numa percepção necessariamente completa do fenômeno jurídico*. Com isso espera-se provar que cada um dos significados dados à ação tem alguma relevância para a compreensão do ordenamento jurídico, pelo que, ao contrário de se excluírem, devem ser somados para uma perspectiva correta e adequada.

Antes, todavia é preciso explorar cada um dos usos dados à ação, tendo como base os seus principais expoentes.

3.2. A ação material

3.2.1. Distinção entre direito subjetivo, pretensão e ação material

Para entender o conceito de ação *de direito material* é essencial, primeiramente, saber distingui-la da pretensão e do direito subjetivo. Tais conceitos são comumente tratados de modo confuso na doutrina, variando bastante o significado.[42] Para evitar que este problema acometa esta pesquisa, passa-se a delinear o significado de tais importantes conceitos consoante a *teoria do fato jurídico*.[43]

O direito subjetivo, como qualquer outra situação jurídica,[44] dá-se no plano do pensamento; o direito existe ou não existe, pois é um produto da incidência

o Estado para que ele, que prometeu a tutela jurídica, a preste; nem, portanto, estabelecer-se a relação jurídica processual, na qual o juiz haja de entregar, afinal, a prestação jurisdicional. A ação nada tem com a pretensão à tutela jurídica" (PONTES DE MIRANDA, Francisco Cavalcanti. *Tratado das ações*. Bookseller: Campinas, 1998, p. 45).

42 Ver, por exemplo, vários conceitos célebres de direito subjetivo expostos em: MOREIRA ALVES, José Carlos. Direito subjetivo, pretensão e ação. *Revista de processo*. São Paulo: RT, 1987, v. 47, p. 110-116.

43 Para uma visão mais completa deste marco, é imprescindível conferir: PONTES DE MIRANDA, Francisco Cavalcanti. *Tratado de direito privado*. 4ª ed. São Paulo: RT, 1983, tomo V. MELLO, Marcos Bernardes de. *Teoria do fato jurídico: plano da eficácia, 1º parte*. São Paulo: Saraiva, 2011.

44 Conceitua Carnelutti a situação jurídica da seguinte forma: "Al ser el interés una posición del hombre, el interés juridicamente protegido o jurídicamente subordinado constituye lo que se llama situación jurídica. La situación jurídica es, por ello, elemento de la relación, que se compone de dos situaciones combinadas" (CARNELUTTI, Francesco. *Sistema de derecho procesal civil*. Buenos Aires: Uteha, 1944, v. 1, p. 29.).

normativa,[45]-[46] ao contrário do que se dá com a sua aplicação, que deve ser implementada no mundo fático e está sujeita a imprecisões – podendo-se chamar de injustiça a diferença entre o direito efetivamente existente e a sua aplicação.[47] O funcionamento do direito – portanto, no plano normativo – dá-se da seguinte forma: há a incidência da norma quando houver a ocorrência do fato previsto em sua hipótese fática, o que gera o fato jurídico; o fato jurídico, por sua vez, produz a eficácia prevista na norma, gerando uma situação jurídica; a situação jurídica mais comum é a relação jurídica,[48] e, nesta, usualmente vê-se como conteúdo um direito de um sujeito em relação a outro, que possui um dever, sendo esta a primeira fase da relação; havendo exigibilidade, nasce a pretensão,[49] em contraposição à obrigação; finalmente, a relação pode desenvolver-se para um estado em que é possível a sua imposição, estado este que é chamado de ação (de direito material), a que se contrapõe a situação de acionado, sendo de se destacar que a ação normalmente ocorre quando a pretensão não for satisfeita.[50] Em alguns fatos jurídicos as relações jurídicas decorrentes se dão em ponto cronologicamente diferenciado, isto é, as situações de detentor de direito, pretensão e ação material ocorrem paulatinamente; noutras relações (*rectius:* fatos jurídicos), no entanto, o direito, a pretensão e a ação material nascem concomitantemente. Assim, define-se a ação, de modo resumido, como a "inflamação do direito ou da pretensão". É também por isso que o mesmo autor recomenda evitar o uso da expressão "direito de ação", a fim de evitar a confusão entre a ação material e as situações que ela origina.[51]

---

45 SILVA, Ovídio A. Baptista da. *Jurisdição, direito material e processo*. Rio de Janeiro: Forense, 2008, p. 279.

46 Destaca Leonardo Santana de Abreu que ainda hoje se controverte sobre a existência do próprio direito subjetivo, porém com bem menos vigor que antigamente (ABREU, Leonardo Santana de. *Direito, ação e tutela jurisdicional*. Porto Alegre: Livraria do Advogado, 2011, p. 115). Ainda sobre o direito subjetivo fala o autor: "Por caracterizar-se como uma posição estática, ou uma categoria jurídica estaria, pode ser representado pelo verbo 'ter'" (Idem, p. 116).

47 PONTES DE MIRANDA, Francisco Cavalcanti. *Tratado de direito privado*. 4ª ed. São Paulo: RT, 1983, t. VI, p. 60-62.

48 Há relações jurídicas processuais e materiais. Distingue Marcos Bernardes de Mello: "No que respeita ao conteúdo eficacial, a relação jurídica de direito material produz direitos e pretensões, eventualmente, ações e exceções que se podem subjetivar, e são oponíveis a sujeitos de direito determinados, ou determináveis, ou a sujeiros passivos totais (alter), conforme sua natureza. Na relação jurídica de direito processual, diferentemente, os direitos e deveres, pretensões e obrigações, portanto, nascem dentro da relação, jamais se projetando para além de seus limites. Os sujeitos de direito são somente aqueles que sejam, no momento, termos na relação (o juiz, o autor e o réu)" (MELLO, Marcos Bernardes de. *Teoria do fato jurídico: plano da eficácia, 1ª parte*. São Paulo: Saraiva, 2011, p. 236).

49 "A palavra pretensão, conquanto se possa restringir sua compreensão ao emprego utilizado no universo jurídico; ainda assim é polissêmica" (ABREU, Leonardo Santana de. *Direito, ação e tutela jurisdicional*. Porto Alegre: Livraria do Advogado, 2011, p. 123).

50 PONTES DE MIRANDA, Francisco Cavalcanti. *Tratado das ações*. Bookseller: Campinas, 1998, p. 46.

51 PONTES DE MIRANDA, Francisco Cavalcanti. *Tratado de direito privado*. 4ª ed. São Paulo: RT, 1983, t. V, p. 482.

Em apertada síntese, a diferença entre a ação e a pretensão é que a primeira tem o caráter de impositividade, enquanto a segunda, de exigibilidade; isto é, a pretensão dá poder ao sujeito ativo da relação jurídica de exigir do sujeito passivo o adimplemento da obrigação, que, caso não cumprida, faz surgir a ação, ou seja, o poder de o titular fazer a sua posição jurídica realizada independentemente da colaboração do sujeito passivo.[52] O exercício da pretensão pressupõe agir voluntário do destinatário do dever jurídico – cumprimento da prestação –, enquanto a ação supõe ato do titular do direito para a sua realização, independentemente da vontade do obrigado.[53] Utilizando-se de exemplo de PONTES DE MIRANDA: "se digo ao vendedor que desejo que me pague o que me deve, exijo-o; porém, ainda não ajo contra ele: se lhe tomo a coisa, que me deve, ajo condenatoriamente, condeno e executo".[54]

Firmando uma linha lógica, em regra, temos que primeiro ocorre o fato, que atrai a incidência da norma, permitindo categorizá-lo como fato jurídico, o qual tem por eficácia o surgimento do direito subjetivo, que pode se tornar exigível (pretensão) e, em caso de não cumprimento da obrigação pelo sujeito passivo da relação, transforma-se em impositivo (ação de direito material). Há, por sua vez, situações jurídicas correspondentes no polo passivo, quais sejam, respectivamente: o dever, a obrigação e a situação de acionado.

Toda ação de direito material exige a prévia existência de um direito subjetivo, o contrário não é verdadeiro.[55] É possível ter direito subjetivo sem ação e pretensão, a exemplo do caso da titularidade de crédito ainda não vencido e dos direitos mutilados – como, por exemplo, a dívida oriunda de jogos de azar.[56] Nesse caso, tem-se o direito subjetivo ao crédito, mas não é possível ainda exercer a pretensão ou a ação, devido à falta da exigibilidade e impositividade, características da pretensão e da ação, respectivamente.[57]

---

52 Exigere (ex, ago) singifica empurrar, reclamar, empuxar, com o fito de que o obrigado cumpra, operar fora para que o obrigado seja exato. Acionar, agere, sem o ex, não: é ir por si, já sem querer mover o obrigado. (PONTES DE MIRANDA, Francisco Cavalcanti Pontes de. *Tratado das ações*, cit., p. 101)

53 SILVA, Ovídio A. Baptista da. Direito Subjetivo, Pretensão de Direito Material e Ação. In: AMARAL, Guilherme Rizzo; MACHADO, Fábio Cardoso (Org.). *Polêmica sobre a ação: a tutela jurisdicional na perspectiva das relações entre direito e processo.* Porto Alegre: Livraria do Advogado, 2006, p. 18-19.

54 PONTES DE MIRANDA, Francisco Cavalcanti. *Tratado das ações*, cit., p. 64.

55 Nesse sentido: "ao se falar em ação fala-se em uma posição de direito substantivo, então é possível e correto falar em "ação possessória", "ação ressarcitória", "ação reivindicatória", "ação inibitória" etc. Sendo certo que, em todos os exemplos suscitados, o termo ação está empregado em seu sentido material" (MACÊDO, Lucas Buril de; PEIXOTO, Ravi. A obrigatoriedade da denunciação da lide e os novos aportes teóricos para sua compreensão: uma análise do atual e do novo CPC. *Revista de Processo*, São Paulo, 2013, v. 225, p. 84).

56 Sobre os direitos mutilados, cf. PONTES DE MIRANDA, Francisco Cavalcanti. *Tratado de direito privado*, cit., t. VI, p. 40-42.

57 SILVA, Ovídio A. Baptista da. *Jurisdição, direito material e processo*. Rio de Janeiro: Forense, 2008, p. 171.

3.2.2. A concepção da ação de direito material

Em decorrência da vedação da justiça de mão própria (autotutela), a ação de direito material normalmente é exercida por meio do exercício da ação processual (pretensão à tutela jurídica) – o que, evidentemente, torna sua visualização mais difícil, na medida em que estaria anteposta à pretensão à tutela jurídica. Já que não pode o próprio titular da situação de vantagem impô-la frente ao sujeito passivo por ato próprio, ele pede ao Estado-juiz para implementar sua ação.[58] Este, reconhecendo como "procedente a ação", a satisfaz, concretizando-a. Faz do direito um fato. Isso significa que a ação material é afirmada no exercício da ação processual, cabendo ao Estado-juiz, após certificar a existência daquela, efetivá-la.

Porém, nem sempre para exercer a ação material será necessário impulsionar o Estado para que este preste a tutela jurídica, em alguns casos não é preciso afirmar a ação material por meio de uma relação jurídica processual.[59] Por exemplo, existem hipóteses nas quais o próprio ordenamento jurídico permite a utilização da justiça de mão própria, surgindo do fato jurídico o direito subjetivo, a pretensão e a ação material simultaneamente. Nesses casos, haverá exercício da ação de direito material sem a necessidade de utilização da via processual. Alguns exemplos: no direito civil, desforço imediato para proteção da posse (art. 1210, § 1º, CC/2002), legítima defesa (art. 188, I, CC/2002), direito e ação do proprietário de cortar os ramos de árvores que ultrapassem o limite vertical do prédio vizinho (art. 1.283, CC/2002); no direito administrativo, a própria autoexecutoriedade dos atos administrativos, a exemplo da interdição de um estabelecimento; no direito penal, o estado de necessidade (art. 24, CP).[60]

O que a ação de direito material busca descrever é algo bastante diverso da ação processual. Com a ação material quer se designar um estado do direito subjetivo que, mais do que exigir (pretensão), o seu titular pode fazer o direito se impor. Tal fenômeno é analiticamente indispensável: não se pode confundir a *pretensão*, quando apenas é possível exigir o cumprimento do dever, com o momento em que o sujeito pode requerer ao Estado que faça sua situação jurídica realidade, independentemente da vontade ou cooperação do sujeito passivo. Então, parece evidente que os sistemas jurídicos, de um modo geral, diferenciam a mera titularidade de uma situação de vantagem juridicamente relevante; a existência de uma situação de vantagem em que se pode exigir o cumprimento de seu conteúdo, mas que depende da colaboração do devedor para sua realização; e, finalmente, uma

---

58 "As ações exercem-se em juízo ou fora dêle. Quem fala de ações, no sentido do direito material, que é o próprio, sòmente por *associação* (fato psíquico, extrajurídico) alude à Justiça estatal, ou à própria auto-tutela" (PONTES DE MIRANDA, Francisco Cavalcanti. *Tratado de direito privado*, cit., t. VI, p. 74).

59 PONTES DE MIRANDA, Francisco Cavalcanti. *Tratado de direito privado*, cit., t. V, p. 478.

60 Os exemplos são fornecidos por: NOGUEIRA, Pedro Henrique. *Teoria da Ação de Direito Material*. Salvador: Juspodivm, 2008, p. 111.

situação de vantagem que se pode fazer impor, normalmente mediante atuação do Estado-juiz.[61]

Aliás, a relevância dessa distinção entre o estado da pretensão e o da ação (imposição) é tão relevante que FRANCESCO CARNELUTTI, ao elaborar sua teoria do direito, que embasa sua concepção de processo, trabalha com a noção de pretensão e, também, com a de *pretensão resistida*, sendo esta indispensável para a ação (em sentido processual).[62] Ora, feito um giro para a teoria do fato jurídico, percebe-se que a *pretensão resistida* nada mais é do que o principal fato gerador da *ação em sentido material*, na medida em que retira o direito do grau de exigibilidade e lança-o no de impositividade. Portanto, CARNELUTTI, a partir de uma construção teórica completamente diferente da teoria do fato jurídico, propôs um conceito – certamente diverso – para descrever o mesmo fenômeno jurídico.

São muito comuns as críticas que buscam negar a ação material através de uma preocupação com outros fenômenos, como a decisão de improcedência ou a ação declaratória negativa.[63] Todavia, tais críticas não são capazes de infirmar a existência de uma ação material, mas denuncia a necessidade de outro conceito para descrever outro fenômeno: o da movimentação do aparato judiciário para a prestação de tutela jurisdicional.

Realmente, a tentativa de explicar qualquer parcela do fenômeno processual através do conceito de ação material será fadada à frustração e ao erro, pois não é a isto que

---

61 Embora trabalhe com conceitos completamente diferentes, a percepção do fenômeno não foi menos exata nas lições de Proto Pisani, como se percebe na seguinte passagem: "In tutte e ter le ipotesi di violazione indicate si è alla presenza di uma mancata di cooperazione da parte di um soggetto obbligato, mancata cooperazione che impedisce al titolare della situazione di vantaggio di ottenere tutte quelle utilità che il diritto sostanziale gli attribuisce. Stante il divieto di autotutela privata, il titolare del diritto deve pertanto necessariamente ricorrere al processo, strumento col quale chieda allo Stato – representato dal giudice – un provvedimento che gli consenta di godere della *res* nonostante la mancata cooperazione doverosa dell'obbligato" (PROTO PISANI, Andrea. *Lezioni di diritto processuale civile*. 5ª ed. Napoli: Jovene, 2010, p. 30).

62 "Puede ocurrir que, ante la pretensión, el titular del interés opuesto se decida a su subordinación. En tal caso, la pretensión es bastante para determinar el desenvolvimiento pacífico del conflicto. Pero con frecuencia no sucede así. Entonces, a la pretensión del titular de uno de los intereses en conflicto se opone la resistencia del titular del outro (infra, núm. 124). Cuando esto ocurre, el conflicto de intereses se convierte en litigio. Llamo litigio al conflicto de intereses calificado por la pretesión de uno de los interesados y por la resistencia del otro" (CARNELUTTI, Francesco. *Sistema de derecho procesal civil.* Buenos Aires: Uteha, 1944, v. 1, p. 44).

63 Contra a noção, "objetou-se que, nos casos em que o autor fosse vencido, isto é, ficasse reconhecido não ter ele o direito subjetivo alegado, restaria sem explicação qual o direito que lhe permitira movimentar a máquina estatal até aquela conclusão. Vale dizer, ficava sem explicação todo caso de ação julgada improcedente, porque a conclusão final seria a de que o autor não tinha direito subjetivo e, portanto, não tinha direito de ação. Ficava também sem explicação a ação declaratória negativa, porque ela se funda precisamente na inexistência de um direito subjetivo material. A manifesta insuficiência dessa doutrina levou-a ao abandono pela quase totalidade dos processualistas atuais" (BARBI, Celso Agrícola. *Comentários ao Código de Processo Civil*. 11ª ed. Rio de Janeiro: Forense, 2000, v. 1, p. 18).

o conceito substancial de ação serve. Da mesma forma, o conceito de ação processual é insuficiente para descrever o estado de impositividade do direito material.

3.3. A ação concreta

Os concretistas, embora insiram o conceito de ação no âmbito processual, se diferenciam das demais correntes doutrinárias por entenderem estar o exercício da ação relacionado a uma sentença de procedência. Como afirma Adolf Wach, a ação é a realização de direitos e de pretensões materiais, o que se dá no processo.[64] Analisando estas ideias, Liebman aponta o mérito desta teoria em colocar o problema em bases modernas e de balançar profundamente as opiniões tradicionais, imputando também ao autor alemão ter conseguido "demonstrar de modo definitivo" a autonomia da ação em relação ao direito material.[65]

Visualiza Wach um direito público exercido frente ao Estado, o qual deve outorgar a tutela, que se dá contra a parte contrária. Ressalta não ser esse direito público emanado de direito privado subjetivo, e nem se confunde com a faculdade, com natureza de direito público, de demandar.[66] Além disso, o jurista alemão vislumbra que o direito subjetivo deve ser passível de realização e comprovação quanto ao seu conteúdo e à efetividade que lhes seja atribuída, não se restringindo, por outro lado, a uma conduta ou prestação do devedor da relação obrigacional.[67]

---

64 WACH, Adolf. *La pretensión de declaración: un aporte a la teoría de la pretensión de protección del derecho*. Buenos Aires: Ediciones Jurídicas Europa-América. Trad. por Dr. Juan M. Semon, p. 21. São defensores dessa corrente, também, Schmidt, Hellwig, Pohle e Büllow, cf. COSTA, Susana Henriques da. *Condições da ação.* São Paulo: Quartier Latin, 2005, p. 23.

65 LIEBMAN, Enrico Tullio. L'azione nella teoria del processo civile. *Problemi del processo civile*. Napoli: Morano, 1962, p. 39-40.

66 "La pretensión de protección del derecho constituye el acto de amparo judicial que forma el objetivo del proceso. Ella va dirigida al Estado, el cual debe otorgar tal amparo; y se dirige contra la parte contraria, frente a la cual debe ser otorgada dicha protección. Es de naturaleza de derecho público, y no es la emanación o expresión del derecho privado subjetivo. Pero ella tampoco es aquella facultad, del derecho público, de demandar, que compete a cualquiera que, dentro de las formas establecidas y con fundamento jurídico, sostenga una pretensión de protección del derecho. Frente al derecho civil, esta pretensión es independiente en cuanto a sus requisitos previos, sujeta a configuraciones concretas y extraprocesales de hechos, independiente en sus relaciones subjetivas, en su contenido y en su realización. Es el objeto inmediato del proceso civil" (WACH, Adolf. *La pretensión de declaración,* cit., p. 39).

67 "El axioma del cual debemos partir en el orden jurídico actual, es el siguiente: todo lo que persigue la ley civil, el ordenamiento legal de la convivencia social de los individuos entre sí, debe ser realizable, porque la ley lo quiere y tal como la ley quiere. Los derechos subjetivos deben ser susceptibles de realización y comprobación en cuanto a su contenido y la efectividad que les ha sido atribuida. Lo que llamamos la accionabilidad del derecho, su realizabilidad compulsiva, es sólo la expresión de la afirmación del derecho pero, no reducido a una conducta determinada o una prestación del deudor, y no informa sobre la medida y el modo de realización y comprobación, o de la compulsión." (WACH, Adolf. *La pretensión de declaración*, cit, p. 46).

Assim, defende ter o conceito de pretensão, formulado por WINDSCHEID, substituído o de *actio* dos romanos, que não teria mais lugar no ordenamento jurídico atual. Logo, se antes era pronunciada a prescrição da ação, passou-se a pronunciar a prescrição da pretensão.[68] Ao tratar especificamente da ação declaratória, o jurista alemão afirma que o interesse declaratório se justifica pelo valor que tenha para o autor uma sentença favorável.[69]

GIUSEPPE CHIOVENDA, famoso jurista e tido como o responsável por fundar o novo pensamento científico processual italiano, critica a teoria de WACH, afirmando ser equivocado colocar o Estado como sujeito passivo da ação, pois nenhum litígio o contrapõe aos litigantes. Além disso, embora a ação reconheça a existência de direitos subjetivos públicos, ela expressa remédio empregado para produzir certos efeitos perante o adversário.[70]-[71]

Todavia, apesar de crítico, utiliza-se das bases da teoria concretista de ADOLF WACH, entendendo que a ação é o direito a uma decisão favorável, mas elabora a ideia de que a ação é direito potestativo, condicionando o seu exercício à atuação da vontade concreta da lei – elemento bastante presente em sua concepção de processo.[72] E, assim, o processualista italiano ilustra a sua visão: "quando dizemos 'Tício tem ação', pois, com isso, entendemos indicar o direito de Tício de obter um resultado favorável no processo".[73] Então, CHIOVENDA, colocando expressamente a sua discordância aos abstrativistas, defende *não haver dúvidas da possibilidade de qualquer pessoa – com ou sem razão – ir a juízo, porém essa possibilidade não é a ação, restringindo-se esta ao direito a um resultado favorável no processo.*

Além de tudo isso, um ponto de grande relevo na teoria de CHIOVENDA é a classificação da ação como direito potestativo,[74] que, se preenchidas as condições da ação, pode ser exercido pelo credor da relação jurídica material para conseguir a decisão

---

68 "Él (Windscheid) conquisto un lugar al concepto de la pretensión, em contra de la *actio* que no tiene aplicación em nuestro derecho. La *actio* nata cedió su posición a la pretensión, la prescripción de la acción judicial a la prescripción de la pretensión" (WACH, Adolf. *La pretensión de declaración*, cit., p. 46-47).

69 WACH, Adolf. *La pretensión de declaración*, cit., p. 109.

70 ASSIS, Araken de. *Cumulação de ações*. 4ª ed. São Paulo: RT, 2002, p. 60.

71 Afirma Chiovenda: "Esto y no outra cosa entendemos que es la acción; de donde inmediatamente aparece que la acción, por su naturaleza, no presupone necesariamente un derecho subjetivo a defender, como en el caso antes imaginado, sino que existe siempre que la voluntad del particular se encuentre en dicha relación con la voluntad colectiva" (CHIOVENDA, Giuseppe. *La acción en el sistema de los derechos*, cit., p. 11).

72 CHIOVENDA, Giuseppe. *Instituições de direito processual civil*. São Paulo: Saraiva, 1969, v. 1, p. 24.

73 Idem.

74 Adotaram a ideia, além de Calamandrei e outros processualistas italianos, no Brasil, em crítica a Liebman e Machado Guimarães: BARBI, Celso Agrícola. *Comentários ao Código de Processo Civil*, cit., p. 24-25.

ao seu favor.[75] Lembre-se que direito potestativo é aquele capaz de ensejar, por seu exercício, uma criação, alteração ou extinção de relação jurídica. Assim, a ação seria o poder jurídico do indivíduo de poder produzir determinados efeitos, provocando a atuação da vontade da lei em face do adversário.[76]-[77]

Note-se que foi a teoria concreta a primeira a se referir às condições da ação.[78] Desse modo, para o jurista italiano, as condições da ação seriam as condições necessárias para que o juiz declare a ação existente e dê o pronunciamento favorável ao autor, considerando-as questões de mérito.[79]-[80] Diversamente, enquanto o preenchimento das condições da ação, indispensáveis para a existência da ação, leva à sentença de procedência, a presença dos pressupostos processuais conduz apenas ao pronunciamento judicial – favorável ou desfavorável.[81]

O mestre italiano, na tentativa de provar a autonomia do direito de ação, diferencia ação de obrigação, embora as considere vinculadas, consistindo aquela em direito distinto e autônomo desta, que surge e pode se extinguir independentemente da obrigação, a exemplo da ação de condenação, a qual se consuma com a sentença definitiva, ainda que a obrigação subsista.[82] Ainda, apesar de ambas decorrerem da vontade da lei, é baseada a ação na lei processual, enquanto a obrigação no direito material.

---

75 CHIOVENDA, Giuseppe. *La acción en el sistema de los derechos*, cit., p. 28.

76 CHIOVENDA, Giuseppe. *Instituições de direito processual civil.* São Paulo: Saraiva, 1969, v. 1, p. 29.

77 Conforme afirma Satta, não necessariamente a ação pertence ao autor, "uma possibilidade de ação é reconhecida ao réu em certos casos (reconvenção), assim como, muitas vezes, reconvém por via de exceção verdadeira e própria". (SATTA, Salvatore. *Direito processual civil.* Rio de Janeiro: Borsoi, 1973, v. 1, p. 179.) Ainda: "Se o juiz disser que a ação não tem razão de ser, dirá que o ordenamento se concretizara (a ação do réu se era adequada), mas o dirá através de um juízo que será sempre aquele que concretizará o ordenamento" (Idem, p. 163.)

78 COSTA, Susana Henriques da. *Condições da ação.* São Paulo: Quartier Latin, 2005, p. 26.

79 As condições da ação não diferenciam de uma teoria para a outra, o que pode ser conferido no seguinte trecho: "Assim, se se pleiteia uma sentença condenatória, veremos que as condições para obtê-la normalmente são: 1.° a existência de uma vontade da lei que assegure a alguém um bem obrigando o réu a uma prestação; 2.° a qualidade, isto é, a identidade da pessoa do autor com a pessoa favorecida pela lei e da pessoa do réu com a pessoa obrigada; 3.° o interêsse em conseguir o bem por obra dos órgãos públicos" (CHIOVENDA, Giuseppe. *Instituições de direito processual civil*, cit., p. 66).

80 No mesmo sentido: "Realmente as condições da ação são mais simplesmente condições da sentença favorável, se ousarmos manter esses termos" (SATTA, Salvatore. *Direito processual civil.* Rio de Janeiro: Borsoi, 1973, p. 167).

81 Acrescenta: "Negando-se a existência dos pressupostos processuais, não se nega a existência da ação, que permanece injulgada. Nega-se que a ação, na hipótese de existir, haja podido fazer-se valer imediatamente ou em prosseguimento do mesmo processo, ou em outro processo. A sentença, portanto, que se pronuncia apenas sôbre os pressupostos processuais, ou seja, que declara possível pronunciar-se sôbre a demanda ou absolve do prosseguimento da causa, não é favorável nem ao autor, nem ao réu; não concede nem recusa nenhum bem" (CHIOVENDA, Giuseppe. *Instituições de direito processual civil*, cit., p. 68).

82 Idem, p. 26.

CHIOVENDA diferencia-se de WACH, além de por considerar a ação um direito potestativo, por visualizar a ação como instituto de natureza pública ou privada, a qual será determinada pela vontade da lei que se quer ver realizada.[83]-[84] Tratando-se a ação de poder coordenado à tutela de certo interesse, adquirirá a natureza deste, seja pública ou privada, patrimonial ou não patrimonial.[85]

SALVATORE SATTA, na mesma linha de pensamento dos concretistas, não reconhece o direito subjetivo isoladamente, necessitando este da ordem jurídica *in concreto*, o que se baseia na visão de que o ordenamento e suas afirmações não são abstrações, vivendo nas suas realizações perante os sujeitos. Diante disso, não seria possível falar de direito, objetivo ou subjetivo, antes ou depois da ação, apenas na concretização desta.[86] E a título argumentativo, o processualista italiano afirma que, caso se queira falar de direito, talvez se pudesse dizer que o direito tem por conteúdo único a ação.[87]

Também vale mencionar a posição peculiar de LUÍS EULÁLIO DE BUENO VIDIGAL, que defende ser a ação "a situação jurídica ativa na qual o interesse à justa e pacífica (pela via jurisdicional) composição do conflito de interesses prevalece sobre o interesse do réu à manutenção do *statu quo* e o interesse do autor à realização instantânea de seu direito por todos os meios disponíveis".[88] O processualista paulista vai além e

---

83 Ibidem, p. 24.

84 Em sentido contrário, Wach afirma: "Pero el derecho al acto de protección del derecho a favor de su titular no sólo existe frente al Estado, sino al mismo tempo frente a la parte contraria. Ésta deberá tolerar tal acto. El derecho sólo tiene algo que hacer con su respectiva obligación civil, en cuanto se trata de la protección y realización y pueda eliminar el interés en la protección por cumplimiento de la misma. Pero el que el derecho subjetivo de protección no pueda existir sin relación con el individuo contra el cual se busca tal protección, se basa sin duda no sólo en su concepción y finalidad, sino que resalta con toda claridad de los presupuestos, causas de su génesis, en las particulares formas en que se presenta la protección" (WACH, Adolf. *La pretensión de declaración: un aporte a la teoría de la pretensión de protección del derecho*. Buenos Aires: Ediciones Juridicas Europa-America. Trad. por Dr. Juan M. Semon, p. 66).

85 CHIOVENDA, Giuseppe. *Instituições de direito processual civil*. São Paulo: Saraiva, 1969, v. 1, p. 29. A construção é intensamente elogiada por Calamandrei, afirmando que a Chiovenda "va senza dubbio il grande merito dia ver saputo trovare, colla sua concezione dell'azione come diritto potestativo, il punto di equilibrio tra l'interesse pubblico e l'interesse individuale, l'incontro dei quali è stato rappresentato da lui non come la subordinazione dell'uno all'altro, ma come la coordinazione armonica dei due, realizzante in maniera perfetta il contemperamento della libertà coll'autorità. Questa teoria di Giuseppe Chiovenda costituisce l'apice di una curva ideale: prima di essa (nelle teorie che abbiamo già ricordate) l'azione si costruisce con una netta prevalenza dell'interesse privato su quello pubblico, dopo di essa (come tra poco vedremo) l'equilibrio si rompe a favore dell'interesse pubblico, che nettamente comincia a prevalere su quello privato" (CALAMANDREI, Piero. La relatività del concetto d'azione. *Opere giuridiche* – a cura di Mauro Cappelletti. Napoli: Morano, 1965, v. 1, p. 436).

86 SATTA, Salvatore. *Direito processual civil*, cit., p. 162.

87 Idem, p. 164.

88 VIDIGAL, Luís Eulalio de Bueno. Existe o direito de ação? *Revista de direito processual civil*. São Paulo: Saraiva, 1966, 5º volume, p. 11.

defende ser o titular da ação o próprio Estado, a ser exercida pelo juiz e demais auxiliares da justiça por provocação do interessado, o autor, que tem "o ônus fundamental de representar o Estado no exercício do poder de ação", além de todos os demais ônus processuais: afirmar, alegar, provar e convencer.[89]

Os concretistas, apesar de reconhecerem a autonomia da ação, não chegam ao ponto de considerar a ação o direito abstrato de agir, independente de alcançar uma sentença de procedência. CHIOVENDA demonstra tal autonomia com o exemplo da faculdade de querela penal, que se trata do poder jurídico de produzir a aplicação da norma penal, conquanto o querelante não tenha direito subjetivo à punição do réu culpado.[90] Afirma-se que a ação, justamente por ser identificada de modo concreto, não só é uma condição para a jurisdição, mas também é o seu limite, o que abrangeria tanto o processo civil como o penal.[91]

A teoria é objeto de algumas críticas, tal qual a de Araken, que contesta a teoria concreta por vincular a ação ao resultado favorável ao autor, questionando:

> Se, porventura, o autor somente satisfaz sua pretensão à tutela jurídica quando tem razão, em outras palavras, logra êxito, se conclui facilmente que, tirante a ação declaratória negativa, a satisfação da pretensão dependerá da existência do direito subjetivo material. Ter-se-ia, então, processo com ação, se houvesse sentença de procedência, e sem ação, se improcedente a demanda. E, neste último caso, existiria ou não processo? Eis uma fortíssima objeção a Wach.[92]

Mais uma vez, percebe-se que a crítica não se direciona para a consistência interna da teoria analisada, mas busca fazer ruírem as ideias com vistas em outro fenômeno jurídico que não o que pretende ser descrito, logo, critica-se a noção de ação mediante o uso de um objeto diverso do analisado. Trata-se de uma preocupação com um sentido exclusivista de ação que pretende reivindicar o termo para a descrição do fenômeno que entende mais adequado para ela.

Com efeito, o que se vê na teoria autônoma e concreta é o uso do termo ação para representar o *direito à sentença de procedência* ou *direito à tutela jurisdicional do direito*; que, sem dúvida, é um fenômeno diverso do direito à prestação jurisdicional ou ao processo, mas que, igualmente sem dúvida, é um fenômeno jurídico que carece de representação. Como se viu, CHIOVENDA não duvida da existência de um direito de exigir a prestação jurisdicional, mas sua proposta de conceituação da ação tem referência ao direito a obter um provimento de mérito favorável.

---

89 VIDIGAL, Luís Eulálio de Bueno. Existe o direito de ação?, cit., p. 12.

90 CHIOVENDA, Giuseppe. *Instituições de direito processual civil*, p. 23.

91 CALAMANDREI, Piero. La relatività del concetto d'azione. *Opere giuridiche* – a cura di Mauro Cappelletti. Napoli: Morano, 1965, v. 1, p. 432.

92 ASSIS, Araken de. *Cumulação de Ações*. 4ª ed. São Paulo: RT, 2002, p. 59.

3.4. *O direito de ação ou ação processual*

A noção de direito de ação remete à concepção autônoma e abstrata da ação, que a perspectiva, em síntese apertada, como um direito subjetivo público em face do Estado para a prestação da tutela jurisdicional. É bastante usual a defesa de que a ação (em sentido processual) tem como conteúdo uma pretensão (direito material). Dessa forma, tem-se uma separação entre o âmbito material e o processual, sendo a ação o direito processual que serve para inaugurar o processo, porém sem a perda da relação de instrumentalidade entre as duas searas.

Trata-se, inegavelmente, de visão majoritária, acolhida por muitos autores célebres do direito processual. Com o tempo, a compreensão da ação, vista como o poder de exigir do Estado a prestação jurisdicional, acabou totalizando-se.

Adotando esse sentido clássico, CALMON DE PASSOS explica que o "direito de ação é o direito à jurisdição, direito concedido *ut civis*, abstraindo-se da existência ou inexistência de qualquer direito material".[93] Desse modo, o direito de ação é o direito subjetivo de todo sujeito de direito ou pessoa à intervenção do Estado para a satisfação de seus interesses tutelados pelo direito, haja vista a vedação da defesa privada;[94] pelo que sem juiz não haveria jurisdição, tampouco ação.[95]-[96] Isso significa que apenas há ação (em sentido processual), como aclara o jurista baiano, através da intervenção estatal.[97]

Portanto, a ação processual é direito eminentemente público,[98] voltado contra o Estado, que serve para a prestação de tutela jurisdicional.[99] É *"o direito ao exercício da atividade jurisdicional (ou o poder de exigir esse exercício)"*.[100] Por isso a ação proces-

---

93 PASSOS, José Joaquim Calmon de. *A ação no direito processual civil brasileiro.* Salvador: Juspodivm, 2014, p. 20.

94 Idem, p. 38.

95 Ibidem, p. 48.

96 Porém Calmon de Passos faz uma ressalva: "Por outro lado, parece-nos incorreto explicar-se o direito de ação como uma espécie do direito de petição, um direito cívico, um direito fundamental do indivíduo. Sem dúvida que nossa Carta Magna (art. 141, §4°) fêz da acionabilidade processual dos direitos individuais, preceituando que a lei não poderia excluir da apreciação do Poder Judiciário qualquer lesão de direito individual. Isso, entretanto, não equivale a fazer do direito de ação, genericamente entendido, um direito cívico, uma espécie do direito de petição" (PASSOS, José Joaquim Calmon de. *A ação no direito processual civil brasileiro*. Salvador: Juspodivm, 2014, p. 53).

97 Idem, 85. Atualmente, defende-se, com vários indicativos legislativos, que a arbitragem é jurisdição. Muito embora seja possível discordar-se desta noção, caso ela seja tomada como pressuposto, exigir-se-ia uma adequação conceitual para descrever a ação como "direito à prestação jurisdicional, seja esta estatal ou arbitral". A correção, portanto, é mínima. De todo modo, como a proposta deste ponto é apenas descrever o conceito autônomo e abstrato, com fidelidade aos autores que o trabalharam, sendo certo que o conceito foi construído antes da ascensão da arbitragem ao *status* de jurisdição. Fica, no entanto, o alerta.

98 ALVIM, José Eduardo Carreira. *Teoria geral do processo*. 13ª ed. Rio de Janeiro: Forense, 2010, p. 42.

99 GRECO FILHO, Vicente. *Direito processual civil brasileiro.* São Paulo, 2007, v. 1, p. 43.

100 GRINOVER, Ada Pellegrini; DINARMARCO, Cândido Rangel; CINTRA, Antonio Carlos de Araújo. *Teoria geral do processo.* 26ª ed. São Paulo: Malheiros, 2010, p. 236. No mesmo sentido: TESHEINER,

sual é dirigida apenas ao Estado, mesmo que, depois de apreciada, venha a ter efeitos na esfera de outra pessoa.[101]

Igualmente, VICENTE GRECO FILHO só visualiza a ação do ponto de vista do direito de pedir a tutela jurisdicional do Estado.[102] FLÁVIO LUIZ YARSHELL, ao distinguir ação e tutela jurisdicional, concebe aquela como a iniciativa do interessado em estimular a tutela jurisdicional, ou seja, o impulso inicial de instauração do processo.[103] JOSÉ MARIA TESHEINER e RENNAN THAMAY seguem o mesmo direcionamento, declarando abertamente a anuência com a teoria do direito abstrato de agir, restando a ação como o poder de provocar o exercício da jurisdição.[104]

Igualmente, GALENO LACERDA, ao tecer críticas à teoria civilista da ação, diz nascer o direito subjetivo de ação contra o Estado do que chama de "fato jurídico novo da lide", o qual consiste na negativa do devedor ao cumprimento da prestação devida ao credor, ou seja, a pretensão resistida.[105] E conclui que a ação sempre será prestação de direito público, cujo sujeito passivo será o Estado.[106] Adotando este mesmo sentido, MOREIRA ALVES afirma que "a ação nada mais é do que a faculdade de provocar o Estado. Isto aliás o Direito germânico-bárbaro dizia muito bem: é uma queixa, é uma reclamação".[107]

Mais do que um direito processual, a ação tem matiz constitucional.[108] O *jus actionis* é um direito fundamental individual, que emana do *status civitatis* e se situa no âmbito jurídico-constitucional, consagrado no art. 5º, XXXV, da CF/1988, e consiste no poder que tem o sujeito de pedir a prestação jurisdicional ao Estado.[109]

José Maria; THAMAY, Rennan Faria Kruger. *Teoria geral do processo: em conformidade com o novo CPC*. Rio de Janeiro: Forense, 2015, p. 151. MARQUES, José Frederico. *Ensaio sobre a jurisdição voluntária*. Campinas: Milennium, 2000, p. 52-53.

---

101 GRINOVER, Ada Pellegrini; DINARMARCO, Cândido Rangel; CINTRA, Antonio Carlos de Araújo. *Teoria geral do processo.* 26ª ed. São Paulo: Malheiros, 2010, p. 277.

102 GRECO FILHO, Vicente. *Direito processual civil brasileiro.* São Paulo, 2007, v. 1, p. 43.

103 YARSHELL, Flávio Luiz. *Tutela jurisdicional.* 2ª ed. São Paulo: DPJ Editora, 2006, p. 55.

104 TESHEINER, José Maria; THAMAY, Rennan Faria Kruger. *Teoria Geral do Processo: em conformidade com o Novo CPC.* Rio de Janeiro: Forense, 2015, p. 151

105 LACERDA, Galeno. *Teoria geral do processo*. Rio de Janeiro: Forense, 2008, p. 215.

106 Idem, p. 225.

107 MOREIRA ALVES, José Carlos. Direito subjetivo, pretensão e ação. *Revista de processo*. São Paulo: RT, 1987, v. 47, p. 121-122.

108 Sobre o fundamento constitucional do direito de ação muito já se escreveu. Não é propósito deste texto desenvolver o tema das relações entre Constituição e processo, nem mesmo no que toca à ação. Sobre o tema, no entanto, vale muito consultar: TROCKER, Nicolò. *Processo civile e costituzione*. Milano: Giuffrè, 1974, p. 161-221.

109 MARQUES, José Frederico. *Ensaio sobre a jurisdição voluntária*, cit., p. 53. Incluindo a noção de direito fundamental no conceito de ação: DIDIER JR, Fredie. O direito de ação como complexo de situações jurídicas. *Revista de Processo*. São Paulo: RT, 2012, v. 210, p. 50.

A ação é, enfim, a iniciativa do interessado em estimular a tutela jurisdicional, ou seja, o impulso inicial de instauração do processo e da relação processual.[110] A ação, em seu sentido processual, é uma situação de vantagem contra o Estado, que, ao proibir a autotutela, obrigou-se à prestação da tutela jurisdicional. Aquele que exerce a ação tem direito a receber do Estado o processo e uma resposta. Essa resposta pode ser tanto de mérito como também de admissibilidade, isto é, uma mera declaração de que o sujeito que acionou o Estado não tem direito à análise do que foi pedido, por ter faltado no cumprimento de algum de seus requisitos.

Esse ponto é realmente importante: na ideia de ação autônoma e abstrata, justamente por ser a ação processual independente do direito material, qualquer ligação com este seria uma incoerência, uma promiscuidade conceitual que contamina e aliena o sentido empregado. Desse modo, há o exercício da ação com a exigência de *prestação jurisdicional* e a satisfação deste direito com a resposta do Judiciário, ainda que seja apenas para afirmar que o processo não foi instaurado ou conduzido de modo correto, a ponto de levar à sua extinção sem qualquer manifestação quanto à matéria de fundo, isto é, quanto ao direito material alegado.

A ação processual gera a prestação jurisdicional; não, necessariamente, a tutela. Logo, o *direito a uma prestação jurisdicional* não se confunde com o *direito material alegado* ou mesmo com o *direito à tutela ou decisão de mérito*. Isso significa que a ação processual é exercida quando o juiz extingue o processo sem resolução do mérito por falta de um pressuposto processual ou quando julga o processo no mérito, seja pela procedência ou pela improcedência, indiferentemente. Há satisfação do direito de ação com a resposta judicial, seja ela qual for.

A ação, em seu sentido autônomo e abstrato, é o direito fundamental que os cidadãos têm de direcionarem-se ao Judiciário e requerer dele uma manifestação, o que cria uma relação processual e um processo. O Judiciário atende satisfatoriamente este direito quando outorga qualquer resposta, isto é, um provimento que verse sobre o mérito ou não.

Desse modo, exemplificativamente, o autor que se afirmar titular de determinado direito subjetivo, ainda que tenha dúvida dessa titularidade, e recebe a tutela jurídica do Estado contrariamente aos seus interesses, ou seja, não consegue a sentença de procedência, terá exercido plenamente o seu direito de ação.[111] Ação é o pedido de prestação jurisdicional, que é atendido com o pronunciamento do Estado-juiz, seja quanto ao processo em si, declarando não terem sido cumpridos os seus pressupostos ou requisitos de admissibilidade, ou quanto ao mérito, julgando procedente ou improcedente o pedido deduzido pelo autor. O direito de ação não gera a obrigação de o Estado-juiz dar provimento ao pedido, tutelando o direito, ou mesmo de resolver se existe ou não a situação jurídica substancial alegada; basta a prestação jurisdicional,

110 YARSHELL, Flávio Luiz. *Tutela jurisdicional*, cit., p. 55. BEDAQUE, José dos Santos. *Direito e processo: influência do direito material sobre o processo.* 5ª ed. São Paulo: Malheiros, 2009, p. 90.

111 ASSIS, Araken de. *Cumulação de Ações*. 4ª ed. São Paulo: RT, 2002, p. 63.

que, inclusive, pode limitar-se a afirmar que faltou o cumprimento de um requisito para a análise do objeto do processo (como, por exemplo, a falta de recolhimento de custas judiciais, a existência de litispendência ou a falta de interesse para agir).

Por fim, assim como as demais correntes doutrinárias da teoria da ação, a doutrina do direito de ação também recebe críticas. Afirma-se, por exemplo, a imprecisão terminológica da expressão "direito de ação", pois, no plano do direito material, se há ação, pressupõe-se o direito. Isto é, para este exame, utilizando-se da terminologia "direito de ação" afirma-se que há um direito que teria por conteúdo uma ação, que, por sua vez, seria o grau de imponibilidade do direito, de modo que haveria uma *contradictio in adjecto*.[112]-[113]

A crítica é, também aqui e mais uma vez, externa. A ideia de "direito de ação" não utiliza o conceito de ação que a teoria do fato jurídico propõe; a crítica sob análise, pura e simplesmente, pressupõe que este é o conceito certo, pelo que, quando há o uso da expressão "direito de ação" pelos defensores da teoria autônoma e abstrata, lê-se ação aí no sentido material, no entanto é evidente que este não foi o sentido empregado. Por isso, a crítica é direcionada unicamente ao termo e não ao conceito. Ela escolhe fechar os olhos para o significado dos termos usados para, partindo de sua própria visão de mundo, impor à terminologia alheia falhas que não contém – o erro está nos olhos de quem imputa a falha. Insista-se: não é que a teoria autônoma e abstrata tenha utilizado ação, ao falar em direito de ação, no sentido de ação material ou de uma particular situação jurídica que pode ser imposta. Ação é, neste uso, simplesmente a provocação da Jurisdição. Enfim, trata-se de mais uma crítica que possui pretensão exclusivista sobre o termo ação.

Outra crítica se dá no sentido de que, embora o conceito processual de ação tenha sido capaz de liberar o direito processual do direito civil, ela atualmente é tida por responsável por um isolamento exagerado do processo em relação ao direito material, que gera consequências negativas, além de que pautada em uma visão liberal de que todo tipo de direito poderia ser tratado por um procedimento único e genérico. Assim, por exemplo, ANDREA PROTO PISANI defende que este conceito é insuficiente para retratar todas as técnicas procedimentais e formas de tutelas jurisdicionais (procedimentos sumários, técnicas executivas, tutelas provisórias, procedimentos especiais etc.).[114]

Muito embora a crítica do processualista italiano seja procedente, ela é externa e nada diz sobre a correção ou equívoco do conceito em si. Aliás, a crítica mais se dirige para os limites do conceito de ação processual do que para o seu conteúdo. Isto é, para chegar ao resultado que ele pretende, é necessário um outro conceito ou

112 ABREU, Leonardo Santana de. *Direito, ação e tutela jurisdicional*. Porto Alegre: Livraria do Advogado, 2011, p. 119.

113 Conforme Leonardo Santana de Abreu, "ao passo que o direito subjetivo e a pretensão tendem à prestação, a ação material supõe combatividade" (Idem, p. 120.).

114 PROTO PISANI, Andrea. *Lezioni di diritto processuale civile*. 5ª ed. Napoli: Jovene, 2010, p. 52-53.

conjunto de conceitos. Destarte, para retratar os demais fenômenos é mais adequado o desenvolvimento de outras teorias e outros conceitos, como os de tutela específica e direito ao procedimento.

3.5. *A ação eclética*

A teoria eclética, pensada por ENRICO TULLIO LIEBMAN, mistura características da teoria da ação autônoma e abstrata com a da teoria da ação concreta. Esta noção de ação utiliza o conceito, igualmente, como o poder de exigir do Estado a prestação jurisdicional, mas *condiciona esse poder a alguns requisitos de certa forma ligados ao direito material, quais sejam, as conhecidas condições da ação*. Nesta proposta, haveria ação e, portanto, o poder de exigir a jurisdição, quando estiverem presentes as condições da ação. Ao vincular a ação a determinada realidade fático-jurídica, a teoria eclética restringe a separação absoluta entre direito e processo, própria da teoria abstrata.[115]

No seu famoso texto *"L'azione nella teoria del processo civile"*, em que forja as principais ideias que baseiam a sua concepção de ação, LIEBMAN preocupa-se em arquitetar uma teoria da ação capaz de descrever o fenômeno sob uma ótica propriamente processual, o que faz a partir do enfrentamento dos conceitos civilista, autônomo e concreto e autônomo e abstrato. O processualista milanês rejeita os conceitos postos por não terem uma correspondência efetiva à realidade, dinâmica e prática da teoria do processo,[116] e opta por uma conceituação capaz de, além de garantir independência científica ao objeto de estudo, evitar os perigos de uma abstração ilimitada, mais ligada ao direito constitucional e que desvincula o direito do processo e, assim, pode perder de vista o papel deste de assegurar aquele com justiça.[117]

Para LIEBMAN, "a ação se dirige ao Estado e por isso tem natureza sempre pública e um conteúdo uniforme, qual seja o pedido de tutela jurisdicional de um direito pró-

115 ARRUDA ALVIM. A ação e as condições da ação no processo civil contemporâneo. In: *40 anos da Teoria Geral do Processo no Brasil.* São Paulo: Malheiros, 2013, p. 149.

116 LIEBMAN, Enrico Tullio. L'azione nella teoria del processo civile. *Problemi del processo civile*. Napoli: Morano, 1962, p. 22-53. É muito significativa a seguinte passagem: "Questo rapido esame delle principali dottrine (...) ha dimostrato il loro carattere unilaterale e le conclusioni poco soddisfacenti a cui ciascuna di esse perviene nella configurazione dell'azione, che per un verso o per l'altro appare inadeguata alle esigenze della teoria del processo e alle necessità di chi voglia intenderne il concreto meccanismo pratico. Non risponde a questi requisiti la dottrina che attribuisce all'azione natura 'privata', quella cioè di un diritto che corre direttamente da parte a parte; ma coloro che la considerano di natura pubblica non riescono a precisare in modo accettabile il rapporto tra il cittadino e lo Stato. Altrettanto incongruo si è rilevato il carattere 'sostanziale', 'concreto' che molti attribuiscono all'azione, facendo dipendere la sua esistenza dalla sua fondatezza; ma poi quelli che la considerano 'astratta' pervengono a risultati in un certo senso esatti sul piano generale del diritto pubblico e tuttavia non rispondenti ai funi di una sistemazione teorica del diritto processuale" (p. 43).

117 LIEBMAN, Enrico Tullio. L'azione nella teoria del processo civile. *Problemi del processo civile*. Napoli: Morano, 1962, p. 52-53.

prio (embora varie o tipo de provimento que cada vez se pede ao juiz)".[118] Em poucas palavras, define ação como um direito fundamental de iniciativa e impulso do particular de colocar em movimento o exercício de uma função pública, da qual pretende obter a tutela de suas pretensões.[119] É, na verdade, o direito instrumental por meio do qual se deduz em juízo a afirmação de um direito ou, em geral, de uma situação jurídica que se quer ver reconhecida, tutelada ou declarada.[120]

Para chegar a esta conclusão, ele diferencia direito subjetivo material e ação, dirigindo-se o primeiro à parte contrária e tem natureza privada, enquanto a ação será sempre exercida em face do Estado e tem natureza pública.[121] Nesse ponto, o processualista italiano é bastante enfático ao contrapor-se às ideias defendidas por CHIOVENDA e por aqueles que assumiram entendimento similar ao dele, especialmente CALAMANDREI e SATTA, aos quais imputa um pensamento ilógico e contraditório.[122] Defende, igualmente, que a ação não se volta contra o particular, pois, se assim o fosse, o direito privado acabaria por assumir uma característica estranha às suas matrizes e teria natureza diversa: o poder de impor uma decisão, que é função atribuída ao Estado.[123]

Ainda, distingue o poder de ir a juízo – reconhecido a todos e genérico – da ação, a qual se relaciona com determinada situação concreta, decorrente de uma alegada lesão a direito ou do interesse legítimo de seu titular e, ademais, é sempre identificada por suas características: os sujeitos, a causa de pedir e o pedido.[124] Não é que o processualista milanês ignore ou negue o poder de exigir do Estado a prestação jurisdicional, mas, para formular sua teoria, ele pretende encontrar um conceito propriamente processual de ação, que sirva à vida e ao desenvolvimento desta disciplina. Isto porque a noção abstrata e autônoma da ação, conforme defende, embora seja de extrema importância, é afeita ao direito constitucional e não é capaz de descrever o funcionamento prático do processo, sendo necessário um outro conceito que tenha aptidão para coligar o processo à *fattispecie* concreta proposta.[125]

Ao contrário da doutrina da ação concreta, LIEBMAN diz que a ação não irá garantir um resultado favorável no processo, pois o resultado depende da formação da convicção do juiz através do direito e da situação de fato alegada. O exercício da ação

---

118 LIEBMAN, Enrico Tullio. *Manual de direito processual civil*. 4ª ed. São Paulo: Malheiros, 2005, p. 149-150.

119 LIEBMAN, Enrico Tullio. *Manual de direito processual civil*, cit., p. 201.

120 LIEBMAN, Enrico Tullio. L'azione nella teoria del processo civile. *Problemi del processo civile*. Napoli: Morano, 1962, p. 31-32.

121 LIEBMAN, Enrico Tullio. *Manual de direito processual civil*, cit., p. 198.

122 LIEBMAN, Enrico Tullio. L'azione nella teoria del processo civile, cit., p. 39.

123 LIEBMAN, Enrico Tullio. L'azione nella teoria del processo civile, cit., p. 32.

124 LIEBMAN, Enrico Tullio. *Manual de direito processual civil*, cit., p. 200.

125 LIEBMAN, Enrico Tullio. L'azione nella teoria del processo civile, cit., p. 40-43.

irá fazer com que o autor descubra se tem ou não razão. Nas suas célebres palavras, ação é um risco: "só correndo risco de perder poderá ele procurar a vitória".[126]

A ação seria o poder conferido à parte de promover e estimular a atividade jurisdicional, conforme predisposto em normas instrumentais; é, portanto, um direito subjetivo instrumental, dirigido contra o Estado, na qualidade de detentor do poder jurisdicional. É o direito à jurisdição.[127] Ação e sujeição seriam situações correlatas ligadas ao exercício do poder jurisdicional; a primeira é premissa e a segunda sua consequência.[128]

Nesta linha, o ENRICO TULLIO LIEBMAN assevera que a ação não compete a qualquer pessoa e não tem conteúdo genérico: ela se refere a um fato jurídico determinado e precisamente individuado e é o direito a um provimento jurisdicional ao seu respeito. Justamente por isso é que a ação é condicionada a alguns requisitos, verificáveis caso a caso de modo preliminar, quais sejam: o interesse para agir, a legitimação para agir e, dependendo da maturidade da teoria ou do ordenamento jurídico, a possibilidade jurídica do pedido.[129]

Dessa forma é que o jurista italiano reconstrói a ideia das condições da ação, as quais define como requisitos de existência da ação em sentido processual, que, se não estiverem presentes, impedem o julgamento do mérito, e, assim, carecerá o autor de ação, o que, por sua vez, leva à extinção do processo sem prestação de jurisdição.[130] Por evidente, LIEBMAN entende que apenas há jurisdição quando há tutela do direito, seja em favor do autor ou do réu. Nesse contexto, sem o atendimento das condições da ação, não haverá ação e tampouco haverá jurisdição, uma vez que esta é definida como a declaração acerca do fato jurídico e direito invocados; portanto, entre ação e jurisdição existe uma exata correlação, não podendo haver uma sem a outra.[131] Assim, chega a definir as condições da ação também como "condições de admissibilidade do julgamento da demanda".[132] Ao rejeitar a abstração e o concretismo – afirmando que não se poderia defender um direito à procedência, uma vez que dependeria da análise do juiz de questões de direito material e processual –, sua teoria aponta inequivocamente para a ação como o direito à resolução do méri-

---

126 LIEBMAN, Enrico Tullio. *Manual de direito processual civil*, cit., p. 200.

127 "L'essenza dell'azione si trova proprio nel rapporto che corre nell'ordinamento giuridico tra l'iniziativa del singolo e l'esercizio, in concreto, della giurisdizione, vale a dire nella necessità e nell'efficacia dell'invocazione del giudice perché 'proceda'; e appartiene all'essenza del processo che il giudice debba determinare, secondo le norme che regolano la sua attività, il contenuto positivo o negativo del suo provvedimento finale" (LIEBMAN, Enrico Tullio. L'azione nella teoria del processo civile. *Problemi del processo civile*. Napoli: Morano, 1962, p. 30-31).

128 LIEBMAN, Enrico Tullio. L'azione nella teoria del processo civile, cit., p. 45-46.

129 LIEBMAN, Enrico Tullio. L'azione nella teoria del processo civile, cit., p. 46-47.

130 LIEBMAN, Enrico Tullio. *Manual de direito processual civil*, cit., p. 153-154.

131 LIEBMAN, Enrico Tullio. L'azione nella teoria del processo civile, cit., p. 47.

132 LIEBMAN, Enrico Tullio. *Manual de direito processual civil*, cit., p. 203.

to, a uma solução que nega ou concede a tutela pedida, a uma declaração acerca da situação jurídica afirmada.[133]

Na mesma linha de pensamento, o Professor CÂNDIDO RANGEL DINAMARCO traduz ação como o direito à sentença de mérito, independentemente de ser o provimento final favorável ou desfavorável.[134] O mesmo CÂNDIDO DINAMARCO, em obra com BRUNO VASCONCELOS CARRILHO LOPES, defende ser a ação o direito ao pronunciamento do juiz acerca de uma pretensão, pertencendo exclusivamente ao direito processual.[135] No mesmo sentido, DINAMARCO, agora juntamente com ADA PELLEGRINI GRINOVER e ANTÔNIO CARLOS DE ARAÚJO CINTRA, define ação como "o direito ao exercício da atividade jurisdicional (ou o poder de exigir esse exercício)",[136] e acrescentam ser a ação dirigida apenas ao Estado, mesmo que, quando apreciada, venha a produzir efeitos esfera de outra pessoa.[137] Não é diferente o posicionamento de ALFREDO BUZAID, que sustenta ser a ação ser o pedido de uma sentença de mérito que se direciona contra o Estado.[138]

Igualmente, JOSÉ ROBERTO DOS SANTOS BEDAQUE pondera acerca da autonomia relativa do direito da ação, sendo inadmissível falar em independência absoluta de uma categoria processual em relação ao direito material, considerando não ser o processo um fim em si mesmo, mas um instrumento para a efetivação do direito material. E arremata que, embora o poder de provocar a jurisdição seja um direito constitucional universal, o resultado dessa atuação nem sempre operará efeitos no plano da realidade substancial.[139]

---

133 "In primo luogo, infatti, la legge conferisce il diritto al compimento degli atti destinati ad attuare la tutela giuridica, ma non garantisce l'esito vittorioso del suo esperimento, cioè l'effettiva concessione di quella tutela, perché il contenuto concreto del provvedimento dipende da condizione oggettive di diritto sostanziale e processuale e dalla valutazione che il giudice ne farà, condizioni che tutte che sfuggono al controllo della volontà dell'attore. Questi ha bensì diritto a far conoscere e a far esaminare le proprie ragioni, non invece diritto ad avere ragione o a farsela dare. Se questo è vero per il processo di cognizione, lo è anche, in modo meno appariscente, ma altrettanto sicuro, per il processo di esecuzione, il cui risultato finale dipende sempre indirettamente dall'esistenza del diritto del creditore. Ciò tuttavia non impedisce che l'azione esecutiva possa, fino a che sia valido ed efficace il titolo esecutivo, venir esercitata anche quando manchi il diritto, ed è perciò che anche l'azione esecutiva è estratta" (LIEBMAN, Enrico Tullio. L'azione nella teoria del processo civile. *Problemi del processo civile*. Napoli: Morano, 1962, p. 31).

134 DINAMARCO, Cândido Rangel. *Instituições de direito processual civil.* 8ª ed. São Paulo: Malheiros, 2016, v. 1, p. 443.

135 DINAMARCO; Cândido Rangel; LOPES, Bruno Vasconcelos Carrilho. *Teoria geral do novo processo civil.* São Paulo: Malheiros, 2016, p. 49.

136 GRINOVER, Ada Pellegrini; DINARMARCO, Cândido Rangel; CINTRA, Antonio Carlos de Araújo. *Teoria geral do processo.* 26ª ed. São Paulo: Malheiros, 2010, p. 236.

137 GRINOVER, Ada Pellegrini; DINARMARCO, Cândido Rangel; CINTRA, Antonio Carlos de Araújo. *Teoria geral do processo*, cit., p. 277.

138 BUZAID, Alfredo. *A ação declaratória no direito brasileiro.* 2ª ed. São Paulo: Saraiva, 1986, p. 111.

139 BEDAQUE, José dos Santos. Breves Notas sobre Jurisdição e Ação. In: Camilo Zufelato; Flávio Luiz Yarshell (org.). *40 anos da teoria geral do processo no Brasil.* São Paulo: Malheiros, 2013, p. 554-555.

Vale destacar que, inicialmente, LIEBMAN listava 3 (três) condições da ação: legitimidade para agir[140], interesse de agir[141] e possibilidade jurídica do pedido. Porém, posteriormente, na terceira edição de seu *Manuale*, houve a exclusão da possibilidade jurídica do pedido, incluindo os eventuais casos restantes de possibilidade jurídica do pedido como hipóteses de interesse de agir. Essa mesma evolução ocorreu no Brasil, no qual o CPC/2015 passou a não mais prever a possibilidade jurídica do pedido como condição da ação, ao contrário do que ocorria com o CPC/1973.[142]

Seja como for, esta teoria foi adotada no CPC/1973 e, apesar da atual controvérsia acerca de sua pertinência, está presente também no CPC/2015.[143]

A teoria de eclética, enfim, alude à ação como *direito à decisão de mérito*, à tutela do direito material.[144]

Vistas as suas linhas gerais, é de se destacar que a teoria eclética é objeto de muitas críticas.

---

140 Define Liebman: "A legitimação para agir é, pois, em resumo, a pertinência subjetiva da ação, isto é, a identidade entre quem a propôs e aquele que, relativamente à lesão de um direito próprio (que afirma existente), poderá pretender para si o provimento de tutela jurisdicional pedido com referência àquele que foi chamado em juízo" (LIEBMAN, Enrico Tullio. *Manual de direito processual civil*, cit., p. 211).

141 "O interesse de agir é, em resumo, a relação de utilidade entre a afirmada lesão de um direito e o provimento de tutela jurisdicional pedido" (LIEBMAN, Enrico Tullio. *Manual de direito processual civil*, cit., p. 207).

142 "Art. 17. Para postular em juízo é necessário ter interesse e legitimidade".

143 Defendendo que a categoria "condições da ação" tornou-se impertinente ao processo civil brasileiro e que, agora, legitimidade ordinária é mérito, sendo a legitimidade extraordinária e o interesse de agir questões ligadas aos pressupostos e requisitos processuais: DIDIER JR, Fredie. Será o fim da categoria "condição da ação"? Um elogio ao projeto do novo Código de Processo Civil. *Revista de Processo*. São Paulo: RT, 2011, v. 197, p. 255-260. A ideia foi adotada, em seguida: CUNHA, Leonardo Carneiro da. Será o fim da categoria condições da ação? Uma intromissão no debate travado entre Fredie Didier Jr. E Alexandre Freitas Câmara. *Revista de Processo*. São Paulo: RT, agosto 2011, v. 198, p. 227-235. Por outro lado, a ideia encontra contraposição naqueles que entendem que o CPC/2015 apenas atualizou a teoria eclética, confluindo com Liebman, mantendo-se, portanto, a pertinência da categoria condições da ação. Nesse sentido: CÂMARA, Alexandre Freitas. Será o fim da categoria 'condição da ação'? Uma resposta a Fredie Didier Junior. Revista de Processo. São Paulo: RT, julho 2011, v. 197, p. 261-269. Igualmente: "O novo Código de Processo Civil não emprega sequer uma vez a locução *condições da ação*, mas esta continua sendo uma categoria processual de primeira grandeza, envolvendo o interesse de agir e a legitimidade *ad causa*" (DINAMARCO, Cândido Rangel. *Instituições de direito processual civil*. 8ª ed. São Paulo: Malheiros, 2016, v. 1, p. 444). Assim também: MARCATO, Antonio Carlos. *Procedimentos especiais*. 16ª ed. São Paulo: Atlas, 2016, p. 15-16.

144 Nesse sentido, Heitor Sica, ao tratar da ação como direito à tutela jurisdicional, aduz que "Essa leitura afina-se de certo modo com a teoria eclética de Liebman, que identifica a entrega da tutela jurisdicional com a prolação da sentença de mérito (em favor do autor ou do réu), situando-se, portanto, no meio-termo entre as teorias *abstrata pura* e *concretista*" (SICA, Heitor Vitor Mendonça. *O direito de defesa no processo civil brasileiro*. São Paulo: Atlas, 2011, p. 26).

Uma das objeções baseia-se no mesmo raciocínio pelo qual se criticou a teoria concreta, conforme assinala José Ignácio Botelho Mesquita:

Em tais condições, se o argumento para repelir o direito à sentença de mérito favorável ao autor é o fato de este direito depender da livre apreciação do juiz, como órgão estatal neutro e independente, também servirá o mesmo argumento para repelir um direito à sentença de mérito, porquanto a existência dos pressupostos processuais e das condições da ação depende do mesmo modo da livre apreciação do juiz, na qualidade de órgão estatal neutro e independente.[145]

No entanto, a crítica parece pressupor que ação é o direito à prestação jurisdicional, e não à decisão de mérito – que é o conceito de ação adotado por Liebman. Trata-se, portanto, mais uma vez, de uma visão externa e exclusivista de ação.

Por outro lado, há conhecidíssima crítica à ação eclética no sentido de que ela proporciona análise de elementos típicos do mérito a título de admissibilidade do processo, em outras palavras: torna o exame de questões substanciais algo afeito às questões processuais, o que é uma crítica procedente.[146] De fato, as condições da ação, por terem sido concebidas na teoria concreta, nada mais são do que os requisitos para a *sentença de procedência*. Liebman, pondo-as como requisitos para a existência da ação, embora em uma posição útil para o tempo em que as concebeu, idealizou uma categoria pouco sustentável do ponto de vista analítico e funcional.

Aliás, é justamente por conta dos inconvenientes de transpor questões de mérito para a égide de uma análise processual, notadamente a possiblidade de quase toda ou mesmo toda decisão de mérito figurar como uma decisão de carência de ação, que surgiu a *teoria da asserção*. Consoante a visão assertista da ação eclética, as condições da ação devem ser examinadas de acordo com o afirmado pelo autor em sua petição inicial, isto é, *in statu assertionis*. Bastaria averiguar o que diz o autor para ver se, em tese, haveria legitimidade e interesse de agir. Caso a prova eventualmente revele que o tanto afirmado pelo demandante é falso, a decisão que versar sobre isso seria de mérito.[147]

Isso não quer dizer que a concepção de Liebman seja de todo inválida. A percepção do processualista italiano, muito influente no direito brasileiro, serve para descre-

---

145 MESQUITA, José Ignácio Botelho de. *Teses, estudos e pareceres do processo civil, volume I: direito de ação, partes e terceiros, processo e política*. São Paulo: RT, 2005, p. 64.

146 "Galeno Lacerda e Liebman, em que pese aquele localizar as condições da ação no mérito, distinguem entre o "processo", criado somente pelo exercício do direito constitucional de acesso aos tribunais, e o verdadeiro processo determinado pela ação processual. Liebman, como visto, chega a sustentar que, no juízo de carência, falecendo ao autor as "condições" da ação, ou seja, os requisitos do provimento de mérito, o juiz não exerce o poder jurisdicional do Estado. Esta nociva característica do ecletismo, além de duplicar inutilmente o espaço do direito processual, que se ocuparia, doravante, dos processos "com" ou "sem" ação e jurisdição, esbarra na própria definição libmeniana de mérito" (ASSIS, Araken de. *Cumulação de ações*. 4ª ed. São Paulo: RT, 2002, p. 72).

147 Sobre o tema: COSTA, Susana Henriques da. *Condições da ação*. São Paulo: Quartier Latin, 2005, p. 41-47. Ver também: DIDIER JR, Fredie. *Pressupostos processuais e condições da ação* – o juízo de admissibilidade do processo. São Paulo: Saraiva, 2005, p. 216-219.

ver uma realidade importante: há que se destrinchar também um *direito à sentença de mérito*. Isto é, não basta falar em um direito à prestação jurisdicional – que se contenta com qualquer conteúdo, processual ou material – e tampouco em um direito à sentença de procedência, que foi enunciado pela teoria concretista; é fundamental visualizar, entre ambas as situações, o *direito à sentença de mérito*.

Desse modo, a teoria eclética tem a importante função de visualizar o direito a uma sentença de mérito. Todavia, peca na concepção das condições da ação que, ao contrário de tornar a teoria mais precisa, erode bastante a sua consistência.[148] Para preencher o direito à sentença de mérito é preciso, de um modo geral e mais adequado, preencher *os requisitos de admissibilidade do processo*, que englobam tanto as condições da ação, nos sistemas que a adotam, como, especialmente, os pressupostos e requisitos processuais.

4. Ações e a polêmica sobre a ação – um conflito terminológico sobre vários conceitos

Colocados os conceitos de modo explicativo, seguindo as colocações dos seus principais expoentes, vê-se claramente que cada um dos conceitos – ação material, ação concreta, ação processual e ação eclética – tem um referente diferente. Isto é, *cada um dos conceitos de ação pretende descrever uma situação jurídica distinta, um fenômeno jurídico diverso*.[149]

---

148 "Ao se entender as condições da ação como categoria puramente processual, nega-se a própria essência do instituto que é sempre buscado na relação jurídica de direito material. Além disso, a sentença de carência de ação constitui, por decorrência lógica, sentença terminativa que não aprecia a pretensão do autor e não pacifica definitivamente as relações sociais" (COSTA, Susana Henriques da. *Condições da ação*. São Paulo: Quartier Latin, 2005, p. 143).

149 Algo similar foi afirmado por Alessandro Pekelis no texto "A Acção", que foi acatado por Calamandrei e pelo próprio Liebman. No Brasil, adota postura compreensiva, conciliando as teorias concreta e abstrata, embora descartando o conceito de ação civil: TUCCI, Rogério Lauria. Jurisdição, ação e processo civil (subsídios para a Teoria Geral do Processo Civil). *Revista de Processo*. São Paulo, RT, 1988, nº 52, p. 23-24. Em outro estudo, o saudoso professor titular da Faculdade de Direito da USP afirma: "Maior significado e importância, todavia, traduz a idéia de conciliação dos entendimentos doutrinários tradicionais, ou seja, do que concebe a ação em sentido abstrato com aquele que a tem em senso concreto (TUCCI, Rogério Lauria. *Da ação e do processo civil na teoria e na prática*. São Paulo: Saraiva, 1978, p. 14). Igualmente: SICA, Heitor Vitor Mendonça. *O direito de defesa no processo civil brasileiro*. São Paulo: Atlas, 2011, p. 7-8 e, expondo mais precisamente o conceito adotado, 41. No mesmo sentido: SICA, Heitor Vitor Mendonça. Velhos e novos institutos fundamentais do direito processual civil. Flavio Luiz Yarshell; Camilo Zufelato. *40 anos de teoria geral do processo no Brasil*. São Paulo: Malheiros, 2013, p. 430-466. O autor defende que os conceitos se complementam, mas vai além e propõe a centralização das discussões acerca da tutela jurisdicional – que, ao que nos parece, é uma das facetas da ação. Similarmente, porém ainda mais próximo da proposta deste texto: "As grandes questões envolvendo as várias teorias sobre a natureza da ação constituem preocupação já superada [...] a relevância dessas questões será ainda menor se o fenômeno for analisado pelo prisma constitucional, pois o resultado se mostra compatível com

Os conceitos jurídicos servem para designar diferentes usos do direito, com pretensão de descrever fenômenos jurídicos. São técnicos na medida em que, ainda que artificialmente, voltam-se para uma compreensão adequada do funcionamento do direito como técnica institucional para regular a convivência social.

Além disso, os conceitos – não só jurídicos – modificam-se com o tempo, apresentando significado diferente de acordo com o contexto histórico apresentado, uma vez que a língua, e a própria realidade, vive em constante mutação. Relativamente ao conceito de *actio,* PEKELIS demonstra que a *actio* do direito romano arcaico difere da *actio* dos juristas da época imperial e, obviamente, da ação contemporânea (aqui, em sentido material), constituindo motivo da confusão entre as doutrinas da teoria da ação as sucessivas tentativas de unificação dos conceitos.[150] Nesse mesmo sentido, GIOVANNI PUGLIESE destaca a ambiguidade do conceito de *actio* e *agere* entre os vários períodos romanos, pois, sendo este conceito ligado aos instrumentos dos quais os interessados poderiam se servir para alcançar os resultados desejados.[151]

Ora, isso mostra que o conceito de ação foi construído, nas suas primeiras aparições, a partir de uma *pragmática compreensiva,* isto é, sua definição advinha de uma observação prática do mecanismo utilizado para a tutela dos direitos. De tal modo, o conceito cambiou de acordo com a permissão ou não da autotutela, e foi se tornando mais complexo na medida em que propósitos científicos entraram em jogo.

No âmbito do problema observado nesta pesquisa, parece evidente que *existem quatro diferentes situações jurídicas, todas batizadas de "ação" por diferentes correntes teóricas, que merecem ser retratadas para a dogmática processual seja completa e consistente*; caso contrário, suprimindo qualquer dos fenômenos que os vários conceitos de ação procuram retratar, há uma descrição do funcionamento do ordenamento jurídico deficiente, incapaz de representá-lo em sua totalidade. Cada um dos conceitos de ação merece ser incorporado para que se consiga descrever de modo apropriado o fenômeno jurídico em sua inteireza.

qualquer das teorias formuladas ao longo do tempo. De mais a mais, *tais concepções de ação, na verdade, acabam se completando, visto que resultam do exame do instituto por pontos de vista diversos*" (BEDAQUE, José Roberto dos Santos. *Tutela cautelar e tutela antecipada:* tutelas sumárias e de urgência (tentativa de sistematização). 3ª ed. São Paulo: Malheiros, 2003, p. 65). Pode-se dizer que a presente pesquisa desenvolve o argumento exposto nestes textos, com a diferença fundamental de que não restringe a complementariedade dos conceitos a apenas parte deles.

150 PEKELIS, Alessandro. A Acção. *Revista da Ordem dos Advogados*, 1941, v. II, ano 1, p. 66-89.

151 "Non v'è dubbio infatti che gli atti in cui le *actiones* si estrinsecavano e specificavano variarono profondamente da un sistema all'altro. Così per esempio nelle *legis actiones* la affermazione di diritto dell'attore veniva compiuta con la pronunzia di date parole (previste dai formulari), eventualmente accompagnate da dati gesti, mentre nel processo formulare essa si esprimeva attraverso l'*intentio* della formula (di regola scritta), che veniva proposta con l'*editio actionis,* e nelle *cognitiones* classiche essa era invece espressa in modo non formale" (PUGLIESI, Giovanni. L''actio' e la 'litis contestatio' nella storia del processo romano. *Studi in onore di Enrico Tullio Liebman*. Milano: Giuffrè, 1979, v. 1, 411-416).

Sem dúvida é o ponto central que se quer defender aqui: o conceito de ação é relativo, depende do objeto que pretende descrever.[152]

Passa-se a avaliar os conceitos perante os seus respectivos referentes, ou seja, os fenômenos jurídicos que buscam representar.

Há uma diferença entre o estado de exigibilidade do direito e a sua impositividade. É necessário compreender que nem todo direito é exigível e nem todo direito exigível servirá à procedência da demanda; é preciso mais do que a exigibilidade, é fundamental que a exigência tenha resultado numa negação, na *resistência*. Aliás, é isso que é retratado na noção de interesse de agir: a tutela jurisdicional pleiteada precisa ser necessária – e se desconhece qualquer manifestação doutrinária no sentido da irrelevância deste conceito. Ora, isso prova que os sistemas jurídicos trabalham, normalmente, com a diferença entre o poder exigir e o estado de impositividade do direito. Essa diferença faz o conceito de pretensão, entendido como exigibilidade de uma situação jurídica de vantagem, insuficiente para descrever todo o fenômeno material e demonstra a utilidade do conceito de ação material, que se refere a algo mais do que a exigibilidade; refere-se à impositividade.

Igualmente, o direito de ação ou ação processual, compreendido como o poder de exigir do Estado uma prestação jurisdicional, um direito à instauração de um processo em que necessariamente uma resposta deve ser dada, ainda que não trate do direito substancial alegado, é imprescindível. É necessário um conceito capaz de representar o direito fundamental de ir à juízo pleitear um direito material que se alega ter – com ou sem razão. Esse conceito serve para representar o dever do Estado de processar as demandas, entregando uma prestação jurisdicional, que pode ou não versar sobre o mérito e, se versar sobre este, pode ou não declarar e tutelar o que lhe foi pleiteado. Desse modo, a ação em sentido processual, ou direito de ação, corresponde ao dever do Estado de entregar a prestação jurisdicional, que é cumprido independentemente de seu conteúdo, se se trata de decisão sobre o mérito ou de cunho estritamente processual.

Também é indispensável diferenciar o direito a receber uma prestação jurisdicional do direito a receber uma prestação jurisdicional de mérito; aquele é incondicionado e este tem uma série de requisitos (sendo o exercício da ação processual um deles). As condições da ação e os pressupostos processuais, em conformidade com o direito positivo específico, devem ser preenchidos para se chegar à decisão de mérito, que certificará a existência ou não de um direito material a ser tutelado e, em alguns casos, já prestará a imediata tutela. Parece que foi esta realidade que a ação eclética

152 A ideia remete ao famoso ensaio: CALAMANDREI, Piero. La relatività del concetto d'azione. *Opere giuridiche* – a cura di Mauro Cappelletti. Napoli: Morano, 1965, v. 1, p. 427-449. Todavia, Calamandrei fala em relatividade no sentido de que o conceito de ação depende da visão de política de Estado e da relação que o cidadão guarda com ele, e não propriamente da variação do objeto ou fenômeno jurídico que se pretende descrever, que é a visão adotada neste texto. Assim, embora o jurista florentino seja célebre por defender a relatividade do conceito de ação, o que também se pretendeu demonstrar neste texto, fê-lo por razões muito diversas daquelas empregadas aqui.

procurou designar. O direito à tutela jurídica (ou ação eclética) é satisfeito com a análise, pelo Judiciário, da existência do direito alegado, seja pela procedência ou pela improcedência. A decisão de mérito tem requisitos próprios, mais exigentes do que o direito à prestação jurisdicional, que deve ser prestada em qualquer caso – independentemente de ter o demandante preenchido os pressupostos e requisitos processuais e as condições da ação. Pode-se afirmar, portanto, que após o exercício do direito de ação, que é *uti civis* e incondicionado, é possível chegar-se à ação eclética, que quer dizer o direito à decisão de mérito e depende do preenchimento dos requisitos processuais de admissibilidade.

Finalmente, há também o direito à tutela de mérito requerida. Isto é, o fenômeno descrito pela ação concreta é o direito à tutela jurisdicional, à sentença de procedência, que, além do preenchimento dos pressupostos e requisitos processuais e da presença das condições da ação (ação eclética), exige também a realização de um pedido adequado ao direito material e a efetiva constatação judicial da existência da situação jurídica de vantagem alegada (ação material). E não se pode confundir, além disso, o direito à sentença favorável com a ação material: enquanto esta vige no plano material, como situação jurídica relevante para a compreensão de sua dinâmica, a partir, portanto, de noções próprias do direito material e ligada ao desenvolvimento da relação jurídica substancial, aquela – a ação concreta – é uma categoria de direito processual, que está condicionada ao preenchimento de requisitos de ordem processual, bem como à demonstração dos elementos de direito material de modo apropriado no processo.

Note-se, inclusive, que a *ação concreta*, foi defendida por CHIOVENDA em um período que o procedimento ordinário tinha uma "prevalência científica" perante os procedimentos especiais e técnicas específicas para a tutela, por conta da pretensão de afirmação de forte desvinculação entre direito material e processo. Atualmente, a *ação concreta* ganha novas cores, especialmente mediante a designação de *tutela específica* ou *direito às técnicas processuais adequadas para a tutela do direito* – conforme vem sendo defendido, no Brasil, especialmente por LUIZ GUILHERME MARINONI – que são concepções que possuem o importante valor de atentar para a insuficiência de um procedimento genérico para abraçar os mais diferentes tipos de direitos, representando um importante avanço do direito processual nesta seara.[153] Todavia, cumpre deixar claro que, conquanto seja uma importante percepção e um verdadeiro avanço na visão e desempenho da função do direito processual, conceitualmente não há grandes diferenças: a *ação concreta* é exatamente o *direito à tutela jurisdicional* ou à *técnica processual adequada para a tutela do direito*, que é parte daquela. A concepção original, antiga, no entanto, estava ligada ao procedimento ordinário genérico, a contemporânea preocupa-se com a especificidade da tutela e a sua adequação para

153 Ver, especialmente: MARINONI, Luiz Guilherme. *Técnica processual e tutela dos direitos*. 3ª ed. São Paulo: RT, 2010. Na doutrina estrangeira, entre muitos outros: PROTO PISANI, Andrea. *Lezioni di diritto processuale civile*. 5ª ed. Napoli: Jovene, 2010, p. 52-53.

proteger adequadamente o direito, todavia, ambas pretendem descrever o mesmo fenômeno: o direito à tutela jurisdicional. O direito à tutela jurisdicional adequada ou à tutela específica é, portanto, um *aggiornamento* da ação concreta.

Fica claro que se pode ver todo esse fenômeno em variadas etapas, inclusive em sequência sob a ótica do direito processual: primeiro, exerce-se a *ação processual* para exigir uma *prestação jurisdicional*, devida pelo Estado ao proibir a autotutela e prever o acesso à justiça; segundo, tem-se a conhecida *ação eclética* – mais adequadamente compreendida como o direito à tutela jurisdicional ou direito à decisão de mérito –, cumpridas suas exigências, que são os pressupostos e requisitos processuais e as condições da ação, passa a ser devido, pelo Estado-juiz, o proferimento de uma *decisão de mérito*; e, finalmente, há a *ação concreta*, ou seja, o direito à tutela jurisdicional pleiteada ou o direito à sentença favorável, que, além dos requisitos para a tutela de mérito, exige também a demonstração, no processo, dos fatos constitutivos do direito alegado e, também, a adequação do pedido à técnica pleiteada para a tutela do direito substancial – trata-se, em outra ótica, da constatação no processo da existência de uma ação material.

Autonomamente, além de tudo isso, é necessário trabalhar, no plano do direito material, com a noção de ação material para que se consiga descrever as situações jurídicas materiais em sua inteireza. Note-se que a ação material é alegada em sede processual – aquele que demanda afirma ter, no plano material, ação – e, inclusive por isso, é que se pode falar, de modo coerente, em ação reivindicatória, ação possessória, ação declaratória de inexistência de dívida, etc. Enfim, apenas há sentido em qualificar a ação por uma situação material alegada ao se admitir que a ação tem um aspecto material.

Diante de tudo isso, pode-se concluir que utilizar exclusivamente um único conceito, excluindo os demais, acaba por tornar a explicação do funcionamento do sistema jurídico incompleta e falha. As noções de ação material, ação processual, ação eclética e ação concreta referem-se a diferentes momentos ou situações jurídicas que compõem a totalidade do fenômeno jurídico, cada um deles existente e relevante, e que carecem de uma representação conceitual, sob pena de se chegar a uma visão deficiente do direito, possivelmente ensejando erros, e incapaz de explicar toda a sua dinâmica.

Percebe-se, a partir dessa proposta compreensiva, que o debate em torno da ação é menos *conceitual* e muito mais *terminológico*. A parcela da doutrina que procura encontrar um significado correto para o termo ação, excluindo os demais, além de incorrer no problema de descrever de modo incompleto o fenômeno jurídico, entra numa disputa sobre o melhor fenômeno para preencher um termo; ou seja: é um problema de exclusividade terminológica. No entanto, boa parte da doutrina, embora se disponha a debater acerca do conceito de ação – que é apenas terminológico –, acaba por reconhecer os demais fenômenos, mesmo que sem admitir o uso do termo ação para descrevê-los.

Por exemplo, ENRICO TULLIO LIEBMAN, que é autor de um dos mais importantes textos sobre a matéria, acaba por suprimir a noção de *actio*, ou ação material, em razão, em sua concepção, da suficiência do conceito de direito subjetivo – que seria um termo capaz de descrever desde a situação de vantagem até a sua exigibilidade e mesmo a sua impositividade –, e, quanto à noção autônoma e abstrata da ação, expõe que "um direito desta espécie existe sem dúvida".[154] Como se vê, não é que o processualista italiano ignore os vários fenômenos que são descritos como ação, mas eles apenas não são representados pelo *seu* conceito de ação.

Aliás, isso parece frequente na doutrina, como ficou demonstrado acima: as várias ideias que se dedicaram a debater sobre o conceito de ação não negam – ao menos de modo integral – os outros fenômenos jurídicos que são representados pelo mesmo termo. É certo que existem muitos debates além do conceito de ação, como, por exemplo, quem é o titular da ação e contra quem ela é exercida,[155] porém boa parte desses problemas é resolvida mediante a compreensão de que se está tratando de várias e diversas situações jurídicas. Isso significa que, reduzindo a polêmica ao seu núcleo, o que se vê é que os vários juristas apenas optam por utilizar o significante "ação" para um ou outro significado.

O problema em torno da ação, a partir dessa compreensão, torna-se pouquíssimo relevante – ou, talvez, totalmente irrelevante mesmo. É muito mais uma questão de escolha de um termo – que acaba por cair, invariavelmente, em uma mera *opção*, algo arbitrário e sem qualquer substrato científico. Não se pode dizer, de modo definitivo, especialmente diante da grande celeuma em torno do termo "ação" e de sua transformação ao longo da história, que um conceito é *errado*, pois, na medida em

---

154 LIEBMAN, Enrico Tullio. L'azione nella teoria del processo civile. *Problemi del processo civile*. Napoli: Morano, 1962, p. 41. Aliás, percebe-se desde o início da confecção de suas ideias sobre a ação, que a preocupação do mestre milanês está em forjar um conceito propriamente processual de ação, que se desvencilhe da noção civilista – e, aí, percebeu bem que o conceito de *actio*, ou ação material, estava no direito privado – e constitucionalista, onde primordialmente se enquadra a noção autônoma e abstrata de ação, como direito fundamental à prestação jurisdicional. Aliás, sobre esta última ideia, a seguinte passagem, sobre o "direito de ação", é muito clara: "Esso non è dunque l'azione, *nel senso in cui questa figura ha rilevanza nel sistema del processo, ma la sua base, il suo presupposto di diritto costituzionale, la strada sempre aperta sulla quale il cittadino può di volta in volta avviare le sue singole azioni*, nei diversi casi concreti in cui intende rivolgersi all'autorità giudiziaria per la protezione di un suo interesse leso o minacciato". Mais adiante conclui que "questo potere di agire, del tutto generico e astratto, ha il suo posto ben definito nel diritto costituzionale e vi svolge una funzione di fondamentale importanza (e per convincersene basta pensare all'ipotesi di una sua qualsiasi limitazione). Ma, nella sua estrema astrattezza e indeterminatezza, esso non ha rilevanza alcuna nella vita e nel funzionamento pratico del processo, perché, spettando a chiunque in qualsiasi circostanza, non permette di distinguere caso da caso, né di stabilire un collegamento tra il processo e la fattispecie concreta per la quale esso viene proposto" (p. 42-43).

155 "Há grande divergência entre os autores a respeito de quem seja o titular passivo da ação. Para alguns é o Estado (Calamandrei, que a considera direito potestativo; Oskar Bülow, Alfredo Rocco, Ugo Rocco, Marco Tullio Zanzucchi, que a consideram direito à atividade dos tribunais; Wach e outros alemães que a consideram direito à tutela jurisdicional). Para outros é a parte contrária, o réu (Chiovenda, que a considera direito potestativo; Savigny, que a considera direito a uma prestação material). Para Carnelutti, é a pessoa física do órgão jurisdicional. Para Liebman, é pessoa indeterminada (o ordenamento jurídico)" (VIDIGAL, Luís Eulalio de Bueno. Existe o direito de ação? *Revista de direito processual civil*. São Paulo: Saraiva, 1966, 5º volume, p. 10).

que não se deve observá-lo em disjunção ao seu referente, os conceitos clássicos de ação conseguem efetivamente representar o fenômeno a que se propõem – embora, certamente, vários reparos devam ser feitos nas várias teorias, sobretudo, em relação a elementos que lhes são marginais. Percebe-se, enfim, que as críticas normalmente direcionadas aos vários conceitos de ação são externas e circulares: elas existem por pressuporem que ação representa algo diverso daquilo retratado pela ideia criticada.

É, outrossim, muito comum o pensamento doutrinário no sentido de que a ação material seria um conceito errado, o que teria sido revelado pelo aprofundamento científico, ou, simplesmente, que se trata de uma noção ultrapassada. Aponta-se, inclusive, certa confusão entre a noção de ação civil, ou *actio*, e a noção de direito subjetivo.[156] Todavia, conforme visto anteriormente, trata-se de uma bandeira retórica estratégica que, atualmente, não tem razão para se manter hasteada. É não só possível como importante que os conceitos de ação material e a ação processual convivam.

Pode-se afirmar que é uma falha dos processualistas modernos a crença em ter a ação processual substituído a antiga *actio*, consistindo em fenômenos flagrantemente distintos: a ação de direito material significa o agir de quem tem direito para a realização de um interesse juridicamente protegido, não sendo o "agir" autônomo e abstrato; já a ação processual é conceito autônomo e abstrato, o qual permite a qualquer um alegar ter direito, pretensão e ação material para conseguir, através do processo, agir materialmente, isto é, buscar a satisfação.[157] Portanto, "a ação de direito material e a

156 Isso está presente em Liebman, que afirma, em significativa passagem, que "il rapporto col diritto soggettivo è il comune denominatore di tutte le dottrine dell'azione; e la cosa si comprende, quando si consideri che per esse il punto di partenza era dato dalla tradizionale opinione che identificava azione e diritto soggettivo e che pertanto il primo passo per affermare l'autonomia dell'azione doveva essere quello di operare la separazione tra i due concetti, che fino allora erano stati tenuti strettamente uniti" (L'azione nella teoria del processo civile. *Problemi del processo civile*. Napoli: Morano, 1962, p. 25). Logicamente, aqueles que acolhem a sua doutrina de ação, acabam por incidir na mesma percepção, a nosso ver inexata, do conceito de *actio* ou ação civil ou, ainda, ação material. No entanto, é preciso fazer justiça ao processualista italiano: em seu conhecido artigo sobre ação, logo adiante à passagem citada, ele defende que não se pode aceitar uma "soluzione unitaria", ou seja, não se pode adotar uma ideia em que o conceito de ação (em sentido processual) seja absorvido pelo direito material e, por sua vez, também é inaceitável um conceito de ação (mais uma vez, em sentido processual) em que se elimine a noção de direito material (p. 26). Bem vistas as coisas, Liebman tinha premissas consistentes para a elaboração de sua teoria da ação e conseguiu enxergar nitidamente que o conceito de ação tornou-se um sério campo de conflito terminológico, pelo que buscou, a partir daí, formular uma teoria que preservasse ambas as searas do direito que protagonizaram o conflito – talvez, por isso, a sua teoria *eclética*, que, quanto à abstração, insere a ação em meio termo entre o direito material e o processual. Isso não significa que se concorde com as ideias conceituais desenvolvidas pelo processualista italiano, mas é fundamental reconhecer a sua importância e, mais do que isso, a percuciência que levou ao reconhecimento de suas premissas – com exceção, já apontada, do conceito que adotou de *actio* – e a correção delas.

157 MACHADO, Fábio Cardoso. "Ação" e ações: sobre a renovada polêmica em torno da ação de direito material. In: AMARAL, Guilherme Rizzo; MACHADO, Fábio Cardoso (Org.). *Polêmica sobre a ação: a tutela jurisdicional na perspectiva das relações entre direito e processo*. Porto Alegre: Livraria do Advogado, 2006, p. 145.

'ação' processual são categorias diferentes que designam fenômenos diversos, mas que guardam entre si um estreito vínculo instrumental: age-se processualmente para, verificada a procedência do pedido, agir-se materialmente".[158]

Sobre isso, vale relembrar a reflexão de Ovídio A. Baptista da Silva:

> A ser verdadeira a doutrina dominante, segundo a qual a ação (*agere*) de direito material teria sido, nossos sistemas jurídicos modernos, *substituída* pela ação processual, e sendo a ação de conhecimento apenas o "pronunciamento" que o Juiz faz, compondo o conflito, pergunta-se então: e havendo reconhecimento da procedência da demanda, não terá havido realização pelo Estado da ação de direito material que ele próprio vedou, pela via privada, a partir do momento em que o órgão jurisdicional *pratica aquela mesma atividade* (*agere*) que o titular do direito, reconhecido pela sentença, praticaria se o monopólio estatal da jurisdição não o tivesse impedido? A realização coativa do direito, com absoluta prescindência da vontade do obrigado, é a mesma ação de direito material, ou seja, o *agir* inerente a todo direito, realizado pelos órgãos estatais da jurisdição.[159]

Logo, o monopólio da jurisdição pelo Estado não substituiu o agir privado, mas passou a conviver com ele, não sendo mais exercida a ação de direito material, em regra, pelo particular, mas através da jurisdição estatal. Nas palavras de Pontes de Miranda: "As ações exercem-se em juízo ou fora dele. Quem fala de ações, no sentido do direito material, que é o próprio, somente por associação (fato psíquico, extrajurídico) alude à justiça estatal, ou à própria autotutela".[160] Quer dizer, uma coisa é a situação jurídica em si, outra é a sua forma de exercício ou efetivação.[161] Note-se, no entanto, que a ação material é um fenômeno de direito material – assim como o direito e a pretensão – e que, assim o sendo, ao ser alegada em um processo, depende de constatação do Estado-juiz, o que gera um estado de incerteza.[162]

---

158 Idem, p. 147.

159 SILVA, Ovídio A. Baptista da. Direito subjetivo, pretensão de direito material e ação. In: AMARAL, Guilherme Rizzo; MACHADO, Fábio Cardoso (Org.). *Polêmica sobre a ação: a tutela jurisdicional na perspectiva das relações entre direito e processo.* Porto Alegre: Livraria do Advogado, 2006, p. 21.

160 PONTES DE MIRANDA, Francisco Cavalcanti. *Tratado das ações*, cit., p. 78-79.

161 O mesmo caminho é trilhado por Humberto Theodoro Júnior, segundo o qual existem duas realidades jurídicas distintas: a ação material (ligada ao direito material e concreta) e a processual (autônoma e abstrata), exercitando-se, nos casos em que vedada a autotutela, a primeira através da segunda: THEODORO JÚNIOR, Humberto. *Curso de direito processual civil – Teoria geral do direito processual civil e processo de conhecimento.* Rio de Janeiro: Forense, 2014, v. 1, p. 76.

162 Sobre o ponto, vale conferir o importante debate entre Carlos Alberto Alvaro de Oliveira, que realizou a crítica acima sintetizada, e Ovídio A. Baptista da Silva, que impugnou estas ideias, com razão. São palavras do Professor Alvaro: "Para salvar essa evidente contradição, Pontes de Miranda sustenta que o direito à pretensão à tutela jurídica (*rectius*: pretensão à outorga de justiça) de

Enfim, a ação material não deve ser excluída da equação. É um conceito relevante para descrever o fenômeno material em toda a sua dinâmica e capaz de representar as várias situações jurídicas integralmente. O que, por outro lado, não pode ser tolerado é o uso da ação material como um conceito processual ou capaz de representar algum fenômeno processual. E é na ciência processual que os vários conceitos de ação, representando diversos fenômenos, precisam ser compatibilizados com maior acuidade.

Nesse sentido, tem-se a percepção diferente, porém que busca alcançar resultados semelhantes, de FREDIE DIDIER JR. O processualista baiano procura realizar uma diferenciação entre *direito de ação*, que seria o direito fundamental abstratamente previsto de exigir a "tutela jurisdicional adequada, tempestiva e efetiva"; e a *ação como ato jurídico*, que seria o exercício do direito de ação, ou *demanda*, que inaugura o processo e define o seu objeto litigioso, trazendo ao processo, portanto, a afirmação do direito material.[163] Muito embora seja de se reconhecer a engenhosidade das ideias defendidas e o propósito legítimo e escorreito a que elas se voltam, a construção não tem sustentação analítica:[164] não se pode antever um direito, em abstrato,

modo nenhum é pretensão à sentença favorável (...). A explicação não satisfaz, porque ao mesmo tempo em que se reconhece que o demandante não tinha ação (de direito material) afirma-se que a ação foi exercida pela "ação". Não se pode exercer o que não se tem, é o óbvio". Afirma também: "Ora, se não é possível afirmar a existência do direito antes do contraditório, muito menos se poderá admitir a "ação material" já no início do processo, com o trânsito em julgado da sentença, quando então se confundirá com a eficácia da própria sentença" (OLIVEIRA, Carlos Alberto Alvaro. O problema da eficácia da sentença. In: AMARAL, Guilherme Rizzo; MACHADO, Fábio Cardoso (Org.). *Polêmica sobre a ação: a tutela jurisdicional na perspectiva das relações entre direito e processo.* Porto Alegre: Livraria do Advogado, 2006, p. 47). Para a resposta, cf. SILVA, Ovídio A. Baptista da. *Jurisdição, direito material e processo.* Rio de Janeiro: Forense, 2008, p. 108. SILVA, Ovídio A. Baptista da. Direito material e processo. In: AMARAL, Guilherme Rizzo; MACHADO, Fábio Cardoso (Org.). *Polêmica sobre a ação: a tutela jurisdicional na perspectiva das relações entre direito e processo.* Porto Alegre: Livraria do Advogado, 2006, p. 76. Ver também, criticando a posição de Alvaro de Oliveira, pois ela reduziria o direito material a praticamente nada: NOGUEIRA, Pedro Henrique. *Teoria da ação de direito material.* Salvador: Juspodivm, 2008, p. 130. Igualmente, destacando que a ação material é afirmada no processo e sujeita ou não à constatação: MITIDIERO, Daniel Francisco. Polêmica sobre a teoria dualista da ação (ação de direito material – "ação" processual): uma resposta a Guilherme Rizzo Amaral. In: AMARAL, Guilherme Rizzo; MACHADO, Fábio Cardoso (Org.). *Polêmica sobre a ação: a tutela jurisdicional na perspectiva das relações entre direito e processo.* Porto Alegre: Livraria do Advogado, 2006, p. 132. No mesmo sentido: MACHADO, Fábio Cardoso. "Ação" e ações: sobre a renovada polêmica em torno da ação de direito material. In: AMARAL, Guilherme Rizzo; MACHADO, Fábio Cardoso (Org.). *Polêmica sobre a ação: a tutela jurisdicional na perspectiva das relações entre direito e processo.* Porto Alegre: Livraria do Advogado, 2006, p. 151.

163 DIDIER JR, Fredie. O direito de ação como complexo de situações jurídicas. *Revista de Processo.* São Paulo: RT, 2012, v. 210, p. 50-52.

164 A proposta principal do texto com o qual se dialoga é a de perspectivar a ação como um complexo de situações jurídicas (DIDIER JR, Fredie. O direito de ação como complexo de situações jurídicas. *Revista de Processo.* São Paulo: RT, 2012, v. 210, p. 52-53). Basicamente, seria pegar todas as situações jurídicas de cunho processual aqui expostas e reuni-las num só termo, dito ação – muito

completamente dissociado de sua imagem, em concreto, como é a ação processual, em sua total pertença ao direito constitucional e processual, sem referência ao direito material, e a demanda, que se afigura como a alegação do direito material e, por isso, é dotada de concretude. Aliás, mais parece que a ideia em comento vê, na ação como situação estática a ação abstrata e na ação exercida, como ato, a ação concreta, como já fora defendido antes.[165] Contudo, são coisas distintas, que devem ter tanto sua representação estática, como situação jurídica potencial de um sujeito, e sua representação dinâmica, que se dá quando o mesmo sujeito, detentor da respectiva situação, exerce-a. A descrição mais precisa do fenômeno jurídico, portanto, é aquela que mantém cada um dos conceitos de ação, com alguns reparos necessários, e, para cada um desses conceitos, consegue divisar tanto sua previsão potencial como também o seu exercício em concreto, sem fraturar os conteúdos de cada uma das situações jurídicas, mesclando-as entre si.

Desse modo, o *direito de ação* como situação jurídica concedido a todas as pessoas por força constitucional pode ser exercido concretamente, *mantendo-se abstrata a ação – portanto, para esta situação jurídica, é irrelevante a demanda ou, de qualquer forma, o direito material deduzido –, que nada mais é do que a exigência, capaz de gerar o processo (direito potestativo) de que o Estado-juiz cumpra sua função jurisdicional (direito prestacional).* O que vem gerando bastante confusão na doutrina é que, *simultaneamente ao exercício do direito de ação, há também o exercício do que chamamos, para preservar a terminologia clássica, de ação concreta, mas poderia ser também chamado de demanda, isto é, o pedido de tutela de uma situação jurídica*

---

embora o Didier Jr. vá além e acabe incluindo como "corolários" do direito de ação situações jurídicas que, embora sem dúvidas sejam exercíveis apenas em decorrência da ação, historicamente não recebem uma ligação forte com a ação, como o direito à prova, o que, parece-nos, é pouco útil para precisar o conceito de ação e torná-lo um conceito melhor delimitado e, assim, mais útil e seguro. O uso do conceito de ação se daria em uma espécie de sinédoque em que ação, simplesmente, assumiria um papel de conceito síntese dos vários fenômenos por ela representáveis, o que se parece bastante com a noção defendida por Fazzalari de reunião e sistematização de posições subjetivas (FAZZALARI, Elio. *Istituzioni di diritto processuale.* Padova: Cedam, 1975, p. 178). A ideia é boa e tem o mérito de tornar insignificante a disputa terminológica em torno do termo, como também de suplantar as naturais dificuldades para a sedimentação de um termo para cada um dos conceitos. No entanto, é fundamental que se conheçam as várias ideias que o termo ação representa, justamente para evitar tomar uma por outra, o que pode gerar resultados desastrosos.

---

165 "De todo o exposto, [...] exsurgem, decerto, o significado e a importância da verificação de duas situações, embora correlatas, de todo inconfundíveis: por um lado, a do sujeito de direitos, pessoa física ou jurídica, de invocar a tutela jurisdicional, quando se veja, qualquer deles, ameaçado ou violado por outrem; e, por outro, a concernente à indispensabilidade de atuação do titular de direito subjetivo material, em prol da respectiva preservação" (TUCCI, Rogério Lauria. *Da ação e do processo civil na teoria e na prática*. São Paulo: Saraiva, 1978, p. 22). No mesmo sentindo vão vários outros autores, todos admitindo a ação abstrata conjuntamente à concreta, como parece fazer Fredie Didier Jr, chamando à primeira de direito de ação e à segunda de demanda. Sobre isso, conferir a nota 144.

material alegada. Dessa forma, consegue-se ver precisamente que, para cada uma das situações jurídicas em potência, ou seja, para as várias ações descritas ao longo do texto, corresponde um ato jurídico próprio de exercício, que normalmente é concretizado simultaneamente e mediante o mesmo instrumento, mas que é uma manifestação de vontade com conteúdo substancialmente distinto.

De todo modo, é muito proveitosa a ideia defendida por FREDIE DIDIER JR., e antes por ELIO FAZZALARI[166] e por CÂNDIDO RANGEL DINAMARCO,[167] de que a ação pode ser vista como um conjunto de situações jurídicas atribuídas ao sujeito, que engloba todas as posições processuais já destacadas: o direito ao processo e a uma manifestação do Estado-juiz, o direito à manifestação do Estado-juiz quanto ao mérito, prestando propriamente tutela, e, finalmente, o direito a uma decisão de procedência com aplicação das técnicas adequadas para a tutela do direito material específico. Tudo em uma escala sequencial, cada um com seus requisitos próprios, pressupondo o exercício regular do direito anterior, mas que podem ser resumidos sincreticamente pelo conceito de ação – aqui, em um sentido processual.

A ciência é pretensamente descritiva e, para se fazer ciência jurídica é necessário delinear com precisão os fenômenos, utilizando-se de conceitos úteis para representá-los com precisão. Ignorar um conceito útil é ignorar uma parte do fenômeno jurídico, tornando-o menos preciso e, com isso, sujeitando a operação com os conceitos a erros. Não se ignora que o direito é artificial, no sentido de ser uma criação humana que serve a uma utilidade prática fundamental – notadamente, o controle da violência. Ora, isso, todavia, está longe de tornar desnecessária a precisão conceitual, fundamental para a comunicação entre os vários utentes do sistema jurídico e indispensável para a sua compreensão adequada.

A postura mais adequada, e a única capaz de dar um trato científico adequado ao problema do conceito de ação, perceber que cada uma das ideias lançadas sobre

166 "Affermatasi da molti decenni la separazione fra la situazione sostanziale e l'azione (e segnatamente – il problema ha interessato innanzitutto i processualisti civili – fra diritto soggettivo e azione, sotto il riflesso che la seconda è, sì, concessa in relazione all'esistenza, asserita o effettiva, della prima, ma da essa nettamente si distingue, è ormai agevole constatare che l'azione non si esaurisce nella facoltà del soggetto di mettere in moto il processo, ma consiste, appunto, in tutta una serie di facoltà, poteri e doveri, quanti la legge ne assegna al soggetto per la sua condotta, lungo tutto l'arco del processo" (FAZZALARI, Elio. *Istituzioni di diritto processuale*. Padova: Cedam, 1975, p. 179-180). De todo modo, é de se destacar que o conceito de ação de Fazzalari é mais amplo, pois atribui esse poder a qualquer sujeito que participe do processo, notadamente ao réu e mesmo ao interveniente, o que leva o autor a adotar um conceito reduzido de exceção, que seria apenas a alegação de fatos impeditivos ou extintivos, uma vez que ambas as partes teriam, usualmente, ação (p. 182).

167 "Em uma palavra, a ação é um poder sim, mas um poder que se desdobra em uma infinidade de poderes coordenados à provocação do ato final do processo (sentença de mérito, no processo de conhecimento; ato de entrega do bem, na execução forçada)" (DINAMARCO, Cândido Rangel. Polêmicas do processo civil. *Fundamentos do processo civil moderno.* 4ª ed. São Paulo: Malheiros, 2001, p. 283). Vale destacar que o autor imputa a Windscheid a construção dessa ideia.

o que seria a ação tem validade em relação a um fenômeno específico, a que é voltada a representar. Ignorar os fenômenos leva ao erro de percepção e de descrição da dinâmica jurídica em seu todo. Continuar a disputa sobre a ação é insistir em uma pretensão de exclusividade terminológica que não propicia qualquer avanço científico. O que se impõe, a partir disso tudo, é uma tomada de posição compreensiva, em que o uso do termo ação – material, processual, eclética ou concreta – enfoque muito mais na ideia representada e em suas características, evitando-se críticas externas e tautológicas que partam de uma preconcepção do que significa a ação.

Justamente para evitar o debate terminológico, o uso do termo ação deve ser sempre qualificado, seja como *ação material*, como grau de impositividade do direito; ou seja como *ação em sentido processual*, que engloba as situações jurídicas do *direito de ação*, como direito à prestação jurisdicional, *ação eclética*, como direito à sentença de mérito, e *ação concreta*, como direito à tutela.

5. Referências Bibliográficas

ABREU, Leonardo Santana de. *Direito, ação e tutela jurisdicional*. Porto Alegre: Livraria do Advogado, 2011.

ALVIM, José Eduardo Carreira. *Teoria geral do processo*. 13ª ed. Rio de Janeiro: Forense, 2010.

ARRUDA ALVIM. *A ação e as condições da ação no processo civil contemporâneo*. *In:* Camilo Zufelato; Flávio Luiz Yarshell (org.). 40 anos da Teoria Geral do Processo no Brasil. São Paulo: Malheiros, 2013.

ASSIS, Araken de. *Cumulação de ações*. 4ª ed. São Paulo: RT, 2002.

BARBI, Celso Agrícola. *Comentários ao Código de Processo Civil*. 11ª ed. Rio de Janeiro: Forense, 2000.

BEDAQUE, José dos Santos. *Direito e processo: influência do direito material sobre o processo*. 5ª ed. São Paulo: Malheiros, 2009.

_____. *Tutela cautelar e tutela antecipada: tutelas sumárias e de urgência (tentativa de sistematização)*. 3ª ed. São Paulo: Malheiros, 2003.

_____. *Breves notas sobre jurisdição e ação*. In: Camilo Zufelato; Flávio Luiz Yarshell (org.). 40 anos da Teoria Geral do Processo no Brasil. São Paulo: Malheiros, 2013.

BUZAID, Alfredo. *A ação declaratória no direito brasileiro*. 2ª ed. São Paulo: Saraiva, 1986.

CARNELUTTI, Francesco. *Sistema de derecho procesal civil*. Buenos Aires: Uteha, v. 1, 1944.

CALAMANDREI, Piero. *La relatività del concetto d'azione*. *Opere giuridiche* – a cura di Mauro Cappelletti. Napoli: Morano, 1965, v. 1.

CHIOVENDA, Giuseppe. *Instituições de direito processual civil*. São Paulo: Saraiva, v. 1, 1969.

_____. *La acción en el sistema de los derechos*. Peru: Instituto Pacífico Editores, 2015.

COSTA, Susana Henriques da. *Condições da ação*. São Paulo: Quartier Latin, 2005.

DIAS, Maria Berenice. *Observações sobre o conceito de pretensão*. Disponível em: http://www.mariaberenice.com.br/uploads/2_-_observa%E7%F5es_sobre_o_conceito_de_pretens%E3o.pdf. Acesso em: 23/04/16.

DIDIER JR, Fredie. *O direito de ação como complexo de situações jurídicas*. Revista de Processo. São Paulo: RT, 2012, v. 210.

_____. *Pressupostos processuais e condições da ação – o juízo de admissibilidade do processo.* São Paulo: Saraiva, 2005.

DINAMARCO, Cândido Rangel. *Instituições de direito processual civil.* 8ª ed. São Paulo: Malheiros, v. 1, 2016.

_____. *Polêmicas do processo civil.* Fundamentos do processo civil moderno. 4ª ed. São Paulo: Malheiros, v. 1, 2001.

DINAMARCO; Cândido Rangel; LOPES, Bruno Vasconcelos Carrilho. *Teoria geral do novo processo civil.* São Paulo: Malheiros, 2016.

FAZZALARI, Elio. *Istituzioni di diritto processuale.* Padova: Cedam, 1975.

GOMES, Fábio. *Carência de ação.* São Paulo: RT, 1999.

GRECO FILHO, Vicente. *Direito processual civil brasileiro.* São Paulo: Saraiva, v. 1, 2007.

GRINOVER, Ada Pellegrini. *Revisitando a teoria do processo.* Paulo Henrique dos Santos Lucon; Ricardo de Carvalho Aprigliano; João Paulo Hecker da Silva; Ronaldo Vasconcelos; André Orthman (coord.). Processo em jornadas. Salvador: Juspodivm, 2016.

GRINOVER, Ada Pellegrini; DINARMARCO, Cândido Rangel; CINTRA, Antonio Carlos de Araújo. *Teoria geral do processo.* 26ª ed. São Paulo: Malheiros, 2010.

JUSTO, A. Santos. *Direito privado romano – I: parte geral.* Coimbra: Coimbra Editora, 2000.

KASER, Max. *Direito Privado Romano.* Lisboa: Calouste Gulbenkian, 1999.

LACERDA, Galeno. *Teoria geral do processo.* Rio de Janeiro: Forense, 2008

LIEBMAN, Enrico Tullio. *Manual de Direito Processual Civil.* 4ª ed. São Paulo: Malheiros, 2005.

_____. *L'azione nella teoria del processo civile. Problemi del processo civile.* Napoli: Morano, 1962.

MACÊDO, Lucas Buril de. *Procedimento para cumprimento de decisão judicial e diferenciação baseada na eficácia.* Revista de Processo. São Paulo: RT, 2015, v. 250.

MACÊDO, Lucas Buril de; PEIXOTO, Ravi. *A obrigatoriedade da denunciação da lide e os novos aportes teóricos para sua compreensão: uma análise do atual e do novo CPC.* Revista de Processo. São Paulo: RT, 2013, v. 225.

MACHADO, Fábio Cardoso. *"Ação" e ações: sobre a renovada polêmica em torno da ação de direito material.* In: Guilherme Rizzo Amaral; Fábio Cardoso Machado (Org.). Polêmica sobre a ação: a tutela jurisdicional na perspectiva das relações entre direito e processo. Porto Alegre: Livraria do Advogado, 2006.

MARQUES, José Frederico. *Ensaio sobre a jurisdição voluntária.* Campinas: Milennium, 2000.

MARINONI, Luiz Guilherme. *Técnica processual e tutela dos direitos.* 3ª ed. São Paulo: RT, 2010.

MARINONI, Luiz Guilherme; ARENHART, Sergio Cruz; MITIDIERO, Daniel. *Novo curso de processo civil: teoria do processo civil.* São Paulo: RT, 2015, v. 1.

MELLO, Marcos Bernardes de. *Teoria do fato jurídico: plano da eficácia, 1º parte.* São Paulo: Saraiva, 2011.

MESQUITA, José Ignácio Botelho de. *Teses, estudos e pareceres do processo civil, volume I: direito de ação, partes e terceiros, processo e política.* São Paulo: RT, 2005.

MITIDIERO, Daniel Francisco. *Polêmica sobre a teoria dualista da ação (ação de direito material – "ação" processual): uma resposta a Guilherme Rizzo Amaral.* In: Guilherme Rizzo Amaral; Fábio Cardoso Machado (Org.). Polêmica sobre a ação: a tutela jurisdicional na perspectiva das relações entre direito e processo. Porto Alegre: Livraria do Advogado, 2006.

MOREIRA ALVES, José Carlos. *Direito subjetivo, pretensão e ação*. Revista de processo. São Paulo: RT, 1987, v. 47.

NOGUEIRA, Pedro Henrique. *Teoria da ação de direito material*. Salvador: Juspodivm, 2008.

OLIVEIRA, Carlos Alberto Alvaro. *Direito material, processo e tutela jurisdicional*. Revista Forense. Rio de Janeiro: Forense, 2006, v. 386.

_____. *O problema da eficácia da sentença*. In: Guilherme Rizzo Amaral; Fábio Cardoso Machado (Org.). Polêmica sobre a ação: a tutela jurisdicional na perspectiva das relações entre direito e processo. Porto Alegre: Livraria do Advogado, 2006.

PASSOS, José Joaquim Calmon de. *A ação no direito processual civil brasileiro*. Salvador: Juspodivm, 2014.

PEKELIS, Alessandro. *A acção*. Revista da Ordem dos Advogados, 1941, v. II, ano 1.

POLETTI, Ronaldo. *Elementos de direito romano público e privado*. Brasília: Livraria e Editora Brasília Jurídica, 1996.

PONTES DE MIRANDA, Francisco Cavalcanti. *Tratado das ações*. Bookseller: Campinas, v. 1, 1998.

_____. *Tratado de direito privado*. 4ª ed. São Paulo: RT, 1983, t. V.

PUGLIESI, Giovanni. *L''actio' e la 'litis contestatio' nella storia del processo romano*. Studi in onore di Enrico Tullio Liebman. Milano: Giuffrè, 1979, v. 1.

PROTO PISANI, Andrea. *Lezioni di diritto processuale civile*. 5ª ed. Napoli: Jovene, 2010.

ROSEMBERG, Leo. *Da jurisdição no processo civil*. Campinas: Impactus, 2005.

SATTA, Salvatore. *Direito processual civil*. Rio de Janeiro: Borsoi, 1973.

SICA, Heitor Vitor Mendonça. *O direito de defesa no processo civil brasileiro*. São Paulo: Atlas, 2011.

_____. *Velhos e novos institutos fundamentais do direito processual civil*. Flavio Luiz Yarshell; Camilo Zufelato. 40 anos de teoria geral do processo no Brasil. São Paulo: Malheiros, 2013.

SILVA, Ovídio A. Baptista da. *Direito subjetivo, pretensão de direito material e ação*. In: Guilherme Rizzo Amaral; Fábio Cardoso Machado (Org.). Polêmica sobre a ação: a tutela jurisdicional na perspectiva das relações entre direito e processo. Porto Alegre: Livraria do Advogado, 2006.

_____. *Jurisdição, direito material e processo*. Rio de Janeiro: Forense, 2008.

TESHEINER, José Maria; THAMAY, Rennan Faria Kruger. *Teoria geral do processo: em conformidade com o novo CPC*. Rio de Janeiro: Forense, 2015.

THEODORO JÚNIOR, Humberto. *Curso de direito processual civil – Teoria geral do direito processual civil e processo de conhecimento*. Rio de Janeiro: Forense, v. 1, 2014.

TUCCI, José Rogério Cruz e; AZEVEDO, Luiz Carlos de. *Lições de história do processo civil romano*. São Paulo: RT, 2001.

TUCCI, Rogério Lauria. *Jurisdição, ação e processo civil (subsídios para a Teoria Geral do Processo Civil)*. Revista de Processo. São Paulo, RT, 1988, nº 52.

_____. *Da ação e do processo civil na teoria e na prática*. São Paulo: Saraiva, 1978.

VIDIGAL, Luís Eulalio de Bueno. *Existe o direito de ação?* Revista de direito processual civil. São Paulo: Saraiva, 1966, 5º volume.

VILLEY, Michel. *Direito romano*. Porto: Rés-Editora, 1991.

WACH, Adolf. *La pretensión de declaración: un aporte a la teoría de la pretensión de protección del derecho*. Ed. Buenos Aires: Ediciones Juridicas Europa-America. Trad. por Dr. Juan M. Semon.

YARSHELL, Flávio Luiz. *Tutela jurisdicional*. 2ª ed. São Paulo: DPJ Editora, 2006.

Capítulo III

PROCESSO

Márcia Michele Garcia Duarte

Sumário: 1. Perspectivas introdutórias. **2.** Teorias do Processo. **3.** Processo e Procedimento. **4.** Jurisdição, Processo e Ação. **5.** Espécies do Processo **6.** Normas fundamentais do Processo e Aplicação das Normas Processuais. **7.** Pressupostos processuais. **8.** O Processo eletrônico. **9.** Processo como instrumento de acesso à Justiça. **10.** Referências

1. Perspectivas introdutórias

A expressão "processo" deriva do latim *processus* que significa progressão e avanço. Pode-se conceituar, sob a perspectiva tradicional, que Processo é a via por meio do qual a autoridade investida de jurisdição diz o direito pondo fim ao conflito de interesses estabelecido ou em potencial, servindo também o Processo como instrumento para a realização de direito quando não há conflito, mas no qual persista a necessária jurisdição voluntária como forma de concretização do direito.

O Processo é indispensável ao exercício da função jurisdicional sob duas vertentes, conforme expõe Humberto Dalla[1], o: *(i)* instrumento por meio do qual a jurisdição é exercia (positivista) e, *(ii)* nos ditames constitucionais, como o procedimento que viabiliza o exercício da jurisdição pelo juiz (pós-positivistas), percepção essa que vai além do resolver a demanda, indo ao alcance do dever de comprometimento e atenção aos princípios fundamentais (garantismo), bem como da ocupação com a efetividade do provimento judicial. Para o autor, o Processo guarda matriz teleológica de realização da justiça e eliminação dos conflitos, assim viabilizando o exercício do poder jurisdicional. Ou seja, nesse senda, representa, de maneira sintetizada, um conjunto de atos realizados pelo crivo do contraditório, estabelecendo-se "relação jurídica da qual surgem deveres, poderes, faculdades, ônus e sujeições para as partes que dela participam".[2]

Tem-se ainda que o Processo não é simples instrumento de especulação teórica ou doutrinária, leciona Theodoro Júnior[3], que o distingue sob dois aspectos: *(i)* mérito da causa, que é o seu objeto (*res in iudicium, deducta*) e; *(ii)* o processo concebido

---

1 PINHO, Humberto Dalla Bernardina de. *Direito Processual Civil Contemporâneo: Teoria Geral do Processo.* Vol. 1. 7ª ed. São Paulo: Saraiva, 2017, pp. 367-368.

2 Idem, p. 380

3 THEODORO JÚNIOR, Humberto. *Curso de Direito Processual Civil.* Vol. 1. 58ª ed. rev., atual. e ampl. Rio de Janeiro: Forense, 2017, pp. 129-130.

como continente (*iudicium*). O autor assegura o Processo como uma série de atos coordenados que são regulados pela lei processual através do qual se exerce a jurisdição, servindo esse como instrumento da atividade intelectiva do juiz.

Carnelutti[4] afirmara o Processo como um conjunto de atos dirigidos à formação e aplicação da ordem jurídica, envolvendo a colaboração dos envolvidos interessados e de pessoas imparciais. O Processo indicaria ainda um método para a formação e para a aplicação do direito, devendo garantir um resultado satisfatório e decidir o conflito de interesses de maneira a promover a paz, sendo-lhe característico, portanto, resultar no justo e certo. Nesse panorama, assinalou o autor que justiça deve ser a qualidade interior e substancial do Processo e, a certeza, a sua qualidade exterior e formal.

O Processo, enquanto método para a formação e atuação do direto, "serve ao direito" e está regulado pelo direito quando da sua formação e atuação nos conflitos de interesses, assim como daquelas outras questões que se resolvem no mesmo processo, descrevendo Carnelutti ainda que o "processo é servido pelo direito", fator esse que motiva constituir duas vias em reciprocidade a relação existente entre o direito e o Processo.

É por meio do Processo que se alcança uma decisão judicial hábil a instituir norma individual considerada válida, qual seja, aquela que leva à *res judicata*, que Kelsen analisou como a "Força do Direito".[5]

A expressão "Processo" consagra ainda tema que desperta muito de nossa matriz cultural. Permeando a literatura e o linguajar cotidiano, podemos considerar que todas as pessoas classificadas como "homem médio" sabem o significado e o peso dessa expressão no contexto social, na medida em que a direciona, precisamente, para a seara jurídica.

O Processo (*Der Prozess*) foi título da quase centenária e angustiante obra de Franz Kafta e revela o quanto de assombro integra o imaginário pelo uso cultural do Processo como ferramenta de castigo e punição.

O termo "Processo" também é comumente utilizado para ameaças e coerções privadas ao estilo "vou te processar", termo erigido sobre verdades internas que, por vezes, sequer encontram amparo legal, mas que refletem em recuo de conduta por aquele que ouve a mensagem e teme "ser processado".

Vê-se, assim, o Processo construído na senda social como instrumento de intimidação e autoproteção e, em qualquer dos casos, de condicionamento estanque instituído através do temor que o desconhecido Processo pode gerar, isso disperso da essência poética do Processo enquanto instrumento de pacificação.

Diferentemente desse instrumento punitivo, o Processo revela uma feição sublime do discurso jurídico, sendo atualmente o meio de realização do direito regado à

---

4 CARNELUTTI, Francesco, *Instituiciones del Proceso Civil*. Volumen I, Buenos Aires: Librería El Foro S. A., 1997, pp. 21-23.

5 KELSEN, Hans. *Teoria geral do direito e o Estado*. Tradução: Luís Carlos Borges, 4ª ed., São Paulo: Martins Fontes, 2005, pp. 228-229.

garantias e princípios e, na matriz originária secular, à previsão legal como medida de segurança para os envolvidos com a finalidade, inclusive, de limitar os poderes descendidos do Estado e, colateralmente, originados da força dos particulares no uso da autotutela.

Em termos de breve percepção histórica, temos que no Brasil inaugurou-se o sistema jurídico a partir dos Ordenamentos lusitanos, sendo o Código do Processo Criminal a primeira marca codificada de Direito Processual em território brasileiro, no ano de 1832[6].

Barbosa Moreira[7] descreve que foram diversos escritos processuais como a Disposição Provisória de 1832, o Regulamento nº 737, de 1850, e o Decreto nº 763, de 1890, tendo havido marcação temporal processual de maneira autônoma no Brasil somente por meio de Código de Processo Civil de 1939[8], momento que o autor descreve como a influência italiana tocando o nosso modelo processual.

Isso foi ganhando contornos mistos a partir do Código de Processo Civil de 1973, conhecido no jargão jurídico como o Código Buzaid por ter partido do anteprojeto do professor Alfredo Buzaid e inspirado na doutrina e movimentos jurídicos italiano, português e alemão, esse último em menor proporção, dominando em nosso sistema o modelo processual romano-germânico ou *civil law*, descreve Barbosa Moreira.

Buzaid[9] havia narrado que a relação entre o Processo e o Estado Democrático revelava interligação muito mais profunda do que se percebia à primeira vista. Descreveu a visão de Oscar von Büllow de que o Processo era uma relação de direito público, servindo de "instrumento" que o Estado poria à disposição dos litigantes para realizar a justiça, algo indispensável para que o Processo conseguisse emancipar-se do Direito Material; o mais, revelou-se quando à ação concebeu-se essência para além de mera projeção do direito subjetivo, consagrando-se como direito autônomo que se traduz no poder de movimentar a máquina judiciária.

O status conferidos aos dois institutos jurídicos, o Processo e a ação, foram primorosos na geração da repercussão da ideia do Estado Democrático e, nessa senda, considerou que a "democracia revaloriza o processo, tornando-o instrumento do Estado para a administração da justiça".[10]

---

6 BRASIL, Lei de 29 de novembro de 1832. http://www.planalto.gov.br/ccivil_03/leis/lim/lim-29-11-1832.htm. Acesso em 12 abr 2017.

7 BARBOSA MOREIRA, José Carlos. *Temas de Direito Processual*. Oitava Série. São Paulo: Saraiva, 2004, pp. 41-43.

8 BRASIL, Decreto-lei nº 1.608, de 18 de setembro de 1939. Código de Processo Civil Disponível em: https://www.planalto.gov.br/ccivil_03/Decreto-Lei/1937-1946/Del1608.htm. Acesso em 12 abr 2017.

9 BUZAID, Alfredo. "Democracia Y Proceso", pp. 879-886. Conferência registrada no acevo da biblioteca Jurídica Virtual del Instituto de Investigaciones Jurídicas de la UNAM (http://www.derecho.unam.mx/).

10 Idem, p. 883.

No Estado Democrático Contemporâneo, a garantia da tutela jurisdicional efetiva traduz-se na eficácia concreta dos direitos constitucional e legalmente assegurados, cenário onde nenhum direito existe de verdade se não está acompanhado pela respectiva tutela jurisdicional, descreve Leonardo Greco. Nessa toada, a tutela jurisdicional efetiva seria aquela manifestada como garantia e direito fundamental, possibilitando o maior alcance prático e o menor custo possível na proteção concreta dos direitos dos cidadãos.[11]

O Direito Processual representa a função de disciplinar o exercício da jurisdição através de princípios e regras, de modo que esses confiram ao Processo a mais ampla efetividade, narra Greco, para quem, diante da: "relação jurídica plurissubjetiva, complexa e dinâmica, o processo em si mesmo deve formar-se e desenvolver-se com absoluto respeito aos direitos fundamentais de todos os cidadãos, especialmente das partes", adotando-se: "regras mais propícias à ampla e equilibrada participação dos interessados, à isenta e adequada cognição do juiz e à apuração da verdade objetiva: um meio justo para um fim justo".[12]

Analisando o "Direito e o Processo Judicial", Barroso[13] assinalou que num processo judicial, os argumentos utilizáveis na construção de qualquer decisão precisam ser assimiláveis pelo Direito e que a racionalidade e a razoabilidade de qualquer decisão estarão sujeitas à revisão por um segundo grau de jurisdição, do mesmo modo que o faz o controle social[14], ou seja: "a atuação judicial é limitada pelas possibilidades de solução oferecidas pelo ordenamento, pelo tipo de argumentação jurídica utilizável e pelo controle de razoabilidade e de racionalidade que restringem as influências extrajudiciais de natureza ideológica ou estratégica".

A jurisdição realizável por meio do Processo depara-se com um caminho desafiador diante da hipercomplexidade dos fenômenos sociais contemporâneos. Conferir tutela efetiva e satisfatória, pacificando verdadeiramente o conflito, exige muito mais do que a breve análise normativa e aplicação ao caso concreto. Desdobra-se numa infinidade de manejos teleológicos que devem contar com a colaboração absoluta

---

11 GRECO, Leonardo. "Novas Perspectivas da Efetividade e do Garantismo Processual". *In* FEIJÓ, Maria Angélica Echer Ferreira (org.). *Processo Civil – Estudos em homenagem ao professor doutor Carlos Alberto Alvaro de Oliveira*. Rio de Janeiro: Atlas, 2012.

12 Dispondo ainda o autor que: "*Afinal, o processo judicial de solução de conflitos ou de administração de interesses privados se insere no universo mais amplo das relações entre o Estado e o cidadão, que no Estado de Direito Contemporâneo deve subordinar-se aos princípios da legalidade, impessoalidade, moralidade, publicidade e eficiência, consoante o disposto no artigo 37 da Constituição que, não sem razão, se refere a tais princípios como inerentes 'a qualquer dos Poderes da União, dos Estados, do Distrito Federal e dos Municípios'*"

13 BARROSO, Luís Roberto. "Jurisdição Constitucional: a tênue fronteira entre o direito e a política". Disponível em: http://www.migalhas.com.br/dePeso/16,MI194782,51045-Jurisdicao+Constitucional+A+tenue+fronteira+entre+o+Direito+e+a. Acesso em 18 mar 2017.

14 Atualmente, feitos por meio de sítios jurídicos na internet, em fóruns de debates e, crescentemente, na imprensa geral, explica Barroso.

de todos os envolvidos na significância do Processo, que deve ser assentada sobre os direitos fundamentais.

Nesse sentido, expõe Fachin[15] que a: "análise dos direitos humanos fundamentais deve ser encarada à luz de sua contemporaneidade e complexidade. O grande desafio, seja do aparelho estatal ou da sociedade civil organizada ou individualmente enquanto exercício de cidadania é transpor o fosso abissal que subsiste entre o discurso teórico e a prática efetiva de tais direitos".[16]

Na busca pela completude da tradução de representação e qualificação jurídica do Processo, descrevemos a doutrina de Saldanha[17] para quem a compreensão do Direito Processual e de aplicação dos seus institutos, formam desafio à uniformidade e generalização que, muitas vezes, exigem formas processuais diferentes para solucioná-los.

No plano da abstração (regras processuais) não se consegue alcançar as vicissitudes da riqueza da vida real, abrindo-se oportunidade para, na analogia, encontrarem-se possibilidades de superação do positivismo de modo a "recolocar-se o Direito e o Direito Processual no seu devido lugar que é no âmbito das ciências do espírito", termo cunhado por Ovídio Baptista, explica.[18]

Expõe Marinoni que antes de se consagrar a autonomia do Direito Processual Civil, a sua natureza jurídica encontrava-se embasada no direito privado, especialmente na ideia de contrato, assim explicando que, no direito romano[19]-[20], o Processo dependia de prévio consenso entre as partes, já que o Estado não se impunha sobre os particulares e nem os sujeitavam à sua decisão, e aqueles levavam o conflito ao pretor[21], voluntariamente, comprometendo-se em aceitar a decisão que viesse a ser tomada, conferindo-se a esse "compromisso" o nome de *litis contestatio*.

---

15 FACHIN, Luiz Edson. "A Tutela Efetiva dos Direitos Humanos Fundamentais e a Reforma do Judiciário". *In* KLEVENHUSEN, Renata Braga (Coord.) *Direitos Fundamentais e Novos Direitos.* Rio de Janeiro: Lumen Juris, 2005, pp. 83-104.

16 Idem, p. 102.

17 SALDANHA, Jânia Maria Lopes. "Da Teoria Geral do Processo à Teoria da Tradução: um aporte da sociologia das ausências e das emergências". *In* JORDÃO, Eduardo Ferreira; DIDIER JR., Fredie Souza (Coords). *Teoria Geral do Processo: panorama doutrinário mundial.* Salvador: JusPodivm, 2008, pp. 389-427.

18 Idem, p. 393.

19 "*Período das* legis actiones *e do processo per formulas*". MARINONI, Luiz Guilherme, *Teoria Geral do Processo.* 6ª ed. rev., 2012, p. 395.

20 Humberto Theodoro Júnior analisa que o direito romano teve muita influência do direito grego. O doutrinador analisa que pouco se sabe a respeito do direito grego e descreve, partindo da *Retórica* de Aristóteles, que o processo observava a oralidade e o princípio dispositivo apresentava-se como regra dominante. Em matéria de prova, predominavam os princípios elevados, restringiam-se testemunhas de mulheres e crianças o juramento era valorizado assim como a prova documental, notadamente em matéria mercantil. *Idem*, p. 12.

21 O juiz era um árbitro que decidia partindo de critérios pessoais, quando se encontrava em situação para a qual a lei não previa solução específica. Humberto Theodoro Júnior. *Idem*, p. 12.

Dada essa característica, o "compromisso" guardava caráter de negócio jurídico de direito privado, o que revelava a natureza contratual do Processo na medida em que formava uma espécie de "contrato judicial", explicou Marinoni.

Posteriormente, por exclusão, classificou-se o Processo como contrato e denominou-o como "quase-contrato", distinguindo esse da obrigação contratual propriamente dita e da obrigação decorrente do ilícito. De qualquer forma, havia para os romanos a essencialidade do Direito Processual no direito privado, algo que perdeu sua natureza na medida em que a jurisdição passou a sujeitar os indivíduos ao poder do Estado, levando o Processo somente então à categoria de direito público.

Confundindo-se naquele sistema o Processo e o procedimento, analisou Marinoni que o Processo era conceituado como um rito judicial e uma série de atos praticados decorrentes do litígio surgido na seara do Direito Material, bem como o sistema jurídico não apontava distinções entre direito e ação.

Com a modificação de entendimento a partir da percepção de que o poder de julgar passou à ser unção essencialmente do Estado, o Processo deixou de ser visto como um negócio decorrente do desejo das partes, alavancando-se como algo a servir à jurisdição e objetivando "fazer valer o ordenamento jurídico", expõe Marinoni, explicando ainda que o Processo depende de iniciativa dos particulares, mas a jurisdição – que se exprime por meio do Processo – essa é fundamental ao Estado.

No que diz respeito à ação, foi por Wach (Alemanha) e Chiovenda (Itália) que essa foi posta como direito público na medida em que foi enquadrada como o eixo a invocar a autoridade do Estado para a observância do ordenamento jurídico (e por isso dirige-se "contra o Estado e dele exigindo a solução do conflito"). Permitiu-se, desde então, a se observar o direito de ação como um direito autônomo de natureza pública, e o mesmo deu-se em relação ao Processo, explica Marinoni, que se instaura como decorrência do litígio (direito material), mas não se confunde com o litígio.

Avançando para a perspectiva contemporânea de Processo, o bem da vida almejado deve ser conferido enquanto um direito humano fundamental. Nesse sentido, tem-se que, para Norberto Bobbio[22], cuidam-se os direitos humanos de pressupostos que devem ser perseguidos, posto que desejáveis.

Quando o autor escreveu sua significativa obra Era dos Direitos, buscou por fundamentos justificassem o que seriam então os direitos humanos e identificou que esses não encontram amparo em uma justificativa absoluta, algo que representaria para o autor uma ilusão que foi comum aos jusnaturalistas. Isso porque, os direitos do homem representam expressão vaga, variável, heterogênea etc., e, por isso, mais do que justificar os direitos do homem, necessita-se protegê-los, um problema que não seria mais filosófico, mas sim, político.

---

22 BOBBIO, Norberto. *Era dos Direitos.* Tradução: Carlos Nelson Coutinho; apresentação de Celso Lafer. Nova Ed. Rio de Janeiro: Elsevier, 2004, pp. 35- 44.

No espeque a Filosofia Política, Scalone[23] discorreu acerca do positivismo jurídico à ótica de Carl Schmitt, segundo o qual, o direito positivo não seria capaz de gerar certeza jurídica ou despertar a práxis unívoca, questionando até que ponto estar-se conforme a lei, representa justeza. Para Schmitt, a decisão judiciária deve seguir conforme o direito e até desconforme à letra da lei, se assim for necessário para exercer o papel do que chamou de "mediação necessária entre o direito e o conjunto de normas?.[24]

Essa percepção adequa-se ou conceito contemporâneo de Processo, enquanto instrumento de realização do direito e, nesse ponto narrado por Scalone, conferindo ao julgador singular importância na construção do justo e atingimento da função maior do Processo, isso sim, capaz de traduzir o significado de Processo na matriz jurídica contemporânea, Democrática e tenta aos direitos fundamentais.

2. Teorias do Processo

A teoria da relação jurídica processual, tal como conhecemos no processo contemporâneo, registra nascedouro nos seculares ensinamentos de Oskar von Büllow , os mesmos que despertaram a distinção entre Direito Processual e Direito Material. Foi desde então que se conferiu autonomia ao Processo e reconheceu-se a sua natureza pública.

Humberto Dalla[25] ensina-nos com precisão e didática que diversas foram as teorias instituídas a respeito do Processo ao longo dos séculos na Europa até o nosso breve histórico processual. A primeira delas é a *Teoria Privatista*, que já apresentamos anteriormente. De maneira sintetizada, desdobra-se em: ***(i)*** Teoria do Processo como um contrato, posto que as partes, voluntariamente, buscavam a tutela do Estado para dirimir os conflitos de maneira coercitiva, haja vista que o Estado ainda não havia alcançado o monopólio capaz de permitir a imposição de sua vontade sobre as partes litigantes. Esse era o chamado "contrato judiciário", que obrigava que as partes permanecessem no Processo até o seu desfecho e acatando a decisão do *arbiter* então escolhidos pelos próprios litigantes. ***(ii)*** Teoria do Processo como um quase contrato: de origem francesa (século XIX) e fundada nas Institutas de Justiniano, derivou de fragmentos do direito romano e foi por meio dessa que se assegurou que o Processo não poderia ser considerado um contrato; porém, gerava obrigações que vinculavam as partes e deveria enquadrar-se numa das quatro fontes das obrigações, a saber, o contrato, o quase contrato, o delito e o quase delito. Por exclusão, o Processo era então classificado como um "quase contrato", por produzir para as partes efeitos simi-

23 SCALONE, Antonino. "Direito, decisão e representação: o poder em Carl Schmitt" *in* DUSO, Giuseppe. *O Poder: história da filosofia política moderna.* Tradução de Andrea Ciacchi, Líssia da Crz e Silva e Giuseppe Tosi. Petrópolis, RJ: Vozes, 2005, pp. 425-442.

24 *Idem*, p. 427.

25 PINHO, Humberto Dalla Bernardina de. *Direito Processual Civil Contemporâneo: Teoria Geral do Processo.* Vol. 1. 7ª ed. São Paulo: Saraiva, 2017, pp. 369-380.

lares aos do contrato, assemelhando-se à gestão de negócios sem que entre as partes houvesse a celebração de acordo de vontades. Essa teoria também foi criticada e superada pela teoria da relação jurídica processual.

Teoria da Relação jurídica processual: fundador dessa teoria, Oskar von Büllow, buscou distinguir Direito Material de Direito Processual, tendo conferido autonomia científica ao segundo. Analisou, inclusive, que a relação jurídica processual e material distinguem-se pelos seus sujeitos, seu objeto e pelos seus pressupostos.

Teoria do processo como situação jurídica: por esta teoria, James Goldschmidt afirmara não existir relação processual entre as partes e o juiz, mas somente entre o juiz e o Estado. O processo constituiria uma série de situações jurídicas, o que contribuiu para o enriquecimento da ciência processual, mas não conseguiu afastar a noção de relação jurídica processual.

Teoria do processo como instituição: desenvolvida por Jaime Guasp, a expressão "instituição" deriva de conceito sociológico e não jurídico, mas, aplicando-a ao Processo, o doutrinador objetivou instituí-lo como atuação ou denegação da pretensão que cria uma série de vínculos de caráter jurídico, mas essa teoria se mostrou imprecisa.

Teoria do processo como procedimento em contraditório: para essa teoria, o Processo seria um procedimento, ou seja, uma série de normas destinadas a, mediante contraditório, regular determinadas condutas. Essa concepção foi elaborada por juristas ligados à ideia normativa do direito, levando a crer que Processo traduzia mera cadeia de atos previstos em norma.

Teoria do processo como categoria complexa: capitaneada por Cândido Rangel Dinamarco, sustenta-se, por meio dessa teoria, que o Processo seja um procedimento realizado em contraditório e qualificado pela relação processual, assim denominado como entidade complexa composta por dois aspectos: ***(i)*** o extrínseco (procedimento realizado em contraditório), e; ***(ii)*** o intrínseco (relação jurídica processual entre as partes, gerando direitos, deveres, faculdades e ônus). Bem aceita pela doutrina, essa teoria, por outro lado, recebe críticas por dissociar o Processo em plano interno e externo, ao passo em que deveria ser concebido como unidade.

Teoria do processo como categoria jurídica autônoma: idealizada por Afrânio Silva Jardim, classifica o Processo como categoria jurídica autônoma, ou seja, "o processo é o processo", não havendo de enquadrá-lo em categoria jurídica já existente.

3. Processo e Procedimento

Processo é o método e um sistema para compor a lide através de uma relação jurídica de direito público, ao passo em que o procedimento revela a forma material como o Processo se realiza em cada caso concreto, explica Theodoro Júnior, cabendo ao procedimento dispor a respeito de quais diretrizes se aplica a cada caso, revelando o *modus faciendi*, definindo e ordenando os atos processuais necessários a cada espécie de demanda.

Sendo o procedimento uma exteriorização do Processo, esse não se submete à uma única forma para atingir a finalidade de solucionar o litígio. Essas diferenças procedimentais são fundamentais, como na ação de cobrança que se desenvolve de uma forma enquanto que uma ação de usucapião se põe de outra; há conflitos que admitem a autocomposição e mesmo a autotutela, e outros que não admitem nem uma e nem a outra forma. Tudo isso será regido pelo procedimento.[26]

Para Marinoni, o procedimento foi distinguido do Processo a partir da perspectiva de Oskar von Büllow, consagrando-se como algo formal que traduzia a sequência de atos sem buscar um fim. Já o Processo, esse visa à uma finalidade essencial que é a atuação da lei. [27]

O procedimento se mostra sob o aspecto abstrato (fixado por lei ou modo legal) e no aspecto dinâmico (sequência de atos), e que ambos têm por compromisso atender a objetivos e necessidades específicas almejando a realização da jurisdição e, consequentemente, dos direitos dos cidadãos.[28]

E, doutrinando acerca do procedimento, Marinoni associa-o às técnicas processuais, descrevendo não ser bastante que o procedimento viabilize a participação das partes de modo efetivo. Exige-se ainda que as regras processuais outorguem aos sujeitos do processo mecanismos capazes de permitir a tutela do direito material diante de cada caso concreto.

Assim, alavanca a visão de procedimento para aquele que permite às partes o uso de técnicas processuais que se exijam para a tutela do direito material em dois seguimentos: um que leva à diferença óbvia entre a norma que concretiza o direito de aquela por meio da qual a parte influi sobre o convencimento do juiz, ligando-as ao conceito de contraditório e; o segundo seguimento, decorrente da norma que realiza o direito ao procedimento de modo adequado à tutela do direito material à luz do caso concreto.

Vê-se, assim a nítida distinção entre esses dois institutos processuais, sendo possível afirmar que será no procedimento que melhor se expressará o significado de duração razoável do processo, posto que esse amolda-se às circunstâncias fáticas e permite o manejo da ferramenta processual mais adequada, seja pela singeleza que permite o enxugamento das formalidades, seja impondo espesso trâmite com minúcias em razão da complexidade da questão posta em juízo.

4. Jurisdição, Processo e Ação

A jurisdição, o dizer o direito, decorre de manifestação do Estado, ordinariamente, desde quando o monopólio dessa função foi tomado pelo Poder estatal e subtraído dos administrados o exercício da autotutela, salvo nos casos expressamente autorizados por lei.

---

26 THEODORO JÚNIOR, Humberto. *Curso de Direito Processual Civil*. Vol. 1. 58ª ed. rev., atual. e ampl. Rio de Janeiro: Forense, 2017, p. 132.

27 MARINONI, Luiz Guilherme, *Teoria Geral do Processo*. 6ª ed. rev., São Paulo: Revista dos Tribunais, 2012, pp. 388-399.

28 Idem, p. 409.

Diz-se "ordinariamente" porque a aplicação do direito nem sempre se dará pelo Estado-juiz, mas por esse, seguramente, será firmado o caráter fiscalizatório. É isso que se constata nas hipóteses de aplicação da Lei de Arbitragem, na qual a decisão do árbitro é irrecorrível, o que não afasta da parte interessada o direito de buscar junto ao órgão do Poder Judiciário a declaração de nulidade da sentença arbitral[29].

A aplicação da norma jurídica com vistas à conceder o direito a quem pertence, assegurando a tutela do direito àquele que alega violação ou ameaça de violação do bem da vida, é o exercício da jurisdição. Do mesmo modo que o é quando, por imposição de lei, questão despida de vínculo de litígio (sendo o último a pretensão de alguém qualificada pela resistência de outrem) tenha que ser declarada e/ou homologada em juízo (*i. e.* o divórcio consensual em que haja interesse de incapaz), traduzindo-se na busca unicamente da transformação em direito daquilo que consta do mundo dos fatos.

Esse segundo caso revela-se como a jurisdição dita voluntária e, em qualquer dessas hipóteses, tem-se a dizer que a jurisdição necessita de um mecanismo que sirva como instrumento de sua realização e concretização. É para isso que serve Processo: o *instrumento* para a concretização da função jurisdicional do Estado, assegurando ao jurisdicionado o pleno e eficaz exercício do direito de ação, algo que lhe foi reservado e garantido constitucionalmente.

Torna-se possível, assim, afirmar que por meio do Processo o interessado instrumentaliza a provocação ao Estado para que se realize o Poder-dever. Busca-se pela viabilização da tutela jurisdicional mediante movimento deflagrado pela parte que aciona a máquina judiciária e rompe do princípio da inércia da jurisdição, provocando, a partir de então, o princípio do impulso oficial e exercendo-se o direito de ação.

Para Saldanha[30], supera-se, assim, a visão de Processo apenas como "relação jurídica" proposto por Oskar Von Büllow na segunda metade do século XIX, sugerindo que se passe a compreender o Processo como algo mais amplo: instrumento da vida democrática. Isso porque, analisa que há um movimento cultural atual que envolve o Direito Processual e levou a percebê-lo em "formalismo valorativo" destinado a concretizar os valores da Constituição no âmbito do Processo, notadamente pelo que denomina de "zona de contato cosmopolita" formada pela efetividade consagrada a partir da noção de processo e jurisdição em contraditório e em diálogo.

No que tange à conexão entre Processo e ação, embora leigamente tratados como sinônimos, cuidam-se, em verdade, de institutos diversos. A ação afigura-se de maneira bem delimitada como algo abstrato e integrante da senda de direito subjetivo, hábil a ser exercido por meio de movimento capaz de provocar o Poder-dever do Estado. Ao se exercer o direito de ação, o legitimado dá conhecimento ao Poder Judiciário acerca de determinada situação de Direito Material (relação jurídica) que

---

29 Lei nº 9.307/96, artigos 18 e 33.

30 SALDANHA, Jânia Maria Lopes. "Da Teoria Geral do Processo À Teoria Da Tradução: um aporte da sociologia das ausências e das emergências". *In* JORDÃO, Eduardo Ferreira; DIDIER JR., Fredie Souza (Coords). Salvador: JusPodivm, 2008, p. 419.

exige, por motivação contenciosa ou voluntária, a resposta jurisdicional como forma de aplicação do direito e realização da justiça.

Para Theodoro Júnior[31], o "exercício do direito de ação revela a pretensão do autor, por meio da qual este quer subjugar um interesse antagônico do réu". Essa pretensão de Direito Material torna o réu sujeito passivo do Processo e, o autor, o sujeito ativo do Processo no exercício do direito de ação, seu direito subjetivo público contra o Estado-Juiz.

Ação e pretensão são duas realidades que não se confundem. Embora intimamente interligadas, uma tem viés continente e a outra, de conteúdo. A pretensão mostra-se o pressuposto da ação, posto que a: "ação sem a pretensão é, como se vê, ideia vazia sem maior significado", expõe o doutrinador.

Será por meio do Processo que a parte informará o fato pré-processual à lide, bem como que o autor da ação pedirá ao juízo aquilo que lhe foi recusado pelo réu. Também por meio do Processo, o juiz acolherá ou rejeitará a pretensão do autor da ação, conferindo-lhe uma decisão definitiva. Sob essa percepção, Humberto Theodoro Júnior, ressalta o direito de ação como um direito à tutela jurisdicional do Estado.

Assim, a ação distingue-se de Processo porque dela se extrai a natureza que a consagra no direito subjetivo de alguém ir perante o juízo reivindicar uma resposta satisfatória e eficaz no que toca à relação jurídica de Direito Material subjacente ao conflito ou quando há, por imposição normativa, a necessária atuação administrativa do Estado nas questões de jurisdição ditas voluntária.

5. Espécies do Processo

O processo divide-se em dois gêneros: ***(i)*** de conhecimento; ***(ii)*** de execução. O terceiro gênero (*tertium genus),* o denominado processo cautelar, foi extinto enquanto figura autônoma pelo Código de Processo Civil de 2015. Neste novo modelo processual, os direitos os quais aquelas medidas de urgência buscava salvaguardar com a finalidade de conferir efetividade à tutela jurisdicional, passaram a contar com aparado procedimental específico e coerente com os novos modelos de prestação jurisdicional decorrentes da contemporaneidade.

Diante das atuais classificações conferidas ao Processo, Humberto Dalla[32] sintetiza que o **Processo de Conhecimento** caracteriza-se pela atividade cognitiva do julgador que é provocado pelas partes que buscam a comprovação do que alegam e que isso se dê por meio de uma decisão favorável. Essa manifestação judicante terá viés declaratório em sentido amplo, na medida em que o Estado-juiz fixa quem tem razão a partir da análise do mérito, sem prejuízo de comportar, durante o curso do Processo

31 THEODORO JÚNIOR, Humberto. *Curso de Direito Processual Civil*. Vol. 1. 58ª ed. rev., atual. e ampl. Rio de Janeiro: Forense, 2017, p. 173.

32 PINHO, Humberto Dalla Bernardina de. *Direito Processual Civil Contemporâneo: Teoria Geral do Processo*. Vol. 1. 7ª ed. São Paulo: Saraiva, 2017, p. 381.

de Conhecimento, o deferimento da tutela efetiva em caráter antecipatório, quando presentes os requisitos que o autorizam.

O resultado do Processo de Conhecimento, constitui-se num *título executivo judicial* [33]hábil a manejar a execução da decisão, o que se dá depois de transcorridas as *fases do processo*, a saber, em suma: **(i)** *postulatória*, na qual as partes manifestam-se, formulam pedidos e requerimentos, estrutura-se o contraditório inaugural e estabiliza-se a relação processual entre os litigantes; **(ii)** *ordinatória*, na qual o julgador determina as providências decorrentes de requerimentos e age de ofício, quando a lei assim permitir; **(iii)** *instrutória*, quando são apreciadas as provas produzidas nos autos e realizam-se as demais produções pertinentes e; **(iv)** *decisória*, chegando-se ao desfecho da fase cognitiva, na qual o julgador expressa o entendimento formado a partir do livre convencimento motivado, declarando a quem assiste razão. Findas essas etapas, deflagra-se, à requerimento do interessado, a fase de cumprimento de sentença, executando-se a ordem instituída pelo Estado-juiz que poderá ser precedida, se for o caso, da fase de liquidação de sentença na obrigação por quantia.

O segundo gênero de Processo do nosso sistema é o **Processo de Execução**, a respeito do qual Humberto Dalla descreve como sendo aquele que possibilita a realização na prática do que foi instituído no mundo do direito, dando-se assim o efeito concreto, ainda que contra a vontade do devedor (por isso execução forçada)[34]. Desse modo, realiza-se a obrigação instituída no *título executivo*[35] e satisfaz-se o credor, de modo que a execução seja "a atividade de satisfação concreta da pretensão", que se divide em duas espécies: ***(i)*** Cumprimento de Sentença, a partir de título executivo judicial[36], e; ***(ii)*** Processo de Execução, processo originariamente erigido com base num título executivo extrajudicial[37], ou seja, que não foi precedido por um Processo de Conhecimento, mas sim, decorre de um documento instituído por manifestação de vontade das partes e que, por força de lei, tem natureza e eficácia executiva.[38]

Em resumo, diz-se na rotina jurídica que o Processo de Conhecimento transforma fatos em direito e, o Processo de Execução, transforma o direito em fatos.

---

33 Quando não necessitar passar pela fase de liquidação de sentença.

34 Art. 778. Pode promover a execução forçada o credor a quem a lei confere título executivo.

35 Art. 783. A execução para cobrança de crédito fundar-se-á sempre em título de obrigação certa, líquida e exigível.

36 O rol dos documentos que constituem título executivo judicial encontra-se elencando no art. 515 do CPC/15.

37 O rol dos documentos que constituem título executivo extrajudicial encontra-se elencando no art. 784 do CPC/15.

38 PINHO, Humberto Dalla Bernardina de. *Direito Processual Civil Contemporâneo: Teoria Geral do Processo.* Vol. 1. 7ª ed. São Paulo: Saraiva, 2017, p. 382.

6. Normas fundamentais do Processo e Aplicação das Normas Processuais

O Código de Processo Civil de 2015[39] dispõe acerca das normas fundamentais processuais civis, assegurando que o "processo civil será ordenado, disciplinado e interpretado conforme os valores e as normas fundamentais estabelecidos na Constituição da República Federativa do Brasil" (art. 1º do CPC/2015), narrativa que passou a constar expressamente codificada em observância à nova matriz na qual se constrói e aplica o direto na contemporaneidade.

Passou a tratar de modo patente o princípio da inércia da jurisdição e do impulso oficial (art. 2° do CPC/2015), bem como a inafastabilidade do controle da jurisdição (art. 3º do CPC/2015), antes constante somente do texto constitucional, adequando-se essa diretriz ao instituto da arbitragem (§ 1° do art. 3º do CPC/2015). Essa correspondência faz escoar qualquer controvérsia a respeito do conceito de jurisdição, não mais traduzida como mero monopólio do Estado em dizer o direto, mas indo além, consagrando também a atuação fiscalizadora e reguladora do Estado, ainda que esse não desempenhe papel decisório por meio do Estado-Juiz.

Do mesmo modo, o CPC/2015 narra com primazia a delegação aos envolvidos daquilo que revela o protagonismo para resolver a contenda, conferindo-lhe *status* de melhores decisores do próprio conflito. Isso se evidencia em diversos momentos do Código de Ritos, manifesto ainda na previsão inaugural da norma quando privilegia a solução consensual (art. 3º, §§ 2° e 3º), aquilo que deriva do *consensus*, aquiescência, acordo, concordância das partes, ou seja, algo muito mais proveitoso do ponto de vista teleológico do que o atribuir razões e construir figuras processuais de perdedores e vencedores.

A duração razoável do processo, instituída em nossa rotina jurídica desde a Emenda Constitucional n° 45/2004[40], encontra-se agora expressa no art. 4° do CPC e a boa-fé escrita no art. 5° do CPC, o que é coroado com o disposto no art. 6° do CPC, que determina a todos os sujeitos do processo o dever de cooperação para que se obtenha em tempo razoável[41] decisão de mérito justa e efetiva.

---

39 BRASIL. Congresso Nacional. Lei nº 13.105, de 16 de março de 2015. *Código de Processo Civil.*

40 BRASIL, Câmara dos Deputados e Senado Federal. Emenda Constitucional nº 45, de 30 de dezembro de 2004. Altera dispositivos dos arts. 5º, 36, 52, 92, 93, 95, 98, 99, 102, 103, 104, 105, 107, 109, 111, 112, 114, 115, 125, 126, 127, 128, 129, 134 e 168 da Constituição Federal, e acrescenta os arts. 103-A, 103B, 111-A e 130-A, e dá outras providências. Disponível em: http://www.planalto.gov.br/ccivil_03/Constituicao/Emendas/Emc/emc45.htm. Acesso em 12 abr 2017.

41 A esse respeito, analisa Saldanha que: "*Não seria preciso demandar muito esforço para constatar que o tempo não é um elemento neutro no processo. Carrega um significado ideológico que pode estar a serviço de variados interesses que podem ser identificados na relação entre o tempo processual que é o dos prazos processuais, os prazos dos juízes e funcionários e o tempo da sociedade em geral. Todas essas dimensões do tempo vivem em tensão, mas é exatamente a questão da duração dos processos que emerge como o foco do dilema entre celeridade e efetividade*". SALDANHA, Jânia Maria Lopes. "Da Teoria Geral do Processo À Teoria Da Tradução: um aporte da sociologia das ausências e das emergências". *In* JORDÃO, Eduardo Ferreira; DIDIER JR., Fredie Souza (Coords). Salvador: JusPodivm, 2008, p. 399.

Outros dispositivos do CPC/2015 que expressam a nova leitura do processo no eixo contemporâneo, sintetizam a conceituação a respeito da qual já discorremos, posto que revela o respeito do efetivo contraditório[42], o dever de se assegurar às partes paridade de tratamento em relação ao exercício de direitos, e também das faculdades processuais, no uso dos meios de defesa, nos ônus incidentes e deveres, assim como na aplicação de sanções processuais, elementos que constituem a essência do processo.

Além disso, na aplicação das normas ao caso concreto, deve o juiz atender aos fins sociais e às exigências do bem comum mostrando-se a função teleológica da jurisdição, e deve gerar o promover da dignidade da pessoa humana e observar os princípios da proporcionalidade, da razoabilidade, da legalidade, da publicidade e da eficiência, conforme dispõem os artigos 7º e 8º do CPC.

7. Pressupostos processuais

Os pressupostos processuais são elementos necessários à perfeita condução processual e sem os quais o Processo poderá ser anulado em sua inteireza, em um ou em alguns atos processuais. A doutrina clássica informa os pressupostos em três grupos: ***(i)*** *de existência*; ***(ii)*** *de validade* e; ***(iii)*** *negativos*.

Marinoni[43] aponta como pressupostos de **existência** o pedido, a investidura na jurisdição daquele a quem as partes dirigem o pedido (formando a relação jurídica processual) e a capacidade postulatória (parte postulando por meio de advogado, salvo exceções legais). Como pressuposto de **validade**, o autor destaca a petição inicial apta a produzir seus efeitos de modo a permitir a realização da defesa e a prolação da sentença, a competência do juízo (absoluta, e não a relativa) e a imparcialidade do juiz, e a capacidade da parte para estar em juízo.

Os pressupostos processuais **negativos** são aqueles que não podem estar presentes sob pena de macular o Processo por impedirem a eficácia e a validade da relação processual. São eles, para Marinoni, a litispendência e a coisa julgada.

O autor afirma a existência da relação jurídica e do Processo mesmo que sem os pressupostos processuais, sendo esses requisitos para o julgamento do mérito, na lição de Chiovenda, por isso, não são pressupostos do processo, mas sim pressupostos de existência e de validade da substância do Processo, quer dizer, do mérito ou pedido da tutela jurisdicional, sendo, portanto, uma condicionante para que essa seja prestada.

---

42 Salvo as exceções previstas no parágrafo único do art. 9º. do CPC, não será proferida decisão contra uma das partes sem que ela seja previamente ouvida. E ainda, nos termos do art. 10 do CPC/15, é defeso ao juiz decidir com base em fundamento a respeito do qual às partes não tenha sido dada a oportunidade de se manifestar, mesmo quando se tratar de matéria a respeito da seja-lhe dever decidir de ofício.

43 MARINONI, Luiz Guilherme, *Teoria Geral do Processo.* 6a ed. rev., São Paulo: Revista dos Tribunais, 2012, pp. 476-489.

Por outro lado, em leitura avançada e atrelada aos direitos fundamentais processuais, Marinoni descreve que deve ser afastada a ideia de que os pressupostos sejam requisitos para a análise do mérito do Processo, devendo haver preocupação em "pensar os 'pressupostos processuais' apenas como requisitos de um 'processo justo' ou como requisitos de um processo conforme os direitos fundamentais e o Estado Constitucional".

Explica o autor que, a ausência de um pressuposto processual somente terá relevância quando constatada em momento processual no qual o juiz ainda não tenha como definir o mérito e, quando o Direito Material pertencer à parte protegida pela pressuposto omitido, o juiz deve julgar a causa, seja pela procedência ou improcedência, visando à atender a efetividade da tutela jurisdicional e a duração razoável do processo, ambos estampados na Carta Constitucional, em seu artigo 5°., incisos XXXV e LXXVIII, respectivamente.

A lição de Humberto Dalla[44] descreve os pressupostos processuais como requisitos mínimos para se estabelecer uma relação jurídica processual válida e regular. Ensina-nos que os pressupostos de **existência** (constituem a relação processual) são: o órgão estatal investido de jurisdição, partes (autor e réu) e a demanda, constituída a partir do ato da parte traduzido numa petição inicial que forma o Processo.

Como requisitos e **validade**, necessários ao desenvolvimento válido e regular da relação processual sem os quais o Processo existirá, porém não será possível a efetivação do eventual sentença de mérito, Dalla aponta-os como a: competência absoluta (não a relativa) do órgão estatal e imparcialidade (não a suspeição) do juiz, e a capacidade: *a.* dos envolvidos para serem parte no Processo; *b.* das partes para estarem em juízo, o que significa o mesmo que capacidade de fato, de exercício do direito civil, também denominada de capacidade processual ou *legitimidade ad processum* (que é diferente de *legitimidade ad causam*, instituto de Direito Material que configura uma das condições da ação); *c.* postulatória, ou *ius postulandi*, qualidade que toca aos advogados públicos e privados, e ao Ministério Público, que é a aptidão para a prática de atos processuais, capacidade essa que poderá ser desconsiderada nos casos permitidos em lei e nos quais a parte poderá pleitear em juízo sem advogado (exemplos: no *habeas corpus* e nos Juizados Especiais e Justiça Obreira – respeitados os limites para tal nessas searas). Também constitui pressuposto de validade a demanda regularmente ajuizada, devendo a petição inicial atender aos requisitos gerais (art. 319 do CPC/2015) e os específicos que a norma dispuser para cada caso.

Leciona acerca de outra divisão dos pressupostos processuais que são categorizados em planos objetivos e subjetivos, assim sendo: ***(i)*** objetivos, quais sejam o órgão estatal investido de jurisdição, sendo esse competente e imparcial e; partes com capacidade para ser parte, postular em juízo e serem dotadas de capacidade processual; ***(ii)*** subjetivos, relacionados à demanda, subdividindo-se em: *(a.)* extrínsecos

44 PINHO, Humberto Dalla Bernardina de. *Direito Processual Civil Contemporâneo: Teoria Geral do Processo.* Vol. 1. 7ª ed. São Paulo: Saraiva, 2017, pp. 493-502.

– externos à relação processual e dizem respeito à inexistência de fatos impeditivos à constituição da relação processual, denominados negativos por terem que estar ausentes, sendo esses a coisa julgada; a litispendência; a convenção de arbitragem[45] e; o fato impeditivo ao exercício do direito de ação configurado pela perempção[46]. Como requisitos *(b.)* intrínsecos à relação processual, quais sejam, a citação válida do réu; a intimação do Ministério Público quando dispuser a lei ser obrigatória na qualidade de fiscal da ordem jurídica ou quando for parte na demanda, e; a regularidade procedimental de acordo com a qualidade da demanda.

Por fim, leciona Dalla que o Processo merece ser observado sob duas óticas: a técnica e a humana (ética), devendo as técnicas serem utilizadas à serviço da finalidade do Processo, sendo o esse uma "fonte de descoberta, aprimoramento e interpretação das normas na linha de seus escopos jurídicos, sociais e políticos que informam o Estado Democrático de Direito", aduzindo ainda que o artigo 4°. do CPC/2015, assegura às partes o direito de obtenção de resolução do processo em prazo razoável, devendo essa ser integral do mérito e entregue de maneira satisfativa, e não meramente terminativa por ausência de pressupostos processuais.

Identifica-se, assim, que Dalla também defende a elasticidade da análise dos pressupostos processuais, da qual comungamos por todas as fundamentações constitucionais aqui expostas, notadamente quando confrontados com garantias processuais e concepção moderna do Processo Constitucional atento às garantias processuais da contemporaneidade.

8. O Processo eletrônico

No que diz respeito ao Processo eletrônico, em oportunidade anterior, analisamos[47] que o sistema virtual, também denominado "processo eletrônico", "*e-process*" e "e-proc" foi experimentalmente implementado no Brasil no Juizado Especial Estadual Cível da comarca de São Sebastião do Caí, Rio Grande do Sul, em meados de novembro de 2002, formando o projeto-piloto por meio do qual as petições iniciais eram registradas oralmente ou por disquete no denominado Sistema Themis.[48]

Com promessa de importante avanço e adequação da prestação jurisdicional à celeridade, menor custo, simplificação e redução de papel[49], esse mecanismo virtual

---

45 Artigos 4º e 7º da Lei nº 9.307/96.

46 § 3º do art. 486 do CPC/2015.

47 DUARTE, Márcia Michele Garcia; PINHO, Humberto Dalla Bernardina de. "Os Juizados Especiais Cíveis e o E – Process: O Exame das Garantias Processuais na Esfera Virtual". Revista Eletrônica de Direito Processual – REDP. Volume III, ano 3, 2009, pp. 48-65. Disponível em: https://media.wix.com/ugd/53fa28_c735fc1d47e94760b9da3148e2c04c98.pdf. Acesso em 29 abr 2017.

48 Idem, p. 56.

49 *"Os processos eletrônicos permitem que as partes acessem aos autos do processo em qualquer dia e horário, o que sem dúvida viabiliza uma economia de tempo, já que as partes podem contar com*

recebeu regulamentação própria em 2006, por meio da Lei nº 11.419, aplicando-se o uso de meio eletrônico na tramitação de processos judiciais, bem como da comunicação de atos e transmissão de peças processuais aos processos civil, penal e trabalhista em qualquer grau de jurisdição, disciplinando o procedimento.

Posteriormente, a Resolução nº 185, de 18/12/2013, do CNJ,[50] implementou a disciplina acerca do Processo Judicial Eletrônico, apresentando glossário[51] no qual consta que são os autos do processo eletrônico ou autos digitais um "conjunto de metadados e documentos eletrônicos correspondentes a todos os atos, termos e informações do processo" e "meio eletrônico: ambiente de armazenamento ou tráfego de informações digitais", dispondo ainda a respeito da prática dos atos processuais, da assinatura digital e da validação de documento digital reproduzido a partir dos autos digitais.

Além da legislação especial de nº 11.419/2006 e da Resolução nº 185/2013, do CNJ, o Código de Processo Civil disciplina precisamente o Processo eletrônico em consonância com o que havia de instrução em nosso ordenamento, dispondo que a realização das práticas dos atos processuais pode ser total ou parcialmente digitais, incluindo-se a prática de atos notariais e de registro, observando-se por meio desse sistemas de automação processual, a acessibilidade e interoperabilidade dos sistemas, serviços, bem como os dados sob administração do Poder Judiciário no exercício de suas funções.[52]

Confere-se especial relevo à correspondência entre o acesso à justiça e o Processo eletrônico com vistas à efetivação do dever do Estado de prestar jurisdição adequada, o que vem sendo potencializada pela ampliação do acesso à ordem jurídica justa mediante a alteração da própria estrutura do Judiciário, conforme analisa Humberto Dalla[53].

Nesse espeque, pondera o doutrinador que a modernização do Processo exige mais do que leis e atitude dos operadores, na medida em que se compõe ainda de ma-

prazo comum em qualquer hipótese. Podem requerer a juntada de petições em qualquer momento sem necessidade de deslocamento. No que toca aos advogados, são intimados virtualmente de todos os atos e, com o tempo, o comparecimento em cartório se tornará a exceção já que os atos são conhecidos na íntegra pela internet, tal como se os autos do processo físico fossem acessados. Assim, os advogados não precisarão enfrentar filas nas secretarias para obterem vista dos autos, nem mesmo para protocolizar petições, já que poderão fazer boa parte do trabalho diretamente dos seus escritórios. Com isso asseveramos que os objetivos do processo virtual são a economia e a celeridade na tramitação dos processos, em razão da viabilidade de conferir a integralidade da tramitação dos processos por sistema totalmente eletrônico com maior rapidez na atuação dos magistrados e de todos os envolvidos na demanda". Idem, pp. 55-56.

50 Disponível em: http://www.cnj.jus.br/busca-atos-adm?documento=2492. Acesso em 30 abr 2017.

51 Art. 3º da Lei nº 11.419/2006.

52 Artigos 193 e 194 do CPC/2015.

53 PINHO, Humberto Dalla Bernardina de. *Direito Processual Civil Contemporâneo: Teoria Geral do Processo.* Vol. 1. 7ª ed. São Paulo: Saraiva, 2017, pp. 419-422.

terialização desse desenvolvimento atento aos efeitos do mundo globalizado e dinâmico, regados a novas tecnologias e informações essenciais extremamente relevante no construir do Processo na forma eletrônica.

Assim, a informatização do Judiciário acaba por "contribuir de forma proficiente para que todas as ondas de desenvolvimento do acesso à Justiça se efetivem". As alterações, notadamente na celeridade e menor custo revelam a face positiva da informatização dos Processo, mas, assegura do autor, o Processo virtual está sujeito à falhas e não representa a solução de todos os problemas da justiça, motivo pelo qual deve seguir atento aos princípios que regem o ordenamento jurídico como forma de manter equilibrado o sistema judicial.

Sendo o Processo eletrônico uma via sem regresso, notadamente por representar uma das tantas novas formas de atividades humanas que se encontram essencialmente assentadas sobre as vias virtuais para a realização dos atos da vida e, verificando-se ainda os ganhos evidentes na prestação jurisdicional, tem-se por louvável a reestruturação judiciária para processar virtualmente os autos digitais do Processo eletrônico.

Mas, como outra face da moeda, a exclusão digital é uma realidade brasileira que não pode ser desprezada, na medida em que se configura nos diversos estratos sociais, inclusive naqueles em que se enquadram os militantes da advocacia, cujos profissionais não podem ser presumidos em sua integralidade como letrados nas ferramentas digitais. Modernização exige período de adaptação, sendo a transição responsável algo que se espera das normas de implementação de cada tribunal em franca garantia dos direitos essenciais que compõem a estrutura e os meandros processuais.

9. Processo como instrumento de acesso à Justiça

O Processo torna-se importante por envolver o juiz e as partes numa relação jurídico-processual, funcionando como instrumento por meio do qual o Estado realiza a jurisdição. Para Marinoni, na perspectiva dos direitos fundamentais, o Processo não pode mais ser visto como uma mera relação jurídica processual, sendo esse apenas o seu aspecto interno e estático. No Estado constitucional, o Processo deve ser analisado em sua dimensão externa, de atuação dos fins do Estado, servindo para realizar a jurisdição, devendo desenvolver-se de modo que as partes possam participar do Processo efetivo.[54]

O processo deixou de ser um instrumento para a atuação da lei e ganhou novas feições voltadas para a proteção dos direitos fundamentais no Estado Constitucional, na medida em que permite que o juiz, na análise do caso concreto, possa atribuir-lhe significado a partir da compreensão da lei na dimensão dos direitos fundamentais concebendo proteção jurisdicional dos direitos, algo que deve ser exercido de forma democrática ou de modo legítimo, expõe.[55]

54 MARINONI, Luiz Guilherme, *Teoria Geral do Processo.* 6ª ed. rev., 2012, São Paulo: Revista dos Tribunais, pp. 459-460.

55 Idem, p. 413.

Os fatores para o atingimento da efetividade e do garantismo no Processo necessitam superar o desgaste a justiça civil que simplificou as formas e os ritos, acelerando os procedimentos a fim de atender às demandas de massa que se revelaram como decorrência do fenômeno da judicialização. Nesse contexto de resolução de conflitos, adotaram-se novos institutos para enfrentar a massificação das demandas e dos recursos, a exemplo das ações coletivas e das tutelas antecipatórias, analisa Greco, tendo relegado à segundo plano a preocupação com a qualidade das decisões e o respeito às garantias fundamentais do Processo. O resultado desse modelo foi a crise foi a perda da credibilidade dos juízes profissionais e a avaliação desfavorável do sistema judicial pela opinião pública não só no Brasil, mas em diversos países, como a França e a Espanha.[56]

Pois bem, em território nacional, tem-se que a Emenda Constitucional nº 45, de 2004, consagrou importante marco no Direito Processual Contemporâneo. Foram realizadas diversas alterações legislativas e posturais do Poder Judiciário, dentre as quais se observou mudança significativa na estrutura do Direito Processual. Lembremos que, antes disso, sensíveis mudanças sociais observadas após a Revolução Francesa, fato histórico impulsionador de modificações políticas e de imposição de novos paradigmas de garantias individuais e coletivas, impulsionaram a construção de instrumentos que contribuíram para os movimentos transnacionais de consagração de direitos fundamentais.

Desde então, os diversos sistemas jurídicos buscam por medidas que levem ao direito fundamental à jurisdição eficaz e no Brasil, após o CPC/73, muitas foram as adaptações normativas a fim de conferir um Direito Processual significativamente mais efetivo. Modelos como as medidas de urgência que passaram dos processos cautelares às atuais tutelas provisórias cautelares, a inclusão da tutela antecipada, as medidas coercitivas, as demandas coletivas, o sistema de execução de título judicial que deixou de exigir processo autônomo, estabelecendo-se a fase de cumprimento de sentença, dentre outras, são balizas que evidenciam a preocupação legislativa com a construção de modelos procedimentais mais atentos ao tempo processual e seus resultados satisfatórios.

Foi assim que a busca por medidas que viabilizem a duração razoável do processo[57] passou a transferir os cidadãos para uma nova percepção no contexto da Carta Constitucional, notadamente por apresentar-se no preâmbulo dessa o acesso à justiça em especial percepção no sistema jurídico-social atual.

Isso porque, a demora na prestação jurisdicional segue associada ao modelo legislativo de intensa burocracia, refletindo-se em precariedade da função judicante que amarga a inefetividade constatada pela opinião pública e pelos próprios opera-

---

56 GRECO, Leonardo. "Novas Perspectivas da Efetividade e do Garantismo Processual". *In* FEIJÓ, Maria Angélica Echer Ferreira (org.). *Processo Civil – Estudos em homenagem ao professor doutor Carlos Alberto Álvaro de Oliveira*. Rio de Janeiro: Atlas, 2012.

57 Art. 5º, LXXVIII, incluído pela EC 45/2004.

dores do direito, algo agravado pelo efeito do fenômeno da hiper-judicialização que sobrecarrega as prateleiras físicas e virtuais dos cartórios judiciais.

Os desdobramentos para o acesso à justiça vêm sendo aprimorados, conceituados e rediscutidos após o marco deflagrado na década de 1970 por Mauro Cappelletti e Bryant Garth[58], oportunidade em que se buscaram as melhores formas de assegurar as garantias fundamentais das partes de modo a tornar o Processo um elemento do sistema jurídico e realizado de modo justo e com respostas efetivas e satisfatórias.

Nesse contexto, Paulo Cézar Pinheiro Carneiro informou quatro princípios que devem orientar o as atividades descritas no sistema jurídico para o Acesso à Justiça, dentre os quais destacamos para este estudo: ***(i)*** a acessibilidade, que possibilita a efetivação de direitos individuais e coletivos, por meio de utilização adequada dos instrumentos jurídicos por sujeitos capazes, usufruindo de o direito à informação e sem obstáculos de qualquer natureza; ***(ii)*** a operosidade, que se divide em subjetividade e objetividade, sendo a primeira voltada para a observância da atuação ética de todos os sujeitos do processo que devem zelar pela efetividade processual. Já a segunda, refere-se à utilização correta dos meios processuais, buscando a verdade real e a conciliação, e; ***(iii)*** o princípio da proporcionalidade ordena que deverá ser considerado pelo julgador, quando da ocorrência de conflito, o objetivo de resguardar o direito mais valioso e o maior número de pessoas. Ou seja, traduz-se na fórmula indicativa de como melhor atender as partes em suas garantias e respeitar-se a ordem jurídica justa, útil, efetiva e econômica, consagrando a proporcionalidade das formas, da *applicatio* e interpretação das fontes do direito e da resposta jurisdicional satisfatória para todos os envolvidos. [59]

Nessa vereda, vimos ainda que Direito e justiça são instituições comumente confundidas por resultar a linguagem comum do campo político não científico, algo que decorre de tendência ideológica que remete a ideia de justiça àquela vinculada ao direito positivo, explicou Kelsen[60], para quem: "Se Direito e justiça são identificados, se apenas uma ordem justa é chamada de Direito, uma ordem social que é apresentada como Direito é – ao mesmo tempo – apresentada como justa, e isso significa justificá-la moralmente", tendência que dificulta perceber Direito e justiça como dois problemas distintos. Nesse contexto, indagou o autor se a ordem social (o Direito) seria o justo, enquanto que: "A justiça é a felicidade social".

No realizar do Direito e efetivação da Justiça, merece relevo que o acesso à justiça observe o dever de efetividade da jurisdição para além de mero acesso ao Judiciário.

---

58 CAPPELLETTI, Mauro; GARTH, Bryant. *Acesso à Justiça.* Tradução de Ellen Gracie Northfleet. Porto Alegre: Sérgio Antônio Fabris, 1988.

59 CARNEIRO, Paulo Cezar Pinheiro. Acesso à Justiça: juizados especiais cíveis e ação civil pública, Rio de Janeiro: Forense, 2000.

60 KELSEN, Hans. *Teoria geral do direito e o Estado.* Tradução: Luís Carlos Borges, 4ª ed., São Paulo: Martins Fontes, 2005, pp. 8-9.

Na doutrina de Barroso,[61] efetividade significa "a realização do Direito, o desempenho concreto de sua função social", bem como "a materialização, no mundo dos fatos, dos preceitos legais", o que significa a "aproximação, tão íntima quanto possível, entre o dever-ser normativo e o ser da realidade social".

No dizer dessa fundamentalidade do direito, o conteúdo da tutela jurisdicional efetiva decorre da constitucionalização e da internacionalização dos direitos fundamentais oriundos da jurisprudência dos tribunais constitucionais e das instâncias supranacionais de Direitos Humanos, como a Corte Europeia e a Corte Interamericana de Direitos Humanos. Esses Pretórios Órgãos estabeleceram uma série de regras mínimas a que se convencionou chamar de garantias fundamentais do processo, algo que foi universalmente acolhido em todos os países signatários e que instituem os direitos humanos fundamentais como um dos pilares do Estado Democrático de Direito, observa Greco.[62]

O conjunto de garantias foi sintetizado nas denominações "devido processo legal", das Emendas 5ª e 14ª da Constituição americana, e de "processo justo", consoante a Convenção Europeia de Direitos Humanos e do artigo 111 da Constituição italiana. Esse processo humanizado e garantístico encontra descrição da Carta Constitucional brasileira nos incisos XXXV, LIV e LV do artigo 5º, segue Greco.

O direito ao acesso à justiça consagra-se direito à pré-ordenação dos instrumentos processuais capazes de promover a efetiva tutela dos direitos, leciona Kazuo Watanabe, assegurando que as velhas regras e estruturas processuais careciam de revisão e aprimoramento para então se atingir ao chamado processo justo.[63]

O Processo, enquanto instrumento através o qual o Estado exerce a jurisdição e presta a tutela aos direitos, deve ser observado sob diversos ângulos, adequando-se ao Estado contemporâneo. Descreve ainda Marinoni[64] que o Processo se constrói mediante a legitimidade do exercício da jurisdição e a efetividade da participação das partes, de modo que façam com que: "os partícipes da relação processual civil e dispam das suas máscaras de elementos e, principalmente, que as partes compreendam que a efetividade da participação é necessária para legitimar a tarefa jurisdicional".

Expõe o autor que não basta isso e que além do direito das partes de participação no processo, têm essas o direito ao procedimento adequado à tutela do Direito

61 BARROSO, Luis Roberto. O Direito Constitucional e a Efetividade de suas Normas. Rio de Janeiro: Renovar, 1990, p. 76 e ss.

62 GRECO, Leonardo. "Novas Perspectivas da Efetividade e do Garantismo Processual". *In* FEIJÓ, Maria Angélica Echer Ferreira (org.). *Processo Civil – Estudos em homenagem ao professor doutor Carlos Alberto Alvaro de Oliveira*. Rio de Janeiro: Atlas, 2012.

63 DUARTE, Márcia Michele Garcia; PINHO, Humberto Dalla Bernardina de; BARBOSA, Hugo Penna. *A Lei nº 11.382/06 e a Nova Sistemática da Execução dos Títulos Extrajudiciais*. Rio de Janeiro: Lumen Juris, 2007, p. 03.

64 MARINONI, Luiz Guilherme, *Teoria Geral do Processo.* 6ª ed. rev., São Paulo: Revista dos Tribunais, 2012.

Material, obrigando o legislador a instituir procedimentos idôneos e que, do mesmo modo, esse direito deva ser observado pelo juiz, especialmente nas normas processuais abertas. Nesse cenário, a legitimidade da jurisdição exige: "compreensão de que o processo deve se mostrar apto à tutela do Direito Material. O processo, nessa perspectiva, exige mais um plus em relação à fria e neutra concepção de relação jurídica processual".[65]

Diante de todo exposto e, buscando analisar o Processo a partir da perspectiva transdisciplinar, podemos defini-lo como o instrumento de realização do justo por meio da aplicação da ordem jurídica confiada ao Estado através do contrato social, a fim de que exerça o poder com legitimidade e legalidade, observando a correta aplicação da norma jurídica em seus seguimentos de justiça e validade.

Realiza-se, assim, a concretização dos direitos fundamentais, notadamente no que tange aos direitos humanos, na medida ética da política moderna atenta aos anseios de valorização da vida, dos direitos intrínsecos à condição humana, respeito ao meio ambiente, aos interesses coletivos e demais elementos das gerações do direito, à essencialidade de resolução da contenda para além da mera preocupação com a tempestividade da jurisdição, e seguindo atento às especificidades do caso concreto.

A construção humana produz o direito e, em consequência, estimula e desestimula comportamentos, o que se sucede na gama de variáveis realizadas no Processo e revelando o instrumento da jurisdição qualificado de intersubjetividades praticadas pelos sujeitos do Processo, assim como aqueles decorrentes da manifestação normativa no determinado tempo de *applicatio iuris*.

Justifica-se, a partir desse referencial, que a leitura da mecânica Processual seja mais do que a visão de ferramenta por meio do qual o Estado diz o direito. Cuida-se de instrumento de realização dos direitos humanos, a finalidade mor do direito, não só enquanto os direitos da pessoa humana, mas como os direitos da pessoa, do meio ambiente no qual vive, nos direitos exercidos ao seu redor, na sua vida cotidiana, política, econômica, filosófica, religiosa, nas artes que o tocam, no seu pensamento e no seu exercer do direito de ser e nos valores de sua alma cravejados no interior dos seres sedentos por Paz e efetiva resolução dos conflitos sociais.

10. Referências Bibliográficas

BARBOSA MOREIRA, José Carlos. *Temas de Direito Processual*. Oitava Série. São Paulo: Saraiva, 2004

BARROSO, Luís Roberto. "Jurisdição Constitucional: a tênue fronteira entre o direito e a política". Disponível em: http://www.migalhas.com.br/dePeso/16,MI194782,51045-Jurisdicao+Constitucional+A+tenue+fronteira+entre+o+Direito+e+a. Acesso em 18 mar 2017.

BOBBIO, Norberto. *Era dos Direitos*. Tradução: Carlos Nelson Coutinho; apresentação de Celso Lafer. Nova Ed. Rio de Janeiro: Elsevier, 2004.

65 Idem, p. 407.

BRASIL, Câmara dos Deputados e Senado Federal. **Emenda Constitucional nº 45, de 30 de dezembro de 2004.** Altera dispositivos dos arts. 5º, 36, 52, 92, 93, 95, 98, 99, 102, 103, 104, 105, 107, 109, 111, 112, 114, 115, 125, 126, 127, 128, 129, 134 e 168 da Constituição Federal, e acrescenta os arts. 103-A, 103B, 111-A e 130-A, e dá outras providências. Disponível em: http://www.planalto.gov.br/ccivil_03/Constituicao/Emendas/Emc/emc45.htm. Acesso em 12 abr 2017.

BRASIL, Congresso Nacional. Lei nº 11.419, de 19 de dezembro de 2006. *Dispõe sobre a informatização do processo judicial; altera a Lei nº 5.869, de 11 de janeiro de 1973 – Código de Processo Civil; e dá outras providências.*

BRASIL, **Decreto-lei nº 1.608, de 18 de setembro de 1939.** Código de Processo Civil Disponível em: https://www.planalto.gov.br/ccivil_03/Decreto-Lei/1937-1946/Del1608.htm. Acesso em 12 abr 2017.

BRASIL, Lei de 29 de novembro de 1832. http://www.planalto.gov.br/ccivil_03/leis/lim/lim-29-11-1832.htm. Acesso em 12 abr 2017.

BRASIL. Congresso Nacional. Lei nº 13.105, de 16 de março de 2015. *Código de Processo Civil.*

BUZAID, Alfredo. "Democracia Y Proceso", pp. 879-886. Conferência registrada no acevo da biblioteca Jurídica Virtual del Instituto de Investigaciones Jurídicas de la UNAM (http://www.derecho.unam.mx/).

CAPPELLETTI, Mauro; GARTH, Bryant. *Acesso à Justiça.* Tradução de Ellen Gracie Northfleet. Porto Alegre: Sérgio Antônio Fabris, 1988.

CARNEIRO, Paulo Cezar Pinheiro. Acesso à Justiça: juizados especiais cíveis e ação civil pública, Rio de Janeiro: Forense, 2000.

CARNEIRO, Paulo Cezar Pinheiro; PINHO, Humberto Dalla Bernardina de. *Novo Código de Processo Civil – Lei nº 13.105, de 16 de março de 2015 – Anotado e Comparado.* Rio de Janeiro: Forense.

CARNELUTTI, Francesco, *Instituiciones del Proceso Civil.* Volumen I, Buenos Aires: Librería El Foro S. A., 1997.

Disponível em: http://www.cnj.jus.br/busca-atos-adm?documento=2492. Acesso em 30 abr 2017.

DUARTE, Márcia Michele Garcia; PINHO, Humberto Dalla Bernardina de. "Os Juizados Especiais Cíveis e o E – Process: O Exame das Garantias Processuais na Esfera Virtual". Revista Eletrônica de Direito Processual – REDP. Volume III, ano 3, 2009, pp. 48-65. Disponível em: https://media.wix.com/ugd/53fa28_c735fc1d47e94760b9da3148e2c04c98.pdf. Acesso em 29 abr 2017.

DUARTE, Márcia Michele Garcia; PINHO, Humberto Dalla Bernardina de; BARBOSA, Hugo Penna. *A Lei nº 11.382/06 e a Nova Sistemática da Execução dos Títulos Extrajudiciais.* Rio de Janeiro: Lumen Juris, 2007.

FACHIN, Luiz Edson. "A Tutela Efetiva dos Direitos Humanos Fundamentais e a Reforma do Judiciário". *In* KLEVENHUSEN, Renata Braga (Coord.) *Direitos Fundamentais e Novos Direitos.* Rio de Janeiro: Lumen Juris, 2005, pp. 83-104.

GRECO, Leonardo. "Novas Perspectivas da Efetividade e do Garantismo Processual". *In* FEIJÓ, Maria Angélica Echer Ferreira (org.). *Processo Civil – Estudos em homenagem ao professor doutor Carlos Alberto Alvaro de Oliveira.* Rio de Janeiro: Atlas, 2012.

KELSEN, Hans. *Teoria geral do direito e o Estado.* Tradução: Luís Carlos Borges, 4. Ed., São Paulo: Martins Fontes, 2005.

MARINONI, Luiz Guilherme, *Teoria Geral do Processo.* 6ª ed. rev., São Paulo: Revista dos Tribunais, 2012.

PINHEIRO CARNEIRO, Paulo Cezar. *Acesso à Justiça: juizados Especiais Cíveis e Ação Civil Pública. Uma nova sistematização da Teoria Geral do Processo.* 2ª ed., rev. e atual. Rio de Janeiro: Editora Forense, 2007.

PINHO, Humberto Dalla Bernardina de. *Direito Processual Civil Contemporâneo: Teoria Geral do Processo.* Vol. 1. 7ª ed. São Paulo: Saraiva, 2017.

SALDANHA, Jânia Maria Lopes. "Da Teoria Geral do Processo à Teoria da Tradução: um aporte da sociologia das ausências e das emergências". *In* JORDÃO, Eduardo Ferreira; DIDIER JR., Fredie Souza (Coords). *Teoria Geral do Processo: panorama doutrinário mundial.* Salvador: JusPodivm, 2008, pp. 389-427.

SCALONE, Antonino. "Direito, decisão e representação: o poder em Carl Schmitt" *in* DUSO, Giuseppe. *O Poder: história da filosofia política moderna.* Tradução de Andrea Ciacchi, Líssia da Crz e Silva e Giuseppe Tosi. Petrópolis, RJ: Vozes, 2005, pp. 425-442.

THEODORO JÚNIOR., Humberto. *Curso de Direito Processual Civil.* Vol. 1. 58ª ed. rev., atual. e ampl. Rio de Janeiro: Forense, 2017.

Capítulo IV

A CIDADANIA COMO LINHA MESTRA DO PROCEDIMENTO NO CÓDIGO DE PROCESSO CIVIL

Fernando Gonzaga Jayme
Clara Ramos Jayme

1. Noções Introdutórias

O Estado Democrático de Direito convive com o conflito, mas não tolera o ilícito, de modo que o devido processo legal propicia ao Estado, por intermédio da jurisdição, reparar a lesão ou fazer cessar a ameaça a direito. O exercício da função jurisdicional é, assim, um dos meios pelos quais se concretiza o princípio da segurança jurídica, basilar à democracia.

O conteúdo do provimento jurisdicional dependerá, entretanto, da observância do devido processo legal, ou seja, do atendimento das normas de direito processual que possibilitam a instauração e desenvolvimento de um processo válido.

Somente se o processo estiver imaculado é que o juiz poderá prover sobre o mérito da situação jurídica controvertida, cujo teor dependerá da demonstração dos fatos constitutivos do direito alegado e da inexistência de prova de quaisquer fatos desconstitutivos, extintivos ou modificativos desse direito.

A proteção dos direitos outorgados pelo ordenamento jurídico, portanto, pode ser compreendida como a teleologia da democracia. O devido processo legal, a seu turno, é o meio legítimo para proteger os indivíduos contra incursões ilícitas no seu patrimônio jurídico. Com efeito, democracia e processo entrelaçam-se umbilicalmente: aprimorar o devido processo legal é contribuir para o aperfeiçoamento do regime democrático.

O Código de Processo Civil de 2015, ao modernizar a técnica processual harmonizando-a com os princípios e valores constitucionais democráticos, transformou o processo em poderoso instrumento para possibilitar a promoção da justiça social e da dignidade humana, nos exatos termos preconizados no preâmbulo da Constituição da República, ou seja, um Estado "destinado a assegurar o exercício dos direitos sociais e individuais, a liberdade, a segurança, o bem-estar, o desenvolvimento, a igualdade e a justiça como valores supremos de uma sociedade fraterna, pluralista e sem preconceitos, fundada na harmonia social e comprometida [...] com a solução pacífica das controvérsias".

A democratização do processo civil tem como consequência positiva a transferência do protagonismo do juiz para as partes. Com efeito, essa mudança do epicentro da resolução do conflito, transferindo-o para a cidadania, reconhece a aptidão e valoriza a autonomia dos indivíduos para solucioná-lo, realçando, com isso, nossa dignidade.

A Declaração Universal dos Direitos do Homem, ao explicitar que nossa humanidade decorre do fato de sermos dotados de razão e consciência, permite inferir que os seres humanos são livres e responsáveis. Com efeito, o reconhecimento da liberdade e responsabilidade implica, também, no reconhecimento da presença dos atributos imprescindíveis para a construção autônoma e dialógica da solução adequada dos conflitos. Seres humanos iguais, livres, racionais e autônomos assumem o controle de suas vidas, constituindo-se uma sociedade de cidadãos emancipados.

Nesse aspecto, o devido processo legal se projeta como garantia fundamental, na medida em que possibilita ao cidadão repousar tranquilo, seguro quanto à garantia de seus direitos.

O CPC/2015 concede a oportunidade para se promover profunda ruptura com a ordem jurídica processual pretérita. As mudanças trazidas com o Código de Processo Civil não se resumem à formalidade procedimental, mas transformam o âmago da filosofia do processo.

O procedimento disciplinado no CPC/2015 pauta-se na lógica da solução do conflito. A flexibilização da forma do procedimento, passível de adaptação às exigências do caso concreto em conformidade com o direito material reivindicado em juízo, bem como a valorização do contraditório e o estímulo à busca da solução consensual demonstram o comprometimento do processo civil com a construção da melhor solução possível.

Inolvidável a garantia de duração razoável do processo como meta inerente a qualquer sistema jurídico, haja vista que há mais de um século, o presidente dos EUA, Howard Taft assentou:

> Pode ser afirmado, como uma proposição geral, que o que tende a prolongar ou demorar o processo é uma grande vantagem para o litigante que tem a maior bolsa. O indivíduo que tem envolvido no litígio tudo o que possui é muito prejudicado em uma luta judiciária com um contendor apto, pelos seus recursos, a prolongar a lide e, portanto, a manter, pelo maior espaço de tempo possível, o outro litigante privado daquilo que realmente lhe pertence[1].

Há, portanto, uma profunda ruptura com o paradigma anterior, que se pautava em um procedimento intensificador da litigiosidade endoprocessual, na medida em

1 BRASIL. Decreto-lei nº 1608/1939 (Exposição de Motivos do CPC/1939). *Diário Oficial da União.* Rio de Janeiro, 24 jul. 1939. Disponível em: <http://www2.camara.leg.br/legin/fed/declei/1930-1939/decreto-lei-1608-18-setembro-1939-411638-norma-pe.html >. Acesso em 01 maio 2017.

que os espaços dialógicos eram reduzidos, a participação das partes relegada a plano secundário e os poderes do juiz eram exacerbados, em um ambiente de pouco ou nenhum compromisso das partes com a efetividade do processo. A necessidade de reconhecimento da autonomia teórica do direito processual civil exagerou e chegou a tal ponto que, no Código revogado, o processo representava fim em si mesmo. Não raras vezes, a realização do direito material cedeu espaço para questões processuais prejudiciais do mérito, frustrando a solução da controvérsia.

Nada há a celebrar, portanto, em relação à herança recebida dos poucos mais de 42 anos de vigência do malsinado Código de 1973. A judicialização cresceu exponencialmente e, na mesma proporção a incapacidade de a jurisdição resolver os conflitos em tempo hábil. A crise do Poder Judiciário, portanto, tornou-se inevitável, muitas demandas para poucos juízes e um normativo processual inspirado em uma teoria que enaltecia o formalismo e o tecnicismo, em um ambiente de restrição das liberdades. A depreciação da autonomia dos cidadãos impeliu-nos a sempre buscar na sentença judicial a resposta para os nossos conflitos. A consequência é o número extraordinário e abismante de processos perante o Poder Judiciário, mais de 100 milhões, e a infraestrutura existente, carente de recursos humanos e materiais para administrar essa massa de demandas, evidenciam encontrar-se o sistema de justiça às raias do colapso.

O CPC/2015 pode ser um alento para contornar a grave situação atual, desde que a comunidade jurídica e a sociedade assimilem os valores democráticos que o inspiraram e comprometam-se com as mudanças culturais propostas, tendentes à construção da cidadania, democratização, desjudicialização e à solução autônoma dos conflitos.

O Código de Processo Civil de 2015, ao estabelecer o princípio da primazia do mérito como um dos fundamentos do processo, restaura a concepção de processo como instrumento de salvaguarda dos direitos materiais. Integrado pela Resolução nº 125/2010 do CNJ, que instituiu uma política pública de tratamento adequado dos problemas jurídicos e dos conflitos de interesses, é possível acreditar em um futuro melhor.

Nesse sentido, o ordenamento jurídico preconiza uma nova forma de conceber o processo mediante o reconhecimento de que a cultura da litigiosidade há de ceder espaço para a da solução pacífica do conflito.

Em sintonia com essa alvissareira possibilidade de se promover uma mudança cultural, o tema, procedimento, será abordado sob o fundamento da cidadania participativa em três aspectos considerados primordiais para a implementação dessa nova cultura na prática processual: a coparticipação na construção dos provimentos judiciais, a autonomia das partes na resolução dos conflitos e a eticidade.

2. O Contraditório: Fundamento de Legitimidade do Devido Processo legal

O processo tem por propósito conferir efetividade às normas de direito material e às garantias constitucionais do Estado Democrático de Direito. A realização desses objetivos pressupõe a legitimidade democrática do procedimento, o que só se alcança por meio do contraditório, disciplinado no CPC/2015 com uma abrangência inédita, na medida em que o regulamenta em suas três dimensões.

É o contraditório fundamento de legitimidade da atuação do Poder Judiciário na medida em que assegura o diálogo e o poder de influência das partes posicionando-se no debate processual em simétricas posições e em igualdade de oportunidades, com efetivo poder de influenciar o conteúdo da sentença, coparticipativamente construída com o juiz.[2]

Nessa ordem de ideias, o direito de participação das partes em simétrica paridade corresponde ao dever de o Estado-juiz proferir uma resposta congruente com o objeto do diálogo estabelecido entre as partes e adequada à resolução do conflito. Com efeito, do direito de participação emerge o dever de o juiz proferir uma decisão fundamentada de forma congruente e adequada ao caso *sub judice*.

Desta forma, evidencia-se que o processo legitima-se democraticamente quando a decisão judicial é consequência da participação isonômica, dialética e influente das partes. Assim, incumbe aos magistrados assegurar a produção de alegações e de provas pelos interessados e que as informações pertinentes, produzidas pelas partes sejam efetivamente examinadas.

Esse entendimento decorre da interpretação constitucional da garantia do contraditório levada a termo pelo Supremo Tribunal Federal:

> Há muito vem a doutrina constitucional enfatizando que o direito de defesa não se resume a um simples direito de manifestação no processo. Efetivamente, o que o constituinte pretende assegurar – como bem anota Pontes de Miranda – é uma pretensão à tutela jurídica (*Comentários à Constituição de 1967 com a Emenda nº 1, 1969*. T. V, p. 234). [...]. Não é outra a avaliação do tema no direito constitucional comparado. Apreciando o chamado *Anspruch auf rechtliches Gehör* (pretensão à tutela jurídica) no direito alemão, assinala o *Bundesverfassungsgericht* que essa pretensão envolve não só o direito de manifestação e o direito de informação sobre o objeto do processo, mas também o direito do indivíduo de ver os seus argumentos contemplados pelo órgão incumbido de julgar [...]. Daí afirmar-se, correntemente, que a pretensão à tutela jurídica, que corresponde exatamente à garantia consagrada no art. 5º, LV, da Constituição, contém os seguintes direitos:
> 1- *direito de informação* (*Recht auf Information*), que obriga o órgão julgador a informar à parte contrária dos atos praticados no processo e sobre os elementos dele constantes;
> *2 - direito de manifestação* (*Recht auf Äusserung*), que assegura ao defendente a possibilidade de manifestar-se oralmente ou por escrito sobre os elementos fáticos e jurídicos constantes do processo;

---

2 THEODORO JR. Humberto. Processo justo e contraditório dinâmico. *Revista de Estudos Constitucionais, Hermenêutica e Teoria do Direito (RECHTD)* 2(1): 64-71 janeiro-junho 2010. Disponível em <http://www.rechtd.unisinos.br/pdf/91.pdf>. Acesso em 01mar 2013.

> *3- direito de ver seus argumentos considerados* (*Recht auf Berücksichtigung*), que exige do julgador capacidade, apreensão e isenção de ânimo (*Aufnahmefähigkeit und Aufnahmebereitschaft*) para contemplar as razões apresentadas [...].
> Sobre o direito de ver os seus argumentos contemplados pelo órgão julgador (*Recht auf Berücksichtigung*), que corresponde, obviamente, ao dever do juiz ou da Administração de a eles conferir atenção (*Beachtenspflicht*), pode-se afirmar que ele envolve não só o dever de tomar conhecimento (*Kenntnisnahmepflicht*), como também o de considerar, séria e detidamente, as razões apresentadas (*Erwägungspflicht*) (Cf. DÜRIG/ASSMANN. *In:* MAUNZ-DÜRIGi. *Grundgesetz-Kommentar*. Art. 103, vol. IV, nº 97). É da obrigação de considerar as razões apresentadas que deriva o dever de fundamentar as decisões (Decisão da Corte Constitucional – *BverfGE* 11, 218 (218); Cf. DÜRIG/ASSMANN. *In:* MAUNZ-DÜRIG. *Grundgesetz-Kommentar*. Art. 103, vol. IV, nº 97)."[3]

Com efeito, reconhece a jurisprudência do STF que

> O ordenamento jurídico brasileiro, ao tornar a exigência de fundamentação das decisões judiciais um elemento imprescindível e essencial à válida configuração dos atos sentenciais, refletiu, em favor dos indivíduos, uma poderosa garantia contra eventuais excessos do Estado-Juiz, e impôs, como natural derivação desse dever, um fator de clara limitação dos poderes deferidos a magistrados e Tribunais. (...) Não há, em tema de liberdade individual, a possibilidade de se reconhecer a existência de arbítrio judicial. Os juízes e tribunais estão, ainda que se cuide do exercício de mera faculdade processual, sujeitos, expressamente, ao dever de motivação dos atos constritivos do *status libertatis* que pratiquem no desempenho de seu oficio. – A conservação de um homem na prisão requer mais do que um simples pronunciamento jurisdicional. A restrição ao estado de liberdade impõe ato decisório suficientemente fundamentado, que encontre suporte em fatos concretos[4].

Pois bem, tratando-se de interpretação da Constituição, promulgada em 1988, pode-se, a princípio, acreditar que o CPC/2015 não trouxe inovação alguma, haja vista que o que foi dito emerge diretamente da norma constitucional. Entretanto, a experiência não autoriza esse entendimento.

---

3 BRASIL. Supremo Tribunal Federal. *Mandado de Segurança nº 24.268*. Tribunal Pleno. Relatora Ministra Ellen Gracie. Relator p/ acórdão Ministro Gilmar Mendes. Julgamento em 05 fev 2004. DJe 17/09/2004. Trechos do voto do Ministro Gilmar Mendes, destaques no original.

4 BRASIL. Supremo Tribunal Federal. *HC 68530*. Primeira Turma. Relator Min. Celso de Mello. Julgamento em 05 mar 1991. DJ 12-04-1991 PP-04159 EMENT VOL-01615-01 PP-00131.

O princípio do contraditório, sob a égide da legislação revogada, não era um elemento essencial do devido processo legal. Era indiferente a observância de um contraditório substancial, pois, o juiz cuja autoridade e poder sobrepairavam na atmosfera social, "conhece o direito" e encarna a Justiça, razão pela qual a participação das partes era indiferente.

Desta maneira, inegável reconhecer o avanço democratizador do CPC/2015 ao conferir centralidade ao contraditório quando o identifica com a "garantia de participação em simétrica paridade, das partes, daqueles a que se destinam os efeitos da sentença" [5]. Nesta definição, liberdade e igualdade se fazem explicitamente presentes.

O indivíduo tem a liberdade de participar, em igualdade de condições, na construção do provimento que repercutirá no seu patrimônio jurídico. Todavia, se por qualquer razão, optar por não participar do procedimento, sujeitar-se-á aos ônus da sua inércia. Inegável, portanto, a indissociabilidade entre contraditório e ordem jurídica democrática.[6]

Corolário do contraditório é a vedação de decisões surpresa, conforme explicita o art. 9º do CPC: "Não se proferirá decisão contra uma das partes sem que ela seja previamente ouvida". Nesse aspecto, o contraditório limita o poder jurisdicional, ao estabelecer a congruência decisória, exigindo em caráter de imprescindibilidade, o debate prévio de todas as matérias a serem consideradas no *decisum*[7]. A regra transcrita aplica-se inclusive às questões apreciáveis *ex officio*. Isso quer dizer que o juiz não pode surpreender as partes, mesmo em face de matéria de ordem pública cognoscível de ofício.

Há de se reconhecer, assim, que o contraditório e a motivação decisória estabelecem um nexo entre o direito de ação e o dever de o Estado prestar a jurisdição. Isso porque o direito de ação, como "direito subjetivo público dirigido frente ao Estado a fim de que este preste a tutela jurisdicional sobre os direitos e interesses em conflito",[8] outorga às partes a prerrogativa de que sejam devidamente respondidas as questões

---

5 GONÇALVES, Aroldo Plínio. *Técnica processual e teoria do processo*. 2. ed., Del Rey: Belo Horizonte, 2.012, p. 103.

6 Segundo Ada Pellegrini Grinover, é "comum a observação de que o princípio da igualdade é parte essencial do processo" ou de que "defesa e contraditório são corolários do princípio da igualdade". Todavia, a igualdade, como essência do contraditório, não pode ser vista apenas como uma isonomia *formal* que exprime a "simples exigência de que os sujeitos possam agir em plano de paridade"; diferentemente, a igualdade deve ser compreendida sob a ótica *material*, isto é, "como contraposição dialética paritária e forma organizada de cooperação no processo", da qual emerge o princípio de *par condicio* (princípio de equilíbrio de situações ou *igualdade de armas*). Sendo assim, a "*plenitude* e a *efetividade* do contraditório indicam a necessidade de se utilizarem todos os meios necessários para evitar que a disparidade de posições no processo possa incidir sobre seu êxito, condicionando-o a uma distribuição desigual de forças" (GRINOVER, Ada Pellegrini. *O processo constitucional em marcha*. São Paulo: Max Limonad, 1.985, p. 11-18, destaques no original).

7 THEODORO JUNIOR, Humberto; NUNES, Dierle. Uma dimensão que urge reconhecer ao contraditório no direito brasileiro: sua aplicação como garantia de influência, de não surpresa e de aproveitamento da atividade processual. *Revista de Processo*, nº 168, ano 34, p. 125, fev. 2.009.

8 LLOBREGAT, José Garberí. *El derecho a la tutela judicial efectiva en la jurisprudencia del Tribunal Constitucional*. Barcelona: Bosch, 2.008, p. 18, tradução livre.

por elas levantadas no processo. Paralelamente, a necessidade de fundamentação racional das decisões judiciais (art. 93, IX, da CR/88) impõe que o órgão julgador decida exclusivamente com base nos elementos trazidos aos autos, como expressão do princípio da inafastabilidade da jurisdição (art. 5º, XXXV, da CR/88). A interpretação constitucional corrobora a tese:

> O art. 93, IX, da Constituição Federal exige que o acórdão ou decisão sejam fundamentados, ainda que sucintamente, sem determinar, contudo, o exame pormenorizado de cada uma das alegações ou provas, nem que sejam corretos os fundamentos da decisão[9].
> Reveste-se de nulidade o ato decisório, que, descumprindo o mandamento constitucional que impõe a qualquer Juiz ou Tribunal o dever de motivar a sentença ou o acórdão, deixa de examinar, com sensível prejuízo para o réu, fundamento relevante em que se apoia a defesa técnica do acusado[10].

Em harmonia com o entendimento do STF, vem em boa hora a lição de Comoglio:

> (...) graças a uma tríplice ordem de situações subjetivas processuais, na qual a qualquer parte vêm reconhecidos: (I) o direito de receber adequadas e tempestivas informações, sobre o desencadear do juízo e as atividades realizadas, as iniciativas empreendidas e os atos de impulso realizados pela contraparte e pelo juiz, durante o inteiro curso de processo; (II) o direito de defender-se ativamente, posicionando-se sobre cada questão, de fato ou de direito, que seja relevante para a decisão da controvérsia; (III) o direito de pretender que o juiz, a sua vez, leve em consideração as suas defesas, as suas alegações e as suas provas, no momento da prolação da decisão[11].
> Enfim, a disciplina do contraditório contida no CPC/2015 representa garantia *democrática* e *cívica* do jurisdicionado, exteriorizadora do princípio constitucional da *soberania popular*[12] mediante a qualificação do processo como legítimo instrumento para a realização da democracia, da cidadania e da soberania popular.

---

9 BRASIL. Supremo Tribunal Federal. *AI 791292 QO-RG*. Relator: Min. Gilmar Mendes. Julgamento em 23 jun 2010, publicado em 13 ago 2010. DJe-149 DIVULG 12-08-2010 PUBLIC 13-08-2010 EMENT VOL-02410-06 PP-01289 RDECTRAB v. 18, nº 203, 2011, p. 113-118.

10 BRASIL. Supremo Tribunal Federal. *HC 74073*. Relator Min. Celso de Mello. Primeira Turma. Julgamento em 20 maio 1997. DJ 27-06-1997 PP-30227 EMENT VOL-01875-03 PP-00597

11 Apud, THEODORO JR. Humberto. Processo justo e contraditório dinâmico. Revista de Estudos Constitucionais, Hermenêutica e Teoria do Direito (RECHTD) 2(1): 64-71 janeiro-junho 2010. Disponível em <http://www.rechtd.unisinos.br/pdf/91.pdf>. Acesso em 01 mar 2013.

12 BONAVIDES, Paulo. O Poder Judiciário e o parágrafo único do art. 1º da Constituição do Brasil. *In:* CUNHA, Sérgio Sérvulo da; GRAU, Eros Roberto (Org.). *Estudos de Direito Constitucional em homenagem a José Afonso da Silva*. São Paulo: Malheiros, 2.003, p. 69 e 85-86.

3. Os Métodos Autônomos de Resolução de Conflitos

O Ministro Cezar Peluso, em 2011, vaticinou:

> (...) encontra-se em curso mudança paradigmática substancial, resultante do desenvolvimento de nova cultura de pacificação, que evidenciará às pessoas que os conflitos não precisam ser resolvidos apenas com recurso à velha solução adjudicada, que se dá mediante produção de sentenças e, em cujo seio, sob influxo de uma arraigada cultura de dilação, proliferam os recursos inúteis e as execuções morosas e, não raro, ineficazes. Essa salutar transformação só atingirá sua plena potencialidade com a adoção de uma política pública menos ortodoxa em relação ao tratamento dos conflitos de interesses. (...) Serão elevados os sensos de cidadania, justiça efetiva e paz social[13].

A partir da Resolução nº 125/2010 do CNJ, instituindo uma política pública de tratamento adequado dos conflitos, o CPC/2015, no § 2º do art. 3º, reforça o prestigio à resolução consensual dos conflitos, contribuindo, essas normas, sobremaneira para a construção da cidadania. Na medida em se reconhece que nem sempre a adjudicação é a melhor solução para o conflito de interesses, o ordenamento passa a admitir que as partes, de forma autônoma e dialógica, assumam a responsabilidade pela solução do conflito que as aflige. Com efeito, há possibilidade de utilização de diversos métodos de resolução de litígios conforme a particularidade de cada caso. Mas, em qualquer situação em que se busca uma forma consensual de solucionar o conflito, há uma prática emancipatória, na medida em que as partes deixam de carecer da tutela jurisdicional.

A coexistência de outros métodos, além da adjudicação, é uma forma de o Direito Processual implementar uma promessa até então descumprida, a de que o processo judicial seria instrumento de restauração da paz social. Teleologicamente, o processo visa a encerrar o conflito mediante a imposição de um provimento imperativo, vinculante e definitivo em decorrência da autoridade de coisa julgada. Todavia, restabelecer os vínculos subjetivos afetados pelo conflito não é preocupação do órgão judicante.

A processualística contemporânea, portanto, evoluiu na direção do reconhecimento da possibilidade de utilização de diversos métodos de resolução de litígios, conforme a particularidade de cada caso, "citem-se, como exemplos, a arbitragem, a mediação, a conciliação, a negociação direta, os comitês, ouvidoria, o coaching" [14].

---

13 BRASIL. Supremo Tribunal Federal. Relatório de Atividades de 2011. Disponível em: <http://www.stf.jus.br/arquivo/cms/sobreStfConhecaStfRelatorio/anexo/RELATORIO_DE_GESTAO_2011_site_STF.pdf>. Acesso em 27/05/2017.

14 FARIA, Juliana Cordeiro de. Princípio da cooperação, efetividade e responsabilidade processual: balizas do CPC/2015 para as empresas como sujeitos do processo. In, FERRUCI, Felipe Falcone, MAIA, Felipe Fernandes Ribeiro, LEROY, Guilherme Costa (org.). *Os impactos do novo CPC no Direito Empresarial.* Belo Horizonte: D'Plácido, 2017, p. 15-28, p. 15.

Os métodos autônomos têm o objetivo de propiciar às partes resolverem o conflito de forma dialógica, sem a necessidade de uma sentença proferida por um terceiro imparcial. Por meio do diálogo oportuniza-se a construção da melhor solução possível para o caso, respeitadas a autonomia da vontade e a voluntariedade.

A possibilidade de desjudicialização dos conflitos decorrente da adoção dos métodos autônomos de resolução dos conflitos deve ser um compromisso de toda a sociedade. É imprescindível contribuir para a diminuição do abarrotamento de processos no Judiciário, que atualmente, tem de administrar a tramitação de mais de cem milhões de processos.

Há um notável esforço de o Poder Judiciário contribuir para a difusão de uma nova cultura na resolução dos conflitos. A partir da instalação dos Centros Judiciários de Solução de Conflito e Cidadania (CEJUSC), se tem trabalhado para construir uma cultura de consensualidade por meio da capacitação de mediadores, promoção palestras, debates, dentre outras ações, visando a possibilitar que os contendores sintam-se suficientemente empoderados e responsáveis pela solução dos seus conflitos.

Obviamente, pelo fato de esse movimento encontrar-se ainda no alvorecer, várias iniciativas devem ser implementadas para conferir eficiência e confiabilidade a esses métodos de solução dos conflitos. O sistema atual é merecedor de muitas reprimendas, nesse sentido, pontua-se o critério de avaliação do trabalho dos juízes, pautado, primordialmente, no aspecto quantitativo, contabilizando-se o número de acordos homologados. Ao quantificar as práticas consensuais, desconsideram-se uma série de fatores benéficos delas resultantes, tais como o diálogo como ferramenta para a reaproximação das pessoas, ainda que não se realize o acordo. A efetividade e expansão dos métodos consensuais devem ser considerados também sob o aspecto qualitativo, avaliando-se a vantajosidade que propiciou a reaproximação das partes, de modo a garantir sua máxima efetivação na busca da melhor solução.

Os métodos autônomos têm como sustentáculo a liberdade, por prestigiarem a autonomia da vontade, o que acarreta, consequentemente, a vedação de imposição por parte de um terceiro de qualquer decisão final. Solucionar o conflito é atribuição privativa das partes.

Como ressalta Fernanda Tartuce, os métodos autônomos permitem

> Que o indivíduo decida os rumos da controvérsia e protagonize uma saída consensual para o conflito: ao incluir o sujeito como importante ator na abordagem da crise, valoriza-se sua percepção e considera-se seu senso de justiça. Como facilmente se percebe, a autonomia da vontade está ligada à dignidade e à liberdade. [15]

---

15 TARTUCE, Fernanda. *Mediação nos Conflitos Civis*. 3. ed., São Paulo, Método, 2016, p. 190.

Christopher Moore corrobora esse entendimento ao dizer:

> Voluntário refere-se a uma participação por livre escolha e a um acordo realizado livremente. Os litigantes não são obrigados a negociar, mediar ou fazer acordo influenciados por nenhuma parte interna ou externa à disputa. [16]

Humberto Theodoro Júnior destaca o papel que tem o CPC/2015 na maturação de uma mudança de mentalidade, fazendo emergir uma cultura de solução de conflitos de forma autônoma, cooperativa e consensual:

> A valorização do papel da mediação e da conciliação dentro da atividade jurisdicional se faz presente de maneira mais expressiva no Novo Código de Processo Civil (...).
> Aos poucos vai-se encaminhando para processos e procedimentos em que o objetivo maior é a solução justa e adequada dos conflitos jurídicos, e que, de fato, possam reduzir as tensões sociais, valorizando a pacificação e a harmonização dos litigantes, em lugar de propiciar a guerra judicial em que só uma das partes tem os louros da vitória e à outra somente resta o amargor da sucumbência. [17]

Resta evidente, portanto, que o CPC/2015 garante efetividade aos métodos autônomos de resolução de conflitos e demonstra os avanços da prática jurisdicional na busca da "pacificação social".

Sendo assim, a cidadania resta não só garantida, mas estimulada pela protagonização das partes na solução do litígio, propiciando uma mudança da cultura de litigiosidade para uma cultura de paz e, ainda, resguardados os princípios da liberdade, autonomia da vontade e porque não, celeridade, tão caros à solução dos conflitos, adjudicada ou autônoma.

4. O Dever de Cooperação

O contraditório enquanto fundamento da legitimidade democrática do processo e elemento de construção da cidadania, deve assegurar acesso à ordem jurídica justa, mediante limites à atuação das partes. O processo é um método democrático de resolução de conflitos com o objetivo de reparar lesão ou fazer cessar ameaça a direitos. Portanto, o resultado do processo, a decisão judicial há de coincidir com a ordem jurídica, no sentido de dar a cada um o que efetivamente tem direito.

---

16 MOORE, Christopher W. *O Processo de Mediação: Estratégias Práticas para a Resolução de Conflitos.* 2ª ed. Porto Alegre: Artmed, 1998, p. 38.

17 THEODORO JÚNIOR, Humberto. *Curso de Direito Processual Civil – Teoria geral do direito processual civil, processo de conhecimento e procedimento comum.* 56ª ed. Rio de Janeiro: Forense, 2015, p. 9.

Por essa razão, no processo inadmite-se o emprego de artifícios ou ardis tendentes a frustrar a correta aplicação do Direito. Não é sem razão que o acesso à justiça pressupõe o *jus postulandi*, ou seja, a capacidade de postular em juízo, atributo privativo da advocacia, Defensoria Pública e Ministério Público. A presença dessas instituições perante a jurisdição, nos termos da Constituição da República, é indispensável e essencial por serem esses profissionais capazes de decodificar o conflito de interesses intersubjetivo em linguagem jurídica, possibilitando, assim, ao Poder Judiciário proferir uma decisão que assegure a integridade do ordenamento jurídico, mantendo a estabilidade do Estado Democrático de Direito. Portanto, concomitantemente ao *munus* de defender os interesses postulados em juízo, há para a advocacia, Defensoria Pública e Ministério Público o compromisso com a realização do Direito.

A ideia de cooperação não é novidade. Os grandes jusprocessualistas da primeira metade do século passado já trabalhavam a teoria do processo como atividade colaborativa. Eis, a propósito, o ensinamento de Calamandrei:

> Quem se detenha a observar o modo como se desenvolve um processo judicial, civil ou penal, vê efetivamente que o mesmo consiste em uma série de atividades, realizadas pelos indivíduos, que colaboram para a consecução do objeto comum, o qual, por sua vez, consiste no pronunciamento de uma sentença ou em por em prática medida executiva. Esta colaboração não é simultânea, mas sucessiva, de modo que as várias atividades que devem ser realizadas pelas diferentes pessoas que fazem parte do processo distribuem-se no tempo e no espaço seguindo uma certa ordem lógica, quase como em um drama teatral, em que as intervenções dos atores se sucedem não por casualidade, mas seguindo o fio da ação, de modo que a frase seguinte seja justificada pela precedente e, por sua vez, dê motivo à que vem depois, a ordem em que se desenvolve o discurso dos interlocutores não poderia alterar-se sem destruir o sentido[18].

Há mais de meio século Frederico Marques, invocando o magistério de Carnelutti, desenvolveu o conceito de processo a partir da cooperação. Para o autor, o processo define-se como "um conjunto de atos destinados à formação de imperativos jurídicos, que se caracterizam pela cooperação ou colaboração, para este fim, de pessoas interessadas com uma ou mais pessoas desinteressadas" [19].

Entretanto, a ideia de colaboração se esvaiu na vigência do Código revogado, que como mencionado, exaltava a litigiosidade, repelia os métodos consensuais e a coparticipação.

---

18 CALAMANDREI, Piero. *Instituições de Direito Processual Civil.* Vol. I Campinas: Bookseller, 2003, p. 265.

19 MARQUES, José Frederico. *Instituições de Direito Processual Civil.* Vol. I. 3ª ed. Rio de Janeiro: Forense, 1966, p. 28.

A cooperação no ordenamento jurídico brasileiro veio a ser ressuscitada no CPC/2015. Entretanto, há deturpações em seu sentido e dimensão, creio, fruto da cultura herdada da legislação revogada plasmada na litigiosidade, ou da incompreensão do princípio em virtude da inovação cultural que a cooperação significa. A propósito desse mal vezo:

> Numa palavra final: se o "dever de as partes cooperarem" não for fulminado (ou mitigado mediante interpretação conforme a Constituição) pelo STF, poderemos estar repristinando um protagonismo de mais de 100 anos atrás. Já dá para imaginar o juiz, como presidente dos trabalhos (sim, paradoxalmente, quer-se a democracia e o regime processual, neste caso, continua "presidencialista"), dizendo: vocês têm de cooperar para que eu possa decidir com justiça. Consequentemente... e aí começa o drama das partes. Vai sobrar para os advogados. Ah, vai![20]

A convicção neste trabalho é de que o dever de cooperação, explicitado no art. 6º do CPC/2015, é muito bem vindo e de fundamental relevância para o bom funcionamento da função jurisdicional. O Código, ao estabelecer o compromisso com a colaboração, reveste de eticidade a atuação das partes em juízo, pautando suas condutas pelos princípios da boa-fé e da lealdade processuais. Na dicção de Carlos Alberto Álvaro de Oliveira, o dever de cooperação é essencial "quando se atenta em que o processo deve servir para a produção de decisões conforme a lei, corretas a esse ângulo visual, mas, além disso, dentro do marco dessa correção, presta-se essencialmente para a produção de decisões justas"[21].

A cooperação impõe às partes observância dos deveres que lhes são exigidos no curso do contraditório, dentre eles, conforme o art. 77 do CPC/2015, os de: expor os fatos em juízo conforme a verdade, não formular pretensão ou apresentar defesa quando cientes de que são destituídas de fundamento, não produzir provas e não praticar atos inúteis ou desnecessários à declaração ou à defesa do direito, cumprir com exatidão as decisões jurisdicionais, de natureza provisória ou final, e não criar embaraços à sua efetivação, informar o endereço onde receberão intimações e não praticar inovação ilegal no estado de fato de bem ou direito litigioso.

Para Leonardo Carneiro da Cunha, o dever de cooperação compreende os deveres de esclarecimento, de prevenção e de auxílio a fim de que o processo represente efetiva garantia de proteção judicial.

---

20 STRECK, Lenio Luiz, DELFINO, Lúcio, BARBA, Rafael Giorgio Dalla Barba, LOPES, Ziel Ferreira Lopes. *Aposta na bondade – A cooperação processual do novo CPC é incompatível com a Constituição.* Disponível em <http://www.conjur.com.br/2014-dez-23/cooperacao-processual-cpc-incompativel-constituicao#author>. Acesso em 30 abr 2017.

21 ALVARO DE OLIVEIRA, Carlos Alberto. *Do formalismo no processo civil.* 2ª ed. São Paulo: Saraiva, 2003, p. 270.

O autor, com propriedade, esclarece que cooperar não significa, em hipótese alguma, submissão do interesse próprio ao da parte contrária. Os deveres de cooperação "destinam-se a regular melhor o comportamento dos sujeitos envolvidos, evitando abusos de direito e tornando mais leal e mais ética a busca pelo resultado a ser obtido com o processo"[22].

Fredie Didier compartilha o mesmo entendimento dizendo que "ao integrar o sistema jurídico, o princípio da cooperação garante o meio (imputação de uma situação jurídica passiva) necessário à obtenção do fim almejado (o processo cooperativo)" [23].

A lição de Humberto Theodoro Jr. é importantíssima. A invocação do direito português preenche lacuna na literatura jurídica brasileira. Além disso, explicita os deveres de cooperação do magistrado com as partes de maneira didática revestida de pragmatismo. Ensina Humberto Theodoro que a cooperação se realça no dever de o juiz decidir conforme o direito para assegurar acesso à ordem jurídica justa por meio de um provimento baseado em pleno conhecimento da causa, com o exaurimento dos meios de informação disponíveis para subsidiar o veredito. Ressalta, ainda, que o papel cooperativo do juiz não acarreta qualquer comprometimento com o dever de imparcialidade, constituindo-se em:

> a) consagração de um poder-dever de o juiz promover o suprimento de insuficiência ou imprecisões na exposição da matéria de fato alegada por qualquer das partes;
> b) consagração de um poder-dever de suprimir obstáculos procedimentais à prolação da decisão de mérito;
> c) consagração de um poder-dever de auxiliar qualquer das partes na remoção de obstáculos que as impeçam de atuar com eficiência no processo;
> d) consagração, em combinação com o princípio do contraditório, da obrigatória discussão prévia com as partes da solução do pleito, evitando a prolação de decisões surpresa, sem que as partes tenham oportunidade de influenciar as decisões judiciais[24].

A atuação colaborativa destina-se a "fazer com que os homens se falem, que desenvolvam uma relação intersubjetiva sem violência, com que os desejos e as paixões, incrustados nos sótãos do humano se exteriorizem"[25].

---

22 *In*, STRECK, Lenio Luiz, NUNES, Dierle, CUNHA, Leonardo Carneiro da (Org.). *Comentários ao Código de Processo Civil*. São Paulo: Saraiva, 2016. Comentário ao art. 6º, p. 42.

23 DIDIER JR., Fredie. *Curso de Direito Processual Civil*. Vol. 1, 17ª ed. Salvador: Juspodium, 2015, p. 217.

24 THEODORO JR., Humberto. *Curso de Direito Processual Civil*. Vol. I. 56ª ed. Rio de Janeiro: Forense, 2015, p. 84.

25 GAMBOGI, Luís Carlos Balbino. *Direito: razão e sensibilidade – as intuições na hermenêutica jurídica*. Belo Horizonte: Del Rey, 2006, p. 133.

"A democracia é mais que discurso, é compromisso, é permanente autodisciplina e exigência de respeito à dignidade própria e à dignidade do outro, principalmente do outro, porque no cuidar de nós mesmos, somos todos por demais diligentes"[26].

A jurisprudência gradativamente vem assimilando o dever de cooperação. O Superior Tribunal de Justiça reconhece que:

> O nosso sistema processual é informado pelo princípio da cooperação, sendo pois, o processo, um produto da atividade cooperativa triangular entre o juiz e as partes, onde todos devem buscar a justa aplicação do ordenamento jurídico no caso concreto, não podendo o Magistrado se limitar a ser mero fiscal de regras, devendo, ao contrário, quando constatar deficiências postulatórias das partes, indicá-las, precisamente, a fim de evitar delongas desnecessárias e a extinção do processo sem julgamento do mérito[27].

O TJMG decidiu que o dever de cooperação cujo objetivo é possibilitar uma decisão justa e efetiva de mérito, estende-se a todos os sujeitos processuais, inclusive ao juiz, incumbindo-lhes "colaborarem entre si, sem protagonismo dos envolvidos na relação jurídico-processual, sem a criação de embaraços e armadilhas processuais"[28].

O TJRS reconhece violação ao dever de cooperação quando, a parte se vale de artifícios que obstaculizam o contraditório substancial, deixando admitir recurso eletrônico, cuja instrução é deficiente pelo fato de o recorrente deixar de individualizar os documentos necessários ao conhecimento do pleito[29].

Por sua vez, para o TJSP, com fundamento no art. 774, inc. V, decidiu que "viola-se a cooperação no processo de execução quando o executado, intimado, deixa de informar ao juízo existência de patrimônio passível de responder pela obrigação" [30].

O dever de cooperação é um imperativo ético inerente ao contraditório. Com efeito, o devido processo legal constitui instrumento legítimo de garantia fundamental

26 CALMON DE PASSOS. J.J. *Direito, justiça, processo e poder*. Rio de Janeiro: Forense, 1999, p. 71-72.

27 BRASIL. Superior Tribunal de Justiça. *RHC 37.587/SC*. Rel. Ministro Reynaldo Soares da Fonseca. Quinta Turma. Julgamento em 16 fev 2016. DJe 23/02/2016.

28 MINAS GERAIS. Tribunal de Justiça de Minas Gerais. Apelação Cível 1.0301.14.007535-1/003. Rel. Des. Marcio Idalmo dos Santos Miranda. DJe 11/04/2017

29 RIO GRANDE DO SUL. Tribunal de Justiça do Rio Grande do Sul. Agravo de Instrumento nº 70072050180. Décima Nona Câmara Cível. Rel. Des. Voltaire de Lima Moraes. Julgamento em 24 abr 2017.

30 SÃO PAULO. Tribunal de Justiça de São Paulo. Agravo de Instrumento nº 2237890-96.2016.8.26.0000. Rel. Des. Hugo Crepaldi. DJ de 31/03/2017. "**Ementa:** AGRAVO DE INSTRUMENTO – AÇÃO DE ARBITRAMENTO DE HONORÁRIOS – MULTA – ATO ATENTATÓRIO À DIGNIDADE DA JUSTIÇA – Art. 774, Parágrafo único, do CPC – Compra de imóvel de alto padrão à vista no curso da execução, demonstrando injustificada oposição ao cumprimento da obrigação, bem como patente omissão de informações perante o Juízo – Dever de cooperação– Quebra do padrão de boa-fé processual que justifica a imposição de multa fixada mediante prudente arbítrio – Negado provimento."

da dignidade humana e dos direitos a ela correlatos se e somente se o procedimento desenvolver-se conforme a boa-fé e a lealdade.

Não se pode perder de vista, ainda, a estreita relação existente entre o dever de cooperação e a duração razoável do processo, na medida em que coíbe a prática de atos processuais inúteis por manejo abusivo das prerrogativas e faculdades processuais pelas partes ou, pelo juiz, dilações indevidas. Trata-se, contudo, de uma transformação cultural, pois, a mentalidade adversarial é tão arraigada que não se pode esperar "lealdade processual da advocacia pública que se utiliza de uma concepção desvirtuada de seu papel, para opor todos os obstáculos à vitória do cidadão lesado, postergando a resolução definitiva do conflito". Entretanto, conclui Daniel Carneiro Machado, o olhar deveria recair no reconhecimento de que "a vitória do cidadão ofendido em eu direito não representa a derrota do Estado, pois o Estado é vitorioso quando o Direito e a ordem prevalecem"[31].

Conclusão

O contraditório enquanto elemento essencial do devido processo legal coloca em evidência a necessidade de coparticipação dos envolvidos no conflito. Ressalta-se, neste ponto, a importância dos dispositivos do CPC/2015 em sua efetivação, na medida em que, embora desde 1988 o contraditório fosse constitucionalmente previsto, teve sua imprescindibilidade implementada pela nova codificação. O Código explicita os pressupostos a serem observados para assegurar o contraditório: participação, poder de influência e direito a uma resposta adequada e congruentemente fundamentada.

No que tange à efetivação de direitos e solução de controvérsias por meio de métodos autônomos, o que se pode recomendar a partir do Código de Processo Civil é sua maior difusão. Esses métodos não só garantem a celeridade, mas, fundamentalmente, respeitam a autonomia da vontade e a liberdade. Ademais, a decisão construída dialógica e autonomamente tem maior probabilidade de ser espontaneamente cumprida por resultar do ato de vontade livremente pactuado. Todavia, ainda que não se alcance o consenso, o diálogo possibilita difundir cultura de paz em detrimento da contenciosidade.

O CPC/2015 tem extrema importância, também, ao destacar o princípio da cooperação em um contexto de mudanças culturais que passam evitar a litigiosidade desenfreada. O dever de cooperação é um preceito ético, assegura que as partes litiguem com lealdade.

Observa-se, portanto, a concatenação do contraditório com a solução autônoma de conflitos e o princípio da cooperação, na medida que representam o ideal na relação processual, envolvendo os litigantes de forma a solucionar o conflito em igualdade de condições construindo a melhor solução possível a todos.

31 MACHADO, Daniel Carneiro. *A (in)compatibilidade do Incidente de Resolução de Demandas Repetitivas com o modelo constitucional de processo.* Rio de Janeiro: Lumen Juris, 2017, p. 52.

6. Referências Bibliográficas

ALVARO DE OLIVEIRA, Carlos Alberto. *Do formalismo no processo civil.* 2ª ed. São Paulo: Saraiva, 2003.

BONAVIDES, Paulo. O Poder Judiciário e o parágrafo único do art. 1º da Constituição do Brasil. *In:* CUNHA, Sérgio Sérvulo da; GRAU, Eros Roberto (Org.). *Estudos de Direito Constitucional em homenagem a José Afonso da Silva*. São Paulo: Malheiros, 2.003, p. 69 e 85-86.

BRASIL. Decreto-lei nº 1608/1939 (Exposição de Motivos do CPC/1939). *Diário Oficial da União.* Rio de Janeiro, 24 jul. 1939. Disponível em: <http://www2.camara.leg.br/legin/fed/declei/1930-1939/decreto-lei-1608-18-setembro-1939-411638-norma-pe.html >. Acesso em 01 maio 2017.

BRASIL. Superior Tribunal de Justiça. *RHC 37.587/SC.* Rel. Ministro Reynaldo Soares da Fonseca. Quinta Turma. Julgamento em 16 fev 2016. DJe 23/02/2016.

BRASIL. Supremo Tribunal Federal. *AI 791292 QO-RG.* Relator: Min. Gilmar Mendes. Julgamento em 23 jun 2010, publicado em 13 ago 2010. DJe-149 DIVULG 12-08-2010 PUBLIC 13-08-2010 EMENT VOL-02410-06 PP-01289 RDECTRAB v. 18, nº 203, 2011, p. 113-118.

BRASIL. Supremo Tribunal Federal. *HC 68530.* Primeira Turma. Relator Min. Celso de Mello. Julgamento em 05 mar 1991. DJ 12-04-1991 PP-04159 EMENT VOL-01615-01 PP-00131.

BRASIL. Supremo Tribunal Federal. *HC 74073.* Relator Min. Celso de Mello. Primeira Turma. Julgamento em 20 maio 1997. DJ 27-06-1997 PP-30227 EMENT VOL-01875-03 PP-00597.

BRASIL. Supremo Tribunal Federal. *Mandado de Segurança n.º 24.268.* Tribunal Pleno. Relatora Ministra Ellen Gracie. Relator p/ acórdão Ministro Gilmar Mendes. Julgamento em 05 fev 2004. DJe 17/09/2004.

BRASIL. Supremo Tribunal Federal. Relatório de Atividades de 2011. Disponível em: <http://www.stf.jus.br/arquivo/cms/sobreStfConhecaStfRelatorio/anexo/RELATORIO_DE_GESTAO_2011_site_STF.pdf>. Acesso em 27/05/2017.

CALAMANDREI, Piero. *Instituições de Direito Processual Civil.* Vol. I Campinas: Bookseller, 2003.

CALMON DE PASSOS. J.J. *Direito, justiça, processo e poder*. Rio de Janeiro: Forense, 1999.

DIDIER JR., Fredie. *Curso de Direito Processual Civil.* Vol. 1, 17ª ed. Salvador: Juspodium, 2015.

FARIA, Juliana Cordeiro de. Princípio da cooperação, efetividade e responsabilidade processual: balizas do CPC/2015 para as empresas como sujeitos do processo. In, FERRUCI, Felipe Falcone, MAIA, Felipe Fernandes Ribeiro, LEROY, Guilherme Costa (org.). *Os impactos do novo CPC no Direito Empresarial.* Belo Horizonte: D'Plácido, 2017, p. 15-28.

GAMBOGI, Luís Carlos Balbino. *Direito: razão e sensibilidade – as intuições na hermenêutica jurídica*. Belo Horizonte: Del Rey, 2006.

GONÇALVES, Aroldo Plínio. *Técnica processual e teoria do processo*. 2. ed., Del Rey: Belo Horizonte, 2.012.

GRINOVER, Ada Pellegrini. *O processo constitucional em marcha.* São Paulo: Max Limonad, 1.985.

LLOBREGAT, José Garberí. *El derecho a la tutela judicial efectiva en la jurisprudencia del Tribunal Constitucional***.** Barcelona: Bosch, 2.008.

MACHADO, Daniel Carneiro. *A (in)compatibilidade do Incidente de Resolução de Demandas Repetitivas com o modelo constitucional de processo.* Rio de Janeiro: Lumen Juris, 2017.

MARQUES, José Frederico. *Instituições de Direito Processual Civil.* Vol. I. 3ª ed. Rio de Janeiro: Forense, 1966.

MINAS GERAIS. Tribunal de Justiça de Minas Gerais. Apelação Cível 1.0301.14.007535-1/003. Rel. Des. Marcio Idalmo dos Santos Miranda. DJe 11/04/2017.

MOORE, Christopher W. *O Processo de Mediação: Estratégias Práticas para a Resolução de Conflitos.* 2ª ed. Porto Alegre: Artmed, 1998.

RIO GRANDE DO SUL. Tribunal de Justiça do Rio Grande do Sul. Agravo de Instrumento nº 70072050180. Décima Nona Câmara Cível. Rel. Des. Voltaire de Lima Moraes. Julgamento em 24 abr 2017.

SÃO PAULO. Tribunal de Justiça de São Paulo. Agravo de Instrumento nº 2237890-96.2016.8.26.0000. Rel. Des. Hugo Crepaldi. DJ de 31/03/2017.

STRECK, Lenio Luiz, DELFINO, Lúcio, BARBA, Rafael Giorgio Dalla Barba, LOPES, Ziel Ferreira Lopes. *Aposta na bondade – A cooperação processual do novo CPC é incompatível com a Constituição.* Disponível em <http://www.conjur.com.br/2014-dez-23/cooperacao-processual-cpc-incompativel--constituicao#author>. Acesso em 30 abr 2017.

STRECK, Lenio Luiz, NUNES, Dierle, CUNHA, Leonardo Carneiro da (Org.). *Comentários ao Código de Processo Civil.* São Paulo: Saraiva, 2016.

TARTUCE, Fernanda. *Mediação nos Conflitos Civis*. 3 ed., São Paulo, Método, 2016.

THEODORO JR. Humberto. Processo justo e contraditório dinâmico. *Revista de Estudos Constitucionais, Hermenêutica e Teoria do Direito (RECHTD)* 2(1): 64-71 janeiro-junho 2010. Disponível em <http://www.rechtd.unisinos.br/pdf/91.pdf>. Acesso em 01 mar 2013.

_____. *Curso de Direito Processual Civil.* Vol. I. 56ª ed. Rio de Janeiro: Forense, 2015.

THEODORO JÚNIOR, Humberto. *Curso de Direito Processual Civil – Teoria geral do direito processual civil, processo de conhecimento e procedimento comum*. 56ª ed. Rio de Janeiro: Forense, 2015.

THEODORO JUNIOR, Humberto; NUNES, Dierle. Uma dimensão que urge reconhecer ao contraditório no direito brasileiro: sua aplicação como garantia de influência, de não surpresa e de aproveitamento da atividade processual. *Revista de Processo*, nº 168, ano 34, p. 125, fev. 2.009.

Capítulo V

COMPETÊNCIA

José Roberto Sotero de Mello Porto
Leonardo Faria Schenk

1. Conceito

A Justiça (conceito amplo aqui utilizado para abranger não só as atividades do Poder Judiciário, mas de todos os demais atores envolvidos) deve ser vista como um serviço público. Tal concepção, não à toa, foi consagrada nas 100 Regras de Brasília[1], documento internacional assinado por representantes de todos os órgãos responsáveis por uma prestação jurisdicional justa, tempestiva e efetiva.

É dentro dessa perspectiva, visando a melhor organização do serviço, que aparecem as regras relacionadas à competência.

Sabidamente, a jurisdição é una e qualquer magistrado regularmente investido na função jurisdicional (princípio da investidura) exerce poder estatal. É o que se chama de *princípio da unidade da jurisdição*: a atividade do Estado de aplicar o direito ao caso concreto é una, não se divide.

Nem por isso, contudo, *qualquer* juiz age validamente ao prolatar *qualquer* decisão, conquanto esteja no exercício do poder jurisdicional. Exemplo: um juiz cível pode prolatar uma sentença criminal, e a decisão existirá e, embora eivada de nulidade, possivelmente vai produzir efeitos até que o interessado suscite o vício.

---

1 "Seção 1ª.- Finalidade (1) As presentes Regras têm como objetivo garantir as condições de acesso efetivo à justiça das pessoas em condição de vulnerabilidade, sem discriminação alguma, englobando o conjunto de políticas, medidas, facilidades e apoios que *permitam que as referidas pessoas usufruam do pleno gozo dos serviços do sistema judicial*".

Portanto, a competência delimita a validade da prestação jurisdicional, dividindo o seu regular exercício entre os diversos órgãos existentes no território nacional. A referência à competência como parcela da jurisdição, embora didática, acaba, por isso, se revelando imprecisa.

A competência deve ser entendida como a *medida* da jurisdição, ou, de modo ainda mais claro, como a medida *válida* do seu exercício[2].

2. Fundamentos e natureza jurídica

A definição clara dos limites em que a jurisdição pode ser validamente prestada, finalidade das regras de competência, é uma exigência do princípio do devido processo legal (art. 5°, LIV, da CF). Aos interessados deve ser dado conhecer, de antemão e segundo regras previamente definidas, qual órgão jurisdicional poderá validamente resolver determinado conflito[3].

O princípio do juiz natural torna ainda mais explícita essa garantia. Em uma das suas vertentes, o princípio proíbe a criação de tribunais de exceção, assim entendidos aqueles constituídos após os fatos que serão levados a julgamento (art. 5°, XXXVII, da CF), e em outra exige a condução do processo deve se dar pela autoridade competente (art. 5°, LIII, da CF).

No CPC/2015 o art. 42 aduz que "as causas cíveis serão processadas e decididas pelo juiz nos limites de sua competência, ressalvado às partes o *direito* de instituir juízo arbitral, *na forma da lei*". Há correspondência, em grande parte, com o art. 86 do CPC anterior. A novidade está por conta da ressalva relacionada à arbitragem, em harmonia com a previsão do art. 3º, §1º, do CPC/2015, e com as disposições da Lei 9.307/1996.

A competência tem natureza jurídica de pressuposto processual. A observância das regras de competência é fundamental para a validade da relação jurídica de direito processual. Como se verá, a depender do desvio, a incompetência poderá ser absoluta ou relativa, com consequências que, em um primeiro momento, poderão retardar a apreciação do mérito, produzindo reflexos sobre a validade dos atos decisórios.

3. Classificação e critérios de determinação

A necessidade de sistematização exigiu, ao longo do tempo, a divisão da competência em algumas espécies, a depender do parâmetro de análise adotado, as quais

---

2 Como ensina Leonardo Greco, "é a jurisdição na medida em que pode e deve ser exercida pelo juiz" (*Instituições de processo civil.* v. 1. 5ª ed. Rio de Janeiro: Forense, 2015, p. 123). Na mesma linha, CINTRA, A; GRINOVER, A. P.; DINAMARCO, C.R. *Teoria geral do processo.* 7ª ed. São Paulo: Revista dos Tribunais, 1990, p. 320.

3 "A garantia do devido processo legal, porém, não se exaure na observância das formas da lei para a tramitação das causas em juízo. Compreende algumas categorias fundamentais, como a garantia do juiz natural e do juiz competente, a garantia de acesso à Justiça, de ampla defesa e contraditório e, ainda, a de fundamentação de todas as decisões judiciais" (THEODORO JUNIOR, Humberto. *Curso de Direito Processual Civil.* v. 1. 56ª ed. Rio de Janeiro: Forense, 2016, p. 98).

são normalmente utilizadas como critérios de determinação pelo legislador para definir a competência de cada órgão julgador.

3.1. Competência internacional

Um primeiro passo é saber os casos em que a Justiça brasileira poderá atuar e julgar, isto é, os limites da jurisdição nacional, comumente chamados de competência internacional. Trata-se de questão imperiosa, sob pena de se determinar que um país tenha jurisdição para tratar de temas sobre os quais suas ordens não conseguirão ser executadas.

Quando o Poder Judiciário brasileiro puder processar e julgar os processos, sem a exclusão da Justiça de outros países, diz-se que a competência internacional será *concorrente* ou *cumulativa*. São os casos previstos nos artigos 21 e 22, do CPC/2015:

a) réu domiciliado[4] no Brasil (art. 21, I);
b) obrigação a ser cumprida no Brasil (art. 21, II);
c) undamento em fato ocorrido ou ato praticado no Brasil (art. 21, III);
d) ação de alimentos em que credor seja domiciliado ou residente no Brasil (art. 22, I, a) ou mantenha vínculos no Brasil, como posse ou propriedade de bens, recebimento de renda ou obtenção de outros benefícios econômicos (art. 22, I, b);
f) consumidor domiciliado ou residente no Brasil, decorrendo a ação de uma relação de consumo (art. 22, II);
g) partes tenham se submetido à jurisdição nacional, expressa ou tacitamente (art. 22, III).

Nessas hipóteses, mesmo que haja ação correndo em tribunal estrangeiro, pode ser instaurado processo no Brasil, sendo impossível a alegação de litispendência (art. 24). Em sucedendo o trânsito em julgado do processo que tramita perante tribunal estrangeiro, poderá o Superior Tribunal de Justiça homologar a decisão estrangeira, a pedido do interessado, para que ela passe a produzir efeitos em nosso país (art. 24 c/c art. 968, do CPC/2015).

Por outro lado, há litígios que só podem ser validamente julgados pela Justiça brasileira, excluindo o legislador a possibilidade de que um tribunal estrangeiro sobre ele se pronuncie. Cuida-se da chamada competência internacional *exclusiva*, prevista para as hipóteses do art. 23, do CPC/2015:

a) ações relativas a imóveis no Brasil (art. 23, I);
b) sucessão hereditária, seja em confirmação de testamento particular ou

4 Art. 21, parágrafo único: Para o fim do disposto no inciso I, considera-se domiciliada no Brasil a pessoa jurídica estrangeira que nele tiver agência, filial ou sucursal.

por inventário e partilha de bens situados no Brasil, mesmo que o falecido seja estrangeiro ou domiciliado fora do país (art. 23, II);
c) divórcio, separação judicial ou dissolução de união estável, em que haja partilha de bens situados no Brasil, mesmo que seu titular seja estrangeiro ou domiciliado fora do país (art. 23, III).

Na competência internacional *exclusiva* será impossível a homologação de decisões proferidas por tribunais estrangeiros (art. 964, do CPC/2015). Daí decorre, inclusive, que não se cogita da existência de litispendência entre uma ação que esteja tramitando no Brasil sobre essas matérias e outra que, ao mesmo tempo, tramite em um tribunal estrangeiro.

Interessante notar, ainda, que a competência internacional *concorrente* não impede que as partes elejam, em contrato internacional, o foro estrangeiro para solucionar eventual problema dele decorrente, escolha que não existe nas hipóteses definidas pelo legislador como de competência internacional *exclusiva* (art. 25 e §1º, do CPC/2015).

3.2. Competência interna

As normas de competência interna dizem respeito à distribuição, pelo legislador, do exercício válido da jurisdição pelos diversos órgãos que integram o Poder Judiciário.

3.2.1. Competência em razão da matéria

Um primeiro critério para determinar o órgão competente para o processamento e o julgamento da causa é a *matéria* objeto da controvérsia. Esse aspecto influirá em dois momentos: na definição da Justiça competente, podendo indicar a competência de uma das chamadas Justiças Especializadas (Trabalhista, Eleitoral e Militar) e, depois, na atribuição de competência ao órgão julgador específico, dentro de cada estrutura, segundo as regras de organização judiciária.

Cuida-se de critério que busca racionalizar o exercício da função jurisdicional, permitindo a criação órgãos de julgamento especializados.

Na chamada Justiça Comum, a competência será *ratione materiae*, atraindo a atuação da Justiça Federal, por exemplo, quando as causas envolverem (art. 109, da CF):

a) tratado ou contrato da União com Estado estrangeiro ou organismo internacional (art. 109, III);
b) grave violação de direitos humanos, quando suscitado e acolhido o incidente de deslocamento de competência (art. 109, V-A e §5º);
c) disputa sobre direitos indígenas (art. 109, XI);
d) execução de carta rogatória após o *exequatur* e de sentença estrangeira após homologação (art. 109, X);
f) nacionalidade e naturalização (art. 109, X).

3.2.2. Competência em razão da pessoa

Por vezes, a presença de um sujeito na relação processual, como parte ou interveniente, refletirá na definição da competência do órgão julgador. É o que se chama de competência *ratione personae*, igualmente prevista no art. 109, da CF, com relação à Justiça Federal, nas causas em que:

> a) a União, entidade autárquica ou empresa pública federal forem interessadas, como autoras, rés, assistentes ou opoentes. Excepcionalmente, manter-se-ão na justiça estadual tais processos quando versarem sobre recuperação judicial, falência, insolvência civil e as de acidente de trabalho (art. 109, I).
> b) estado estrangeiro ou organismo internacional litiguem contra município ou pessoa domiciliada ou residente no Brasil (art. 109, II);
> c) autoridade federal figurar como coatora em mandado de segurança ou *habeas data* (art. 109, VIII).

A intervenção de um órgão federal no processo em curso na Justiça Estadual acarretará, em regra, a sua remessa para a Justiça Federal. Duas observações, contudo, devem ser feitas aqui: uma sobre o tratamento do deslocamento da competência no CPC/2015 e outra sobre as intervenções decorrentes de interesse meramente econômico.

3.2.2.1. Intervenção de ente federal

A dinâmica da remessa dos autos de um processo ao juízo federal, em razão da intervenção de ente federal na qualidade de parte ou de terceiro interveniente (especificamente "a União, suas empresas públicas, entidades autárquicas e fundações, ou conselho de fiscalização de atividade profissional"), está hoje regulada no art. 45, do CPC/2015.

A novidade se justifica para disciplinar as hipóteses de deslocamento da competência da Justiça Estadual para a Federal, por força do art. 109, I, da CF, evitando a prática de atos desnecessários, com prejuízo para as partes e também para a administração da Justiça.

Nota-se, contudo, que o rol constitucional menciona apenas a União, as autarquias e as empresas públicas federais, nada dizendo a respeito das fundações e dos conselhos de fiscalização de atividade profissional, como constou no CPC/2015. A observação é relevante, na medida em que a competência definida pela Constituição é taxativa, não permitindo a ampliação por lei ordinária.[5] A interpretação do art. 45, do

5 A reflexão é de Salomão Viana: "Definitivamente, o acréscimo é resultado de uma má opção. É que somente três raciocínios podem ser feitos: (i) ou o legislador reconhece que as 'fundações, ou conselhos de fiscalização de atividade profissional' a que ele se refere são os que o sistema

CPC/2015, conforme a Constituição levará a concluir que apenas haverá o deslocamento da competência quando as fundações e os conselhos de fiscalização de atividade profissional ostentarem natureza autárquica. Não à toa a jurisprudência afasta do rol as sociedades de economia mista[6].

A intervenção do ente federal na qualidade de parte ou de terceiro interveniente, prevista no CPC, também exige análise da sua compatibilidade com a Constituição. No texto constitucional há referência ao interesse do ente federal na qualidade de autor, réu, assistente ou opoente.

Assim, sempre que o ente federal interveniente assumir a posição de parte, seja como autor ou réu, deverá haver o deslocamento da competência. O mesmo se dá, por expressa disposição do texto constitucional, nas hipóteses em que a intervenção se der como assistente.

A intervenção de entes federais que não acarrete a assunção, por eles, de nenhuma dessas posições na relação processual, como é o caso do *amicus curiae* (hipótese nova de intervenção de terceiros regulada pelo art. 138, do CPC/2015), não importará na remessa dos autos do processo para a Justiça Federal. A orientação consta, inclusive, da Súmula Vinculante nº 27.[7]

Caberá à Justiça Federal a decisão sobre a existência ou não de interesse jurídico do ente federal na intervenção, tema definido, inclusive, pela Súmula nº 150 da jurisprudência do STJ.[8] Por isso é que o §3º, do art. 45, do CPC/2015, determina ao juízo federal a restituição dos autos ao juízo estadual sem suscitar conflito de competência se o ente federal cuja presença ensejou a remessa for excluído do processo.

---

jurídico equipara a entidades autárquicas federais, o que torna completamente despicienda a referência específica a tais entes; (ii) ou o legislador está se referindo a 'fundações, ou conselho de fiscalização' sem natureza autárquica, por entender que, no particular, a Justiça Federal estaria exercitando uma competência implícita (*implied Power*), o que não é verdade, já que o caso não é de vácuo normativo no que toca à competência; (iii) ou, ainda, ao aludir a 'fundações ou conselhos de fiscalização de atividade profissional', a intenção do legislador foi a de ampliar a competência da Justiça Federal, que está constitucionalmente limitada, com o que teria ele desbordado, de forma primitiva e, por isto mesmo, reprovável, os lindes constitucionais da sua atuação, em franca violação ao princípio da tipicidade, que subordina as regras de distribuição da competência e integra o conteúdo do princípio do juiz natural. Assim, qualquer que seja o raciocínio, por ser inócuo ou por ser válido, deve-se considerar cláusula não escrita o excerto 'fundações, ou conselhos de fiscalização de atividade profissional'" (Comentário ao artigo 45 do código de processo civil. In: *WAMBIER, Teresa Arruda Alvim et al. (coords). Breves comentários ao novo código de processo civil.* São Paulo: Revista dos Tribunais, 2015, p. 162).

---

6 Súmula 556 do STF: "É competente a Justiça comum para julgar as causas em que é parte sociedade de economia mista".

7 Súmula Vinculante 27: "Compete à Justiça estadual julgar causas entre consumidor e concessionária de serviço público de telefonia, quando a Anatel não seja litisconsorte passiva necessária, assistente, nem opoente".

8 Súmula 150 do STJ: "Compete a justiça federal decidir sobre a existência de interesse jurídico que justifique a presença, no processo, da união, suas autarquias ou empresas publicas".

Havendo pedidos que devam ser decididos pela Justiça Estadual, os parágrafos do art. 45, do CPC/2015, impedem a remessa dos autos para a Justiça Federal, bem como que haja decisão pela Justiça Estadual sobre o pedido que envolva o interesse do ente federal interveniente, mas não esclarecem como se darão os desdobramentos.

A melhor solução, nesses casos, parece estar no desmembramento dos autos, com a extração e o envio de cópias para autuação e distribuição junto à Justiça Federal, como também ocorre com as hipóteses de litisconsórcio multitudinário (art. 133, §1º, do CPC/2015), para que nela tenha prosseguimento o pedido com relação ao qual exista o interesse jurídico do ente federal interveniente[9].

Pode acontecer, ainda, que a cumulação de pedidos não seja simples, havendo uma relação material de dependência entre um e outro, a exigir, nos casos em que se possa constatar a configuração de uma prejudicial externa, que o processo que contenha o pedido dependente fique suspenso, por até um ano, na forma do art. 313, V, alínea "a", do CPC/2015, até a análise e o julgamento do pedido principal.

3.2.2.2. Intervenção anômala

Bastante peculiar é a previsão do artigo 5º, parágrafo único, da lei 9.549/1997, que autoriza a União a intervir em processos nos quais sejam partes autarquias, fundações públicas, sociedades de economia mista e empresas públicas federais. A motivação do ingresso da União pode ser meramente econômica, o que, pela lei, não gerará alteração da competência. [10]

Nessa intervenção anômala (nomenclatura adotada pelo STJ[11]), "as pessoas jurídicas de direito público poderão, nas causas cuja decisão possa ter reflexos, ainda que indiretos, de natureza econômica, intervir, independentemente da demonstração de interesse jurídico, para esclarecer questões de fato e de direito, podendo juntar documentos e memoriais reputados úteis ao exame da matéria e, se for o caso, recorrer".

Apenas nesse último caso, isto é, a partir da interposição do recurso é que, para fins de deslocamento de competência, os intervenientes serão considerados partes do processo, de modo que o recurso contra a sentença proferida por juiz estadual, por exemplo, deverá ser apreciado pelo Tribunal Regional Federal da respectiva região.

---

9 CRAMER, Ronaldo. Comentário ao artigo 45. In: STRECK, Lenio Luiz; NUNES, Dierle; CUNHA, Leonardo Carneiro da (orgs.). *Comentários ao código de processo civil*. São Paulo: Saraiva, 2016. p. 109.

10 No caso, ocorre apenas interesse econômico do ente federal na demanda, e não jurídico, mantendo-se, ao menos em primeiro grau, o feito na Justiça Estadual. Esse o entendimento do Superior Tribunal de Justiça (Resp 574.697/RS). A natureza jurídica da presença é confusa na doutrina: alguns consideram-na como *amicus curiae* (BUENO, Cássio Scarpinella. *Amicus curiae no processo civil brasileiro: um terceiro enigmático*. São Paulo: Saraiva, 2006. p. 214), outros, com maior razão, como assistente anômalo (NEVES, Daniel Amorim Assumpção. *Novo Código de Processo Civil – Lei 13.105/*2015. 2ª ed. Rio de Janeiro: Forense, 2015, p. 71).

11 1ª seção, Edcl no AgRg no CC 89783/RJ

3.2.3. Competência em razão do território

O elemento geográfico também pode interferir na determinação da competência. Cuida-se do critério *territorial* ou *ratione loci*, que tem em consideração, por exemplo, o local em que as partes têm domicílio, o local em que os bens em litígio estão situados ou os direitos reais a eles relacionados, o local em que determinados fatos relevantes para a causa aconteceram.

A regra geral da competência territorial será a tramitação do processo no domicílio do réu, nas ações fundadas em *direito pessoal* ou *real sobre bens móveis - actor sequitur forum rei* (art. 46, do CPC/2015). O comando elucida, ainda, os casos de pluralidade de domicílios, nos seus parágrafos. A única novidade, na comparação com o CPC/1973, fica por conta do novo §5°, no caso de *execução fiscal*, em que há a previsão de múltiplos foros: além do domicílio do executado, o da sua residência ou de onde ele for encontrado[12].

Já quando versar sobre *direito real sobre imóveis*, a competência territorial será determinada pelo local do imóvel (art. 47, do CPC/2015). Nessas matérias, há possibilidade de modificação da competência pela vontade do autor (§1°), que poderá optar pelo foro de domicílio do réu ou pelo foro de eleição, desde que o litígio não recaia sobre direito de propriedade, vizinhança, servidão, divisão e demarcação de terras e de nunciação de obra nova, bem como nos litígios possessórios imobiliários, hipóteses em que a competência territorial será absoluta (§2°).

Em certas ocasiões, no entanto, o legislador opta por definir a competência territorial a partir de outros elementos, em atenção a alguma peculiaridade relacionada à qualidade das partes, aos fatos relevantes para a solução da controvérsia ou ao seu objeto em si. O regramento principia no art. 48, do CPC/2015, que diz respeito *ao inventário, à partilha, à arrecadação, ao cumprimento de disposições de última vontade, à impugnação ou anulação de partilha extrajudicial e a todas as ações em que o espólio for réu*, que devem correr no foro do domicílio do autor da herança.

A maior complexidade, contudo, está no caso de o *de cujus* não possuir domicílio certo. Se, no CPC/1973, recairiam os feitos no local da situação dos bens ou, se houvesse propriedades em vários locais, no lugar do óbito, agora a disciplina processual é outra. O parágrafo único do art. 48 do CPC/2015 estabelece como parâmetro para a definição da competência territorial o lugar dos bens imóveis (e não de qualquer bem – logo, se existirem imóveis em uma cidade e bens móveis em outra, onde o óbito ocorreu, o feito não deverá tramitar no lugar da morte, mas sim na localidade onde está a propriedade imóvel).

Em existindo bens imóveis em diferentes locais, qualquer deles será competente e, em inexistindo tais bens, a competência será do local de qualquer dos bens (aí, sim, será relevante saber a localização dos bens móveis). Percebe-se clara solução suces-

12 "§ 5º A execução fiscal será proposta no foro de domicílio do réu, no de sua residência ou no do lugar onde for encontrado.".

siva, passando a ser indiferente o lugar do falecimento para fins de determinação da competência territorial.

Os arts. 49 e 50, do CPC/2015, determinam a competência territorial em razão de especiais condições do réu. Nas *ações de réu ausente*, estabelece-se a competência do seu último domicílio; quando acontecer de se ter um *réu incapaz*, tramitará o processo no domicílio de seu representante ou assistente.

O art. 51 incorpora ao ordenamento infraconstitucional a previsão do art. 109 da Constituição Federal, determinando a competência territorial no domicílio do réu para as *causas em que a União* e suas autarquias, conforme o STF[13], forem autoras; e, para as causas em que elas figurarem como rés, no domicílio do autor, local do ato ou fato ou da coisa, constantes na causa de pedir. A escolha do autor, a causa ainda poderá ser ajuizada no Distrito Federal.

O art. 52 do CPC/2015 repete essa lógica para os Estados e para o Distrito Federal. Os Municípios, em razão da ausência de previsão expressa, devem se submeter às regras gerais.

Previsão mais extensa sobre a definição dos chamados *foros especiais* está no art. 53, que, com seus cinco incisos, fecha a seção, trazendo pontuais novidades para o sistema processual civil.

O primeiro caso diz respeito às *ações relativas ao casamento* (divorcio, separação – sim, ela persiste[14] – e anulação) *e à união estável* (reconhecimento e dissolução[15]). A equiparação é bem-vinda, homenageando a Constituição Federal (notadamente, o seu art. 226, §3º).

O foro competente será definido em razão do domicílio do guardião do filho incapaz, em homenagem, ao que tudo indica, ao princípio do melhor interesse da criança e do adolescente.

Alguns problemas de ordem prática podem vir à tona. Por exemplo: em havendo guarda de fato por parte de um dos pais e guarda "oficial", isto é, concedida judicialmente ou mediante acordo entre eles, do outro, o que deve prevalecer? Embora existam posições em contrário, advogando a prevalência da custódia oficial[16], parece razoável que o juiz, diante do caso concreto, reconheça a competência do foro do domicílio do guardião com quem o incapaz efetivamente se encontra.

Do mesmo modo, a lei não alude à guarda compartilhada, surgindo duas soluções: uma pela aplicação da alínea seguinte (último domicílio do casal)[17], outra, que soa ser a mais acertada, pelo foro do local onde se encontrar efetivamente o incapaz (afinal, a guarda compartilhada não significa, necessariamente, que o filho alterne

---

13 Entendimento relativamente recente, em sede de Repercussão Geral, no RE 627.709.

14 A crítica motiva-se pela Emenda Constitucional 66/2010, que tornou direito potestativo o divórcio.

15 O que a jurisprudência, em regra, não reconhecia como inserido no artigo 100, I, do CPC, revogado, mas que agora é expresso em lei (ver, por todos: STJ, AgRg no Resp 912.831/RS).

16 VIANA, Salomão. *Op. cit.*, p. 208.

17 Ibidem.

entre a casa dos pais – hipótese em que se teria a chamada guarda alternada, espécie diversa).

É importante recordar que a modificação superveniente na situação fática que havia determinado a competência territorial (isto é, a guarda) não implicará, em princípio, alteração do juízo competente, quer por força do art. 43, do CPC/2015, que traz o princípio da *Perpetuatio Jurisdictiones*), como também em razão do art. 8º da lei 12.318/2010, que dispõe sobre a alienação parental ("a alteração de domicílio da criança ou adolescente é irrelevante para a determinação da competência relacionada às ações fundadas em direito de convivência familiar, salvo se decorrente de consenso entre os genitores ou de decisão judicial").

Em não havendo filho incapaz, competência territorial para a ação de divórcio, separação, anulação de casamento e reconhecimento ou dissolução de união estável será do último domicílio do casal ou, se nenhum dos dois residir no local, do domicílio do réu.

O inciso II do art. 53, do CPC/2015, prevê a competência do *domicílio do alimentando* para as ações em que se pedem alimentos. Já o inciso III elege o *foro do lugar* (a) onde está a sede, para a ação em que for ré pessoa jurídica; (b) onde se acha agência ou sucursal, quanto às obrigações que a pessoa jurídica contraiu; (c) onde exerce suas atividades, para a ação em que for ré sociedade ou associação sem personalidade jurídica; (d) onde a obrigação deve ser satisfeita, para a ação em que se lhe exigir o cumprimento[18]; (e) de residência do idoso, para a causa que verse sobre direito previsto no respectivo estatuto; e (f) da sede da serventia notarial ou de registro, para a ação de reparação de dano por ato praticado em razão do ofício.

A alínea "b" traz uma novidade ao permitir o ajuizamento da ação contra a própria pessoa jurídica no lugar em que se acha agência ou sucursal, ampliando o leque de opções do autor. A alínea "e" inova ao trazer para as ações individuais previsão antes contida no Estatuto do Idoso para as ações coletivas (lei 10.741/2003, art. 80). A também nova alínea "f" fixa na sede da serventia notarial ou de registro a competência territorial para a ação de reparação de dano por ato praticado em razão do ofício.

Fechando a lista dos *foros especiais*, os incisos IV e V, do art. 53, do CPC/2015, replicam a previsão do código anterior e definem a competência territorial no lugar do ato ou fato para a ação: (a) de reparação de dano e (b) em que for réu administrador ou gestor de negócios alheios, bem como do domicílio do autor ou do local do fato, para a ação de reparação de dano sofrido em razão de delito[19] ou acidente de veículos, inclusive aeronaves.

---

18 O *forum obligationis* se estende para o pleito que procura invalidar o contrato (REsp 52.012/DF) ou reparar os danos (Ag 1.431.051/DF).

19 O Superior Tribunal de Justiça já garantiu interpretação elástica para o conceito de "delito", nele incluindo também os ilícitos civis (EAg 783.280/RS).

3.2.4. Competência em razão do valor da causa

Próximo critério de determinação de competência é o *ratione valoris*, segundo o qual o órgão julgador poderá ser definido segundo o valor da causa. O valor da causa corresponde, em regra, ao conteúdo econômico envolvido na discussão judicial. As regras de atribuição do valor estão nos arts. 291 e seguintes, do CPC/2015.

Há exemplos na disciplina dos Juizados Especiais. A lei 10.259/2001 determina a competência absoluta dos Juizados Especiais Federais para as causas de competência da Justiça Federal com valor até 60 salários mínimos. Na mesma linha, a competência dos Juizados Especiais Fazendários é absoluta para as causas com valor até 60 salários mínimos, na forma da Lei 12.153/2009. Por outro lado, nos Juizados Especiais Cíveis, a Lei 9.099/1995 define a competência, em alguns casos, pelo limite de 40 salários mínimos, podendo as partes, contudo, optar pelo procedimento comum.

3.2.5. Competência em razão da função

O último critério apontado pela doutrina para a determinação da competência é o *funcional*. Cuida-se de critério que regula a atuação sucessiva de um ou mais órgãos jurisdicionais no mesmo processo, que pode se dividir em *horizontal*, em razão das fases do processo (como é o caso da fase de conhecimento e da fase de cumprimento posterior do julgado, por exemplo), e em *vertical*, também chamada de competência hierárquica ou recursal (definida em razão da interposição dos recursos)[20].

O crucial é notar, por fim, que a competência definida em razão da matéria, da pessoa ou da função observa critério absoluto, sendo inderrogável por convenção das partes. Por outro lado, podem elas modificar a competência definida em razão do valor e do território (arts. 62 a 65, do CPC/2015).

4. Fontes normativas

O art. 44, do CPC/2015, traz as fontes normativas do instituto da competência no processo civil, elencando entre elas a Constituição Federal, o próprio Código de Processo Civil, a legislação especial, as normas de organização judiciária e as Constituições dos Estados[21].

Parcela da doutrina rapidamente sentenciou que o dispositivo não estabelece uma ordem de prevalência entre as fontes[22]. Acreditamos que esse entendimento

---

20 GRECO, Leonardo. *Instituições de processo civil*. v. 1. 5ª ed. Rio de Janeiro: Forense, 2015, p. 132.

21 Dissertando sobre o tema, ainda sob a égide do código passado, é sempre preciosa a lição de Athos Gusmão Carneiro: "A competência fixada na Constituição apresenta-se exaustiva e taxativa: dispositivo algum de lei, ordinária ou complementar (salvante, evidentemente, emenda à própria Constituição), poderá *reduzir* ou *ampliar* tal competência" (CARNEIRO, Athos Gusmão. *Jurisdição e Competência*. 17ª ed. São Paulo: Saraiva, 2010, p. 75).

22 Enunciado 236 do Fórum Permanente de Processualistas Civis: "O art. 44 não estabelece uma ordem de prevalência, mas apenas elenca as fontes normativas sobre competência, devendo ser observado o art. 125, §1°, da Constituição Federal".

apenas se sustentaria se quisesse dizer uma ordem de preferência, quando complementáveis as normas (exemplo: o código de organização judiciária em regra completa a legislação, a qual, por sua vez, preenche espaço deixado pela Constituição). Ocorre que, mesmo assim, é inegável haver uma hierarquia normativa entre as fontes, e uma hierarquia é, essencialmente, fruto de uma ordem.

Essa inafastável realidade embasa, por exemplo, a crítica no sentido de que a fixação de competência absoluta por força de lei estadual de organização judiciária, no que diz respeito à divisão do território das grandes comarcas em foros regionais, viola primeiramente a Constituição e, depois, o regramento do próprio CPC, que expressamente atribui à competência territorial o caráter relativo.

De fato, a Carta constitucional restringe à União a atribuição de legislar sobre matéria processual privativamente (art. 22, inciso I), não havendo espaço para os Estados contrariarem suas disposições, mas apenas para exercer, na medida permitida, a organização judiciária local[23].

4.1. Visão panorâmica da competência no novo Código de Processo Civil

De todo modo, é importante desenhar um panorama topográfico dos dispositivos legais que abordam a questão. No código em vigor, o Livro II trata da função jurisdicional (é esse, inclusive, seu nome), estando no seu Título III a competência interna, subdividida, por sua vez, em dois Capítulos: o primeiro dedicado à competência (arts. 42 a 66); o segundo, à cooperação nacional (arts. 67, 68 e 69).

Mesmo dentro da seção I, que enuncia tratar das regras genéricas sobre a competência, é possível realizar, doutrinariamente[24], uma diferenciação entre as normas *verdadeiramente* gerais (arts. 42 a 45) e normas *relativamente* gerais (arts. 46 a 53), porque somente o são em comparação com as duas seções subsequentes, que tratam da modificação da competência e da incompetência.

Segue-se a seção II do capítulo, do art. 54 ao 63, trazendo a temática da modificação da competência, da qual são espécies a conexão e a continência.

---

23 Afigura-se absurda, portanto, a disposição do artigo 94, §7º, do Código de Organização Judiciária do Estado do Rio de Janeiro, o qual atribui às varas regionais competência absoluta, supostamente pelo critério funcional-territorial. Leonardo Greco, por exemplo, é áspero ao criticar tal previsão estadual: "É uma ilegalidade que a justiça do Rio de Janeiro comete em benefício da sua própria comodidade, esquecendo-se de que as regras de competência territorial não são estabelecidas apenas para racionalizar a administração do Poder Judiciário, mas primordialmente para facilitar o acesso à justiça" (*Op. cit.*, p. 140).

24 MELLO PORTO, José Roberto Sotero de. Competência no novo Código de Processo Civil. In: SILVA, Franklyn Roger Alves (org). *CPC/15 – Perspectiva da Defensoria Pública*. Salvador: JusPodivm, 2016.

5. Concretização da competência

5.1. *Iter de concretização*

Vistos, então, quais são os critérios a reger a escolha do órgão competente e onde se encontram no plano normativo, podemos traçar o caminho para encontrar quem deverá efetivamente julgar o feito. Essas etapas, esse *iter*, também são chamadas de "concretização da jurisdição".

Em linhas gerais, podemos desenvolver três etapas fundamentais: a identificação da Justiça competente, a do foro competente e a do juízo competente, sendo certo que cada uma está restrita ao que foi delineado na etapa anterior. Outras etapas podem ser necessárias, no caso concreto, para o aperfeiçoamento da análise, como a averiguação sobre a competência originário de tribunal para julgar a lide, sempre previstas em comando constitucional (federal ou estadual), ou o foro por prerrogativa de função. Contudo, ordinariamente, bastarão os três passos que iremos descrever.

A *Justiça competente* determina-se com o olhar na Constituição Federal: é a Lei Maior que decide se um processo será julgado pela Justiça Eleitoral, pela Justiça do Trabalho ou pela Justiça Comum, e, dentro dessa última, se pela Justiça Federal (art. 109) ou, residualmente, se pela Justiça Estadual. Atuam, nessa etapa, os critérios de competência em razão da pessoa e da matéria.

Passo seguinte é encontrar o *foro competente*, isto é, a delimitação territorial na qual deve ter início e tramitar o processo. É aqui que se inserem as normas do Código de Processo Civil, que, via de regra, determinam competência territorial (*ratione loci*), além de regramento genérico sobre a competência (sua modificação, alegação de vícios a ela relacionados etc).

A seguir, vislumbra-se a eleição do *juízo competente*, onde se buscará verificar órgãos jurisdicionais específicos para o julgamento da lide, por meio de varas especializadas ou comuns. Se não existir vara de família em certa comarca, por exemplo, é possível que a a competência para o julgamento seja da vara cível ou, em sendo caso, da vara única, a depender, aqui, das normas de organização judiciária, conforme a matéria em julgamento, via de regra[25].

5.2. *Momento da concretização*

No ajuizamento da ação, o autor, após percorrer todos os passos acima descritos, deverá destinar seu pedido a um órgão jurisdicional competente, através do endere-

---

25 "Há que distinguir a competência do foro da competência do juiz. Foro é o local onde o juiz exerce as suas funções. Mas no mesmo local podem funcionar vários juízes com atribuições iguais ou diversas, conforme a Organização Judiciárias. Se tal ocorrer, há que se determinar, para uma mesma causa, primeiro qual o foro competente e, depois, qual o juiz competente. Foro competente, portanto, vem a ser a circunscrição territorial (seção judiciária ou comarca) onde determinada causa deve ser proposta. E juiz competente é aquele, entre os vários existentes na mesma circunscrição, que deve tomar conhecimento da causa, para processá-la e julgá-la." (THEODORO JUNIOR, Humberto. *Op. cit.*, p. 294).

çamento da sua petição inicial (art. 319, I, CPC/2015). Pode ser, contudo, que sobrevenham elementos que, por si, seriam capazes de alterar essa escolha inicial, o que poderia causar significativa insegurança jurídica e tumulto processual.

Por essa razão é que o art. 43, do CPC/2015, traz à baila o *Princípio da Perpetuatio Jurisdictionis*, assegurando que "determina-se a competência no momento do registro ou da distribuição da petição inicial, sendo irrelevantes as modificações do estado de fato ou de direito ocorridas posteriormente, salvo quando suprimirem órgão judiciário ou alterarem a competência absoluta".

Quanto ao momento da concretização da competência, portanto, foi escolhido pelo legislador processual, no CPC/2015, o do registro (caso de vara única) ou da distribuição (hipótese de mais de um juízo abstratamente competente para a matéria, naquele foro) da petição inicial, marcos também relevantes para a definição da prevenção, na forma do art. 59, do CPC/2015.

As exceções ficam por conta da extinção de órgão judiciário e da alteração da competência absoluta[26]. Vale lembrar que, como uma aparente terceira hipótese, o Superior Tribunal de Justiça estendeu o rol de exceções para abarcar o caso de criação superveniente de comarca[27].

Como última observação, é interessante notar que o que se perpetua, se estabiliza, pelo princípio em referência, não é a jurisdição, em razão da sua unidade, mas sim a competência.

6. Modificação da competência

O art. 54, do CPC/2015, inicialmente, esclarece que apenas a competência *relativa* (e não mais "em razão do valor e do território", adequando a lei ao entendimento doutrinário corrente) poderá ser alterada por meio dos institutos da conexão e da continência.

São dois os fundamentos para a modificação da competência: o primeiro, atinente às *modificações legais* (isto é, conexão e continência), relacionadas à necessidade de se afastar o risco de decisões contraditórias ou conflitantes; o segundo, voltado às *modificações convencionais* (é o caso do foro de eleição e da inércia, por exemplo), relacionadas à escolha das partes destinatárias da prestação jurisdicional. No CPC/2015, bem como no anterior, encontramos as duas modalidades – e, em ocorrendo ambas no mesmo processo, prevalecerá a primeira, no que forem colidentes, por razões de ordem pública, as quais justificaram a opção legal.

---

26 A modificação, no NCPC, da redação de "competência em razão da matéria ou da hierarquia" para "competência absoluta" merece aplausos, na medida em que adequa a lei à doutrina, que já sustentava que também a outra hipótese de competência absoluta, a funcional, justificaria a alteração superveniente do juízo que deveria processar e decidir o feito.

27 Ocorreu no Resp 617.317/MT, quando se entendeu que a criação de nova comarca, teoricamente relevante apenas para fins de competência relativa, justificaria, por razões de ordem pública, o deslocamento, excepcionando o princípio em tela.

6.1. Conexão

No art. 55, do CPC/2015 regula a conexão genérica (*conexão por identidade*), que ocorrerá quando duas ações tiverem em comum o pedido ou a causa de pedir.

Quanto ao pedido, a coincidência, ou *conexidade*[28], deve operar no pedido mediato, isto é, no bem da vida que se busca através do pedido imediato, a tutela jurisdicional.

No que diz respeito à causa de pedir, há quem se satisfaça com a semelhança da causa de pedir para que se possa considerá-la "comum"[29]. Também se entende que basta a coincidência da causa de pedir próxima ou da causa de pedir remota, qualquer que seja o conceito que se adote[30].

A consequência da conexão é a união de todos os processos conexos para julgamento conjunto (§1°, do art. 55). Excepciona-se a reunião dos processos, no entanto, quando um dos feitos já houver sido sentenciado, regra que antes constava da Súmula 235 do STJ[31].

Os dois parágrafos seguintes, por sua vez, enunciam grandes novidades do CPC/15. O §2° , do art. 55, estende, claramente, a regra do *caput* para duas hipóteses. A primeira é a *conexão por prejudicialidade* (inciso I), por meio da qual uma execução de título executivo extrajudicial[32] pode ser considerada conexa a uma ação de conhecimento, relativa a esse mesmo título[33].

É o caso da execução de um contrato, que aparentemente cumpre as formalidades legais para ser considerado título extrajudicial, mas cuja validade é questionada (por exemplo, uma das testemunhas assinou coagida, viciando a manifestação de vontade). Evita-se, assim, decisões contraditórias, cuja resolução prática restaria problemática.

A segunda possibilidade diz respeito à *duplicidade de execuções fundadas no mesmo título* (inciso II). Aqui, é lógica a justificação do dispositivo, que busca afastar um autêntico *bis in idem*, tratando-se de espécie de *conexão por oposição*, a requerer decisão comum.

---

28 Interessante distinção faz-se entre *conexidade* e *afinidade*: enquanto aquela diz respeito aos fatos (causa de pedir remota) e bens da vida (pedido mediato), existentes em concreto (logo, no plano do ser), esta se refere não a eventos concretos, mas porque se subsumem à mesma norma jurídica material, em abstrato (OLIVEIRA, Bruno Silveira de. Comentário ao artigo 55 do NCPC. In: *Breves comentários ao novo código de processo civil*. São Paulo: Revista dos Tribunais. 2015. p. 220-221). Exemplo de conexidade: duas ações sobre o mesmo contrato; exemplo de afinidade: duas ações sobre abusividade similar em contratos diferentes.

29 CRAMER, Ronaldo. *Op. cit*, p. 115; CUNHA, Leonardo José Carneiro da. *Jurisdição e competência*. São Paulo: Revista dos Tribunais, 2008, p. 166.

30 NERY JR., Nelson e NERY, Rosa Maria de Andrade. *Código de Processo Civil comentado e legislação extravagante*. 9ª ed. São Paulo: Revista dos Tribunais, 2006, p. 312.

31 Súmula 235 do STJ: "A conexão não determina a reunião dos processos, se um deles já foi julgado".

32 Também os títulos judiciais podem ensejar a conexão, ainda que não por força desse comando específico, mas pelo caput do artigo ou, se não bastasse, pelo seu novo §3°.

33 O STJ já tinha precedentes nessa linha, agora consagrada pelo NCPC. Veja-se, por exemplo, o Resp 603.311/SE e o Resp 754.941/RJ.

Interessante notar que há entendimento no sentido de que o rol desse §2º, do art. 55, do CPC/2015, que alberga as hipóteses de *conexão legal*, é exemplificativo, deixando margem para, em outros casos conflitantes, estender o cabimento da conexão[34].

Eventualmente, seria dispensável tal entendimento, vez que o parágrafo 3º do artigo traz para o Código a figura da *conexão*[35] *por afinidade*, determinando a reunião dos processos para julgamento conjunto pelo simples fato de haver risco de ocorrerem decisões contraditórias ou conflitantes.

Trata-se de uma regra legal que homenageia, sobremaneira, os princípios da segurança jurídica, da isonomia e da economia processual, alinhada à própria intenção do legislador processual (vide outros institutos, em especial o tratamento dos casos repetitivos, inclusive o novel incidente de resolução de demandas repetitivas).

Cumpre notar que o Superior Tribunal de Justiça tinha precedentes nessa linha, motivado pelos mesmos princípios[36], dando corpo à chamada *teoria materialista da conexão*, que se satisfaz com a análise da relação jurídica de direito material. Igualmente, o Tribunal de Justiça do Estado do Rio de Janeiro possuía entendimento sumulado em sentido próximo[37].

Destacável, ainda, que, em não sendo caso de conexão, nada impede que o magistrado opte por suspender o feito por um ano (na forma do art. 313, V, a e §4º, do CPC/2015), ante a relação de prejudicialidade existente, ou até mesmo que as partes assim convencionem, lançando mão do espaço deixado pela nova lei para o exercício da autonomia privada no processo (art. 190).

6.2. Continência

Passando para a outra espécie de modificação legal de competência, encontramos no art. 56, do CPC/2015, a continência, que ocorre entre duas ações, que tenham as mesmas partes e a mesma causa de pedir, quando o pedido de uma delas for mais amplo e abranger o do outro processo.

O efeito da continência é o mesmo da conexão: a reunião dos processos para julgamento conjunto. No entanto, o art. 57, do CPC/2015, traz uma exceção, para quando a ação continente (a de pedido mais amplo) tiver sido proposta anteriormente à ação contida, devendo a última ser extinta, sem resolução de mérito, por litispendência.

---

34 É o que restou enunciado pelo FPPC: "237: O rol do art. 55, § 2º, I e II, é exemplificativo".

35 Interessante notar que o próprio comando dispensa que haja conexão entre as causas, assim entendida a afinidade de pedido ou causa de pedir requisitada no *caput*. Por essa razão, talvez sequer seja correto apelidar a figura em tela de "conexão por afinidade". De qualquer forma, opto por trazer a alcunha, para fins didáticos.

36 Conferir Resp 603.411/ SE e Resp 754.941/RJ.

37 Súmula nº. 266 TJ/RJ: "O risco de decisões contraditórias impõe a reunião de ações que tramitam perante juízos com a mesma competência em razão da matéria".

A reunião das ações em que haja conexão ou continência (*simultaneus processus*), sob a égide do código anterior, sempre foi vista como facultativa, tanto por força da lei como pelo entendimento assente no Superior Tribunal de Justiça[38]. Contudo, uma leitura atenta do §3º, do art. 55, e do art. 58, do CPC/2015, permite-nos extrair a conclusão de que a reunião das ações, no código atual, é em regra imperativa.

A não reunião das ações deve decorrer, no caso concreto, de razões fáticas e jurídicas que permitam demonstrar, de modo fundamentado, que o risco de decisões conflitantes não se sobrepõe aos prejuízos que a modificação da competência poderá produzir para as partes.

Cumpre, pois, questionar: e qual será o juízo prevento para julgar as ações reunidas, seja pela conexão, seja pela continência? No código anterior, a regra era variável, a depender se as ações corriam na mesma circunscrição territorial (prevento seria o que primeiro despachasse validamente a inicial) ou não (prevento estaria aquele no qual ocorresse a primeira citação válida). Afastando a indesejável dicotomia, o CPC/2015 estabeleceu, como regra geral[39], que o *registro* (caso de vara única) ou *a distribuição* (em havendo mais de uma vara competente no foro) *da petição inicial* torna o juízo prevento (art. 59).

6.3. *Vontade das partes e inércia do réu*

O último grande tema da seção é a *convenção sobre a competência*, restrita para hipóteses de competência relativa (art. 62, do CPC/2015, é claro ao afastar as de natureza absoluta). Restariam, por força da literalidade do art. 63, os casos de competência territorial ou em razão do valor.

A esse último, porém, não se adequa o tratamento dado pela nova legislação, que somente repete, insistindo no erro, a caracterização da competência pelo valor da causa como relativa, quando, no ordenamento pátrio atual, somente os juizados especiais cíveis ostentam competência verdadeiramente disponível para o autor[40]. Os juizados federais e os fazendários, por sua vez, são de aplicação cogente, portanto absoluta[41].

---

38 Reconhecendo haver autêntico juízo de conveniência por parte do magistrado: CC 55.584/SC e Resp 1.255.498/CE.

39 Evidentemente, há exceções que parecem continuar vigentes no ordenamento: veja-se a solução dada no processo coletivo (artigo 2°, parágrafo único da lei 7.347/85: "A propositura da ação prevenirá a jurisdição do juízo para todas as ações posteriormente intentadas que possuam a mesma causa de pedir ou o mesmo objeto") e em matéria falimentar (artigo 6°, § 8° da lei 11.101/05: "A distribuição do pedido de falência ou de recuperação judicial previne a jurisdição para qualquer outro pedido de recuperação judicial ou de falência, relativo ao mesmo devedor").

40 Interessante a didática de Leonardo Greco, quando assevera que a competência determinada pelo valor da causa, quando para mais do que o teto, é absoluta, mas, quando abaixo do teto, é relativa (*Op. cit.* p. 138). Tal lógica, como dito *supra*, somente se aplica aos juizados especiais cíveis estaduais.

41 Quanto aos juizados especiais federais, veja-se o artigo 3°, §3° da Lei 10.259/01 ("No foro onde estiver instalada Vara do Juizado Especial, a sua competência é absoluta") e, no tocante aos juizados

Os requisitos para o estabelecimento da cláusula de eleição de foro (que obriga, inclusive, os herdeiros e sucessores, conforme §2°, do art. 63, do CPC/2015) são previstos no §1°, e sua inobservância maculará a eficácia da referida convenção: constar de instrumento escrito e referir-se, expressamente, a negócio jurídico específico[42].

Entendemos que somente as demandas que versarem sobre os direitos e obrigações previstas no contrato no qual está a convenção é que a ela se submetem[43], não havendo sentido em manter a eleição quando se questiona a sua própria validade, bem como a do contrato por inteiro, ou, ainda, a sua interpretação.

O juiz, no CPC/2015, ainda poderá, excepcionalmente (art. 63, §3º)[44], antes da citação, *reconhecer a incompetência territorial de ofício*, ao declarar a ineficácia da cláusula de eleição de foro abusiva, autorização que não mais se limita aos contratos de adesão, podendo ser aplicada a qualquer contrato, enviando os autos, em seguida, para o foro do domicílio do réu[45].

7. Incompetência

A atribuição da competência pelo legislador a determinado órgão jurisdicional, portanto, observa três critérios: o *objetivo*, composto normalmente pela natureza da relação jurídica de direito material em debate, pela especial qualidade de uma das partes da relação processual e pelo valor dado à causa; o *funcional*, que rege a atuação sucessiva em um mesmo processo de um ou mais órgãos julgadores, no mesmo grau de jurisdição ou em outro; e o *territorial*, que distribui a competência conforme as diversas áreas geográficas em que são divididas a administração da justiça.

As regras de competência determinadas em razão dos critérios *objetivo* e *funcional* são regras de competência absoluta, imperativas, que não podem ser derrogadas por convenção das partes (art. 62, do CPC/2015), ao passo que aquelas fixadas em razão do critério *territorial* são, normalmente, regras de competência relativa, dispositivas, que admitem modificação (arts. 54 e 63, do CPC/2015).

---

fazendários, o artigo 2°, §4° da Lei 12.153/09 ("No foro onde estiver instalado Juizado Especial da Fazenda Pública, a sua competência é absoluta").

---

42 "Anote-se, ainda, que não há óbice à eleição de mais de um foro pelas partes contratantes. Pense-se no exemplo da eleição de dois foros contratuais: um para a hipótese de ser parte autora o contratante 'A' e outro para o caso de o demandante ser o contratante 'B'." (DIDIER, Fredie. *Curso de direito processual civil: introdução ao direito processual civil, parte geral e processo de conhecimento.* v. 1. 18ª ed. Salvador: Jus Podivm, 2016, p. 226).

43 Julgado da 3ª turma do STJ: Resp 773.753/PR. Em sentido contrário, a 4ª turma no Resp 305.950/PR.

44 A regra não muda, continuando a valer a súmula 33 do STJ: "a incompetência relativa não pode ser declarada de ofício".

45 Chegando lá, e sendo citado o réu, poderá ele suscitar a incompetência, desfazendo a presunção relativa de que, para ele, litigar em seu próprio domicílio é mais benéfico.

A competência fixada em razão do valor da causa é absoluta, por integrar o critério objetivo, mas pode assumir a natureza relativa, por exceção, uma vez que o juiz com competência para julgar as causas de maior valor também poderá, normalmente, julgar as de valor inferior.

No novo regramento processual, há uma inegável *aproximação entre a incompetência relativa e a absoluta*. A mais simbólica manifestação disso é a unidade de tratamento para que se suscite tais vícios: o meio agora é a alegação via preliminar de contestação (art. 64), não mais existindo a retrógrada exceção de incompetência relativa.

Consagra-se, assim, a instrumentalidade das formas que o Superior Tribunal de Justiça já aplicava para o caso[46], desaparecendo, também, a suspensão do processo principal prevista no artigo 306 do CPC/1973, sem correspondente no novo código.

Questão interessante, de ordem prática, diz respeito à hipótese de não existir ainda contestação, isto é, de se optar por suscitar o vício de maneira isolada, antes da audiência de conciliação e mediação. É possível vislumbrar um *incidente de incompetência*,[47] suspendendo-se a audiência marcada. Em alguma medida, essa hipótese encontra respaldo no art. 340 §3°, do CPC/2015.

A propósito, o referido art. 340 prevê a possibilidade de protocolo da contestação, na qual se alegue incompetência, no foro do domicílio do réu, a exemplo do que acontecia, no CPC/1973, com a exceção de incompetência.

Na realidade, a alteração só possui reflexos práticos quanto à incompetência relativa, vez que a incompetência absoluta continua a não precluir e a poder ser reconhecida *ex officio*, sendo lógico, portanto, que se aceite o seu questionamento por qualquer meio (art. 64 §1°, do CPC/2015).

Seja via questão preliminar de contestação (competência relativa) ou não (competência absoluta), o juiz deverá ouvir a parte contrária, na esteira da vedação das decisões surpresas (art. 10 do novo código e, especificamente, art. 64, §2°). Caso reconheça por iniciativa própria o vício, far-se-á necessária a oitiva de ambas as partes, evidentemente[48].

Acolhida sua alegação ou conhecida de ofício pelo juiz, a incompetência produz o efeito de remeter os autos ao juízo competente (art. 64, §3°), o que já ocorria, como regra[49], no código passado. A inovação vem no parágrafo seguinte: conserva-se a vali-

---

46 Por todos, vide o CC 8.692/RO.

47 A nomenclatura é de Luiz Dellore (Comentário ao artigo 48 do NCPC. In: *Teoria Geral do Processo – comentários ao CPC de 2015: parte geral*. São Paulo: Método, 2015, p. 218).

48 É indiferente que o comando fale em "alegação", pois, ainda que não existisse o dispositivo específico para a competência, o artigo 9°, consagrando o contraditório prévio como regra geral constitucionalmente estabelecida, já exigiria tal postura do magistrado.

49 Existem exceções, como nos juizados especiais cíveis (artigo 51, III da lei 9.099/95: " Extingue-se o processo, além dos casos previstos em lei: III – quando for reconhecida a incompetência territorial").

dade dos atos praticados pelo juízo incompetente (absoluta ou relativamente[50]), até que o juízo competente, após receber o feito, profira outra decisão em sentido contrário.

Em boa hora o legislador processual acolheu a teoria da *preservação da validade dos atos processuais* praticados no juízo absolutamente incompetente (art. 64, § 4.º). O processo retomará o seu curso perante o juízo competente, preservando-se, em princípio, todos os efeitos processuais e substanciais dos atos processuais praticados no juízo incompetente, com a projeção das preclusões já consumadas, dos direitos subjetivos processuais anteriormente adquiridos e a conservação, nas fases sucessivas, das faculdades decorrentes de atos ou fases anteriores, ainda que não previstas no procedimento adequado.

Os limites dessa preservação, embora não indicados no CPC/2015, podem ser colhidos na doutrina especializada. Assim, se a incompetência se limitava à apreciação da matéria objeto da relação jurídica substancial, apenas os atos decisórios definitivos quanto ao mérito serão nulos e deverão ser renovados no juízo competente, ficando preservados os efeitos dos demais, notadamente os dos atos de natureza probatória. Por outro lado, se a incompetência alcançou o próprio procedimento, apenas deverão ser renovados os atos processuais incompatíveis com o procedimento adequado. Em qualquer caso, a preservação da validade dos atos processuais pressupõe, como decorrência da confiança legítima, que tanto o autor quanto o juízo incompetente tenham agido de boa-fé, revelando-se escusável o erro de competência ou de procedimento. A extensão da nulidade, quando verificada a sua ocorrência, será declarada pelo juízo competente na decisão que determinar a continuidade do processo[51].

A *translatio iudicii* passa a ser o ordinário, salvo se a decisão do primeiro juiz, reconhecendo-se incompetente, optar por nulificar algum ato praticado. Valoriza-se, assim, a duração razoável do processo e a economia processual, além da boa-fé. Nessa linha, a citação ou o despacho citatório por juízo incompetente passa a gerar os efeitos do art. 240, do CPC/2015, inexistindo qualquer polêmica a respeito.

Não deixa de ser curiosa, nesse ponto, a maneira como o código, relativizando os efeitos da incompetência absoluta ao longo do processo, garante-lhe a natureza de vício de rescindibilidade no rol do art. 966, em seu inciso II. Não faz qualquer sentido que, para o feito corrente, as decisões sejam válidas, mas, para aquele já transitado em julgado, não o sejam.

Há, contudo, uma interpretação[52] que justifica a aparente contradição: se verificada, seja de ofício, seja por provocação das partes ou do Ministério Público[53], a in-

---

50 Enunciado 238 do Fórum Permanente de Processualistas Civis: "O aproveitamento dos efeitos de decisão proferida por juízo incompetente aplica-se tanto à competência absoluta quanto à relativa.

51 GRECO, Leonardo. *Translatio iudicii* e reassunção do processo. *Revista de Processo*, São Paulo, nº 166, p. 9-26, dez. 2008; Id. *Instituições de processo civil*. v. I. 5ª ed. Rio de Janeiro: Forense, 2015, p. 137-140.

52 Outra proposta é a de Leonardo Greco, que assim estabelece: para decisões finais, haverá vício de anulabilidade, arguível por ação rescisória; já as decisões intermediárias são válidas e eficazes, até que o juízo competente decida acerca delas, na forma do artigo 64 §3° (GRECO, Leonardo. *Op. cit.*, p. 137).

53 Como fiscal da ordem jurídica, o Ministério Público passa a expressamente poder alegar vício de

competência absoluta durante o processo, havendo a remessa ao juízo competente e o conseguinte regular andamento do feito, com ou sem revogação de atos decisórios, não há que se falar em hipótese de coisa julgada rescindível. Porém, caso toda a prestação jurisdicional tenha decorrido em juízo absolutamente incompetente, caberá a ação rescisória, ante a nulidade das decisões de mérito.

Também se mostra algo angustiante a ausência de previsão para a interposição de agravo de instrumento contra a decisão que reconhece ou não a incompetência. O projeto de lei, na Câmara, continha a hipótese no art. 1.015, mas, no Senado, após a última revisão, acabou por retirá-la. Assim, ordinariamente, caberá a alegação do vício apenas em sede de apelação, nas razões ou nas contrarrazões, não sendo, de resto, impossível a impetração de mandado de segurança, um remédio que, com a taxatividade do cabimento do agravo, acabará por ocupar seu lugar de forma residual, quando a decisão violar direito líquido e certo.

8. Conflito de competência

Encerrando o tema da incompetência, o art. 66, do CPC/2015, traz o *conflito de competência*[54], nos mesmos moldes do art. 115 do CPC/1973 (conflito positivo, negativo e de prevenção).

Há conflito de competência quando dois ou mais juízes consideram-se simultaneamente competentes ou incompetentes para o julgamento de uma mesma causa ou ainda quando entre eles surge controvérsia relacionada à reunião ou separação de processos.

Costuma-se fazer referência à existência de um *conflito positivo* quando mais de um juízo se considera igualmente competente para julgar a mesma causa e à existência de um *conflito negativo* quando nenhum dos juízos envolvidos na causa reconhece a sua competência para o julgamento.

A configuração do conflito positivo pressupõe a existência de declaração expressa de competência, por dois ou mais juízos, para o julgamento de uma mesma causa, ou a prática de atos processuais que a revele, admitindo a jurisprudência, ainda, a mera potencialidade ou risco de que sejam proferidas decisões conflitantes[55].

---

incompetência relativa, conforme artigo 65, parágrafo único. A incompetência relativa pode ser alegada pelo Ministério Público nas causas em que atuar como parte. As hipóteses específicas em que o *Parquet* está autorizado a atuar como fiscal da ordem jurídica (arts. 176 a 179) e o caráter dispositivo das regras que fixam a competência relativa impedem outra leitura do parágrafo único do art. 65.

---

54 Não caberá ao Judiciário, porém, analisar a competência do árbitro, vez que o reconhecimento da sua incompetência deve partir exclusivamente deste, conforme artigo 8º da lei 9.307/96, mitigando o *princípio da kompetenz-kompetenz*, segundo o qual todo juiz é competente, ao menos, para reconhecer a sua incompetência.

55 STJ, CC 112.956 AgR, Segunda Seção, rel. Min. Nancy Andrighi, j. 25.04.2012, *DJe* 02.05.2012.

O conflito positivo normalmente se verifica quando há processos correndo em separado, envolvendo as mesmas partes e tratando da mesma causa. É o que se tem, por exemplo, na propositura de mais de uma ação coletiva relacionada a idênticos direitos transindividuais, como é o caso da proteção dos consumidores em geral[56].

O julgamento de um dos processos, no primeiro grau de jurisdição, impede a configuração do conflito positivo de competência quando a controvérsia entre dois ou mais juízos sobre a reunião ou separação dos feitos decorrer de uma regra de conexão (súmula 235 do STJ). Por outro lado, se o conflito surgir a partir de uma regra de competência absoluta, a sua configuração apenas encontrará limite no trânsito em julgado da decisão proferida em um dos processos (súmula 59 do STJ).

Nessa mesma linha, o conflito negativo de competência pressupõe a atribuição recíproca de competência entre os juízos suscitante e suscitado. Enquanto o juízo suscitado declinar da competência para um terceiro juízo, e este para um outro, sucessivamente, não haverá conflito. Apenas quando o juízo suscitado não acolher a sua competência, atribuindo-a a um dos juízos anteriores, suscitantes, é que o conflito negativo estará configurado e deverá ser suscitado o incidente (art. 66, parágrafo único).

São comuns, na jurisprudência, os exemplos de conflitos negativos instaurados para definir se a matéria ligada à rescisão do contrato de prestação de serviços por profissionais liberais, com a cobrança dos seus consectários, é da competência da Justiça do Trabalho ou da Justiça Comum estadual, importando, no mais das vezes, para a atribuição da competência, as reais características da relação de trabalho[57], bem como aqueles instaurados entre a Justiça do Trabalho e a Justiça Comum, estadual ou federal, para a definição da competência para o julgamento das controvérsias trabalhistas entre o Poder Público e os seus servidores, importando para a decisão, também aqui, a natureza do vínculo[58].

Seu procedimento está esmiuçado nos art. 951 a 959, do CPC/2015, dentro do tratamento da ordem dos processos nos tribunais.

9. Cooperação nacional

O segundo capítulo do título que trata da competência interna traz uma inovação, ao menos sob a ótica do direito positivado: trata-se da "cooperação interna", voltada para os órgãos do Poder Judiciário. Busca-se instaurar um ambiente cooperativo entre os diversos juízos, facilitando a prática de atos processuais, ainda que entre órgão de ramos diferentes do Judiciário (conforme art. 69, §3°, do CPC/2015).

---

56 STJ, CC 57.558, Primeira Seção, rel. Min. Luiz Fux, j. 12.09.2007, *DJe* 03.03.2008.

57 STJ, CC 135.007, Segunda Seção, rel. Min. Raul Araújo, j. 22.10.2014, *DJe* 17.11.2014.

58 STJ, CC 126.125 AgR, Primeira Seção, rel. Min. Napoleão Nunes Maia Filho, j. 09.04.2014, *DJe* 30.04.2014.

A inserção na lei é interessante (embora já houvesse a áurea cooperativa administrativamente na Recomendação nº 38 do CNJ[59]), e dá contornos mais palatáveis ao *Princípio da Cooperação*, apresentado pelo CPC/2015 logo em seu artigo 6º[60]. Não existem dúvidas de que esse é o maior fundamento para o novel capítulo, embora não se possa negar que valores como a eficiência e a busca pela duração razoável do processo[61] também tenham motivado a incorporação.

O "pedido de cooperação entre os juízes", esculpido no art. 68, é a ferramenta básica apresentada pelo legislador, cabendo a ressalva no sentido da impossibilidade de delegação de atos decisórios, sob pena de restar agredido o princípio do juiz natural.

De um modo geral, a autorização para que os diversos órgãos jurisdicionais pratiquem, em cooperação, todos os tipos de atos processuais não lhes faculta a criação de normas procedimentais próprias ao arrepio daquelas ditadas pela lei processual.

Isso porque o **procedimento** tem na *previsibilidade* uma das suas principais características, a partir da proteção outorgada pelo ordenamento à segurança jurídica e da garantia do devido processo legal (art. 5.º, *caput* e inc. LIV, da CF/1988). As partes fazem jus a um processo que adote um procedimento legal, previsível e, em alguma medida, para não prejudicar as demais garantias fundamentais do processo, também flexível[62]. A flexibilidade do procedimento está regulada, no Código de 2015, nos chamados acordos de procedimento (art. 190).

Assim, sempre que a lei tiver estabelecido uma forma específica para a prática de determinado ato processual, sem perder de vista a sua instrumentalidade, a exemplo da expedição das cartas para a realização dos atos fora da sede do juízo (arts. 236 e 237), a cooperação nacional se aperfeiçoará com a observância da forma legal, cabendo ao auxílio direto e às demais ferramentas de colaboração entre os diversos órgãos do Judiciário nacional, em princípio, a prática de atos acessórios, como é o caso daqueles de natureza informativa, necessários para que o ato processual alcance a sua finalidade.

O STF já decidiu, nessa linha, em mais de uma oportunidade, ser descabida a potencialização dos atos de cooperação a ponto de colocar em segundo plano formalidades essenciais à validade dos atos a serem realizados[63].

---

59 O ato do CNJ é ainda mais esmiuçado que o Código, elencando, por exemplo, princípios aplicáveis à cooperação administrativa, no seu artigo 2º, como a agilidade, a concisão, a instrumentalidade das formas e a unidade da jurisdição nacional.

60 PINHO, Humberto Dalla Bernardina de; CARNEIRO, Paulo Cezar Pinheiro. *Novo código de processo civil: anotado e comparado*. Rio de Janeiro: Forense, 2015, p. 35.

61 AVELINO, Murilo Teixeira. Comentário ao artigo 67. In: STRECK, Lenio Luiz; NUNES, Dierle; CUNHA, Leonardo Carneiro da (orgs.). *Comentários ao código de processo civil*. São Paulo: Saraiva, 2016, p. 124.

62 Leonardo Greco. Os atos de disposição processual – primeiras reflexões. *Revista Eletrônica de Direito Processual*, ano 1. v. I, out./dez. 2007. p. 7-28. Disponível em: [www.redp.com.br/arquivos/redp_1a_edicao_rj.pdf]. Acesso em: 04.03.2015.

63 STF, HC 85.588, Primeira Turma, rel. Min. Marco Aurélio, j. 04.04.2006, *DJ* 15.12.2006, e HC 105.905, j. 11.10.2011, *DJe* 17.11.2011.

Essa orientação jurisprudencial, embora fixada no âmbito da cooperação internacional, reforça, aqui, a necessidade de se identificar os limites para a prática concertada dos atos processuais também na cooperação nacional, ponto que será abordado nos comentários ao próximo dispositivo.

O pedido de cooperação jurisdicional não dispensa os diversos juízos cooperantes da observância do procedimento previsto na lei para a prática dos atos processuais.

Assim, à primeira vista, a impressão que se colhe de uma leitura dos demais dispositivos do Código que, em alguma medida, se relacionam com os atos que serão praticados pelos diversos juízos cooperantes, é a de que a cooperação jurisdicional e as suas ferramentas, no caso o auxílio direto, a reunião ou apensamento de processos, a prestação de informações e os atos concertados, desempenharão um papel essencial, porém acessório, na evolução da marcha processual, na medida em que se prestarão a viabilizar o alcance da finalidade dos atos processuais no menor tempo e da maneira mais operosa possíveis, sem a imposição de maiores formalidades na realização desse seu específico escopo.

É o que se pode ver, em um rol não exaustivo, elaborado com as naturais limitações de espaço impostas por estes breves comentários:

– no pedido de informações entre os juízos cooperantes sobre os elementos identificadores das demandas nos processos em que haja sido alegada a conexão ou a continência, para sustentar a formação da convicção sobre a existência ou não das causas legais de modificação da competência (art. 54 e seguintes);

– na informação expedida ao juízo da causa quando do cumprimento da diligência solicitada ao juízo cooperante por meio de carta, da qual terá início, inclusive, após a sua juntada aos autos, a contagem do prazo para a prática do ato processual subsequente (arts. 231, VI e 232), ou do envio da carta a juízo diverso, em razão do seu caráter itinerante (art. 262, parágrafo único);

– no envio de informações entre os juízos cooperantes para a indicação do atual endereço do réu (art. 319, §§ 1.º a 3.º) ou da testemunha a cientificar (art. 450), com o objetivo de evitar o retorno da carta ao juízo deprecante sem o esperado cumprimento da diligência;

– no pedido de informações ao juízo cooperante sobre a existência de matéria prejudicial em análise em outro processo, com a delimitação dos seus contornos, para auxiliar na formação do convencimento do juízo da causa supostamente prejudicada sobre necessidade da sua suspensão (art. 313, V);

– no envio da informação ao juízo da causa pelo juízo cooperante de que o réu optou por realizar o protocolo da contestação no foro do seu domicílio, em razão da alegação de incompetência como matéria preliminar, para que a realização da audiência de conciliação ou de mediação antes designada seja suspensa, evitando, assim, a prática inútil do ato processual (art. 340, § 3.º);

– na informação que deverá ser enviada ao juízo cooperante incumbido da realização do ato de comunicação processual sobre a antecipação ou o adiamento da audiência pelo juízo solicitante, a fim de que aquele promova a intimação das partes ou dos seus advogados para a ciência da nova designação (art. 362);

– na colheita do depoimento da parte ou das testemunhas que residem fora da sede do juízo solicitante, por meio de carta ou de vídeo conferência ou de outro recurso tecnológico de transmissão de sons e imagens em tempo real, cabendo aos diversos juízos cooperantes, em especial aquele do local da residência da parte ou da testemunha, prover, em auxílio direto, os meios necessários para a prática do ato (arts. 385, § 3.º e 453, § 1.º);

– na complementação das informações sobre a exata localização e individualização dos bens, transmitidas em auxílio direto entre os juízos cooperantes, para viabilizar, nos autos da carta precatória, a prática dos atos processuais voltados à penhora, avaliação e alienação dos bens situados fora dos limites territoriais da sede do juízo da execução (art. 845);

– na realização de penhora no rosto dos autos, por meio do auxílio direto, quando urgente a sua realização para evitar a consumação de graves prejuízos à efetividade do processo de execução (art. 860);

– na determinação do relator do recurso para a realização ou a renovação do ato processual no primeiro grau, sempre que se verificar a ocorrência de vício sanável, ou, ainda, para a produção de provas, quando houver sido determinada a conversão do julgamento do recurso em diligência (art. 938);

– nos incidentes de resolução de demandas repetitivas, com a requisição de informações pelo relator a outros órgãos jurisdicionais sobre processos que tenham por objeto a mesma matéria (art. 982, II);

– nas reclamações, com a requisição de informações pelo relator à autoridade a quem for imputada a prática do ato impugnado (art. 989, I); e

– nas requisições de informações sobre a controvérsia e da remessa de recurso representativo da controvérsia aos presidentes dos tribunais, feita pelo ministro relator dos recursos especiais e extraordinários repetitivos, quando da decisão de afetação (arts. 1.036 e 1.037).

A cooperação entre os diversos órgãos jurisdicionais abrangidos pela mesma área geográfica poderá se dar, sempre que possível, para acelerar o fluxo das informações, com o emprego dos meios de comunicação eletrônica (art. 193).

A lista de exemplos das possíveis aplicações das ferramentas da cooperação jurisdicional reforça a impressão, antes exposta, de que a forma prevista na lei processual para a prática dos atos processuais, em cada caso, deverá seguir sendo respeitada, sob pena de nulidade, quando da sua violação resultar prejuízos para as partes (arts. 276 a 283). Cuida-se de uma imposição das garantias fundamentais do processo, em especial da garantia do contraditório (art. 5.º, LV, da CF/1988).

Não parece ter outra razão a ressalva expressa, pelo legislador, do regime das cartas no próprio dispositivo que regula a cooperação jurisdicional (art. 69, § 1.º, do CPC/2015).

O Código continua claro ao determinar que os atos processuais serão cumpridos por ordem judicial, com a expedição de cartas sempre que a sua prática se der fora dos limites territoriais do tribunal, da comarca, da seção ou da subseção judiciárias, ressalvadas apenas algumas hipóteses legais (arts. 236 e 255).

Ao indicar o objeto da carta precatória o legislador processual deixou expresso se tratar ela, com primazia, do instrumento adequado para que órgão jurisdicional brasileiro pratique ou determine o cumprimento, na área de sua competência territorial, *de ato relativo a pedido de cooperação judiciária* formulado por órgão jurisdicional de competência territorial diversa (art. 237, III).

Continua expresso no Código, em reforço, que os juízos cooperantes indicados nas cartas precatórias poderão a elas recusar cumprimento, em decisão motivada, quando não revestidas dos requisitos legais ou lhes faltar competência em razão da matéria ou da hierarquia (arts. 260 e 267).

Mas nada impede, por exemplo, como previsto no § 3.º, do art. 69, que a carta seja dirigida ao juízo estadual quando o ato relativo a processo em curso na justiça federal ou em tribunal superior houver de ser praticado em local em que não exista vara federal (art. 237, parágrafo único). Da mesma forma, poderá o juízo estadual produzir prova requerida antecipadamente contra a União, entidade autárquica ou empresa pública federal sempre que, na localidade, não existir vara federal (art. 381, § 4.º).

Em qualquer caso, é dever dos juízos cooperantes assegurar às partes os direitos à informação, à manifestação, à participação e à influência nos rumos da decisão judicial, decorrentes do conteúdo humanitário da garantia do contraditório, em todos os atos praticados pela via da cooperação nacional, sendo-lhes vedada, ainda, a prolação de qualquer decisão, a partir dos dados e informações colhidas com essa ferramenta, antes da oitiva dos interessados (art. 10, do CPC/2015).

Desse modo, embora ainda embrionário o tratamento legal da matéria, indiscutivelmente avança-se rumo a um processo verdadeiramente colaborativo, não só entre as partes e o juiz, mas também entre os juízos e, conforme a interpretação analógica, entre as instituições fundamentais ao processo que nele atuem, como é o caso da Defensoria Pública e do Ministério Público[64].

10. Referências Bibliográficas

AVELINO, Murilo Teixeira. Comentário ao artigo 67. In: STRECK, Lenio Luiz; NUNES, Dierle; CUNHA, Leonardo Carneiro da (orgs.). *Comentários ao código de processo civil.* São Paulo: Saraiva, 2016.

CARNEIRO, Athos Gusmão. *Jurisdição e Competência*. 17ª ed. São Paulo: Saraiva, 2010.

Comentário ao artigo 45 do código de processo civil. In: WAMBIER, Teresa Arruda Alvim et al. (coords). *Breves comentários ao novo código de processo civil.* São Paulo: Revista dos Tribunais, 2015.

CINTRA, A; GRINOVER, A. P.; DINAMARCO, C.R. *Teoria geral do processo.* 7ª ed. São Paulo: Revista dos Tribunais, 1990.

64 MELLO PORTO, José Roberto Sotero de. Competência no novo Código de Processo Civil. In: SILVA, Franklyn Roger Alves (org). *CPC/15 – Perspectiva da Defensoria Pública*. Salvador: JusPodivm, 2016.

CRAMER, Ronaldo. Comentário ao artigo 45. In: STRECK, Lenio Luiz; NUNES, Dierle; CUNHA, Leonardo Carneiro da (orgs.). *Comentários ao código de processo civil.* São Paulo: Saraiva, 2016.

CUNHA, Leonardo José Carneiro da. *Jurisdição e competência*. São Paulo: Revista dos Tribunais, 2008.

DIDIER, Fredie. *Curso de direito processual civil: introdução ao direito processual civil, parte geral e processo de conhecimento.* v. 1. 18ª ed. Salvador: Jus Podivm, 2016.

GRECO, Leonardo. Instituições de processo civil. v. 1. 5ª ed. Rio de Janeiro: Forense, 2015.

GRECO, Leonardo. Translatio iudicii e reassunção do processo. *In*: *Revista de Processo*, São Paulo, nº 166, p. 9-26, dez. 2008; Id. Instituições de processo civil. v. I. 5ª ed. Rio de Janeiro: Forense, 2015.

MELLO PORTO, José Roberto Sotero de. Competência no novo Código de Processo Civil. In: SILVA, Franklyn Roger Alves (org). *CPC/15 – Perspectiva da Defensoria Pública*. Salvador: JusPodivm, 2016.

NERY JR., Nelson e NERY, Rosa Maria de Andrade. *Código de Processo Civil comentado e legislação extravagante*. 9ª ed. São Paulo: Revista dos Tribunais, 2006.

NEVES, Daniel Amorim Assumpção. *Novo Código de Processo Civil – Lei nº 13.105/2015*. 2ª ed. Rio de Janeiro: Forense, 2015.

PINHO, Humberto Dalla Bernardina de; CARNEIRO, Paulo Cezar Pinheiro. *Novo código de processo civil: anotado e comparado*. Rio de Janeiro: Forense, 2015.

THEODORO JUNIOR, Humberto. *Curso de Direito Processual Civil*. v. 1. 56ª ed. Rio de Janeiro: Forense, 2016.

Capítulo VI

PARTES E INTERVENÇÃO DE TERCEIROS

Paulo Henrique dos Santos Lucon

Sumário: 1. Introdução. **2.** Legitimidade. **3.** Litisconsórcio. **4.** Assistência. **5.** Denunciação da Lide. **6.** Chamamento ao Processo. **7.** Incidente de Desconsideração da Personalidade Jurídica. **8.** *Amicus Curiae*

1. Introdução

A teoria geral do processo consiste em um método que visa a sintetizar normas comuns a todo o sistema processual, de modo a permitir a um só tempo a delimitação e a contenção do exercício de poder e a obtenção de resultados justos. Seu estudo desdobra-se entorno de quatro conceitos fundamentais: ação, exceção, jurisdição e processo. Tais conceitos revelam que o direito processual deve regular tanto as posições jurídicas dos sujeitos processuais – seus deveres, direitos, ônus e faculdades -, quanto o procedimento propriamente dito, de modo a permitir a obtenção de uma tutela jurisdicional adequada ao caso concreto.

Sob essa ótica, analisa-se a disciplina atribuída pelo Código de Processo Civil de 2015 à condição jurídica das partes e dos terceiros que venham a intervir no processo, considerando-se *partes* os sujeitos do contraditório instituído perante o julgador que formulam uma pretensão e que são os destinatários de sua decisão. Para que sejam respeitados os direitos fundamentais na conformação da relação jurídica processual é preciso justificar e definir a posição de cada sujeito no processo. Desse modo, no item a seguir, analisa-se a noção de *legitimidade* e as implicações dela decorrentes, a fim de aferir quem deve figurar na relação jurídica processual como parte. Na sequência, estuda-se o fenômeno do *litisconsórcio* e a estrutura que o processo assume diante de uma pluralidade de partes. Por fim, são analisadas as hipóteses em que terceiros passam a integrar o processo (assistência, denunciação da lide, chamamento ao processo, incidente de desconsideração da personalidade jurídica e *amicus curiae*).

2. Legitimidade

A questão a respeito de quem deve figurar no processo como parte deve ser enfrentada a partir da noção de legitimidade enquanto condição da ação que visa a aferir a aptidão de um sujeito a praticar ou a responder por um determinado ato. Nesse sentido, de acordo com o art. 17 do Código de Processo Civil, "para postular em juízo é necessário ter interesse e legitimidade". A parte legítima para a propositura da ação é, na grande maioria dos casos, aquela que está autorizada por uma determinada situação legitimante estabelecida no direito material. Em outras palavras: em regra, apenas o titular do direito material é que pode pleiteá-lo em juízo. Essa a chamada legitimação ordinária.

Contudo, em hipóteses excepcionais, confere-se legitimidade a quem não é o titular do direito material deduzido em juízo. Ocorre, então, o chamado fenômeno da *substituição processual*. O substituto processual é aquele que atua em nome próprio na defesa de direito alheio por força do *ordenamento jurídico* (art. 18 do Código de Processo Civil) locução ampla que designa um sistema normativo, essencialmente dinâmico e dotado de unidade e coerência de acordo com os anseios e valores atuais de toda a nação. Portanto, a substituição processual ganha novos contornos, mais amplos, no Código de Processo Civil de 2015. A legitimação extraordinária opõe-se à ordinária, porque decorre de situações legitimantes excepcionais, decorrentes da lei ou do sistema jurídico.

No âmbito da tutela jurisdicional de interesses transindividuais, voltada à proteção de direitos difusos, coletivos (stricto sensu), e individuais homogêneos (CDC, Lei nº 8.078/90, art. 81), essa legitimidade extraordinária é, pela lei, atribuída a órgãos e entidades públicas e privadas. Excepcionalmente, também ao cidadão é atribuída legitimidade para a propositura de ação coletiva, a denominada ação popular (LAP, Lei nº 4.717/65, art. 1º).

Sendo a legitimação concedida a entes distintos será ela concorrente e disjuntiva, uma vez que qualquer legitimado pode vir a juízo sem a presença de outro legalmente habilitado. A articulação dos sujeitos em associações com a união de escopos comuns constitui, portanto, relevante mecanismo apto a compensar os desequilíbrios existentes nas relações sociais e a conceder ao indivíduo integrante de grupo, categoria ou classe a força necessária para, em paridade de armas em relação a seus adversários, defender seus direitos em igualdade de condições.

O substituto processual, ainda que defenda interesse alheio, não tem sua conduta pautada por esse sujeito. O substituto processual, em outras palavras, atua com total independência no processo. Daí o porquê de o substituto poder atuar em juízo independentemente da vontade do substituído. Nos casos em que ocorrer a substituição processual, segundo o art. 18, parágrafo único, do Código de Processo Civil o substituído poderá intervir no processo como assistente litisconsorcial.

A substituição processual, ademais, não deve ser confundida com o fenômeno da sucessão em que um sujeito assume o lugar de outro no polo de uma determinada relação jurídica. Havendo hipótese de sucessão, justificada a suspensão do processo para regularização da relação jurídica. O sucessor de uma parte no processo recebe o processo no estado em que ele se encontra, ou seja, ele deve respeitar tudo aquilo que já fora praticado quando o sucedido figurava no processo. No caso de sucessão processual, portanto, o sucessor assume as posições jurídicas ativas e passivas do sucedido e apenas pode se insurgir contra os requisitos que deram ensejo à sucessão, estando, por outro lado, vinculado àquilo que já fora praticado pelo sucedido. Assim, por exemplo, o sucessor não pode discutir eventual obrigação que tenha sido imposta ao sucedido. Entendimento em sentido contrário viola o sistema rígido de preclusões de nosso sistema processual voltado a assegurar celeridade, estabilidade e segurança às relações jurídicas.

Por se tratar de uma questão de ordem pública, a legitimidade pode ser conhecida de ofício em qualquer grau de jurisdição. Decisões dessa natureza, no entanto, devem respeitar o disposto no art. 10 do Código de Processo Civil, segundo o qual "o juiz não pode decidir, em grau algum de jurisdição, com base em fundamento a respeito do qual não se tenha dado às partes oportunidade de se manifestar, ainda que se trate de matéria sobre a qual deva decidir de ofício". Trata-se de dispositivo que visa a evitar as denominadas "decisões-surpresa" que violam o contraditório e a possibilidade de influenciar a formação do convencimento judicial. A essência do contraditório, segundo sua concepção mais consentânea com as atuais características do Estado Democrático de Direito, está justamente na possibilidade de influenciar a formação do convencimento daquele magistrado que está efetivamente em vias de decidir. Assim, por exemplo, se constatado algum vício em relação à legitimidade o juiz deve previamente ouvir as partes a respeito.

3. Litisconsórcio

Fugindo ao esquema básico do processo, no qual cada um dos polos da relação jurídica processual é integrado por apenas um sujeito interessado na relação jurídica, há casos em que em um dos polos ou em ambos existe uma pluralidade de partes. Nesses casos haverá o que se denomina de litisconsórcio. O respeito às regras que disciplinam o litisconsórcio, relaciona-se com o escopo de evitar julgados conflitantes e de aproveitamento dos atos processuais.

Segundo o art. 113 do Código de Processo Civil, duas ou mais pessoas podem litigar no mesmo processo se: (I) "entre elas houver comunhão de direitos ou de obrigações relativamente à lide"; (II) "os direitos ou as obrigações derivarem do mesmo fundamento de fato ou de direito"; (III) "entre as causas houver conexão pelo objeto ou pela causa de pedir"; (IV) "ocorrer afinidade de questões por um ponto comum de fato ou de direito".

Nesses casos, a cumulação de partes em um dos polos da relação processual é possível, mas não é necessária: a decisão proferida pelo juiz será válida ainda que esteja ausente um dos litisconsortes. Tem-se um processo formalmente único, em que convivem controvérsias autônomas, que podem, inclusive, ser decididas em sentidos diversos. Em razão dessa autonomia, está o juiz autorizado, inclusive, a limitar o litisconsórcio facultativo quanto ao número de litigantes (litisconsórcio multitudinário), quando este comprometer a rápida solução do litígio ou dificultar a defesa.

Por outro lado, é *necessário* o litisconsórcio se, em virtude da lei ou da natureza da relação jurídica de direito material, para a efetiva observância do contraditório, não puder a ação deixar de ser proposta por mais de uma pessoa (litisconsórcio necessário ativo) ou em face de mais de uma pessoa (litisconsórcio necessário passivo). A necessariedade do litisconsórcio, assim, está relacionada à *legitimatio ad causam*: nas hipóteses em que é obrigatória a formação do litisconsórcio, a legitimidade pertence em conjunto a mais de uma pessoa. No processo, portanto, devem estar todos os destinatários dos efeitos da sentença. Na falta de um deles o juiz não pode se pronunciar sobre o mérito da controvérsia.

Caso o autor não se atente à obrigatoriedade de formação do litisconsórcio, o juiz ordenará a ele a qualquer tempo que promova a citação de todos os litisconsortes necessários, a fim de evitar que o processo seja extinto sem resolução do mérito dada à ausência de uma condição da ação. Conforme dispõe o art. 115, parágrafo único, do Código de Processo Civil "nos casos de litisconsórcio passivo necessário, o juiz determinará ao autor que requeira a citação de todos que devam ser litisconsortes, dentro do prazo que assinar, sob pena de extinção do processo". A extinção do processo é medida que se impõe nesse caso, pois a participação do litisconsorte necessário consiste em uma condição de validade do processo.

Como se sabe, após a citação o aditamento ou eventual alteração da demanda apenas pode ocorrer com o consentimento do réu. No caso de formação de litisconsórcio passivo necessário, o consentimento do litisconsorte já integrado à relação jurídica processual é irrelevante, dada a necessidade de integração do outro réu para válida conformação do processo. De nada adiantaria, em termos de economia e aproveitamento dos atos processuais, impor a extinção do processo para que o autor ajuíze uma nova demanda, desta vez em face de todos os litisconsortes. Eventual decisão proferida sem a participação de um litisconsorte necessário será ineficaz em relação a ele, se lhe for prejudicial.

De acordo com o art. 117 do Código de Processo Civil, os litisconsortes são considerados em suas relações com a parte adversa como litigantes distintos, ou seja, os atos praticados por um litisconsorte não afetam os demais. Como exceção a essa regra, tem-se os casos de litisconsórcio unitário, em que em função do direito material a solução deve ser a mesma a todos os litisconsortes. Nessa hipótese, os atos praticados por um litisconsorte podem beneficiar os demais. Imagine-se, por exemplo, que um litisconsorte se sagre vitorioso em um determinado recurso. Como a solução deve ser a mesma para todos os litisconsortes, essa decisão beneficiará, inclusive, aquele que não interpôs o recurso cabível.

O respeito às regras que disciplinam o litisconsórcio, como já dito, relaciona-se com o escopo maior de evitar julgados conflitantes, assegurando a racionalidade da tutela jurisdicional e prestigiando a segurança jurídica. Nesses casos, o legislador impõe a coligação litisconsorcial de seus titulares com vista a preservar a harmonia de decisões judiciais. Se a formação do litisconsórcio, em regra, contribui para a celeridade do processo, na medida em que contribui para a resolução única de uma questão que poderia ensejar a propositura de diversas demandas, em certas ocasiões o grande número de partes envolvidas pode resultar em situação contrária. Quanto maior o número de litigantes maior o número de atividades a serem desenvolvidas o que acabará por postergar a solução do litígio. Por esta razão, com acerto, o art. 113, §1º, do Código de Processo Civil autoriza o juiz a limitar o litisconsórcio facultativo quanto ao número de litigantes "quando este comprometer a rápida solução do litígio ou dificultar a defesa ou o cumprimento de sentença". Tal é o litisconsórcio multitudinário que somente deve ser mantido se não houver prejuízo para o processo e para o contraditório, uma vez que pode acarretar decisão que produza efeitos em relação a grande número de pessoas.

Eventual insurgência contra a formação do litisconsórcio deverá se dar por meio da interposição do recurso de agravo de instrumento. De acordo com o art. 1.015, inc. VII, do Código de Processo Civil, é cabível referido recurso contra decisões interlocutórias que versarem sobre exclusão de litisconsorte. A tal dispositivo deve ser atribuída, no entanto, uma interpretação ampla para que também se tenha como cabível o recurso de agravo contra as decisões que admitem a intervenção de litisconsorte. Se não for admitido o agravo para essa hipótese, correr-se-á o risco de apenas em sede de apelação constatar-se que a presença de um litisconsorte até aquela fase processual era inútil ou desnecessária. Isso significaria admitir que a uma parte foi imposta a participação em um processo em que ela não deveria figurar com todos os custos econômicos e pessoais aí presentes.

4. Assistência

De acordo com o art. 119 do Código de Processo Civil, o titular de uma relação jurídica de direito material conexa àquela que está sendo discutida em um processo, poderá nele ingressar, com o intento de auxiliar uma das partes, se demonstrar possuir interesse jurídico em que a sentença lhe seja favorável. O interesse jurídico para intervenção no processo como assistente, portanto, decorre da potencialidade de uma decisão produzir efeitos jurídicos na relação autônoma existente entre assistente e assistido. O interesse meramente econômico não autoriza a assistência. Exceção feita aos juizados especiais, em que não se admite qualquer forma de intervenção de terceiros (Lei nº 9.099/95, art. 10), a assistência pode ter lugar em qualquer tipo de procedimento e em qualquer grau de jurisdição, recebendo o assistente o processo no estado em que se encontre. Ou seja, o assistente não possui legitimidade para requerer a renovação de atos já praticados e sua sorte no processo está vinculada a do assistido.

O pedido de um terceiro de figurar no processo como assistente pode ser, dentro de quinze dias, impugnado por qualquer das partes, que deverão demonstrar carecer o assistente do necessário interesse jurídico para intervir no processo. Se impugnado por qualquer das partes o pedido de assistência, será admitida a produção de provas para a formação da convicção judicial. Caberá ao assistente, então, o ônus de demonstrar seu interesse jurídico na causa. Não obstante a possibilidade de impugnação do pedido de intervenção no processo como assistente por qualquer das partes, pode o juiz, se ficar evidenciado, desde logo, a falta de interesse jurídico do terceiro, rejeitar o pedido de intervenção liminarmente. Não havendo impugnação e não sendo clara a falta de interesse jurídico, de rigor o deferimento do pedido de intervenção do terceiro como assistente simples no processo. O julgamento do incidente dar-se-á sem a suspensão do processo.

A decisão a respeito do pedido de intervenção do terceiro juridicamente interessado em figurar no processo como assistente simples, que deverá ocorrer nos próprios autos, é impugnável por meio do recurso do agravo de instrumento, nos termos do art. 1.015, inc. IX, do Código.

A atuação do assistente no processo limita-se ao auxílio a uma das partes. Vale dizer: o assistente não está autorizado a formular um novo pedido, ampliando, assim, o objeto litigioso do processo. Ao atuar em auxílio ao assistido, o assistente a ele se equipara, suportando os mesmos ônus e exercendo os mesmos poderes. Dado, contudo, o caráter subsidiário da atuação do assistente, está ela subordinada à concordância do assistido. Caso o assistido seja revel, o assistente atuará como seu gestor de negócios, sujeitando-se, então, a disciplina do Código Civil (arts. 861-875).

A atribuição ao assistente dos mesmos poderes de que dispõe o assistido não lhe retira a condição de coadjuvante na relação processual, em que apenas assiste uma das partes. Desse modo, dado o caráter subsidiário da atuação do assistente, está ela subordinada à atuação do assistente que, livremente, poderá reconhecer a procedência do pedido, desistir do processo ou transigir sobre direitos controvertidos, sem que a tanto possa se opor o assistente. Com o trânsito em julgado, o assistente não poderá rediscutir a justiça da decisão emitida no processo em que interveio. Ou seja, ao atuar no processo com os mesmos poderes atribuídos ao assistido, o assistente fica vinculado às questões que nele forem decididas. Fica o assistente, no entanto, autorizado a rediscutir a justiça da decisão emitida no processo em que interveio se alegar e provar que (I) pelo estado em que recebera o processo ou pelas declarações e atos do assistido, fora impedido de produzir provas suscetíveis de influir na sentença, ou que (II) desconhecia a existência de alegações ou de provas de que o assistido, por dolo ou culpa, não se valeu.

Hipótese particular de assistência se dá nos casos em que o assistente mantém uma relação jurídica própria com o adversário da parte assistida. Nesses casos, está-se diante da denominada assistência litisconsorcial (CPC, art. 124). O assistente litisconsorcial poderia figurar como litisconsorte da parte assistida se tivesse integrado o processo desde sua fase inicial. Por conta dessa especial relação jurídica com o adversário do assistido, dispõe o assistente litisconsorcial de todos os poderes atribuídos às partes em uma relação processual. Não há aí então, diversamente do que ocorre nos casos de assistência simples, qualquer relação de subordinação entre o assistente e o assistido. O assistente litisconsorcial atua no processo com poderes equivalentes ao do litisconsorte. Assim, por exemplo, poderá ele interpor recurso contra decisão desfavorável ao assistido, ainda que este não o faça.

5. Denunciação da lide

A denunciação da lide é modalidade de intervenção de terceiros caracterizada pelo interesse do denunciante em obter pronunciamento judicial nos mesmos autos sobre a relação de garantia estabelecida por ele com um terceiro, o denunciado. Com o ingresso do terceiro (garante) e a integração de nova parte ao processo, a existência dessa relação de garantia é analisada no mesmo processo em que o denunciante é parte. Evita-se, com isso, a instauração de um sucessivo processo. A denunciação da lide, portanto, consiste em uma demanda incidente que promove a ampliação objetiva e subjetiva do objeto litigioso do processo.

A denunciação da lide, pois, é modalidade de intervenção de terceiros provocada já que o terceiro é forçado a ingressar no processo, em que o denunciante pede a condenação do terceiro que ele afirma ter a obrigação de indenizá-lo na hipótese de sofrer prejuízo decorrente do resultado da demanda principal. O denunciante, em outras palavras, formula pedido em face de terceiro que espera seja condenado, se ele também o for na demanda principal. Trata-se, portanto, de demanda proposta de forma eventual. As demandas são conexas e podem ser reunidas para julgamento conjunto. O juiz terá, então, uma nova pretensão a ser apreciada, consistente na relação jurídica existente entre o terceiro denunciado e o denunciante.

No caso da denunciação da lide, o direito regressivo poderá ser exercido por meio de ação autônoma quando a denunciação for indeferida, deixar de ser promovida ou não for permitida (art. 125, §1º). A denunciação da lide, portanto, não é obrigatória. Caso não seja provocada a intervenção do terceiro, o denunciante não perde eventual direito de regresso em face do terceiro.

A fim de evitar tumulto processual, admite-se apenas uma única denunciação sucessiva, promovida pelo denunciado, contra seu antecessor imediato na cadeia dominial ou quem seja responsável por indenizá-lo, não podendo o denunciado sucessivo promover nova denunciação, hipótese em que eventual direito de regresso deverá ser exercido unicamente por ação autônoma (CPC, art. 125, §2º). Como dito, trata-se de legítima limitação de demandas incidentes a fim de que objeto litigioso do processo não seja excessivamente ampliado.

Se a denunciação da lide for promovida pelo autor, ele deverá requerer a citação do denunciado juntamente com a do réu na petição inicial. Se, por outro lado, a denunciação for provocada pelo réu, a citação do denunciado deve ser requerida com a contestação. Se o autor denunciar a lide, o denunciado que comparecer ao processo se torna seu litisconsorte. Nessa hipótese, o denunciado passa a ter interesse no julgamento de procedência do pedido formulado pelo denunciante, pois com isso não será exigível a pretensão do denunciante em face do denunciado. Esse é um caso, portanto, de litisconsórcio ativo facultativo ulterior. Como litisconsorte, o denunciado é autorizado, inclusive, a aditar a petição inicial, procedendo-se em seguida à citação do réu. Assumindo o status de parte o denunciado responde também pelos ônus da sucumbência.

O denunciado que comparecer ao processo devido à denunciação promovida pelo réu e contestar o pedido do autor torna-se litisconsorte do réu. Esse é um caso de litisconsórcio passivo facultativo ulterior. Se o denunciante (réu originário) for excluído da lide, o processo continua em face do denunciado na posição de único demandado. Se, por outro lado, o denunciado não comparecer, o réu-denunciante pode deixar de prosseguir com sua defesa e restringir sua atuação à ação regressiva. Na hipótese de o denunciado confessar os fatos alegados pelo autor, o réu poderá prosseguir com sua defesa, ou então, se aderir a tal reconhecimento, pleitear apenas seu direito de regresso em face do denunciante.

A sentença que condenar o denunciante conterá também um capítulo em que será analisada a relação de garantia estabelecida entre o denunciante e o denunciado. Por isso, se o denunciante for vencido na ação principal, o juiz passará ao julgamento da denunciação. Se for apurada a responsabilidade do denunciado, a sentença valerá como título executivo, podendo, portanto, o denunciante fazer uso dela para obter a satisfação do seu direito de regresso.

Se o denunciante, por seu turno, sagrar-se vencedor, a denunciação não terá seu pedido examinado, sem que isso prejudique, contudo, a condenação do denunciante ao pagamento das verbas de sucumbência em favor do denunciado, afinal, diante da falta de interesse do denunciante em obter um ressarcimento do denunciado, revela-se que o denunciante deu causa sem justo motivo para a intervenção do denunciado no processo, razão pela qual deve indenizá-lo, dada a aplicação do princípio da causalidade.

6. Chamamento ao processo

De acordo com o art. 130 do Código de Processo Civil, é admissível o chamamento ao processo, requerido pelo réu: I) do afiançado, na ação em que o fiador for réu; II) dos demais fiadores, na ação proposta contra um ou algum deles; III) dos demais devedores solidários, quando o credor exigir de um ou de alguns o pagamento da dívida comum. Trata-se, portanto, de intervenção promovida pelo réu a fim de que outro coobrigado passe a integrar com ele o polo passivo do processo. O credor ao propor uma demanda, pode não a ter direcionada em face de todos os possíveis devedores. Com o chamamento ao processo, previsto no art. 130 do Código de Processo Civil, procura-se integrar à relação processual todos os possíveis devedores, para que o juiz declare assim na sentença a responsabilidade de todos os coobrigados. O coobrigado que primeiro satisfizer o direito do credor reconhecido pela sentença, poderá se valer dessa mesma decisão para exigir dos demais coobrigados a restituição da parte da dívida que a eles incumbia adimplir. Não há aqui, diferentemente do que ocorre com os casos de denunciação da lide, a dedução de uma nova pretensão. Com essa modalidade de intervenção de terceiros, quer se permitir tão somente à integração no processo de todos os possíveis responsáveis por uma determinada obrigação. Opera-se, portanto, uma ampliação subjetiva da demanda, a fim de que possam os novos integrantes da relação jurídica processual ser atingidos pela futura sentença de mérito.

7. Incidente de desconsideração da personalidade jurídica

Na Parte Geral do Código de Processo Civil de 2015, no título destinado à disciplina da intervenção de terceiros, há previsão de instauração de "incidente de desconsideração da personalidade jurídica". Com a previsão de um procedimento para desconsideração da personalidade jurídica, o terceiro, a quem se pretende imputar uma determinada responsabilidade patrimonial, terá oportunidade de se manifestar previamente a respeito.

O incidente de desconsideração da personalidade jurídica consiste, pois, em uma relevante inovação do Código de Processo Civil de 2015, já que, até então, não havia no ordenamento jurídico brasileiro a previsão de um referencial normativo seguro capaz de permitir a apuração dos pressupostos materiais para a desconsideração da personalidade jurídica com a devida tutela do contraditório. A desconsideração era, até então, realizada com contraditório diferido, cabendo ao terceiro se valer da via dos embargos de terceiro para destituir atos de constrição de seu patrimônio.

A ausência de um procedimento a ser seguido para os casos de desconsideração da personalidade jurídica permitia que terceiros tivessem sua esfera jurídica atingida sem que pudessem previamente se manifestar a respeito. Tal prática representava uma violação à essência do contraditório que, segundo sua concepção mais consentânea com as atuais características do Estado Democrático de Direito, consiste no dever imposto ao julgador de conferir às partes a efetiva possibilidade de influenciar a formação de seu convencimento, inclusive nos casos em que as questões a serem resolvidas possam ser conhecidas de ofício (CPC, art. 10).

A desconsideração da personalidade jurídica consiste em uma hipótese específica de responsabilidade patrimonial e exige, por isso, um procedimento próprio para que a atuação do direito material não gere prejuízos no processo. A desconsideração da personalidade jurídica não se confunde com outros fenômenos de responsabilização patrimonial como a sucessão, por exemplo. Esta diz respeito à modificação do polo de uma relação jurídica de direito material ou processual, impondo ao sucessor a assunção de todas as posições jurídicas, ativas e passivas, daquele a quem ele sucedeu. Com a desconsideração da personalidade jurídica, isso não ocorre. Com essa técnica, procura-se reprimir as tentativas de frustração das atividades executivas a partir do uso desvirtuado da personalidade jurídica. Na hipótese de isso ocorrer, faz-se cessar a divisão patrimonial existente entre pessoa física e jurídica de modo a impor a terceiro a responsabilidade patrimonial por um débito específico.

Sob a ótica do processo adequado, que exige a adaptação da técnica processual às necessidades do direito material, a responsabilidade executiva secundária imposta aos sócios de uma pessoa jurídica (ou a pessoa jurídica, no caso da desconsideração da personalidade jurídica inversa), não pode se dar sem que a estes responsáveis seja oportunizado o direito de se manifestar previamente a respeito de sua responsabilização – ressalvadas as hipóteses justificadas de tutela provisória. Com a instauração do incidente, o terceiro poderá apenas demonstrar que não há justificativa para sua responsabilização. Não poderá ele discutir a existência do débito que deve ser apurada no processo principal entre credor e devedor. Do mesmo modo, um sucessor, ao assumir uma determinada posição jurídica, apenas pode se insurgir contra o próprio fenômeno da sucessão, devendo observar os atos anteriores praticados por aquele a quem ele sucedeu. Assegura-se, assim, estabilidade às relações jurídicas, evitando a rediscussão de questões já decididas e a eternização dos conflitos.

Pode-se afirmar então, que o incidente de desconsideração de personalidade jurídica consiste em uma demanda incidental capaz de ampliar o objeto litigioso do processo para apuração da responsabilidade de terceiro. De acordo com o art. 133 do Código de Processo Civil, a legitimidade para requerer a instauração do incidente de desconsideração da personalidade jurídica pertence à parte ou ao Ministério Público, quando lhe couber intervir no processo. Depreende-se, logo, que o incidente de desconsideração da personalidade jurídica por consistir em uma demanda propriamente dita não pode ser instaurado de ofício pelo juiz, já que a tutela prestada pelo incidente atende a um interesse exclusivo da parte que pretende ampliar o patrimônio sujeito à sua pretensão satisfativa. Por conta disso, na condição de fiscal da lei, o Ministério Público não é parte legítima para instaurar o incidente.

Para averiguar a legitimidade das partes que requerem a instauração do incidente e o correspondente interesse processual, necessária a atenção ao direito material, que estipula os pressupostos necessários para a desconsideração (CPC, art. 133, §1º). O art. 50 do Código Civil, por exemplo, autoriza a desconsideração em caso de abuso da personalidade jurídica, caracterizado pelo desvio de finalidade, ou pela confusão patrimonial. A desconsideração, à luz dessas balizas, tem por objetivo conter o abuso de autoridade praticado por pessoa com poder de gerência ou a confusão patrimonial dos bens da sociedade com os de seus sócios. Tais práticas prejudicam a um só tempo a função social da empresa e a *affectio societatis*, já que comprometem a busca pelo fim comum da sociedade.

Os agentes econômicos, no entanto, mesmo cientes dos riscos inerentes à atividade econômica, não podem se onerar com a aplicação da desconsideração pela mera insolvência ou inadimplemento de obrigação, sob o risco de ofensa à ordem econômica e financeira, desestimulando a livre iniciativa e a concorrência do mercado, corolários do art. 170 da Constituição Federal. O próprio art. 1º, inc. IV, da Constituição Federal estabelece como um dos fundamentos do Estado Democrático de Direito brasileiro a livre iniciativa.

A imposição da responsabilidade limitada dos sócios visa justamente à preservação e promoção de ambiente de mercado apto ao desenvolvimento de atividades econômicas, que proporcione justa concorrência, livre iniciativa e segurança jurídica àqueles com intenção de ingressar em algum mercado relevante. Tem-se, portanto, que para as relações de natureza civil a mera insolvência não é, a princípio, requisito apto a autorizar a desconsideração, sob pena de tornar ilimitada a responsabilidade dos sócios da pessoa jurídica.

Em se tratando especificamente de ofensa à ordem econômica, ademais, a Lei nº 12.529/2011 dispõe em seu art. 34 que a desconsideração pode ocorrer "por infração da ordem econômica", desde que haja abuso de direito, excesso de poder, infração da lei, fato ou ato ilícito ou violação dos estatutos ou contrato social. Contudo, há exceção na qual a desconsideração pode ocorrer mesmo inexistindo essas condicionantes, ou seja, de acordo com o parágrafo único desse artigo a desconsideração também poderá ocorrer quando houver falência, estado de insolvência, encerramento ou inatividade da pessoa jurídica decorrentes de má administração.

Em outras situações, tendo em vista a natureza do direito material afetado, também se admite que a mera insolvência (exceção) da pessoa jurídica possa levar a desconsideração de sua personalidade a fim de que seus sócios respondam pela inadimplência de seus débitos. É o que ocorre, por exemplo, no âmbito do direito do trabalho (CLT, art. 2º, §2º) e na reparação de danos ao meio ambiente (Lei 9.065/98, art. 4º). Note-se que essas exceções se justificam pelo tratamento privilegiado atribuído a esses direitos.

No caso do direito do consumidor (CDC, art. 28, §5º), a personalidade jurídica poderá ser desconsiderada quando, "de alguma forma", constituir obstáculo ao ressarcimento dos prejuízos causados aos consumidores. A justificativa para essa medida reside na assimetria de informações, em geral significativa, entre consumidor e fornecedor ou prestador de serviço, de forma que o legislador optou por privilegiar o liame mais frágil da relação de consumo a fim de mitigar a desigualdade e de promover isonomia no tratamento entre, de um lado, o produtor de bens ou o prestador de serviços e de outro o consumidor.

Com relação ao momento para instauração do incidente, dispõe o art. 134 do Código de Processo Civil que ele é cabível em todas as fases do processo de conhecimento, no cumprimento de sentença e na execução fundada em título executivo extrajudicial. A instauração do incidente não será necessária, contudo, se a desconsideração for requerida desde logo na petição inicial, dado que, se isso ocorrer, a citação do sócio ou da pessoa jurídica se dará desde logo e resguardado, portanto, estará o princípio do contraditório (CPC, art. 134, §2º.). A fim de garantir a publicidade necessária a esse incidente, o §1º desse artigo determina que sua instauração seja comunicada ao distribuidor para as anotações devidas.

Com a instauração do incidente o processo será suspenso, exceto se o requerimento de desconsideração for formulado na petição inicial. Essa suspensão, no entanto, apenas atinge os atos do processo principal relacionados com o pedido de desconsideração. Não fosse essa a lógica, uma suspensão integral do processo privilegiaria o executado em detrimento dos interesses do exequente. Assim, outros atos executivos requeridos pelo exequente que não digam respeito ao incidente terão regular prosseguimento. Nesse passo, cumpre registrar que o termo inicial do prazo prescricional da pretensão contra o responsável secundário nas hipóteses de desconsideração se dá quando constatada a ausência de bens da sociedade e a concomitante presença dos pressupostos materiais para desconsideração.

O art. 135 do Código de Processo Civil consagra em essência a devida tutela ao contraditório promovida pelo incidente de desconsideração da personalidade jurídica. Nesse dispositivo estão os requisitos mínimos para o procedimento voltado à desconsideração, seja ela realizada em qualquer espécie de processo: ciência do terceiro interessado e consequente oportunidade para que ele possa demonstrar a ausência dos requisitos materiais para desconsideração. De acordo com esse dispositivo, instaurado o incidente, o sócio, ou a pessoa jurídica, será citado para manifestar-se e requerer as provas que entender cabíveis no prazo de quinze dias. Assegura-se, assim, a efetivação do contraditório e se evita a intromissão na esfera jurídica de um terceiro sem que a ele se tenha dado a oportunidade prévia de se insurgir contra a pretensão que lhe é oposta. Em atenção ao contraditório, a cognição para a desconsideração da personalidade jurídica deve ser ampla e exauriente, daí o motivo pelo qual deve ser oportunizada ao terceiro a possibilidade de ele produzir todas as provas que entender necessárias.

Encerrada a instrução, o incidente de desconsideração da personalidade jurídica será resolvido, então, por decisão interlocutória, impugnável, portanto, pela via do agravo de instrumento (CPC, art. 1.015, inc. IV). Embora verse sobre questão de mérito a decisão que julga o incidente não é apta a extinguir o processo, daí o porquê da sua natureza interlocutória. Sendo julgado procedente o pedido de desconsideração, tendo havido fraude de execução, a alienação ou oneração de bens será ineficaz em relação ao requerente (CPC, art. 137). Em síntese, essas são, portanto, algumas das características do procedimento criado pelo Código de Processo Civil de 2015 para a disciplina do incidente de desconsideração da personalidade jurídica.

8. *Amicus curiae*

Se nos processos de natureza individual, ou enquanto da tramitação dos processos em instâncias ordinárias, a participação das partes na formação do convencimento judicial encontra justificativa na inafastabilidade da tutela jurisdicional e nos seus princípios correlatos, contraditório e ampla defesa, de modo a se assegurar que qualquer sujeito de direito não tenha o seu patrimônio jurídico invadido sem antes ter tido a oportunidade de se manifestar, nos processos de natureza abstrata, por conta da aptidão de suas decisões se tornarem casos paradigmas, a formação do convencimento judicial deve se dar também com ampla participação daqueles que, em função de uma relação de pertinência temática com a matéria discutida, tem condições de fornecer elementos para a construção da decisão judicial.

Por isso é que se justifica nesses casos a intervenção dos *amicus curiae* e a realização de audiências públicas, tais como as que tem sido realizadas pelo Supremo Tribunal Federal. Nesse sentido, o art. 138 do Código de Processo Civil autoriza o juiz ou relator, em função da relevância da matéria e sua repercussão, admitir a intervenção no processo de pessoa natural ou jurídica com representatividade adequada, ou seja, capaz de fornecer elementos à formação do convencimento judicial que sejam de relevante interesse social. Dada a função desempenhada pelo *amicus curiae* de colaborar com o julgamento de causas de grande repercussão social e que podem a vir se tornar paradigmáticas, em sede de incidente de resolução de demandas repetitivas, atribui-se ao amicus curiae legitimidade para recorrer da decisão que julgar a causa piloto (CPC, art. 138, §3º).

Capítulo VII

ALGUMAS NOTAS SOBRE OS SUJEITOS DO PROCESSO

Marco Antonio dos Santos Rodrigues
Carla Teresa Bonfadini de Sá

1. O Juiz no CPC/15

1.1. Do papel do juiz no processo cooperativo

O CPC/2015 estabeleceu sintonia fina com a Constituição da República mediante a adoção do modelo cooperativo processo, reflexo do contraditório, decorrente do regime democrático adotado pelo Estado brasileiro, modificando a divisão de trabalho entre partes e juiz no processo: as decisões passaram a ser fruto de uma construção conjunta, com ampla participação das partes pelo exercício do poder de influência.

No processo cooperativo há uma comunidade de trabalho[1] entre o juiz e as partes para obtenção de um provimento jurisdicional justo, mediante interações colaborativas. Nas acertadas palavras de Eduardo Grasso, a colaboração é um "critério

1 GREGER, Reinhard. *Colaboração como princípio processual*. Título original: Kooperationals prozess maxime. Tradução Ronaldo Kochem. Revista de Processo.v. 206. São Paulo : RT, 2012.p. 123.

organizativo da força operante no processo"[2], por meio do qual há a conjugação de esforços das partes e do juiz para a prestação da jurisdicional efetiva[3].

Tal concepção operou modificações na própria configuração do processo: o tradicional desenho triangular é substituído por uma perspectiva de posições paralelas[4] sem o reconhecimento de uma hierarquia entre partes e órgão Judicial. Por esta razão, fala-se na existência de um diálogo simétrico entre juiz e partes no processo cooperativo, ocorrendo a assimetria, apenas no momento de o juiz proferir a decisão[5], ato, que lhe é privativo.[6]

Nesta perspectiva, houve a imputação de diversos deveres judiciais ao juiz decorrente da positivação do princípio da cooperação.

Na doutrina são reconhecidos quatro deveres do juiz advindos do princípio da cooperação: i) o dever de esclarecimento, segundo o qual deve o juiz requerer esclarecimentos das partes para sanar dúvidas sobre as suas alegações, evitando que a decisão seja tomada com base na falta de informação, ou dados contraditórios fornecidos; ii) dever de prevenção consubstanciado na advertência acerca de eventuais deficiências ou insuficiências das alegações ou pedidos; iii) dever de consultar as partes, sempre que pretenda conhecer de matéria de fato ou de direito sobre a qual aquelas não tenham tido a possibilidade de se pronunciarem; e iv) o dever de auxiliar as partes na remoção das dificuldades ao exercício dos seus direitos ou faculdades ou no cumprimento de ônus ou deveres processuais[7].

Relativamente ao dever de consulta, segundo o qual o juiz não pode surpreender as partes, com uma decisão de terceira via, (art. 10 do CPC), destaca-se que o magistrado, ao assim agir, não está a prejulgar. Em primeiro lugar, ressalte-se que processo decisório ainda não fora concluído, pois o convencimento judicial ainda pode ser influenciado pela argumentação das partes. Ademais, a adoção de uma postura mais transparente não importa em imparcialidade, sendo condição imprescindível para a promoção de um diálogo franco com as partes, evitando que sejam surpreendidas [8].

---

2 Expressão utilizada por GRASSO, Eduardo. *La collaborazione nel processo civile*. Rivista di diritto processuale. V. XXI. Pádua: CEDAM, 1966. p. 580-609.

3 *Loc cit.*

4 GRASSO, Eduardo. Op citada p.609.

5 MITIDIERO, Daniel. *Colaboração no processo civil: Pressupostos sociais, lógicos e éticos*. 3ª ed. rev., atual e ampliada. São Paulo: Revista dos Tribunais, 2015, p. 26-27.

6 MITIDIERO, Daniel. *Colaboração no processo civil. Pressupostos sociais, lógicos e éticos*. 2ª ed. São Paulo: RT, 2011. p 27.

7 SOUZA, Miguel Teixeira de. *Aspectos do novo processo civil português*. Revista dos Tribunais, v. 93, nº 338, pp. 149-158, abr./jun. 1997.

8 Neste sentido, Cândido Rangel Dinamarco alude ao afastamento do dogma irracional de que o juiz que expressa seus pensamentos estaria a prejulgar: *"A moderna ciência do processo afastou o dogma irracional segundo o qual o juiz que expressa seus pensamentos e sentimentos sobre a causa durante o processo, estaria prejulgando e, portanto, afastando-se do cumprimento do dever de imparcialidade.(...) O juiz mudo também tem algo de pilatos e, por temor ou vaidade, afasta-*

A decisão proferida pelo magistrado, em manifesta colidência com o preceituado no art. 10 do CPC, que surpreende a parte é nula.

1.2. Dos poderes e deveres do Juiz no CPC/2015

1.2.1. Considerações iniciais

Da análise dos arts. 139, 370, 371, 372 e 373 §1º do CPCconstata-seter havido o aumento dos poderes do juiz, em comparaçãocom aqueles previstos no CPC/1973.

No entanto, a outorga de maiores poderes, vem acompanhada de uma série de deveres advindos do princípio da cooperação (arts 6º, 9º, 10, 321 do CPC) e do reforço do dever de fundamentação (art. 489 §§1º e 2º), que servem de contraponto a esta ampliação.

Por outro lado, o novo CPC previu a possibilidade de as partes participarem da gestão do processo, por meio de negócios jurídicos processuais (art. 190 CPC), calendarização do processo (art.191, §1º) saneamento compartilhado (art.357, § 3º) e escolha do perito do juízo (art.471 CPC), o que contribui para uma melhor repartição de poderes no processo.

Realizando uma exegese sistemática do CPC, conclui-se ter havido uma divisão de trabalho equilibrada entre partes e juiz, em prol de um processo de corte cooperativo, em que a decisão judicial é construída pelos sujeitos do processo, não obstante proferida pelo órgão judicial.

Enquanto no CPC/1973, a regra relativa aos poderes instrutórios do juiz encontrava-se no capítulo referente aos poderes do juiz (art.125), no atual Código, consta do capítulo referente às provas (art.370), o que confere uma melhor sistematização, porquanto mais afeta ao tema probatório.

1.2.2. Dever de zelar pela igualdade das partes

O art. 139 do CPC enumera os poderes do juiz na condução do processo, enunciando que este deveassegurar a igualdade de tratamento entre as partes no art.139, I. O Código oferece técnicas para assegurar o equilíbrio entre as partes no processo, como por exemplo, a possibilidade de o juiz modificar a distribuição do ônus da prova (dinamização do ônus da prova) para atribuir o encargo à parte detentora de melhores condições de produzir a prova (art. 373 § 1º), e a flexibilizaçãoprocedimental (art. 139, IV), com o intuito de conceder prazos maiores a uma das partes para apresentar alegações, juntar documentos.

---

se do compromisso de fazer justiça." DINAMARCO, Cândido Rangel. *Fundamentos do processo civil*. v. 1. São Paulo: Malheiros, 2009. p. 528. Manifestamo-nos neste sentido. SÁ, Carla Teresa Bonfadini de. *A valoração judicial da conduta processual das partes em juízo no campo probatório*. Dissertação de mestrado. Orientador, RODRIGUES, Marco Antonio dos Santos.Rio de Janeiro : UERJ, 2017. p. 183

1.2.3. Dever de velar pela duração razoável do processo

O art. 139 IIprevê o dever de o juiz velar pela duração razoável do processo. Incumbe ao juiz empenhar-se,com o propósito degarantir a duração necessária para a prolação de uma tutela jurisdicional efetiva. Correlato a este dispositivo é o direito das partes de obter, em prazo razoável, a solução integral do mérito, inclusive a satisfativa (art. 4º CPC).

Observe-se que a redação do art. 139 II, é mais aprimorada do que aquela prevista no art. 125 do CPC/1973, a qual aludia ao dever de o juiz assegurar a rápida solução do litígio. Afinal, não se deve confundir celeridade do processo com a duração razoável, visto que um processo demanda uma duração mínima, necessária a assegurar o respeito às garantias processuais constitucionais, especialmente as do contraditórioe ampla defesa, bem com a cognição adequada à tutela do direito em discussão[9]. Visa-se, pois, a apenas eliminar os "tempos mortos" da tramitação processual, os incidentes desnecessários, sem o sacrifício das garantias processuais.

1.2.4. O dever de o juiz prevenir e reprimir os atos contrários à dignidade da justiça

Ao utilizar a expressão atos contrários à dignidade da justiça, buscou o legislador referir-se ao poder judicial de reprimir, tanto os atos contrários à dignidade da justiça previstos no art. 77§§1º a 6º do CPC, quanto a litigância de má-fé (art. 80 do CPC).

Sem prejuízo da advertência, pode o juiz aplicar multa por ato atentatório à dignidade da justiça e em virtude da litigância de má-fé.Há, pois, dois tipos de multa previstos no CPC: a multa por ato atentatório à dignidade da justiça (art. 77 do CPC) destinada aos cofres públicos[10], por consubstanciar desrespeito às ordens judiciais, e a multa por litigância de má-fé (art 80 do CPC), em que prepondera o dano ao adversário[11]. No CPC,

---

9 "Ademais, a jurisdição necessita de um tempo, por menor que seja, para ser exercida. A curta demora que a tutela efetiva pode tolerar é apenas aquela que resulta da necessidade de assegurar ao adversário o pleno exercício de sua defesa, ainda assim na medida em que não se ultrapasse o limite em que seja lícito exigir o sacrifício do interesse cuja tutela se afigura urgente, e da necessidade de assegurar ao próprio juiz uma cognição adequada. O tempo perdido nas longas esperas de distribuição, julgamento, publicações, redação de acórdãos etc. é absolutamente iníquo." GRECO, Leonardo. *Garantias Fundamentais do Processo: O Processo Justo*. Disponível na Internet: <http://www.mundojuridico.adv.br>. Acesso em 07/06/2017

10 No entanto, o CPC apresenta algumas contradições, como bem acentua Fernando da Fonseca Gajardoni: "Nessa temática, sofre o CPC/2015 de manifesta bipolaridade, pois ora indica o Estado como beneficiário da multa aplicada pela prática de ato atentatório à dignidade da justiça(como é o caso do art. 77§§1º 6º do CPC), ora destina à parte. Isso é inexplicável do ponto de vista lógico." GAJARDONI, Fernando Fonseca. *Breves Comentários ao Novo Código de Processo Civil*. coord WAMBIER, Teresa Arruda et al. 1ª edição. São Paulo: RT, 2015. p. 277

11 Explica Cândido Rangel Dinamarco as diferenças entre os dois tipos de multa- por ato atentatório à dignidade da justiça e por litigância de má-fé, da seguinte forma :no segundo tipo prepondera o dano ao adversário, ao passo que no primeiro a falta de respeito ao poder exercido pelos órgãos judiciais. DINAMARCO, Cândido Rangel. *Instituições de processo civil*. v. II São Paulo: Malheiros, 2005.p.261

a litigância de má-fé é regulada na seção que trata da responsabilidade das partes por dano processual.

No caso da falta de cumprimento com exatidão das decisões judiciais de natureza provisória e final, e do dever de não inovar ilegalmente no estado de fato de bem ou direito litigioso, o atual CPC exige o prévio contraditório, vez que se trata de uma valoração para a aplicação de uma sanção pecuniária, a multa.Em nome do contraditório participativo, impõe-se a prévia manifestação da parte para que esta não seja surpreendida com a aplicação da multa, sem antes influir no convencimento do julgador.

Com o propósito de velar pela duração razoável do processo deve o juiz indeferir medidas protelatórias, como aquelas dirigidas a provar fatos irrelevantes ao processo ou inidôneas a demonstrar os fatos necessários à resolução dos pontos controvertidos. O indeferimento de pleitos sobre questões já decididas ou preclusas em virtude do decurso do tempo, também imprimem a necessária regularidade à marcha processual.

1.2.5. O poder de determinar medidas executivas

Segundo o art. 139 IV do CPC, cabe ao Juiz, na direção do processo, determinar todas as medidas indutivas, coercitivas, mandamentais ou sub-rogatórias necessárias a assegurar o cumprimento de ordem judicial, inclusive nas ações que tenham por objeto prestação pecuniária. Trata-se da consagração do princípio da atipicidade dos meios executivos, para a máxima satisfação do direito do credor, com redação mais ampla que a prevista no revogado § 5º do art. 461 do CPC/1973.

A dogmática processual civil clássica se ancorava na regra rígida da tipicidade das formas executivas, a fim de conter eventuais abusos do magistrado no exercício da atividade executiva[12]. Portanto, não possuía o juiz liberdade para determinar o meio executivo mais adequado à satisfação da obrigação, o que na prática, terminava por inviabilizar o alcance do resultado prático da execução.

Assim, era necessário quebrar a rigidez da tipicidade das formas executivas, de sorte a autorizar o juiz a determinar medidas executivas atípicas, mais aderentes à realidade, com maior capacidade de promover a satisfação do direito do exequente. As previsões do art. 461 §5º, 461 -A do CPC/1973 e do art. 84 do Código de Defesa do Consumidor conferiram ao juiz maior liberdade na escolha do meio executivo adequado ao caso concreto para a efetivação das obrigações de fazer, não fazer e dar coisa, com o escopo de assegurar a efetividade da jurisdição, dada a impossibilidade de previsão pelo legislador de todos os meios executivos possíveis.

O art. 139 IV do CPC é visto como uma verdadeira cláusula geral executiva, porquanto caracterizada pela dupla indeterminação de sua estrutura normativa (descrição e efeitos)[13]quanto aos meios executivos utilizados (execução direta e indireta). A

---

12 MARINONI, Luiz Guilherme et al. *Curso de Processo Civil*. v. 2. 1ª ed. São Paulo: RT, 2015. p.710-711. p.9

13 Fredie Didier Jr, Paula Sarno Braga, Rafael Alexandria e Leonardo Carneiro da Cunha consideram a previsão do art. 139 IV verdadeira cláusula geral executiva, autorizando que o juiz se valha de

execução direta é aquela realizada mediante a utilização dos meios de sub-rogação da atividade do devedor pela do Estado para a obtenção de resultado equivalente ao adimplemento pelo executado. Consistem nos meios de desapossamento (busca e apreensão); transformação e expropriação.

O dispositivo também se aplica às execuções indiretas, as quais não realizam diretamente a satisfação da obrigação, mas influem na vontade do executado para constrangê-lo a cumprir a obrigação, mediante a utilização dos meios de coerção (multa, prisão civil do devedor de alimentos, restrição de direitos).

Note-se que a previsão de atipicidade dos meios executivos é mais ampla que aquela prevista nos arts 461 §5º e 461-A do CPC/1973, e 84 do Diploma Consumerista, por ser aplicável a todas as modalidades de execução, e não apenas às que tenham por objeto obrigações de fazer, não fazer e a de dar coisa certa.

Do cotejo do referido dispositivo com a previsão dos arts 461 § 5º do CPC/1973 e 84 da Lei 8078/90 constata-se ter o legislador inserido a menção a medidas indutivas, ao lado das coercitivas, mandamentais e de sub-rogação. Indaga-se: qual a diferença entre as medidas indutivas e coercitivas ?

Poder-se-ia dizer que o legislador teria sido redundante, ao prever duas técnicas executivas que possuem o mesmo propósito de compelir o executado a cumprir a obrigação[14].

Partindo da regra de hermenêutica de que o legislador não utiliza palavras inúteis, alguma distinção há de ser feita entre medidas coercitivas e indutivas.

Neste passo, entendemos que a única forma de conferir alguma utilidade a esta previsão é considerar como medidas indutivas, aquelas aptas a influir na vontade do executado, mediante "sanções premiais", enquanto as coercitivas compeliriam psicologicamente o executado, por força de aplicação de multa periódica (astreintes), restrição de direitos e outras consequências desvantajosas[15].

---

meios executivos atípicos para a concretização do comando executivo da sentença. Diretrizes para a concretização das cláusulas gerais executivas. DIDIER JR , Fredie et al. *Diretrizes para a concretização das cláusulas gerais executivas dos arts 139, IV 297 e 536 § 1º do CPC.* Revista de Processo. v. 267. Maio /2017 São Paulo: RT, 2017.

---

14 DIDIER JR , Fredie et al. *Diretrizes para a concretização das cláusulas gerais executivas dos arts 139, IV 297 e 536 § 1º do CPC.* Revista de Processo. v.267. Maio /2017 São Paulo: RT, 2017.

15 Em obra publicada bem antes da promulgação do CPC, Eduardo Talamini já efetuava esta distinção entre medidas indutivas e coercitivas. TALAMINI, Eduardo. *Tutela relativa aos deveres de fazer e de não fazer : a sua extensão aos deveres de entrega de coisa(CPC art 461 e 461-A, art. 84).* 2ª ed. São Paulo : RT, 2003. p. 178-179. No mesmo sentido, manifesta-se Edilton Meireles: "A diferença está que, nas medidas coercitivas, busca-se impor ao obrigado uma sanção enquanto castigo, ou seja, uma sanção negativa, que pode ser um mal econômico (v.g., multa), social (v.g.,banimento), moral (v.g., advertência), jurídico (v.g., perda da capacidade) ou até mesmo físico (v.g.,açoites). Óbvio que nem todas essas sanções são permitidas no nosso ordenamento jurídico. Contudo, por elas se percebe que o que se busca é a imposição de uma desvantagem ao devedorque insiste em sua conduta de inadimplente. Em suma, em face do descumprimento da decisão judicial,

O maior exemplo de coerção premial é a redução de multas, custas, valor de honorários advocatícios em função do cumprimento tempestivo da obrigação, como o previsto no art.701,§1º, e o parcelamento mediante reconhecimento da correção dos cálculos do exequente do art. 916 do CPC.

A escolha do meio atípico deve ser norteada pelo princípio da proporcionalidade, equilibrando as exigências advindas do princípio da máxima efetividade da execução, com o da menor onerosidade do executado.

Desse modo, sempre que a execução puder se desenvolver por mais de um meio, deve o juiz optar pelo menos oneroso ao executado (art. 805 do CPC), desde que não cause prejuízo ao credor.

O princípio da proporcionalidade é composto de três subprincípios, que aplicados à execução fornecem os seguintes parâmetros a guiar a escolha do meio executivo no caso concreto: adequação à satisfação da obrigação; utilização do meio menos gravoso, com menor restrição ao direito fundamental do executado (menor onerosidade), e a existência de uma relação custo benefício favorável (proporcionalidade em sentido estrito)[16].

Destaque-se que o CPC no parágrafo único do art. 805 permite que o devedor se insurja contra a medida gravosa determinada pelo juiz, cabendo-lhe, contudo, o ônus de demonstrar a existência de meio menos gravoso e igualmente idôneo a assegurar a satisfação da execução, sob pena de manutenção dos atos executivos. A previsão em testilha tem o mérito de assegurar a efetividade do processo, sem desprezar a oportunidade de o executado se defender de medidas executivas desproporcionais, apontando objetivamente outros meios eficazes e menos onerosos.

Frise-se que a liberdade do juiz na escolha do meio executivo não constitui um poder discricionário, pois não é realizado com base em juízo de conveniência e oportunidade, mas na aferição da medida mais adequada à luz do caso concreto[17].

---

o devedor sofre um prejuízo. Tem afetado sua situação jurídica de forma desfavorável. Já nas medidas indutivas se busca oferecer ao obrigado uma vantagem, um "prêmio", como incentivo (coação premial) ao cumprimento da decisão judicial. Daí porque a doutrina denomina essa sanção como premial. Busca-se, com essas medidas, provocar, incentivar, a prática do ato de forma mais atraente, ainda que que com sacrifício à situação jurídica [mais favorável] de outrem. MEIRELES, Edilton. *Medidas sub-rogatórias, coercitivas, mandamentais e indutivas no Código de Processo Civil*. in: Revista de processo. v. 247 . Setembro/2015. São Paulo : RT, 2015. p.231-246

16 GUERRA FILHO, Willis Santiago. *Processo constitucional e Direitos fundamentais*. São Paulo: Celso Bastos Editor, 1999. p. 67-68.DIDIER JR ,Fredie et al. *Diretrizes para a concretização das cláusulas gerais executivas dos arts 139, IV 297 e 536 § 1º do CPC*. Revista de Processo. v. 267. Maio /2017 São Paulo: RT, 2017

17 Ao falar da atuação judicial de modo geral José Roberto dos Santos Bedaque esclarece que o juiz, ao interpretar a norma não age discricionariamente, conforme o excerto adiante transcrito : "Discricionariedade implica reconhecimento , pelo sistema jurídico, da possibilidade de adoção de duas ou mais soluções, cabendo ao ente público a opção por qualquer delas, pois todas são aceitas como legítimas, adequadas e corretas pelo Direito.Ao interpretar a norma, o Poder judiciário não

Considerando a existência de meios típicos e atípicos executivos, indaga-se se existiria uma preferência pelos meios típicos. No sentido da aplicação subsidiária das medidas executivas atípicas, observado o contraditório e a motivação adequada há o enunciado 12 do Fórum Permanente de Processualista Civis[18].

Não obstante, parece não haver propriamente uma preferência pelos meios típicos executivos, porquanto o meio atípico pode ser, no caso concreto, o mais eficaz e menos gravoso ao executado. Conforme já asseverado, a eleição do meio executivo deve pautar-se primordialmente pelo alcance de um ponto ótimo entre a efetividade, e a menor restrição ao direito do devedor, com a utilização do princípio da proporcionalidade.

Destarte, deverá o juiz enunciar em sua decisão os fundamentos da eleição do meio executivo atípico, franqueando a manifestação das partes sobre a medida executiva eleita, ainda que diferida.

Outra questão digna de nota é o fato de apresentar-se o art. 139 IV do CPC como uma mitigação do princípio da correlação entre pedido e decisão.

Em verdade, o pedido mediato no processo de execução consiste na satisfação da obrigação acertada no título executivo, e com base nesta é que deve ser estabelecida a correlação estrita, pois o magistrado não se encontra autorizado a determinar o cumprimento de prestação diversa daquela constante do título executivo[19].A medida executiva postulada pela parte integra o pedido imediato, que nem sempre é o mais efetivo e menos gravoso ao executado. Destarte, o pedido imediato não vincula o magistrado, que pode eleger outra medida, proporcional e apta a satisfazer o direito do exequente.

O magistrado pode na fase de execução modificar a medida executiva fixada na decisão transitada em julgado para a efetivação da obrigação, sem que haja ofensa à coisa julgada[20]. A forma de prestação é que se encontra dentro dos lindes objetivos da coisa julgada, motivo pelo qual a sua alteração pressupõe alteração dos fatos. A medida executiva fixada na fase de conhecimento, por sua vez, ostenta natureza provisória, e, portanto, não está inserida nos limites da coisa julgada.

---

age dessa forma, visto que, representando a visão de determinado integrante da função jurisdicional a respeito do fenômeno em exame, a decisão será sempre passível de impugnação, pois a solução adotada pode não ser a melhor, segundo entendimento de quem dela discorda." BEDAQUE, José Roberto dos Santos. *Poderes instrutórios do juiz*. 7ª edição. São Paulo : RT, 2013.p. 163

---

18 A redação do enunciado 12 do FPPC é a seguinte : "A aplicação das medidas atípicas sub-rogatórias, e coercitivas é cabível em qualquer obrigação no cumprimento de sentença ou execução de título executivo extrajudicial. Essas medidas, contudo, serão aplicadas de forma subsidiária às medidas tipificadas, com observação do contraditório, ainda que diferido, e por meio de decisão, à luz do art. 489 §1º II."

19 DIDIER JR ,Fredie et al. *Diretrizes para a concretização das cláusulas gerais executivas dos arts 139, IV 297 e 536 § 1º do CPC*. Revista de Processo. v.. Maio /2017 São Paulo: RT, 2017

20 MARINONI, Luiz Guilherme et al. *Curso de Processo Civil*. v. 2. 1ª ed. São Paulo: RT, 2015. p. 842-843.

Com amparo no princípio da efetividade, identificando o juiz que determinada modalidade executiva é mais eficaz e menos gravosa ao devedor que aquela constante do título, poderá determiná-la, mediante a apresentação da devida fundamentação. Impedir esta alteração na execução, comprometeria a efetividade da atividade executiva, vez que o foco do julgador na fase de conhecimento é a resolução do mérito, fixando a prestação devida, e as medidas executivas, sem a visão clara do meio mais idôneo para a satisfação da obrigação. Na fase executiva, diferentemente, o escopo é a concretização do comando emergente da decisão, razão pela qual há uma análise mais acurada do meio executivo mais adequado.

A redação ampla do art. 139 IV do CPC confere a possibilidade de o juiz valer-se das medidas estruturantes (*structural injunctions*) para a execução das decisões, que visam à concretização de direitos constitucionalmente, por meio de reforma de instituições e estruturas sociais[21]. Tais medidas ou técnicas executivas, geralmente atípicas, devem ser idôneas a satisfazer as obrigações constantes das decisões estruturais, submetendo-se a um rigoroso controle de proporcionalidade, para evitar uma intervenção excessiva em instituições, comprometimento de verba destinada a outras atividades. A técnica executiva deve assegurar o cumprimento específico da obrigação determinada no título executivo judicial, o que conduz ao aprimoramento de medidas atípicas de caráter inovador[22]. A adoção das medidas estruturantes é constantemente associada ao ativismo judicial, hipertrofia dos poderes do juiz, em razão da liberdade na eleição da técnica executiva adequada.

---

21 "A chamada reforma estrutural é o processo social por meio do qual os juízes dão significado aos valores públicos. A chamada reforma estrutural -o assunto-deste artigo é um tipo de adjudicação, distinto pelo caráter constitucional dos valores públicos, e principalmente pelo fato de envolver um embate entre o judiciário e as burocracias estatais. (...) O processo judicial de caráter estrutural é aquele no qual um juiz, enfrentando uma burocracia estatal no que tange aos valões de âmbito constitucional, incumbe-se de reestruturar a organização para eliminar ameaça imposta a tais valores pelos arranjos institucionais existentes. Essa injunction é o meio pelo qual essas diretivas de reconstrução são transmitidas." FISS, Owen. *As formas de justiça. In: Um novo processo Civil. Estudos norte-americanos sobre jurisdição, constituição e sociedade*.T radução coord SALLES, Carlos Alberto e tradução SILVA, Daniel Portinho Godinho e RÓS, Melina de Medeiros. 1ª ed. São Paulo: RT, 2004. p. 26-27.Fredie Didier Jr, Paula Sarno Braga, Leonardo Carneiro da Cunha e Rafael Alexandria Oliveira definem a decisão estrutural da seguinte forma: "A decisão estrutural é aquela que busca implantar uma reforma estrutural em um ente, organização ou instituição, com o objetivo de concretizar um direito fundamental, realizar uma política pública ou resolver litígios complexos. Por isso, o processo que ela se constrói é chamado processo estrutural." DIDIER JR , Fredie et al. *Diretrizes para a concretização das cláusulas gerais executivas dos arts 139, IV 297 e 536 § 1º do CPC*. Revista de Processo. v. 267. Maio /2017 São Paulo: RT, 2017. Confira-se, ainda, JOBIM, Marco Félix. *Medidas estruturantes. Da Suprema Corte Estaduninense ao Supremo Tribunal Federal*. 1ª ed. Porto Alegre: Livraria do Advogado, 2013.p 91-97. PINHO, Humberto Dalla Bernardina de et al. *As medidas Estruturantes e a efetividade das decisões judiciais no ordenamento jurídico brasileiro*. Revista Eletrônica de Direito Processual (UERJ). V. 13. 2014. Disponível em http://www.e-publicacoes.uerj.br/index.php/redp/article/view/11920/9333. Acesso em 20.06.2017.

22 BAUERMANN, Desirê. *Cumprimento de obrigações de fazer ou não fazer. Estudo comparado: Brasil e Estados Unidos*. 1ª ed. Porto Alegre: Sérgio Antonio Fabris, 2012, p.53-54.

No entanto, as dificuldades na implementação das decisões complexas, com pretensão de transformação institucional, impedem a atuação solitária do juiz, demandando uma solução negociada, produto do diálogo com as partes.

O diagnóstico foi realizado de forma precisa por Eduardo José da Fonseca[23]: as medidas coercitivas não têm sido suficientes para a execução de decisões envolvendo a realização das políticas, marcada por alta complexidade técnica, travas burocráticas e limitações financeiras. A partir desta constatação, propõe a adoção de uma solução negociada entre partes e juiz[24] : o meio judicial eficaz seria a celebração de cronogramas negociados de cumprimento voluntário, contendo as etapas de implantação, tempo necessário à implantação dessas etapas, bem como a forma de supervisioná-las.

Nessa linha, Lenio Streck[25] vislumbra nas medidas abertas do preceito normativo do art. 139 IV CPC, junto com o artigo 190(negócios jurídicos processuais), a possibilidade de gerar negociações executivas de implementação de direitos sociais, de gradual reestruturação do sistema público de saúde, de imposição de medidas de fazer e não fazer no campo ambiental e consumerista, que passariam a ser dimensionadas mediante a participação ativa de todos os envolvidos. Desse modo, reputa o art. 139 IV do CPC *"fonte de uma satisfação processual-jurisdicional sofisticada e comparticipativa dos direitos."*[26]

Em suma: conquanto sejam as medidas estruturantes associadas à hipertrofia dos poderes do juiz para a remoção de óbices burocráticos, e limitações orçamentárias, visando a concretizar decisões "complexas"; na prática, a eficiência destas medidas depende de um prévio diálogo e empenho colaborativo dos sujeitos do processo. O juiz não terá êxito nesta missão de concretizar o comando da decisão, caso se mantenha isolado, fixando as medidas atípicas, com base no art. 139 IV do CPC, sem a prévia obtenção de subsídios fáticos das partes, e sem promover a integração destas na construção das decisões. Desse modo, a adoção um método colaborativo de decisão acerca dos rumos da execução nos processos estruturais é imprescindível à efetiva satisfação das obrigações.

1.2.6. Dever de promover a autocomposição

O dever de o magistrado promover a qualquer tempo a conciliação coaduna-se com o previsto no art. 3º § 3º do CPC, que versa sobre o princípio da inafastabilidade

---

23 FONSECA, Eduardo José. *Execução negociada de políticas públicas em juízo*. Revista de processo n out/2012 v. 212, São Paulo: Revista dos Tribunais, 2012, p.25-56.

24 Assim também defendemos em RODRIGUES, Marco Antonio. Aspectos processuais do controle jurisdicional de políticas públicas. In: Alexandre Freitas Câmara; Adilson Rodrigues Pires; Thaís Boia Marçal. (Org.). *Estudos de Direito Administrativo em homenagem ao professor Jessé Torres Pereira Junior*. Belo Horizonte: Fórum, 2016.

25 STRECK, Lenio. Disponível em: http://www.conjur.com.br/2016-ago-25/senso-incomum-interpretar-art-139-iv-cpc-carta-branca-arbitrio. Acesso em: 16/06/2017.

26 STRECK, Lenio. Disponível em: http://www.conjur.com.br/2016-ago-25/senso-incomum-interpretar-art-139-iv-cpc-carta-branca-arbitrio. Acesso em: 16/06/2017.

do controle jurisdicional, bem como o dever de velar pela duração razoável do processo(art. 4º do CPC e art. 139, II, ambos do CPC).

A previsão da obrigatoriedade da designação da audiência de conciliação no início do processo (art. 334 do CPC) já comprova essa clara opção do legislador de prestigiar os meios amigáveis de solução do litígio. Ademais, houve a disciplina em seção própria do CPC (arts. 165 a 175 do CPC) da atuação dos conciliadores e mediadores judiciais, auxiliares do juízo incumbidos de promoverem a solução consensual de conflito.

1.2.7. Flexibilização procedimental a ser realizada pelo magistrado

A previsão de um procedimento pelo legislador atende à necessidade de assegurar o conjunto de garantias integrantes do processo justo[27], especialmente os princípios do contraditório, ampla defesa, igualdade, segurança jurídica e efetividade. Sob esta ótica, o formalismo encerra a proteção do cidadão contra o arbítrio[28], conferindo previsibilidade aos jurisdicionados, que não podem ser surpreendidos, com a alteração do procedimento pelo juiz.

No entanto, um procedimento excessivamente rígido pode comprometer a paridade de armas no processo, e obstar a obtenção da tutela jurisdicional efetiva [29].

O reconhecimento de alguma válvula de escape no sistema das formalidades fazia-se necessário para adaptar o procedimento às especificidades do caso concreto, com o escopo de obter uma tutela jurisdicional efetiva, promovendo a eficiência processual[30].

---

27 Acerca das garantias do processo justo, confira-se COMOGLIO, Luigi Paolo et al. *Lezioni sul processo civile. I Il processo ordinário dicognizione*. 5ª ed. Bolonha : Il Mulino, 2011. p 57-92. COMOGLIO, Luigi Paolo .*Garanzie costituzionale e "giusto processo" (modelli a confronto)*. Revista de Processo. São Paulo, ano 23, nº 90, abril-junho 1998. p. 95-150. GRECO, Leonardo. *Garantias Fundamentais do Processo: O Processo Justo*. Disponível na Internet: <http://www.mundojuridico.adv.br>. Acesso em 07/06/2017

28 OLIVEIRA, Carlos Alberto Alvaro. *Do formalismo no processo civil*. 2ª ed. São Paulo: Saraiva, 2003. p. 7. José Roberto dos Santos Bedaque afirma acerca do processo como garantia: ▯ A análise da técnica preordenada à realização de direitos é complementada pela visão política desse fenômeno, segundo a qual é ele garantia da liberdade dos bens, e da própria vida do cidadão. Na medida em que não há como conceber a sociedade sem conflito entre seus membros, impossível admitir o Estado Democrático de Direito, sem o devido processo lega. BEDAQUE, José Roberto dos Santos. *Efetividade do processo e técnica processual*. 3ª ed. São Paulo : Malheiros, 2010. p.42

29 Já nos manifestamos sobre a possibilidade de flexibilização do procedimento, desde que asseguradas as garantias constitucionais do processo. RODRIGUES, Marco Antonio dos Santos. *A modificação do pedido e da causa de pedir no processo civil*. 1ª ed. Rio de Janeiro: Mundo jurídico, 2014. p. 150-152

30 ABREU, Rafael Sirangelo defende a promoção da adaptabilidade do procedimento mediante colaboração dos sujeitos processuais :"A adequação, para além do referencial externo do direito material, responde também auma necessidade de formatação de procedimentos especiais para casos concretos que demandem especialização. Essa customização, entretanto, se dá mediante colaboração(além daquela envolvendo legislativo e judiciário, inerente à compreensão dainterpretação jurídica como reconstrução de significados) do julgador e das partes (e,portanto, de forma compartilhada entre todos os sujeitos processuais).. ABREU, Rafael Sirangelo. *Customização processual compartilhada: o sistema de adaptabilidade do novo CPC*. Revista de Processo. v. 257/2016. São Paulo : RT, 2006. p. 51 – 76.

A alteração do procedimento pelo juiz para adequá-lo aos fins do processo no caso concreto, é uma das soluções para aprimorar a técnica processual[31]

No Direito inglês, tradicionalmente caracterizado por restringir os poderes do juiz houve a promulgação das Civil Procedure Rules (CPR), verdadeiro Código de Processo Civil, em 1999, prevendo a possibilidade de alteração do procedimento pelo juiz como forma de gestão do processo (*case management)* para assegurar a sua eficiência[32]. A modificação do sistema inglês ocorreu após a constatação realizada em substancioso relatório da lavra de Lord Woolf de que o processo conduzido exclusivamente pelas partes era uma das causas da ineficiência do sistema judicial inglês (Woolf Report)[33].

Observa Neil Andrews que no novo sistema das Civil Procedure Rules inglesas de 1999, a gestão procedimental foi atribuída aos juízes, em razão da constatação de que antes de 1999 os processos ficavam à deriva, sem orientação oficial, pois eram quase uma brincadeira (lucrativa) de equipes rivais de advogados [34].

Em Portugal[35], após reforma processual, foi positivado o princípio da adequação

---

31 Sobre o princípio da adequação formal, manifesta-se José Roberto dos Santos Bedaque : "Às vezes, todavia, atento à ideia de celeridade do processo o próprio legislador confere ao juiz o poder de influir na condução do processo, adaptando-o à situação de direito material posta em juízo. É o que se denomina do princípio da adequação formal, destinado a possibilitar ao juiz a realização de atos diversos daqueles previstos na lei, mas úteis aos objetivos do processo no caso concreto." BEDAQUE, José Roberto dos Santos. *Efetividade do processo e técnica processual*. 3.ed. São Paulo: Malheiros, 2010. p. 62

32 Afirma Neil Andrews que o novo sistema das civil procedure rules busca promover uma série de princípios, dentre eles o de envolvimento judicial quanto ao gerenciamento de procedimentos, descrito nos seguintes termos: "O princípio de que as partes controlam o processo foi alterado. As CPR criaram um panorama geral, que propicia a participação ativa dos juízes na fase pré-litígio nos casos de processos moderada ou extremamente complexos. Solicita-se aos juízes garantir que os processos contenciosos sejam conduzidos com rapidez, e que as principais questões sejam identificadas e priorizadas. Durante o julgamento(e quando de sua respectiva preparação) os juízes devem controlar o volume de provas.– ANDREWS, Neil. *O moderno processo civil. Formas judiciais e alternativas de resolução de conflitos na Inglaterra*. Tradução ALVIM, Teresa Arruda. 2ª ed. São Paulo: RT: 2012, p 59-60.

33 "In this acess to Justice Report, Lord Woolf concluded that to avoid the excess of the past there is no alternative to a fundamental shift in the responsability of the management of the civil litigation from litigants and their legal advisors to the courts. Accordingly, the CPR entrusts the control of litigation to the court (CPR 14). ZUCKERMAN, A A S. *Procedural Reform in England*. In : *TROCKER, Nicolo et al. The reform of civil procedure in comparative perspective*. Turim : Giappichelli editore, 2005, p. 149.

34 ANDREWS, Neil. *O moderno processo civil. Formas judiciais e alternativas de resolução de conflitos na Inglaterra*. Tradução ALVIM, Teresa Arruda. 2ª ed. São Paulo: RT: 2012, p. 89.

35 Na exposição de motivos da reforma processual portuguesa, consta a fundamentação da previsão do reforço dos poderes de flexibilização, adequação formal e direcção efectiva do processo pelo juiz: "Com vista à justa composição do litígio a racionalizar, simplificar e tornar célere a realização do fim essencial do processo civil "a justa composição dos litígios privados em tempo útil – conferem-se ao juiz poderes inquisitórios e de direcção do processo, agora reforçados, que lhe permitam,de forma efectiva, não apenas pôr eficazmente termo ao uso de meios e faculdades de natureza dilatória

formal, mediante a inserção do art.265-A no CPC, permitindo que o juiz oficiosamente, ouvidas as partes, determinasse a prática dos atos que melhor se ajustassem aos fins do processo, quando a tramitação processual prevista em lei não se adequasse às especificidades da causa.

Fernando Fonseca Gajardoni, antes da vigência do CPC/2015, já defendia a possibilidade de flexibilização procedimental em caráter excepcional quando inexistisse previsão legal adequada; inutilidade da regra formal avaliada em seu aspecto finalístico situação das partes litigantes a justificar a variação ritual, a bem da igualdade material ou do consenso[36].Sustentava, ainda que a decisão judicial deveria ser dotada de fundamentação adequada e precedida de contraditório útil[37].

Inspirado na reforma do Processo Civil português, e dos poderes judiciais outorgados pelas Civil Procedure Rules inglesas, o Projeto do CPC, que tramitava no Senado (PL166/2010), concedia amplos poderes de alteração procedimental ao juiz, para adequar as fases procedimentais às especificidades do conflito[38], porém a redação foi alterada na Câmara dos Deputados para restringir os poderes judiciais de adaptação procedimental, em razão do receio de concessão de poderes excessivos ao juiz, em prejuízo da segurança jurídica.

Desse modo, o CPC no art. 139 IV previu a possibilidade de o juiz adaptar o procedimento às especificidades do caso concreto, porém restrita à majoração de prazos processuais e à inversão da ordem de produção dos meios de prova, como meio de alcançar a efetividade do processo. Se comparado com o poder das partes, conclui-se ser este mais limitado, pois o art. 190 do CPC autoriza a modificação procedimental de forma ampla por meio de negócio jurídico processual.

Nos moldes como se encontra disciplinado no CPC, o poder de adaptação procedimental do juiz não viola o princípio da segurança jurídica, pois a majoração de prazo e a inversão da ordem de produção dos meios de prova não afetam ordinariamente a previsibilidade das partes quanto à marcha processual.

---

que o actual Código prevê e permite às partes, mas também ordenar a tramitação processual, adequando-a à especificidade da matéria litigiosa, evitando a prática de actos que, em concreto, se possam revelar inúteis e flexibilizando e agilizando as formas processuais previstas, em abstracto, na lei." Disponível em http://www.dgpj.mj.pt/sections/informacao-e-eventos/anexos/reforma-judiciaria/exposicao-de-motivos-cpc Acesso em 16/06/2017.

---

36 GAJARDONI, Fernando Fonseca. *Fundamentos dogmáticos da flexibilização procedimental.*1ª ed. São Paulo : Atlas, 2008. p.105. Acerca da flexibilização procedimental no âmbito dos Juizados Especiais Estaduais, confira-se DUARTE, Antonio Aurélio Abi- Ramia. *Flexibilização procedimental nos Juizados Especiais Cíveis.* Rio de Janeiro: Editora JC, 2014, p.183-193.

37 GAJARDONI, Fernando Fonseca. *Fundamentos dogmáticos da flexibilização procedimental.*1ª ed. São Paulo : Atlas, 2008, p.105.

38 No PL 166/2010 do Senado Federal constava o seguinte :"Art. 107 O juiz dirigirá o processo conforme as disposições deste Código, incumbindo-lhe (...) v-Adequar as fases e os atos processuais às especificações do conflito, de modo a conferir maior efetividade à tutela do bem jurídico, respeitando sempre o contraditório e a ampla defesa."

O poder de adaptação procedimental do juiz permite que este cumpra o dever de assistência, advindo do princípio da cooperação, com o intuito de assegurar a paridade de armas no processo, quando constatada dificuldade de uma das partes em exercer a defesa de seus interesses no prazo legal[39].

Dessa forma, o Juiz poderá majorar os prazos concedidos à parte, considerando o direito à ampla defesa e ao contraditório, especialmente em demandas envolvendo matéria complexa[40]. A decisão de majoração do prazo não pode, contudo, ser proferida depois do decurso do prazo, conforme o previsto no parágrafo único do art. 139[41] do CPC.

Quanto à inversão das fases procedimentais, muitas vezes é aconselhável em demandas de responsabilidade civil, a realização da colheita da prova oral antes da prova pericial, para que seja demonstrado o nexo de causalidade entre o ato e o dano alegado, antes da perícia apta a apurar o dano, que se revela muitas vezes dispendiosa e complexa.

1.2.8. Poder de polícia (art. 139, VII CPC)

Trata-se de regra geral referente ao poder de polícia do magistrado no curso do processo, inclusive de requisitar,sempre que necessário, força policial,além da segurança interna dos fóruns e tribunais. O propósito é garantir a regular realização dos atos processuais, bem como a segurança das pessoas que participam dos referidos atos. Há regra específica para o poder de polícia exercida durante a audiência no art. 360 do CPC.

---

39 Neste ponto, assinala Leonardo Greco: "Mas o procedimento legal não pode ser rigidamente inflexível, devendo facultar ao juiz uma certa margem de variação para estabelecer a necessária paridade concreta de armas, bem como para possibilitar o cumprimento de todas as atividades tecnicamente mais idôneas para permitir que cada uma das partes faça valer o seu direito ou demonstre a sua procedência. O importante, acima de tudo, é que o procedimento seja previsível, ou seja, que cada uma das partes, ao ditar a sua estratégia de atuação, esteja em condições de prever o desenvolvimento futuro do processo para que o seu desempenho seja o mais eficaz possível e para que, bruscas mudanças de rumo não venham a cercear o seu direito de defesa. GRECO , Leonardo. *Garantias Fundamentais do Processo: O Processo Justo*. Disponível na Internet: <http://www.mundojuridico.adv.br>. Acesso em 07/06/2017

40 No caso de uma ação envolvendo matéria técnica que se inicia com diversos volumes, a falta de concessão de uma prazo maior de contestação ao réu, pode inviabilizar a sua defesa, visto que nesses casos o prazo legal de quinze dias se revela exíguo. A manifestação sobre laudo pericial e sobre documentos envolvendo matéria técnica também podem exigir a majoração do prazo. A este propósito, há o enunciado 107 do Fórum Permanente de Processualistas Civis: "O juiz pode, de ofício, dilatar o prazo para a parte se manifestar sobre a prova documental produzida".

41 Neste sentido, há o enunciado 129 do FPPC: "A autorização legal para ampliação de prazos não se presta a afastar a preclusão temporal". De fato, ante a regra do parágrafo único do art. 139, não haveria mesmo como conceder a ampliação do prazo depois da perda da faculdade de se manifestar pelo decurso do prazo (preclusão temporal).

1.2.9. Interrogatório judicial (art. 139 VIII CPC)

O juiz pode determinar o comparecimento da parte para o interrogatório livre, previsto no art. 139 VIII do CPC, cujo escopo é o de esclarecer os fatos relevantes da demanda[42], inexistindo a finalidade de obtenção da confissão. No CPC antigo era previsto no art. 342, na parte referente ao depoimento pessoal. O atual CPC, em boa hora transferiu a previsão acerca do interrogatório judicial ou livre para o capítulo relativo aos poderes do Juiz, com o propósito de distingui-lo do depoimento pessoal.

Por meio do interrogatório livre permite-se o contato do juiz com as partes, para adquirir um maior conhecimento sobre os fatos da causa e postular esclarecimentos da parte interrogada, sem uma finalidade especificamente probatória[43].

Diversamente do depoimento pessoal disciplinado no art. 382 do CPC, a ausência da parte não gera a pena de confissão, em face da ausência de regra expressa neste sentido.

1.2.10. Dever de determinar o suprimento de pressupostos processuais e saneamento de outros vícios (art. 139, IX do CPC)

O dever de o juiz determinar o suprimento de pressupostos processuais e o saneamento de outros vícios (art. 139 IX do CPC), prevenindo as partes sobre eventuais deficiências das suas alegações e pedidos, é reflexo da aplicação do dever de prevenção decorrente do princípio da cooperação. Esse dever judicial também deriva do princípio da primazia do mérito, ligado à instrumentalidade das formas (art. 317 do CPC) e da efetividade (art. 4º do CPC), segundo o qual o juiz deve se empenhar na remoção de obstáculos, visando à prolação de decisão de mérito. Se o vício não causar prejuízo às partes, também se recomenda que o juiz aprecie o mérito, extraindo a maior utilidade possível do processo.[44]

---

42 CAPPELLETTI, Mauro. *La testimonianza della parte nel sistema dell'oralitá*, v. 1. Milão: Giuffrè, 1962, p. 79-81.

43 CAPPELLETTI, Mauro. *La testimonianza della parte nel sistema dell'oralitá*, v. 1. Milão: Giuffrè, 1962, p. 62. ECHANDIA, Hernando Devis. *Teoria Geral de la prueba judicial*. v. 1. 3ª ed. Buenos Aires: Victor P DE Zavallaed, 1974, p 569.

44 José Roberto dos Santos Bedaque sustenta que certos vícios, como ao falta de uma das condições da ação, como vg, o interesse de agir, podem ser relevados, se o processo desenvolveu-se normalmente, inclusive com a produção de prova, para conferir o maior rendimento possível. BEDAQUE, José dos Santos. *Efetividade e técnica processual*. 3ª ed. São Paulo: Malheiros, 2010, p. 344-345. Acerca da definição do princípio da primazia do julgamento do mérito. DIDIER JUNIOR. Fredie. *Comentários ao novo Código de Processo Civil*. In: CABRAL, Antonio do Passo, et al. (Coord.). 1ª ed. São Paulo: RT, 2015, p. 12.

1.2.11. Dever de oficiar o Ministério Público, Defensoria Pública e outros legitimados, informando-os de fatos aptos a ensejar a propositura de ação coletiva (art. 139 X)

A redação do art.139 X do CPC reproduz a regra do art. 7º da Lei 7347/85 acerca do dever de o juiz, quando tiver conhecimento de fatos que possam ensejar a propositura de ação civil pública, informar o Ministério Público de tais fatos, mediante a remessa de peças. No entanto, a regra do art. 139 X estende o dever de comunicação dos fatos à Defensoria Pública e a outros legitimados para a propositura de ação coletiva.

1.1.12. O poder- dever de julgar (art. 140 do CPC)

O poder de julgar é inerente à função do magistrado de resolver os conflitos de interesses, concedendo a tutela jurisdicional efetiva. O art. 140 do CPC consagra o princípio da indeclinabilidade da jurisdição- vedação do *non liquet-*, segundo o qual o juiz não pode se eximir de julgar, sob a alegação de lacuna, obscuridade do ordenamento jurídico.

1.2.13. Dos poderes instrutórios do Juiz(art. 370 do CPC)

O direito à prova deriva dos princípios constitucionais da ampla defesa e da efetividade do processo, pois a existência de um método de reconstrução eficaz dos fatos relevantes da demanda, é pressuposto imprescindível para a obtenção de tutela jurisdicional justa.

Neste passo, a concessão de poderes instrutórios ao Juiz, ou seja, o poder de determinar de ofício a produção de provas, nos termos do art. 370 do CPC, somente contribui para a prolação de decisão mais consentânea com a realidade dos fatos.

Questão bastante debatida na doutrina estrangeira e nacional reside no reconhecimento de limites à atividade instrutória do Juiz, em nome das garantias constitucionais do processo.

Alega-se que o exercício de iniciativas probatórias vulneraria o princípio dispositivo[45], segundo o qual caberia exclusivamente às partes a iniciativa de fixar os elementos objetivos da causa, desistir do processo e aportar as provas necessárias ao êxito da demanda. Outra alegação seria a de que o juiz perderia a sua imparcialidade ao exercer iniciativas probatórias.

No entanto, o princípio inquisitivo apenas impediria o juiz de adotar iniciativa probatória para demonstrar fatos alheios aos elementos objetivos da demanda.

---

45 Tendo em vista que parcela da doutrina compreende no princípio dispositivo o poder das partes de propor a demanda, destacamos que perfilhamos a linha de pensamento que efetua a distinção entre princípio da demanda e o dispositivo: o primeiro restaria consubstanciado na iniciativa de propor a ação, ao passo que o segundo abarca a de delimitar os elementos objetivos da demanda de produzir provas. Nesta linha, RODRIGUES, Marco Antonio. *A modificação do pedido e da causa de pedir.* Rio de Janeiro: GZ editora, 2014., p. 189-190.

Quanto à determinação de provas relativas aos fatos discutidos no processo, deve ser reconhecido ao juiz, poderes instrutórios, como consectário de seu dever de julgar[46]. Frise-se que o poder probatório do juiz não exclui o das partes, complementando-o.

Relativamente à imparcialidade, o Juiz ao assumir poderes instrutórios não estaria a buscar informações para confirmar fatos alegados pelas partes para favorecer uma delas, pois ao determinar a produção de determinada prova, desconhece o resultado, ou seja, a quem efetivamente favorecerá, a produção da prova.[47]Sob esta perspectiva o juiz que se omite também poderia ser considerado parcial para evitar a produção de prova que favoreça uma das partes.

Para Joan Pico i Junoy deve ser conferida ao juiz certa iniciativa probatória limitada aos fatos discutidos no processo e às fontes de prova – para evitar o aporte de conhecimentos privados pelo Juiz – e desde que assegurado sempre o contraditório e a ampla defesa (possibilidade de produzir provas)[48].

De fato, seria contrário ao princípio dispositivo, segundo o qual cabe às partes a fixação dos elementos objetivos da demanda, a iniciativa probatória do juiz desvinculada dos fatos discutidos no processo e das provas constantes dos autos.

José Roberto dos Santos Bedaque[49] também defende que os elementos objetivos da demanda e os elementos de prova constantes dos autos são limites aos poderes investigatórios do juiz, acrescentando a necessidade da submissão ao contraditório e a fundamentação adequada. Inclui, ainda, os limites impostos pela técnica processual, bem como aqueles relativos a certos meios de prova ou especificidades do procedimento(art. 35 da Lei n 9099/95).

Em muitos casos, há a necessidade da atuação assistencial do juiz para assegurar a paridade de armas no processo, justificando a adoção de iniciativa instrutória complementar a das partes.

Entretanto, a iniciativa não deve ser limitada aos casos de desigualdade entre as partes, podendo ser exercida sempre que haja a necessidade de esclarecimento dos fatos relevantes ao julgamento da demanda, dado o risco de não haver o correto acertamento dos fatos em razão da proposital omissão das partes[50].

Destarte, a forma de compatibilizar as iniciativas probatórias do juiz com as garantias processuais seria compreendê-la como limitada aos fatos discutidos no proces-

---

46 MOREIRA, José Carlos Barbosa. *Neoprivatismo no processo civil. Temas de direito processual.* nona série. São Paulo: Saraiva, 2007, p. 96.

47 MOREIRA, José Carlos Barbosa. *Neoprivatismo no processo civil. Temas de direito processual.* nona série. São Paulo: Saraiva, 2007, p. 96.

48 PICÓ I JUNOY,Joan. *El juez y la prueba.* 1ª ed. Barcelona: JM Bosch editor, 2007, p.102.

49 BEDAQUE, José Roberto dos Santos. *Os poderes instrutórios do juiz.* 7ª ed. São Paulo :Malheiros, 2013, p. 164-171.

50 Conforme manifestado em SÁ, Carla Teresa Bonfadini de. *A valoração judicial da conduta das partes no campo probatório.* orientador RODRIGUES, Marco Antonio dos Santos. Dissertação de mestrado. Rio de Janeiro: UERJ, 2017.

so e às fontes de prova, desde que assegurado sempre o contraditório, e a motivação adequada.

1.2.14. Da dinamização do ônus da prova

A par dos poderes instrutórios, detém o juiz o poder- dever de promover a modificação da distribuição do ônus da prova, em atenção às peculiaridades do caso concreto, quando presente a assimetria probatória entre as partes. Tal atuar consubstancia a concretização do dever de assistência, inerente ao princípio da cooperação, pressupondo sempre uma maior proximidade de uma das partes com os meios de prova.

A regra geral de distribuição do ônus probatório do CPC (art. 373) atribui ao autor o ônus de provar o fato constitutivo de seu direito; e ao réu, a existência de fato impeditivo, modificativo ou extintivo do direito do autor.

O § 1º do art. 373 do CPC inova ao prever a possibilidade de, excepcionalmente, o juiz dinamizar o ônus probatório, para atribuí-loà parte detentora de melhores condições de produzir a prova, quando a parte ordinariamente onerada não tenha como produzi-la (prova diabólica), possua extrema dificuldade em fazê-lo (prova difícil) ou haja a maior facilidade da outra parte em produzi-la (critério da maior facilidade).

Conquanto sejam alternativos os requisitos da impossibilidade ou extrema dificuldade de uma das partes; e maior facilidade da outra parte, em ambos os casos há a presença de uma situação de desigualdade na produção da prova. Desse modo, não está autorizado o juiz a realizar a modificação da distribuição do ônus da prova, impondo à outra parte prova impossível de ser produzida (prova diabólica).

O legislador adotou no § 1º do art. 373 do CPC a doutrina das "cargas dinâmicas da prova", concebida por Jorge W. Peyrano[51] e Julio O. Chippini como regra de flexibilização para corrigir a situação de desigualdade no caso concreto, atribuindo o ônus probatório à parte que se encontre em melhores condições técnicas, profissionais e fáticas de produzir a prova..

Registre-se que a dinamização é excepcional, e se aplica a fatos determinados, detendo o juiz o ônus argumentativo de enunciar as razões para afastar a distribuição prevista na regra estática do art. 373 do CPC, por meio de uma motivação adequada.

---

51 Explica, resumidamente, Jorge Peyrano a doutrina das cargas probatórias dinâmicas da seguinte forma: "La llamada doctrina de las cargas probatorias dinâmicas puede y debe ser utilizada por los estrados judiciales em determinadas situaciones em las cuales no funciona adecuadaey valiosamente lãs previsiones legales que, como norma, reparten los esfuerzos probatórios. La misma importa un desplazamiento del onus probandi, según fueren las circunstancias del caso,, en cuyo mérito aquél puede recaer, verbigracia, en cabeza de quien está en mejores condiciones técnicas, profesionaes o fácticas para producir-las, más, ala del emplazamiento como actor o demandado o de tratarse de hechos constitutivos, impeditivos, modificativos o extintitvos. PEYRANO, Jorge. *Nuevos lineamentos de las cargas probatórias dinâmicas*. In PEYRANO et al. *Cargas probatórias dinámicas*. 1ª ed. Santa Fe: Rubinzal-Culzoni, 2008, p.19-20

Quanto ao momento, a dinamização do encargo probatório deve ocorrer até quando a parte possa desincumbir-se do ônus, ou seja, até a decisão de saneamento[52].

1.2.15. Do dever de motivar (art. 489, § 1º do CPC)

A motivação fornece a justificação da decisão judicial, permitindo o controle da racionalidade das escolhas feitas pelo juiz. Há dois graus de justificação na decisão : o primeiro, a justificação interna consiste na existência de um liame lógico entre os enunciados da decisão, ao passo que a segundo é de ordem teleológica, visando a justificar a correção das premissas usadas na justificação externa[53], ou seja, a correta aplicação da lei e a apreciação das provas constantes do processo.[54]

Portanto, exige-se a coerência interna do ato decisório, bem como a correção das premissas fáticas, ou seja, a correta aplicação da lei e a adequada valoração das provas constantes do processo.

Na atual concepção de contraditório(contraditório como direito de influência), que não se resume ao binômio informação/reação, deve ser assegurado o direito de

---

52 Perfilhando o entendimento de que a inversão do encargo probatório deve ocorrer, preferencialmente, até o saneamento do feito, decidiu a 2ª Seção do STJ, no julgamento dos embargos de divergência no Recurso Especial n.422778/SP, cuja ementa é a seguinte: "Embargos de embargos de divergência. Inversão do ônus da prova do Código de Defesa do consumidor. Lei 8.078/90, art. 6º, INC. VIII. Regra de instrução. Divergência configurada.1. O cabimento dos embargos de divergência pressupõe a existência de divergência de entendimentos entre Turmas do STJ a respeito da mesma questão de direito federal. Tratando-se de divergência a propósito de regra de direito processual (inversão do ônus da prova) não se exige que os fatos em causa no acórdão recorrido e paradigma sejam semelhantes, mas apenas que divirjam as Turmas a propósito da interpretação do dispositivo de lei federal controvertido no recurso.2. Hipótese em que o acórdão recorrido considera a inversão do ônus da prova prevista no art. 6º, inciso VIII, do CDC regra de julgamento e o acórdão paradigma trata o mesmo dispositivo legal como regra de instrução. Divergência configurada.3. A regra de imputação do ônus da prova estabelecida no art. 12 do CDC tem por pressuposto a identificação do responsável pelo produto defeituoso (fabricante, produtor, construtor e importador), encargo do autor da ação, o que não se verificou no caso em exame. 4. Não podendo ser identificado o fabricante, estende-se a responsabilidade objetiva ao comerciante (CDC, art. 13). **Tendo o consumidor optado por ajuizar a ação contra suposto fabricante, sem comprovar que o réu foi realmente o fabricante do produto defeituoso, ou seja, sem prova do próprio nexo causal entre ação ou omissão do réu e o dano alegado, a inversão do ônus da prova a respeito da identidade do responsável pelo produto pode ocorrer com base no art. 6º, VIII, do CDC, regra de instrução, devendo a decisão judicial que a determinar ser proferida "preferencialmente na fase de saneamento do processo ou, pelo menos, assegurando-se à parte a quem não incumbia inicialmente o encargo, a reabertura de oportunidade"** (RESP 802.832, STJ 2ª Seção, DJ 21.9.2011). 5. Embargos de divergência a que se dá provimento. 2ª Seção do STJ, relatora para acórdão Min Maria Isabel Gallotti, julgado em 29/02/2012, publicado no DJE de 21.06.2012. Negrito acrescido.

53 ALEXY, Robert. *Teoria da Argumentação jurídica. A teoria do discurso racional como teoria da fundamentação jurídica.* 3ª ed. Rio de Janeiro: Forense, 2013, p. 228. TARUFFO, Michele. *A motivação da sentença civil.* São Paulo: Marcial Pons, 2015, p. 252-259.

54 TARUFFO, Michele. *A motivação da sentença civil.* São Paulo: Marcial Pons, 2015, p. 252-259

as partes influírem na decisão judicial, sendo componente imprescindível o direito de ter seus argumentos considerados pelo juiz[55](direito à consideração), analisados na decisão[56]. Daí a exata correlação entre contraditório e motivação adequada, sendo esta o modo de aferir se o contraditório efetivo foi exercido no processo.

Nessa perspectiva, o art. 489, § 1º do CPC, com o propósito de permitir um controle mais adequado do dever judicial de motivar, emergente do art. 93 IX da Constituição a República, apresenta os requisitos mínimos da fundamentação das decisões judiciais, por meio da interpretação a *contrario sensu* das hipóteses elencadas em seu § 1º que compõe um rol meramente exemplificativo. A preocupação com a fundamentação judicial nos casos de colisão de normas, levaram o legislador a prever a regra do § 2º do art. 489 do CPC, exigindo que o juiz justifique o objeto e os critérios gerais da ponderação efetuada, enunciando as razões que autorizam a interferência na norma afastada e as premissas que autorizam a conclusão.

1.3. Da supressão do princípio da identidade física do juiz

A regra[57] prevista no art. 132 do CPC/1973, que determinava a vinculação do juiz, que concluiu a audiência de instrução e julgamento, para a prolação da sentença não foi reproduzida no Código atual.

Embora seja aconselhável em um processo cooperativo, que o juiz incumbido de prolatar a sentença seja o mesmo que encerrou a audiência, na qual houve a colheita

---

55 NUNES, Dierle; JR THEODORO, Humberto. *Uma dimensão que urge reconhecer ao contraditório brasileiro: sua aplicação como garantia de não-surpresa e de aproveitamento da atividade processual*. REPRO v. 34, n. 168. São Paulo: RT, 2009, p.107-141.

56 "È Il dovere d'attenzione alle allegazioni, intrinsecamente collegato al dovere di motivazione delle decisioni statali ed al correlato diritto dei cittadini di vederela loro línea argomentativa considerata dal giudice (Rechtauf Berücksichtigung). Infatti, se il principio del contraddittorio fosse ristretto al diritto di espressione e non rappresentasse anche il diritto d'influenza rele decisioni, non cisarebbe un dovere di attenzione del giudice che fosse vincolato al contraddittorio". CABRAL, Antonio. *Il contraddittorio come diritto d'infleunza e dovere di dibattito.* Rivista trimestrale di Diritto processualle. Milão: Giufreè editore, 2005, p. 457.

57 A norma em questão melhor se enquadrava na categoria de regra, na medida em que previaconcretamente a vinculação do juiz que presidiu a audiência, na qual tinha havido a colheita da prova oral, para proferir sentença. Humberto Ávila distingue princípios e regras, com base no critério da medida de contribuição para a decisão: "As Regras são normas imediatamente descritivas, primariamente retrospectivas e com pretensão de decidibilidade e abrangência, para cuja aplicação se exige a avaliação da correspondência, sempre centrada na finalidade que lhes dá suporte ou nos princípios que lhes são axiologicamente sobrejacentes, entre a construção conceitual da descrição normativa e a construção conceitual dos fatos . Os princípios são normas imediatamente finalísticas, primariamente prospectivas e com pretensão de complementariedade e de parcialidade, para cuja aplicação se demanda uma avaliação da correlação entre o estado de coisas a ser promovido e os efeitos decorrentes da conduta havida como necessária à sua concretização." ÁVILA, Humberto. *Teoria dos princípios*. 12ª ed. São Paulo: Malheiros, 2011, p. 78.

da prova oral, o atual CPC optou por não prever o referido princípio, que durante a vigência do CPC/1973, já sofria uma série de mitigações.

De fato, a modernização da atividade judiciária, mediante a implementação de autos eletrônicos e registro audiovisual das audiências, permitindo a julgador diverso daquele que presidiu audiência, assistir aos depoimentos colhidos, afastaria a necessidade de determinar a vinculação do juiz que procedeu à colheita da prova oral[58]. No entanto, o registro audiovisual ainda não é realidade em todos os juízos, motivo pelo qual ainda restaria alguma utilidade no reconhecimento da regra da identidade física do juiz para concretizar os princípios da oralidade e o da colaboração.

Outra razão para a abolição da regra da identidade física do juiz, relacionada à organização judiciária, residiria no suposto prejuízo à celeridade na tramitação dos processos, em virtude da carência de juízes. Considerando, contudo, que a regra da vinculação não era absoluta e que celeridade a todo custo não deve ser confundida com duração razoável, seria justificável a subsistência da regra para a prolação de uma sentença justa, com base nas impressões colhidas em audiência pelo juiz vinculado.

Luiz Guilherme Marinoni, Daniel Mitidiero e Sérgio Cruz Arenhart afirmam que com muito boa vontade é possível extrair o mesmo princípio do preceituado no art. 366 do CPC, segundo o qual, "encerrados os debates na audiência, deve o juiz proferir sentença no prazo de trinta dias[59]". Entretanto, ressaltam, que a intenção do legislador parece ter sido a de abolir o princípio da identidade física do juiz[60].

Não obstante fosse aconselhável a manutenção da regra da identidade física do juiz, à míngua de regra expressa análoga a do art. 132 do CPC/1973, é forçoso concluir que pretendeu efetivamente o legislador suprimir tal regra do Código Civil. Trata-se, pois, de um silêncio eloquente. Nem mesmo a previsão do art. 366 do CPC socorre o ponto de vista no sentido da permanência da identidade física do juiz, pois tal regra pode ser interpretada como a exigência de prolação de sentença por qualquer magis-

---

58 Roberto Sampaio Contreira de Almeida aponta duas possíveis causas para a abolição da regra da identidade física do juiz: "Todavia, como o CPC/2015 foi elaborado sob o influxo das inovações advindas do processo judicial eletrônico, que se voltam, primordialmente, à celeridade e à economia processual, considerou que não haveria sentido na manutenção de certos procedimentos devido a tais inovações que, com a possibilidade áudio e vídeo, acabam, por tornar sem razão essa vinculação estrita do juiz ao julgamento. Além disso, questões de organização judiciária, tais como a carência de julgadores e o crescente aumento do número de processos, também contribuiriam para que fosse suplantada a antiga sistemática em áudio e vídeo, acabam, por tornar sem razão essa vinculação estrita do juiz ao julgamento. Além disso, questões de organização judiciária, tais como a carência de julgadores e o crescente aumento do número de processos, também contribuiriam para que fosse suplantada a antiga sistemática. ALMEIDA, Roberto Sampaio Contreira. *Anotações sobre o novo Código de Processo Civil. Principais Novidade.* Disponível em https://www12.senado.leg.br/publicacoes/estudos-legislativos/tipos-de-estudos/textos-para-discussao/td213. Acesso em: 17/06/2017.

59 MARINONI, Luiz Guilherme et al.*Curso de Processo Civil. Teoria do processo civil.* v. I. 1ª ed. São Paulo: RT, 2015, p. 538.

60 Loccit, p. 538

trado no prazo de trinta dias, e não necessariamente por aquele que presidiu a audiência de instrução e julgamento com colheita de prova oral[61].

1.4. Da responsabilidade civil do Juiz

A responsabilidade civil do juiz é disciplinada no art. 143 do CPC, que condiciona a reparação por danos ao exercício de suas funções com dolo ou fraude (art. 143, I); ou recusa, omissão ou retardamento injustificado de providência que deva determinar de ofício (art. 143, II).

No caso de recusa ou retardamento injustificado (art. 143, II do CPC), somente responderá o juiz, se não determinar a providência em dez dias após o requerimento formulado pela parte (parágrafo único do art. 143 do CPC).

Primeiramente, constata-se que houve uma pequena modificação da redação do parágrafo único do art. 143, em relação ao parágrafo único do art. 133 do CPC/1973 consistente na eliminação de que a representação deveria ser requerida por intermédio do escrivão.

Registre-se que a principal diferença em relação à disciplina constante do Código de Processo Civil/1973 é a previsão de que somente responderá o juiz por perdas e danos regressivamente. Tal alteração corresponde à incorporação do entendimento firmado pelo Supremo Tribunal Federal[62] de que o Juiz responde somente regressivamente pelos danos causados.

Destarte, não poderá o lesado ajuizar ação de ressarcimento diretamente em face do juiz, devendo demandar o Estado (art. 37 §6º da Constituição da República), e somente este último está autorizado a propor ação de regresso em face do magistrado, demonstrando a existência de dolo, fraude (art. 143, I); ou recusa e retardamento injustificado (art. 143, II).

---

61 Loc cit, p. 538

62 O entendimento perfilhado pelo Excelso Pretório foi firmado no julgamento do recurso extraordinário 228.977-2/SP, cuja ementa segue transcrita: "Recurso extraordinário. Responsabilidade Civil. Ação reparatória por ato ilícito. Ilegitimidade de parte passiva. Responsabilidade exclusiva do Estado. A autoridade judiciária não tem responsabilidade civil pelos atos jurisdicionais praticados. Os magistrados enquadram-se na espécie agente público, investidos para o exercício de atribuições constitucionais, sendo dotados de plena liberdade funcional no desempenho de suas funções, com prerrogativas próprias e legislação especifica. 3. Ação que deveria ter sido ajuizada contra a Fazenda Estadual - responsável eventual pelos alegados danos causados pela autoridade judicial, ao exercer suas atribuições -, ao qual, posteriormente, terá assegurado o direito de regresso contra o magistrado responsável, nas hipóteses de dolo ou culpa. 4. Legitimidade passiva reservada ao Estado. Ausência de responsabilidade concorrente em face dos eventuais prejuízos causados a terceiros pela autoridade julgadora no exercício de suas funções, a teor do art. 37, § 6º, da CF/88. 5. Recurso Extraordinário conhecido e provido." (RE 228.977-2/SP. Rel Min. NÉRI DA SILVEIRA. Julgamento: 05/03/2002. Órgão Julgador: SEGUNDA TURMA. Publicação: DJ 12-04-2002 PG-12977)

2. Do Ministério Publico

Inserido pela Constituição da República no capítulo referente às funções essenciais à justiça, o Ministério Público exerce importante papel no Brasil, atuando, na forma do artigo 127 da Constituição, como defensor da ordem jurídica, do regime democrático e dos interesses e direitos sociais e individuais indisponíveis. Trata-se, portanto, de instituição que atua no controle aos Poderes do Estado, auxiliando no equilíbrio entre estes.

Além disso, o Ministério Público defende uma série de direitos da coletividade, como, por exemplo, o meio ambiente equilibrado, ou até mesmo os individuais, se forem indisponíveis.

No caso dos direitos individuais homogêneos, embora muitas vezes se trate de direitos individuais disponíveis, importante salientar que tais interesses possuem origem comum, consoante prevê o artigo 81, parágrafo único, inciso III, do Código de Defesa do Consumidor, podendo atingir parcela significativa da sociedade, o que confere a tais direitos um caráter social. Por isso, se o direito individual homogêneo assumir esse caráter, pode o *Parquet* defendê-lo em juízo, em razão de sua atribuição para a defesa de direitos sociais, prevista no dispositivo ora analisado, bem como no artigo 127 da Constituição da República[63].

À semelhança do CPC de 1973, o artigo 181 define que a responsabilidade civil dos membros do Ministério Público se configurará apenas em casos de dolo ou fraude. Cuida-se de regra que procura proteger a independência dos integrantes do *Parquet* no exercício de suas funções, já que limita as hipóteses em que terão o dever de reparação de danos.

Apesar de o artigo 37, § 6º, da CRFB, trazer a regra geral de responsabilidade subjetiva dos servidores públicos, que responderão civilmente em casos de dolo ou culpa, o legislador infraconstitucional previu uma restrição à responsabilidade dos membros do Ministério Público, já que apenas serão responsabilizados em casos de dolo ou fraude.

Ademais, cumpre destacar, a partir da interpretação do artigo ora analisado, que o dever de reparação por tais servidores surgirá apenas em regresso, não sendo di-

---

63 AGRAVO INTERNO NO AGRAVO EM RECURSO ESPECIAL. PROCESSUAL CIVIL NEGATIVA DE PRESTAÇÃO JURISDICIONAL. NÃO OCORRÊNCIA. AÇÃO CIVIL PÚBLICA. TELEFONIA FIXA E ACESSO À INTERNET. VENDA CASADA. LEGITIMIDADE ATIVA DO MINISTÉRIO PÚBLICO. DIREITOS INDIVIDUAIS HOMOGÊNEOS. RELEVÂNCIA SOCIAL EVIDENCIADA. LEGITIMIDADE CONFIGURADA. ADEQUAÇÃO DA VIA ELEITA. 1. Não há falar em negativa de prestação jurisdicional se o tribunal de origem motiva adequadamente sua decisão, solucionando a controvérsia com a aplicação do direito que entendeu cabível à hipótese. 2. O Ministério Público tem legitimidade processual para a propositura de ação civil pública objetivando a defesa de direitos individuais homogêneos, mormente se evidenciada a relevância social na sua proteção. 3. No caso em apreço, a discussão transcende a esfera de interesses individuais dos efetivos contratantes, tendo reflexos em uma universalidade de potenciais consumidores que podem ser afetados pela prática apontada como abusiva. 4. Agravo interno não provido. (AgInt no AREsp 961.976/MG, Rel. Ministro RICARDO VILLAS BÔAS CUEVA, TERCEIRA TURMA, julgado em 13/12/2016, DJe 03/02/2017) (original não grifado)

retamente responsáveis perante terceiros. Nessa linha, cumpre salientar que o texto legal parece ter incorporado entendimento já adotado pelo Supremo Tribunal Federal em matéria de responsabilidade de servidores públicos, cuidando-se, pois, de aplicação concreta de tal posicionamento aos membros do Ministério Público[64].

2.1. Das funções do Ministério Público no processo civil

No processo civil, o Ministério Público pode assumir duas funções: o *Parquet* pode vir a atuar como autor de demandas, em favor dos interesses que justificam a sua atuação, ou como fiscal da ordem jurídica em determinados processos.

O artigo 177 do CPC consagra uma das funções do Ministério Público no processo civil brasileiro: a de autor de demandas. Na defesa que lhe foi atribuída constitucionalmente a certos bens jurídicos, o *Parquet* possui o poder-dever de propor todas as ações que se revelem necessárias. O dispositivo em questão procura adequar o direito fundamental de acesso à justiça, previsto no artigo 5º, inciso XXXV, da Constituição da República, às atribuições constitucionais do Ministério Público, cuja missão foi repetida pelo legislador infraconstitucional no artigo anterior. Por isso, o direito de ação do Ministério Público não é irrestrito: é preciso que a demanda proposta esteja ligada a algum dos bens jurídicos mencionados no artigo 127 da Constituição e no artigo 177 retro, ou se justifique em alguma das funções institucionais previstas no artigo 129 da Carta Magna.

Exige-se, pois, uma verdadeira pertinência temática na atuação do Ministério Público enquanto autor no processo civil.

Ademais, o Ministério Público pode atuar como fiscal da ordem jurídica, de maneira a promover os interesses cuja defesa lhe foi atribuída pelos artigos 127 e 129 da Constituição da República, sem ostentar a qualidade de parte. O artigo 178 do CPC define quais demandas levam à intervenção do Ministério Público com tal finalidade, sendo aquelas que envolvam interesse público ou social; interesse de incapaz ou litígios coletivos pela posse de terra rural ou urbana; e as demais hipóteses previstas em lei ou na Constituição da República.

Note-se que tradicionalmente tal função do Ministério Público era denominada de "fiscal da lei", sendo que o CPC de 2015 procurou chamar de "fiscal da ordem jurídica". A expressão atualmente adotada pelo legislador se coaduna com as modernas concepções acerca das fontes normativas: não apenas da lei emanarão normas, podendo haver outras espécies normativas, como é o caso da própria Constituição, ou até mesmo atos do Poder Executivo, como medidas provisórias[65].

---

64 No mesmo sentido, CÂMARA, Alexandre Freitas. *O Novo Processo Civil brasileiro.* 3ª ed. Rio de Janeiro: GEN, 2017, p. 113.

65 Sobre a mutação da legalidade em juridicidade, confira-se o nosso RODRIGUES, Marco Antonio dos Santos. *Constituição e Administração Pública: definindo novos parâmetros à legalidade administrativa e ao poder regulamentar*. Rio de Janeiro: GZ Editora, 2011.

Importante destacar, ainda, que a função de fiscal da ordem jurídica não significa que o Ministério Público deve agir a fim de defender o interesse da pessoa que justifica a sua atuação " como, por exemplo, o incapaz[66]. O *Parquet* tem o dever de atuar, nesses casos, a fim de garantir a adequada observância do ordenamento jurídico, ainda que não seja a solução mais interessante ao incapaz.

Finalmente, cumpre salientar que o parágrafo único incorpora entendimento que já era reconhecido por membros do Ministério Público: a participação da Fazenda Pública em uma demanda, embora leva à existência de algum interesse público ou social em tal ação, não impõe a intervenção do *Parquet*.

Diante de tal previsão, parece ter sido intenção do legislador que somente as ações em que existir um efetivo interesse coletivo em jogo, e não unicamente um interesse patrimonial do Poder Público, sejam de participação obrigatória do Ministério Público, entendimento este já manifestado em alguns acórdãos do Superior Tribunal de Justiça à luz do CPC/1973[67].

Ocorre que, como já salientado em outro estudo[68], o interesse público se manifesta mesmo em demandas em que esteja em jogo um interesse patrimonial da Administração. Isso porque tal interesse não configura um fim em si mesmo, já que eventual vitória da pessoa jurídica de direito público será capaz de trazer recursos que se poderão se prestar à implementação de políticas públicas.

---

66 CIVIL E PROCESSUAL. AÇÃO DE INVESTIGAÇÃO DE PATERNIDADE. REVELIA DO PAI INVESTIGADO. JULGAMENTO ANTECIPADO DA LIDE. RECURSO DO MINISTÉRIO PÚBLICO. CUSTOS LEGIS. APELAÇÃO NÃO RECEBIDA. AGRAVO DE INSTRUMENTO IMPROVIDO. LEGITIMIDADE E INTERESSE RECURSAL. CPC, ARTS.3o, 320, II, E 499, § 2o. EXEGESE.I. A legitimidade do Ministério Público para apelar das decisões tomadas em ação de investigação de paternidade, onde atua na qualidade de custos legis (CPC, art. 499, parágrafo 2o), não se limita à defesa do menor investigado, mas do interesse público, na busca da verdade real, que pode não coincidir, necessariamente, com a da parte autora. II. Destarte, decretada em 1º grau a revelia do investigado, mas sem que qualquer prova da paternidade ou elementos de convicção a respeito tenham sido produzidos nos autos, tem legitimidade e interesse em recorrer da sentença o Ministério Público.III. Recurso especial conhecido e provido, para determinar o processamento da apelação do parquet. (REsp 172.968/MG, Rel. Ministro ALDIR PASSARINHO JUNIOR, QUARTA TURMA, julgado em 29/06/2004, DJ 18/10/2004, p. 279) (original não grifado).

67 ADMINISTRATIVO E PROCESSUAL CIVIL. INDENIZAÇÃO. DESAPROPRIAÇÃO INDIRETA. INTERVENÇÃO DO MINISTÉRIO PÚBLICO. DESNECESSIDADE. 1. Impossível a manutenção do entendimento originário, porquanto a intervenção ministerial não é determinada pelo valor da causa e não possui natureza probatória a ensejar o entendimento de que a necessidade depende do livre convencimento do juiz. 2. De fato, como consignado na decisão agravada, desarrazoada a determinação da Corte de origem quanto à necessidade de intervenção do Parquet no presente caso, porquanto esta Corte tem firme entendimento no sentido de que a "ação de desapropriação indireta é ação de indenização, de cunho patrimonial, não havendo interesse público que justifique a intervenção do Ministério Público" (REsp 827.322/PA, Rel. Ministra Eliana Calmon, Segunda Turma, julgado em 18/12/2007, DJe 28/11/2008). Agravo regimental improvido. (AgRg no AREsp 94.392/RS, Rel. Ministro HUMBERTO MARTINS, SEGUNDA TURMA, julgado em 12/11/2013, DJe 06/03/2014).

68 RODRIGUES, Marco Antonio. *A Fazenda Pública no Processo Civil*. Rio de Janeiro: GEN, 2016, p. 9.

Dessa forma, conclui-se que a presença da Fazenda Pública em demandas é fator que indica, via de regra, que o litígio envolve interesse público, a justificar a participação do Ministério Público, devendo ser efetivamente verificado, em cada caso concreto, se sua intervenção não se justifica.

Note-se que o artigo 178prevê o prazo de trinta dias para a manifestação do órgão ministerial. Cuida-se de prazo não preclusivo, que pode, portanto, ser ultrapassado. No entanto, em nome da duração razoável do processo, o juiz poderá determinar a devolução dos autos, para que a relação processual continue, conforme estatui o artigo 180, § 1º.

O artigo 179 regula prerrogativas e poderes do Ministério Público enquanto fiscal da ordem jurídica. O inciso I veicula verdadeira prerrogativa a tal instituição, estabelecendo sua intimação de todos os atos do processo. Assim, pode o órgão ministerial desde logo praticar os atos pertinentes, diante de eventual conduta da parte ou de pronunciamento judicial.

Registre-se que, em virtude do interesse em jogo nos processos em questão, a não intimação do *Parquet* para atuar configura causa de nulidade dos atos praticados sem a devida convocação de tal instituição. Essa nulidade, porém, pode excepcionalmente não ser decretada, em virtude dos princípios da instrumentalidade das formas e do aproveitamento dos atos processuais. Neste sentido, inclusive, é que se posiciona o Superior Tribunal de Justiça[69].

Ademais, o inciso II prevê poderes ao Ministério Público no exercício dessa função de fiscal. Trata-se de previsão bastante ampla: poderá produzir provas, requerer medidas processuais pertinentes e recorrer. Pode o órgão ministerial, portanto, praticar todos os atos necessários para cumprir adequadamente o papel de fiscal, inclusive buscando a verdade sobre as alegações das partes por meio de provas, ou até recorrendo.

No que se refere ao recurso, o dispositivo deve ser lido sistematicamente com o artigo 996, que prevê a legitimidade para recorrer ao *Parquet*, inclusive como fiscal da ordem jurídica.A Súmula 99 do STJ igualmente prevê a legitimidade recursal ao *Parquet* enquanto fiscal da ordem jurídica.

---

69 À luz do CPC/2015: RECURSO ESPECIAL. DIREITO PROCESSUAL CIVIL. REINTEGRAÇÃO DE POSSE. INVASÃO COLETIVA DE IMÓVEL POR NÚMERO INDETERMINADO DE PESSOAS.CITAÇÃO POR EDITAL DOS INVASORES NÃO ENCONTRADOS PELO OFICIAL DE JUSTIÇA. NECESSIDADE. LITISCONSÓRCIO PASSIVO MULTITUDINÁRIO FORMADO POR RÉUS INCERTOS. AUSÊNCIA DE CITAÇÃO FICTA. NULIDADE DO FEITO. 1. É firme a jurisprudência do STJ no sentido de que a ausência de intimação do Ministério Público não enseja, por si só, a decretação de nulidade do julgado, salvo a ocorrência de efetivo prejuízo demonstrado nos autos.
(...) 5. Na hipótese, deve ser reconhecida a nulidade de todos os atos do processo, em razão da falta de citação por edital dos ocupantes não identificados. 6. Recurso especial provido. (REsp 1314615/SP, Rel. Ministro LUIS FELIPE SALOMÃO, QUARTA TURMA, julgado em 09/05/2017, DJe 12/06/2017) (original não grifado).

2.2. *Benefício de prazo e prerrogativa de intimação pessoal*

O *caput* do artigo 180 realiza modificação importante em relação ao CPC de 1973. Em tal diploma, o artigo 188 dispunha que a Fazenda Pública e o Ministério Público dispunham de prazo em quádruplo para contestar e em dobro para recorrer. Com o CPC de 2015, verifica-se que o Ministério Público passa a ter o benefício de prazo em dobro para todas as suas manifestações processuais, independentemente de sua natureza.

Tal previsão promove a igualdade material no processo, já que outras manifestações processuais podem ser tão importantes quanto contestar e recorrer, e o Ministério Público tem frequentemente mais dificuldades na obtenção de informações do que patronos de pessoas de direito privado em geral possuem.

De outro lado, importante salientar que o benefício consagrado no *caput* pode ser excepcionado por previsão legal especial de prazo próprio, conforme prevê o parágrafo 2º do artigo 180. Nesse caso, aplica-se do critério da especialidade para a solução de antinomias, pois a norma especial estará revogando a norma geral quanto ao prazo duplicado.

Destaque-se, outrossim, que o *caput* do dispositivo também consagra, à semelhança do CPC de 1973, o direito do Ministério Público à intimação pessoal, o que facilita o exercício das atividades do órgão ministerial, ao evitar a necessidade de controle de intimações pela publicação em veículo oficial.

Finalmente, cumpre destacar que o parágrafo 1º consagra que, findo o prazo para manifestação do *Parquet*, o juiz requisitará os autos e dará andamento ao processo. A regra em tela contribui para a efetividade do direito fundamental à duração razoável do processo, evitando que o processo permaneça por tempo indeterminado com o órgão ministerial. Mesmo não havendo, em tal hipótese, a preclusão temporal para a emissão do parecer, o processo precisa prosseguir, a fim de chegar a uma prestação jurisdicional final, e por isso o juízo requisitará os autos, para a continuação do desenvolvimento do processo.

3. Da Advocacia Publica

No Brasil, a Advocacia Pública é composta pela Advocacia Geral da União, pelas Procuradorias dos Estados e do Distrito Federal, bem como pelas dos Municípios. Incumbe a tais órgãos a representação judicial dos entes públicos, assim como atividades de consultoria e assessoramento jurídico, assumindo, assim, importante papel no controle interno da legalidade de atos administrativos e políticas públicas.

O CPC de 2015, prestigiando as relevantes funções exercidas pela Advocacia Pública, dedicou-lhe um capítulo, diferentemente do CPC de 1973.

Interessante notar que o parágrafo único traz importante previsão aos membros da Advocacia Pública, estabelecendo sua responsabilidade civil apenas em casos de dolo ou fraude. Embora a responsabilidade civil dos servidores públicos em geral, por força do artigo 37, parágrafo 6º, da CRFB, seja subjetiva, o que leva ao dever de reparação de danos em casos de dolo ou culpa, o legislador infraconstitucional instituiu uma limitação à responsabilidade civil dos advogados públicos: estes somente responderão, se configurado dolo ou fraude, e de maneira regressiva.

Tendo em vista que a regra do parágrafo único cuida da responsabilidade no exercício das funções do advogado público, sem efetuar restrição a quais atividades da Advocacia Pública estariam abrangidas pelo dispositivo legal em questão, verifica-se que o CPC trouxe, na realidade, regra geral de responsabilização de responsabilização dos advogados públicos apenas em caso de dolo ou de fraude[70]. Configura-se, assim, verdadeira garantia, a proteger os indivíduos ocupantes de tais cargos para o livre exercício de suas atribuições, o que certamente permitirá uma atuação mais efetiva no controle interno da legalidade dos atos da Administração Pública.

Ademais, em nome do direito fundamental à igualdade, a regra do parágrafo único não pode ser aplicada apenas à atividade dos advogados públicos no processo civil, mas sim a todas as suas funções. Caso contrário, haveria diferentes tipos de responsabilidade pelas atividades inerentes a um mesmo cargo público, o que contraria a razoabilidade.

A título de exemplo, há exigência de emissão de parecer jurídico em sede de procedimento licitatório, por força do artigo 38, Parágrafo Único, da Lei nº 8.666/1993, ato administrativo de natureza consultiva e opinativa. E o advogado público parecerista somente poderá ser responsabilizado, civil, penal e administrativamente, caso se demonstre seu dolo – no caso da responsabilidade criminal, dolo específico de lesar o erário – ou fraude[71].

---

70 RODRIGUES, Marco Antonio. *A Fazenda Pública no processo civil.* ob. cit., p. 32.

71 Neste sentido, à luz do CPC/2015: RECURSO EM HABEAS CORPUS. DISPENSA DE LICITAÇÃO FORA DAS HIPÓTESES PREVISTAS EM LEI. ELEMENTO SUBJETIVO ESPECIAL. INTENÇÃO DE LESAR O PATRIMÔNIO PÚBLICO. EFETIVO PREJUÍZO AO ERÁRIO. DOLO ESPECÍFICO NÃO INDICADO. RECURSO PROVIDO. 1. Consoante o entendimento consolidado pelo Superior Tribunal de Justiça, a partir da APn nº 480, para a imputação do delito previsto no art. 89 da Lei nº 8.666/1993 é necessária a demonstração do dolo específico de causar dano ao erário e a configuração do efetivo prejuízo ao patrimônio público. 2. Conforme disposto no art. 133 da Carta Magna, "O advogado é indispensável à administração da justiça, sendo inviolável por seus atos e manifestações no exercício da profissão, nos limites da lei", sendo possível sua responsabilização penal apenas se indicadas circunstâncias concretas que o vinculem, subjetivamente, ao propósito delitivo. 3. Na espécie, o Ministério Público estadual, em sua peça acusatória, imputou aos recorrentes a conduta delitiva em análise, alicerçado tão somente no desempenho tópico da função pública por eles exercida – ao elaborarem parecer acerca da possibilidade de não realização de processo licitatório - sem demonstrar a vontade de provocar lesão ao erário, tampouco a ocorrência de prejuízo. 4. Recurso provido para reconhecer a atipicidade da conduta perpetrada pelos recorrentes e trancar, ab initio, o processo movido contra ambos. (RHC 46.102/RJ, Rel. Ministro ROGERIO SCHIETTI CRUZ, SEXTA TURMA, julgado em 25/10/2016, DJe 10/11/2016) (original não grifado); e à luz do CPC/1973: ADMINISTRATIVO - IMPROBIDADE ADMINISTRATIVA - MINISTÉRIO PÚBLICO COMO AUTOR DA AÇÃO - DESNECESSIDADE DE INTERVENÇÃO DO PARQUET COMO CUSTOS LEGIS - AUSÊNCIA DE PREJUÍZO - NÃO OCORRÊNCIA DE NULIDADE - RESPONSABILIDADE DO ADVOGADO PÚBLICO - POSSIBILIDADE EM SITUAÇÕES EXCEPCIONAIS NÃO PRESENTES NO CASO CONCRETO - AUSÊNCIA DE RESPONSABILIZAÇÃO DO PARECERISTA - ATUAÇÃO DENTRO DAS PRERROGATIVAS FUNCIONAIS

Ademais, da mesma forma que foi previsto aos membros do Ministério Público no artigo 181, e acima foi analisado, cumpre destacar que os da Advocacia Pública também responderão apenas em regresso, não sendo diretamente responsáveis[72].

3.1. Benefício de prazo e intimação pessoal

O *caput* do artigo 183 opera interessante modificação em relação ao CPC de 1973. Em tal diploma, o artigo 188 dispunha que a Fazenda Pública e o Ministério Público dispunham de prazo em quádruplo para contestar e em dobro para recorrer. De outro lado, com base no dispositivo ora analisado, constata-se que a Fazenda Pública passa a ter o benefício de prazo em dobro para todas as suas manifestações processuais, independentemente de sua natureza.

Tal previsão vem em proteção à igualdade material no processo, evitando que a Administração Pública sofra prejuízos em razão de uma maior dificuldade na obtenção de informações para a prática de ato em juízo, ou em virtude de as Procuradorias dos entes públicos não poderem escolher quais ou quantas ações patrocinarão[73].

– SÚMULA 7/STJ.1. Sendo o Ministério Público o autor da ação civil pública, sua atuação como fiscal da lei não é obrigatória. Isto ocorre porque, nos termos do princípio da unidade, o Ministério Público é uno como instituição, motivo pelo qual, o fato dele ser parte do processo, dispensa a sua presença como fiscal da lei, porquanto defendendo os interesses da coletividade através da ação civil pública, de igual modo atua na custódia da lei. 2. Ademais, a ausência de intimação do Ministério Público, por si só, não enseja a decretação de nulidade do julgado, a não ser que se demonstre o efetivo prejuízo para as partes ou para a apuração da verdade substancial da controvérsia jurídica, à luz do princípio pas de nullités sans grief. 3. É possível, em situações excepcionais, enquadrar o consultor jurídico ou o parecerista como sujeito passivo numa ação de improbidade administrativa. Para isso, é preciso que a peça opinativa seja apenas um instrumento, dolosamente elaborado, destinado a possibilitar a realização do ato ímprobo. Em outras palavras, faz-se necessário, para que se configure essa situação excepcional, que desde o nascedouro a má-fé tenha sido o elemento subjetivo condutor da realização do parecer. 4. Todavia, no caso concreto, a moldura fática fornecida pela instância ordinária é no sentido de que o recorrido atuou estritamente dentro dos limites da prerrogativa funcional. Segundo o Tribunal de origem, no presente caso, não há dolo ou culpa grave. 5. Inviável qualquer pretensão que almeje infirmar as conclusões adotadas pelo Tribunal de origem, pois tal medida implicaria em revolver a matéria probatória, o que é vedado a esta Corte Superior, em face da Súmula 7/STJ.6. O fato de a instância ordinária ter excluído, preliminarmente, o recorrido do polo passivo da ação de improbidade administrativa não significa que foi subtraído do autor a possibilidade de demonstrar a prova em sentido contrário. Na verdade, o que houve é que, com os elementos de convicção trazidos na inicial, os magistrados, em cognição exauriente e de acordo com o princípio do livre convencimento motivado, encontraram fundamentos para concluir que, no caso concreto, o recorrido não praticou um ato ímprobo.Recurso especial improvido. (REsp 1183504/DF, Rel. Ministro HUMBERTO MARTINS, SEGUNDA TURMA, julgado em 18/05/2010, DJe 17/06/2010).

72 Em sentido contrário, sustentando a possibilidade de responsabilização direta do advogado público, MARINONI, Luiz Guilherme; MITIDIERO, Daniel; ARENHART, Sérgio Cruz. *Novo Código de Processo Civil Comentado.* 3ª ed. São Paulo: Revista dos Tribunais, 2017, p. 313.

73 RODRIGUES, Marco Antonio. *A Fazenda Pública no processo civil.* ob. cit., p.. 70.

De outro lado, registre-se que o benefício em tela fica afastado, na forma do parágrafo 2º do artigo 183, caso haja previsão legal expressa de prazo próprio ao ente público. Em tal hipótese, ocorre a aplicação do critério da especialidade para a solução de antinomias: lei especial revoga lei geral naquilo que com ela conflitar.É o caso, por exemplo, dos Juizados Especiais Federais e dos Juizados Especiais da Fazenda Pública. A Lei nº 10.259/01 e a Lei nº 12.153/09, que regulam, respectivamente, tais órgãos jurisdicionais, preveem, respectivamente, nos artigos 9º e 7º, que a Fazenda Pública não gozará de prazo diferenciado nos processos que lá tramitem.

Outra importante prerrogativa foi trazida à Advocacia Pública pelo artigo 183: trata-se da intimação pessoal. O CPC de 1973 não estabelecia previsão análoga. Assim sendo, a intimação pessoal era prerrogativa dos órgãos de representação judicial de todas as esferas federativas apenas nas execuções fiscais, com base no artigo 25 da Lei nº 6.830/1980. No que se refere aos órgãos de representação judicial da União, a Lei Complementar nº 73/93, em seu artigo 38, instituiu essa prerrogativa à Advocacia da União e à Procuradoria da Fazenda Nacional, sendo que o artigo 17 da Lei nº 10.910/04 também a estabeleceu à Procuradoria Geral Federal. No entanto, a igualdade já impunha a previsão de benefício semelhante às Procuradorias de Estados e Municípios[74].

A intimação pessoal ora consagrada pode se configurar por diferentes meios: carga ou remessa de autos, no caso de processos físicos; e por meio eletrônico, para os processos que tramitam dessa maneira[75].

4. Da Defensoria Publica

De igual maneira que com a Advocacia Pública, o CPC de 2015, prestigiando as importantes funções desenvolvidas pela Defensoria Pública, dedicou-lhe um título, ao contrário do CPC de 1973.

Com base no artigo 134 da Constituição, constata-se que a Defensoria Pública tem como missão fundamental atuar em prol dos necessitados, seja orientando-os juridicamente, seja defendendo seus direitos, o que é reiterado pelo dispositivo legal ora analisado. A Defensoria Pública, portanto, é meio constitucionalmente consagrado, de modo a assegurar a assistência judiciária gratuita, prevista no artigo 5º, inciso LXXIV, entre os direitos fundamentais processuais.

Tem tal órgão, portanto, uma importante missão de promoção do acesso à justiça, consagrado no artigo 5º, inciso XXXV, da CRFB, considerando que esse direito fundamental não possui apenas o conteúdo formal de ingresso no Poder Judiciário, mas assegura aos jurisdicionados o acesso a uma prestação jurisdicional justa[76]. Para

---

74 RODRIGUES, Marco Antonio dos Santos. *Processo, procedimento e intimação pessoal da Fazenda Pública.* Revista Dialética de Direito Processual, v. 95, São Paulo: RT, p. 76-87, 2011.

75 RODRIGUES, Marco Antonio. *A Fazenda Pública no processo civil.* ob. cit., p. 33.

76 Sobre o acesso à justiça enquanto acesso a uma prestação jurisdicional justa RODRIGUES, Marco Antonio dos Santos. *A modificação do pedido e da causa de pedir no processo civil.* Rio de Janeiro: GZ, 2014.

que esta seja obtida, é preciso garantir a todos mecanismos para orientação quanto a possíveis direitos, bem como meios para ingresso em juízo em igualdade de condições com seus adversários no processo.

Assim sendo, a Defensoria Pública, composta por membros aprovados em difíceis concursos públicos, que demonstram sua elevada aptidão para os cargos, possui condições de atuar em juízo assegurando uma paridade de armas de se assistido em relação ao seu adversário, o que se revela verdadeira exigência do processo justo.

Destaque-se, porém, que a atuação da Defensoria Pública não se dá exclusivamente em prol dos hipossuficientes economicamente. Isso porque o artigo 72 do Código prevê a atuação desse órgão na função de curatela especial, sendo que, na forma de tal dispositivo, esta será exercida em favor do incapaz, se não tiver representante legal ou se os interesses deste colidirem com os daquele, enquanto durar a incapacidade; e do réu preso revel, bem como ao réu revel citado por edital ou com hora certa, enquanto não for constituído advogado. Tal regra se aplica ainda que o incapaz ou o réu preso revel, ou o réu revel citado por citação ficta sejam pessoas sem hipossuficiência financeira. Trata-se, pois, de atribuição legalmente estabelecida, mas que não exige seu exercício exclusivamente em favor dos necessitados.

4.1. Benefício de prazo e de intimação pessoal

O *caput* do artigo 185 traz para o texto do CPC benefício processual que a Defensoria Pública já possuía com base em norma extravagante, o artigo 5º, parágrafo 5º, da Lei nº 1.060/50: trata-se do prazo em dobro para o defensor realizar todas as suas manifestações processuais.

O benefício em questão possui a função de promoção da igualdade material no processo, tendo em vista que a Defensoria Pública não escolhe as ações em que vai atuar, impedindo uma programação segura de quantos processos serão patrocinados por cada defensor. Ademais, este pode encontrar dificuldades no contato com seu assistido, demandando, assim, um prazo maior para que possa se manifestar em juízo.

O prazo em dobro se aplicará não somente nas hipóteses em que a Defensoria Pública atua na representação judicial dos hipossuficientes, como também nas demandas em que é parte. A título de exemplo, nas ações civis públicas, em que, por força do artigo 5º, II, da Lei nº 7.347/1985, a Defensoria é legitimada ativa para sua propositura, haverá a prerrogativa do prazo em dobro[77].

De outro lado, registre-se que o benefício em tela fica afastado, na forma do parágrafo 4º do artigo 185, caso haja previsão legal expressa de prazo próprio à Defensoria Pública, o que é decorrência da aplicação do critério da especialidade para a solução de antinomias. Com base em tal critério, norma especial revoga norma geral naquilo que com ela conflitar. Pode o legislador, então, prever hipótese em que afaste o be-

77 Neste sentido, CÂMARA, Alexandre Freitas. *O Novo Processo Civil brasileiro.* 3ª ed. Rio de Janeiro: GEN, 2017, p. 114.

nefício de prazo para tal órgão – que, como dito, se funda na igualdade – em prol de outros princípios processuais.

De outro lado, mister faz-se abordar a atuação da Defensoria Pública nos Juizados Especiais Federais e nos Juizados Especiais da Fazenda Pública. A Lei nº 10.259/01, que regula os primeiros, e a Lei nº 12.153/09, que cuida dos segundos, preveem, respectivamente, nos artigos 9º e 7º, que a Fazenda Pública não possuirá prazo diferenciado nos processos de tais Juizados. Tais leis, entretanto, são omissas quanto à Defensoria. Embora haja tal omissão, a interpretação finalística das leis em questão impõe que, em prol da celeridade, os assistidos por defensor não possuam prazo em dobro, o que também é corroborado pela igualdade, na medida em que seus adversários em tais processos – a Fazenda Pública ou empresa pública – também não gozarão de tal benefício de prazo.

O artigo ora examinado também prevê o benefício da intimação pessoal à Defensoria Pública. O CPC de 1973 não possuía norma nesse sentido, mas o artigo 5º, parágrafo 5º, da Lei nº 1.060/50 já o estabelecia. Note-se que a intimação pessoal também é meio de assegurar a igualdade, já que o volume de processos sob o patrocínio do defensor não depende de sua vontade, e muitas vezes a estrutura administrativa do órgão terá dificuldades em efetuar também o acompanhamento das intimações pela publicação em veículo oficial.

Ademais, a intimação pessoal prevista no presente artigo se dará, por força do parágrafo 1º, na forma do artigo 183, parágrafo 1º. Dessa maneira, sua efetivação pode ocorrer por carga ou remessa de autos, nas hipóteses de processos físicos; e por meio eletrônico, para os processos que assim tramitam.

5. Referências Bibliográficas

ABREU, Rafael Sirangelo. *Customização processual compartilhada: o sistema de adaptabilidade do novo CPC*. Revista de Processo. v. 257/2016. São Paulo : RT, 2006, p. 51-76.

ALEXY, Robert. *Teoria da Argumentação jurídica. A teoria do discurso racional como teoria da fundamentação jurídica*. 3ª ed. Rio de Janeiro: Forense, 2013.

ALMEIDA, Roberto Sampaio Contreira. *Anotações sobre o novo Código de Processo Civil. Principais Novidade*. Disponível em https://www12.senado.leg.br/publicacoes/estudos-legislativos/tipos-de-estudos/textos-para-discussao/td213. Acesso em: 17/06/2017.

ANDREWS, Neil. *O moderno processo civil. Formas judiciais e alternativas de resolução de conflitos na Inglaterra*. Tradução ALVIM, Teresa Arruda. 2ª ed. São Paulo: RT: 2012.

ÁVILA, Humberto. *Teoria dos princípios*.12ª ed. São Paulo: Malheiros, 2011.

BAUERMANN, Desirê. *Cumprimento de obrigações de fazer ou não fazer. Estudo comparado: Brasil e Estados Unidos*. 1ª ed. Porto Alegre: Sérgio Antonio Fabris, 2012.

BEDAQUE, José Roberto dos Santos. *Efetividade do processo e técnica processual*. 3ª ed. São Paulo : Malheiros, 2010.

______. Os *poderes instrutórios do juiz*. 7ª ed. São Paulo: RT, 2013.

CABRAL, Antonio. *Il contraddittorio come diritto d'infleunza e dovere di dibattito*. Rivista trimestrale di Diritto processualle. Milão: Giufreè editore, 2005.

CÂMARA, Alexandre Freitas. *O Novo Processo Civil brasileiro.* 3ª ed. Rio de Janeiro: GEN, 2017.

CAPPELLETTI, Mauro. *La testimonianza della parte nel sistema dell'oralitá*, v 1. Milão: Giuffrè, 1962.

COMOGLIO, Luigi Paolo et al. *Lezioni sul processo civile. I Il processo ordinário dicognizione*. 5ª ed. Bolonha: Il Mulino, 2011.

_____.*Garanzie costituzionale e "giusto processo" (modelli a confronto).* Revista de Processo. São Paulo, ano 23, nº 90, abril-junho 1998. p. 95-150.

DIDIER JUNIOR. Fredie. *Comentários ao novo Código de Processo Civil.* In: CABRAL, Antonio do Passo, et al. (Coord.). 1ª ed. São Paulo: RT, 2015.

_____., et al. *Diretrizes para a concretização das cláusulas gerais executivas dos arts 139, IV 297 e 536 § 1º do CPC.* Revista de Processo. v. 267. Maio /2017 São Paulo: RT, 2017.

DINAMARCO, Cândido Rangel. *Fundamentos do processo civil.* v. I. São Paulo: Malheiros, 2009.

_____. *Instituições de processo civil.* v. II. São Paulo: Malheiros, 2005.

DUARTE, Antonio Aurélio Abi- Ramia. *Flexibilização procedimental nos Juizados Especiais Cíveis.* Rio de Janeiro: Editora JC, 2014.

ECHANDIA, Hernando Devis. *Teoria Geral de la prueba judicial.* v. 1. 3ª ed. Buenos Aires: Victor P DE Zavallaed, 1974.

FISS, Owen. *As formas de justiça. In: Um novo processo Civil. Estudos norte-americanos sobre jurisdição, constituição e sociedade.*Tradução coord SALLES, Carlos Alberto e tradução SILVA, Daniel Portinho Godinho e RÓS, Melina de Medeiros. 1ª ed. São Paulo: RT, 2004.

FONSECA, Eduardo José. *Execução negociada de políticas públicas em juízo.* Revista de processo n out/2012 v. 212, São Paulo: Revista dos Tribunais, 2012.

GAJARDONI, Fernando Fonseca. *Breves Comentários ao Novo Código de Processo Civil.* coord WAMBIER, Teresa Arruda et al. 1ª ed. São Paulo: RT, 2015.

_____. *Fundamentos dogmáticos da flexibilização procedimental.*1ª ed. São Paulo : Atlas, 2008.

GRASSO, Eduardo. *La collaborazione nel processo civile.* Rivista di diritto processuale. V. XXI. Pádua: CEDAM, 1966.

GRECO, Leonardo. *Garantias Fundamentais do Processo: O Processo Justo.* Disponível na Internet: <http://www.mundojuridico.adv.br>. Acesso em 07/06/2017.

GREGER, Reinhard. *Colaboração como princípio processual.* Título original: Kooperationals prozess maxime. Tradução Ronaldo Kochem. Revista de Processo. v. 206. São Paulo : RT, 2012.

GUERRA FILHO, Willis Santiago. *Processo constitucional e Direitos fundamentais.* São Paulo: Celso Bastos Editor, 1999.

JOBIM, Marco Félix. *Medidas estruturantes. Da Suprema Corte Estaduninense ao Supremo Tribunal Federal.* 1ª ed. Porto Alegre: Livraria do Advogado, 2013

MARINONI, Luiz Guilherme et al. *Curso de Processo Civil.* v. 2. 1ª ed. São Paulo: RT, 2015.

_____. MITIDIERO, Daniel; ARENHART, Sérgio Cruz. *Novo Código de Processo Civil Comentado.* 3ª ed. São Paulo: Revista dos Tribunais, 2017.

MEIRELES, Edilton. *Medidas sub-rogatórias, coercitivas, mandamentais e indutivas no Código de Processo Civil.* in: Revista de processo. v. 247. Setembro/2015. São Paulo: RT, 2015.

MITIDIERO, Daniel. *Colaboração no processo civil. Pressupostos sociais, lógicos e éticos*. 2ª ed. São Paulo: RT, 2011.

_____. *Colaboração no processo civil: Pressupostos sociais, lógicos e éticos*. 3ª ed. rev., atual e ampliada. São Paulo: Revista dos Tribunais, 2015.

MOREIRA, José Carlos Barbosa. *Neoprivatismo no processo civil. Temas de direito processual.* nona série. São Paulo: Saraiva, 2007.

NUNES, Dierle; JR THEODORO, Humberto. *Uma dimensão que urge reconhecer ao contraditório brasileiro: sua aplicação como garantia de não-surpresa e de aproveitamento da atividade processual.* REPRO v. 34, nº 168. São Paulo: RT, 2009, p.107-141.

PINHO, Humberto Dalla Bernardina de et al. *As medidas Estruturantes e a efetividade das decisões judiciais no ordenamento jurídico brasileiro***.** Revista Eletrônica de Direito Processual (UERJ). V. 13. 2014. Disponível em http://www.e-publicacoes.uerj.br/index.php/redp/article/view/11920/9333. Acesso em 20.06.2017.

OLIVEIRA, Carlos Alberto Alvaro. *Do formalismo no processo civil.* 2ª ed. São Paulo: Saraiva, 2003.

PEYRANO, Jorge. *Nuevos lineamentos de las cargas probatórias dinâmicas*. In: PEYRANO, et al. *Cargas probatórias dinámicas*. 1ª ed. Santa Fe: Rubinzal-Culzoni, 2008.

PICÓ I JUNOY,Joan. *El juez y la prueba*. 1ª ed. Barcelona: JM Bosch editor, 2007.

RODRIGUES, Marco Antonio dos Santos. *A modificação do pedido e da causa de pedir no processo civil*. 1ª ed. Rio de Janeiro: Mundo jurídico, 2014.

_____. *Constituição e Administração Pública: definindo novos parâmetros à legalidade administrativa e ao poder regulamentar*. Rio de Janeiro: GZ Editora, 2011.

_____. *Processo, procedimento e intimação pessoal da Fazenda Pública.* Revista Dialética de Direito Processual, v. 95, São Pualo: RT, p. 76-87, 2011.

SÁ, Carla Teresa Bonfadini de. *A valoração judicial da conduta processual das partes em juízo no campo probatório.* Dissertação de mestrado. Orientador, RODRIGUES, Marco Antonio dos Santos.Rio de Janeiro : UERJ, 2017.

SOUZA, Miguel Teixeira de. *Aspectos do novo processo civil português*. Revista dos Tribunais, v. 93, nº 338, pp. 149-158, abr./jun. 1997.

STRECK, Lenio. Disponível em: http://www.conjur.com.br/2016-ago-25/senso-incomum-interpretar--art-139-iv-cpc-carta-branca-arbitrio. Acesso em: 16/06/2017.

TALAMINI, Eduardo. *Tutela relativa aos deveres de fazer e de não fazer : a sua extensão aos deveres de entrega de coisa(CPC art 461 e 461-A, art. 84)*. 2ª ed. São Paulo : RT, 2003.

TARUFFO, Michele. *A motivação da sentença civil.* São Paulo: Marcial Pons, 2015.

ZUCKERMAN, A A S. *Procedural Reform in England*. In : *TROCKER, Nicolo et al. The reform of civil procedure in comparative perspective***.** Turim : Giappichelli editore, 2005.

Capítulo VIII
TEORIA DAS PROVAS

Zulmar Duarte

Sumário: 1. Direito à Prova. **2.** Prova. **3.** Persuasão racional qualificada e standard probatório. **4.** Ônus da prova e sua modulação. **5.** Provas típicas e atípicas. **6.** Prova emprestada. **7.** Prova ilícita. **8.** Instrução Processual. **9.** Referências Bibliográficas.

1. Direito à Prova

Impende observar, o direito de as partes produzirem provas sobre suas proposições de fato tem assento constitucional, podendo ser afirmado a partir de diferentes perspectivas constitucionais.

Em uma primeira vista do texto constitucional, pode-se dizer que o acesso à justiça não significa simplesmente a possibilidade de ingresso da demanda no poder judiciário, reduzido a um direito de protocolo (artigo 5°, inciso XXXV, da Constituição[1]).

Ao revés, o acesso à justiça exige muitíssimo mais da ordem jurídica processual. O acesso à justiça envolve a necessidade de um processo em que as partes possam efetivamente fazer valer seus direitos, razão porque exige processo eficaz a tal desiderato, inclusive no tocante à possibilidade de produção das provas sobre as proposições de fato apresentadas.

Não fosse conferido às partes o direito de produzir provas sobre suas proposições de fato, o acesso à justiça contra qualquer lesão ou ameaça a direito não passaria de promessa formal e ilusória, destituída de qualquer eficácia[2].

Ainda, o direito à prova também se entesoura no devido processo legal (artigo 5°, inciso LIV, da Constituição[3]). Em sendo o processo o mecanismo pelo qual se permite à parte postular a tutela jurisdicional para os seus direitos, acaso a parte não fosse dado

---

1 *"Art. 5º Todos são iguais perante a lei, sem distinção de qualquer natureza, garantindo-se aos brasileiros e aos estrangeiros residentes no País a inviolabilidade do direito à vida, à liberdade, à igualdade, à segurança e à propriedade, nos termos seguintes: (...). XXXV – a lei não excluirá da apreciação do Poder Judiciário lesão ou ameaça a direito."*

2 GAJARDONI, Fernando da Fonseca; Dellore, Luiz; ROQUE, André Vasconcelos; OLIVEIRA JUNIOR, Zulmar Duarte de. *Processo de conhecimento e cumprimento de sentença: comentários ao CPC de 2015*. Rio de Janeiro: Forense; São Paulo: Método, 2016, p. 218.

3 *"Art. 5º Todos são iguais perante a lei, sem distinção de qualquer natureza, garantindo-se aos brasileiros e aos estrangeiros residentes no País a inviolabilidade do direito à vida, à liberdade, à igualdade, à segurança e à propriedade, nos termos seguintes: (...). LIV – ninguém será privado da liberdade ou de seus bens sem o devido processo legal."*

comprovar as proposições de fato relativas aqueles direitos, o processo não passaria de instrumento ineficaz.

Assegurar às partes o devido processo legal é concedê-las um instrumento capaz de permitir a atuação eficaz em juízo. Se a legitimação pelo procedimento está na disposição generalizada de aceitar decisões de conteúdo não definido[4], um dos pressupostos para que tal se faça é a igualdade das probabilidades na obtenção de decisões favoráveis, mediante o direito à produção de provas.

Aliás, os próprios consectários primários do devido processo legal, o contraditório e a ampla defesa, pressupõe o direito à prova.

CAMBI ressalta:

> 36. O direito à prova, no Brasil, está implicitamente incorporado ao elenco dos direitos fundamentais, seja pelo alcance das garantias constitucionais do devido processo legal, da ação, da defesa e do contraditório (perspectiva interna), seja pelo art. 5º, § 2º, da CF, que permite a integração, ao direito constitucional pátrio, de tratados internacionais que o prevêem especificamente (perspectiva externa). 37. A Constituição Federal de 1988, dessa forma, não adotou o princípio da tipicidade dos direitos fundamentais, possibilitando a consagração de outros direitos, não necessariamente expressos, tal como direito à prova. 38. A consagração do direito à prova como um direito fundamental significa o reconhecimento da máxima potencialidade possível (efetividade) a ser atribuído ao mecanismo probatório, assegurando às partes do processo todos os meios considerados úteis e idôneos para que possam influenciar no convencimento do juiz, o que implica a inviabilidade de criação de obstáculos legislativos irracionais ou não razoáveis que tornem praticamente impossível ou extremamente difícil o seu exercício, sob pena de a vedação legislativa ter de ser considerada inconstitucional.[5]

Outrossim, do próprio dispositivo constitucional que veda a utilização de prova ilícita: *"são inadmissíveis, no processo, as provas obtidas por meios ilícitos;"* (artigo 5o, inciso LVI), pode-se concluir que, desde que admissíveis, há direito fundamental à prova no processo civil[6].

Obviamente, tais disposições constitucionais não podem ser desconsideradas pelo legislador processual ordinário. Com inegável exatidão, CANOTILHO reconhece

---

4 LUHMANN, Niklas. *Legitimação pelo procedimento*. Tradução de Maria Conceição Côrte-Real. Brasília: Editora Universidade de Brasília, 1980, p. 30.

5 CAMBI, Eduardo. *Direito constitucional à prova no processo civil.* São Paulo: RT, 2001, p. 200-201.

6 MARINONI, Luiz Guilherme; ARENHART, Sérgio Cruz; MITIDIERO, Daniel. *Novo código de processo civil comentado*. São Paulo: RT, 2015, p. 389.

como características próprias da Constituição sua autoprimazia normativa (*i*), o papel de fonte de produção jurídica (*ii*) e superioridade normativa (*iii*).[7]

Portanto, a Constituição assume posição verticalmente superior às demais normas jurídicas[8], que se encontram no mesmo plano horizontal — acordes com sua categoria —, em uma forma piramidal, pelo que a Constituição adquire força heterodeterminante.

> Uma das conseqüências mais relevantes da natureza das normas constitucionais concebidas como *heterodeterminações positivas e negativas* das normas hierarquicamente inferiores é a conversão do *direito ordinário* em *direito constitucional concretizado*. Como determinantes negativas, as normas constitucionais desempenham uma *função de limite* relativamente às normas de hierarquia inferior; como determinantes positivas, as normas constitucionais regulam parcialmente o próprio conteúdo das normas inferiores, de forma a poder obter-se não apenas uma compatibilidade formal entre o direito supra-ordenado (normas constitucionais) e infra-ordenado (normas ordinárias, legais, regulamentares), mas também uma verdadeira conformidade material.[9]

À vista disso, estabelecendo a Constituição da República o direito às provas como inerente ao processo, resta claro a imperatividade do comando, inclusive pela força normativa da Constituição[10].

A Constituição tem uma força própria, que motiva e ordena a vida do Estado, sendo ela própria uma garantia para execução dos seus preceitos, pelo que dotada de pretensão de eficácia.

Ensina HESSE:

> "A Constituição adquire força normativa na medida em que logra realizar essa pretensão de eficácia"[11].

---

7 CANOTILHO, José Joaquim Gomes. *Direito constitucional: e teoria da constituição*. 4ª ed. Coimbra: Almedina, 1997, p. 1111-1112.

8 CANOTILHO, op. cit., p. 680.

9 CANOTILHO, op. cit., p. 1114.

10 *"Segundo o princípio da força normativa da constituição na solução dos problemas jurídico-constitucionais deve dar-se prevalência aos pontos de vista que, tendo em conta os pressupostos da constituição (normativa), contribuem para uma eficácia óptima da lei fundamental. Conseqüentemente, deve dar-se primazia às soluções hermenêuticas que, compreendendo a historicidade, das estruturas constitucionais, possibilitam a <actualização> normativa, garantindo, do mesmo pé, a sua eficácia e permanência."* (CANOTILHO, op. cit., p. 1189).

11 HESSE, Konrad. *A força normativa da Constituição: (die normative kraft der verfassung)*. Tradução de Gilmar Ferreira Mendes. Porto Alegre: Fabris, 1991, p. 16.

Assim, o atual Código de Processo Civil, dando concreção ao comando constitucional, consagrou o direito à prova no seu artigo 369:

> Art. 369. As partes têm o direito de empregar todos os meios legais, bem como os moralmente legítimos, ainda que não especificados neste Código, para provar a verdade dos fatos em que se funda o pedido ou a defesa e influir eficazmente na convicção do juiz.

Como se verifica do mencionado preceptivo, frente a redação do artigo 332 do CPC de 1973[12], acentuou-se claramente ser a prova um direito das partes, que podem empregar todos os meios legais ou legítimos para comprovar suas proposições de fato.

A propósito, a própria existência do processo e sua estruturação observa a necessidade da instrução probatória. Pedidos que não dependam da produção de provas têm sua apreciação antecipada (artigos 355 e 356 do Código de Processo Civil). Necessidades probatórias justificam a colheita de provas de forma antecipada, mediante procedimento específico (artigos 381 e seguintes do Código de Processo Civil). A fase postulatória do processo, onde se depura as proposições fáticas, é sequenciada por uma etapa destinada à preparação da instrução do processo (artigo 357 do Código de Processo Civil). Existe fase processual própria, na qual que os esforços são concentrados para a produção de provas.

As provas condicionam boa parte da disciplina processual, justificando em grande medida a própria existência do processo. Ao participarem do processo, como meio necessário à tutela dos seus direitos, as partes é assegurado o direito de produzir provas.

Portanto, a prova é um direito das partes.

2. Prova

Estabelecido que as partes têm direito à prova, indispensável delimitar o objeto de tal direito, o resultado de sua proteção, no que consiste propriamente a prova protegida pelo direito processual-constitucional.

A expressão prova é plurívoca. Derivada da expressão latina proba, assumiu tanto o sentido de demonstração da verdade (sintetizando o resultado), quanto do procedimento para sua realização (ensaio).

A despeito de tais acepções, a prova no processo judicial, por vezes, assume o significado da atividade de quem comprova ou fornece os meios para comprovação das proposições de fato.

A bem da verdade, as provas são o oxigênio do processo. Sem as provas, o processo perde energia, definhando consequentemente. O processo não prescinde do mecanismo estruturado para absorção das provas, a fim de que as proposições de fato

---

12 *"Art. 332. Todos os meios legais, bem como os moralmente legítimos, ainda que não especificados neste Código, são hábeis para provar a verdade dos fatos, em que se funda a ação ou a defesa.".*

sejam oxigenadas com as provas produzidas, possibilitando uma melhor prestação da tutela jurisdicional.

As decisões judiciais não se enquadram bem no arquétipo formal do silogismo subsuntivo, sendo resultado de um processo intelectual multímodo, cujo produto reflete inclusive na concretização do texto normativo. Ademais, absolutamente inviável separar o fato do direito, pois tanto as questões de fato quanto as de direito: *"são conceitos juridicamente determinados, no seio do direito e pelo direito"*[13].

Dito isso, simplificando sobremaneira a questão, podemos dizer que a temática da prova está ligada a segunda premissa (menor) da operação judicial. A premissa maior é o texto normativo, sendo a premissa menor a indicação da presença dos elementos que configuram a hipótese, conjugação a partir da qual se aplica a norma jurídica (decisão).

No processo, o juiz trabalha com essas duas questões, a premissa maior e a menor, a questão de direito e de fato, com diferente intensidade. Quanto a premissa maior normalmente vige o *iura novit curia* e o *mihi factum, dabo tibi ius*, a dispensar as partes de qualquer comprovação no tema do direito (com exceção da situação prevista no artigo 376 do Código de Processo Civil), sendo que sobre a premissa menor recaem todos os esforços probatórios.

Indispensável ao processo a prova, como o organismo necessita do oxigênio, para vivificar as proposições factuais, possibilitando a atividade decisória do juiz. As provas se destinam a demonstrar, no âmbito do processo, quais proposições de fato merecem ser consideradas na formação da decisão.

Nada obstante, a atividade probatória não retrata a verdade, correspondente ao que ocorreu na realidade, no processo judicial, visto que aquela só contingencialmente adentra na cidadela do processo.

Longe de propugnar a supremacia da forma sobre o fundo, a superioridade do instrumento frente à substância, o direito processual sobre o material e, finalmente, o aprisionamento do juiz em esquemas fixos e formais de valoração das provas.

Da mesma forma, qualquer um rejeita a ideia de que o juiz seja obrigado a considerar como verdadeiro aquilo que rigorosamente não é. Diversamente, a meta desejável é a outorga ao juiz de ampla possibilidade na investigação dos fatos.

Porém, por vezes o processo não alcança a verdade, razão porque o sistema, não raramente, trata como fatos situações sobre as quais não se têm a efetiva comprovação de sua ocorrência. A verdade é meta ideal, mas inatingível dentro e fora do processo[14].

VOLTAIRE dizia:

> "les vérités historiques ne sont que des probabilités"[15].

---

13 NEVES, Antônio Castanheira. *Questão de facto – questão de direito ou o problema metodológico da juridicidade: ensaio de uma reposição crítica*. Coimbra: Livraria Almedina, 1967, p. 27.

14 MARINONI. *Novo código de processo civil comentado*, op. cit., p. 389.

15 VOLTAIRE. *Oeuvres completes*. Paris: Chez Furne Libraire-Editeur. Tome VIII, p. 288.

Dito às claras e às secas, a verdade no processo é resultado casual e contingente.

Ademais, o processo não obedece servilmente às regras epistêmicas destinadas à obtenção da verdade, não sendo episódicas as disposições, quanto à prova, que atuam contra epistemicamente, pois obedecem outras razões.

Verdade seja, a meta tangível no processo é a verossimilhança.

Verossimilhança no sentido daquilo que se apresenta como verdadeiro no contexto do processo, isto é, para o processo, considerando as provas produzidas, tem-se como ocorrida determinada proposição factual.

Portanto, a verossimilhança sobre as proposições de fato é o resultado materializado ao final do processo. Ao atestar a ocorrência de determinar base factual, operando a incidência da norma jurídica, o juiz atua com fundamento em juízo de verossimilitude relativamente às proposições de fato, a par das provas produzidas no processo.[16]

Costuma-se empregar outras expressões para designar o resultado de tal juízo de verossimilitude, como verdade formal, possível ou processual, mas em todas elas se ressignifica, sem ganhos práticos, o conceito de verdade. A verdade é sempre uma, corresponde ao que acontece na realidade. Somente metaforicamente podemos utilizar as expressões verdade formal ou material, ressignificando o conceito:

> o resultado da busca juridicamente limitada ou regulada não é, pois, a verdade material e a verdade formal ou jurídica; o resultado da busca juridicamente limitada ou regulada não é, pois, a verdade verdadeira, e sim uma verdade convencional, que se denomina verdade formal, porque conduz a uma indagação regulada nas formas, ou verdade jurídica, porque se a busca mediante leis jurídicas e não somente mediante leis lógicas, e unicamente em virtude dessas leis jurídicas substitui a verdade material.[17]

Tenha-se presente, não é fácil, com os pés no presente, encontrar o futuro de um passado ou o passado de um futuro[18]. Para que realmente tivéssemos como objetivo do processo judicial a obtenção da verdade, tal mecanismo deveria ser adaptado a permitir a reconstrução do fato em estado bruto. Nessa medida, não deveriam existir no âmbito do processo limites à reconstrução histórica do fato judicializado.

---

16 Não se utiliza aqui o conceito de verossimilhança reduzido simplesmente ao que normalmente acontece (*quod plerumque accidit*) (CALAMANDREI, Piero. *Direito processual civil: estudos sobre processo civil*. v.3. Tradução de Luiz Abezia e Sandra Drina Fernandez Barbery. Campinas: Bookseller, 1999, p. 275) (TARUFFO, Michele. *Uma simples verdade: o juiz e a construção dos fatos*. Tradução de Vitor de Paula Ramos. São Paulo: Marcial Pons, 2012, p. 111), mas sim como expressivo da demonstração da verdade das proposições de fato, sendo o parâmetro de referência as provas produzidas no processo. O paradigma da correção das proposições de fato apresentadas pelas partes são as provas produzidas no processo.

17 CARNELUTTI, Francesco. *A prova civil*. Traduzido por Lisa Pary Scarpa. Campinas: Bookseller, 2001, p. 47.

18 CARNELUTTI, A prova civil, op. cit., p. 16.

A realidade do mecanismo processual e sua estruturação é bem diversa. O juiz se conduz pelas provas produzidas no processo, mas sempre condicionado pelas alegações apresentadas. O fato puro não ingressa nos autos, mas sim sua caricatura, tal qual traçada pelas partes. A prova tem relação direta com essa descrição arbitrária dos fatos pelas partes e não, propriamente, com a realidade em si.

Tal condicionamento, em si, é suficiente para demonstrar que o processo não partilha da função epistêmica de busca da verdade, já que trabalha sobre uma proposição de fato (elaborada pelas partes, logo de segunda mão), cuja correspondência com a realidade não é aferida, sendo meramente confirmada ou infirmada pelas provas produzidas.

Assim colocada a questão, para que se possa falar de uma verdadeira função epistêmica do processo, o juiz não poderia estar condicionado aos fatos apresentados pelas partes, a causa de pedir e o pedido, devendo investigar livremente o fato em sua pureza existencial (artigo 141 do Código de Processo Civil). Consequentemente, a finalidade do processo não pode ser a verdade material, pois a disposição das partes sobre o objeto litigioso, o recorte na sua construção, domina a formação do material probatório. Reforçando a conclusão, não pode passar despercebido, que a própria estruturação da atividade probatória tem limites e observa condicionantes não relacionados com a atividade epistêmica, podendo inclusive funcionar contra epistemicamente. Isso porque, várias regras com reflexo na atividade probatório observam razões de ordem diversa, relevantes ao ordenamento jurídico, tais como dignidade da pessoa humana, segurança jurídica, limitações ao poder estatal e ao estado de sujeição do indivíduo etc.. Podem ser lembradas a proibição de utilização da prova ilícita (artigo 5°, inciso LVI, da Constituição), o direito de não produzir prova contra si mesmo (*nemo tenetur se detegere*) (artigo 5°, LXIII, da Constituição[19]; artigo 8º, item 2, alínea g, do Pacto de San José da Costa Rica[20]; artigo 14, item 3, alínea g, do Pacto Internacional sobre Direitos Civis e Políticos[21]; artigo 379 do Código de Processo Civil), a impossibilidade do juiz se utilizar de sua ciência privada, limitações ao conteúdo do depoimento pessoal (artigo 388 do Código de Processo Civil) e ao testemunho (artigo 448 do Código de Processo Civil), restrições aos indivíduos que podem prestar depoi-

---

19 *"Art. 5º Todos são iguais perante a lei, sem distinção de qualquer natureza, garantindo-se aos brasileiros e aos estrangeiros residentes no País a inviolabilidade do direito à vida, à liberdade, à igualdade, à segurança e à propriedade, nos termos seguintes: (...). LXIII – o preso será informado de seus direitos, entre os quais o de permanecer calado, sendo-lhe assegurada a assistência da família e de advogado;".*

20 *"Artigo 8º – Garantias judiciais – (...)2. Toda pessoa acusada de um delito tem direito a que se presuma sua inocência, enquanto não for legalmente comprovada sua culpa. Durante o processo, toda pessoa tem direito, em plena igualdade, às seguintes garantias mínimas: (...)g) direito de não ser obrigada a depor contra si mesma, nem a confessar-se culpada;".*

21 *"ARTIGO 14 – (...)3. Toda pessoa acusada de um delito terá direito, em plena igualmente, a, pelo menos, as seguintes garantias: (...)g) De não ser obrigada a depor contra si mesma, nem a confessar-se culpada.".*

mento como testemunha (artigo 447 do Código de Processo Civil), escusas para exibição de documento ou coisa (artigo 404 do Código de Processo Civil).

Noutro giro, mas ao redor do mesmo epicentro, diversas outras disposições legais atuam positivamente para afastar a produção da prova, decalcando a realidade, mediante a fixação formal da proposição de fato (artigos 345, 373 e 374 do Código de Processo Civil):

> o sistema probatório civil está preordenado, não só a consentir, senão diretamente a impor ao juiz que se contente, ao julgar a respeito dos fatos, com o sub-rogado da verdade que é a verossimilitude.[22]

Impende observar, tais regras processuais não obedecem a critérios lógicos para melhor apuração dos fatos, mas sim a garantia da correção do procedimento judicial ou a dispensa de atividade processual probatório por economia e celeridade. Por mais que se deseje com ardor a verdade, a formatação do arquétipo processual não observa tal direção como função epistêmica.

Em nossa visão, somente se poderia placitar uma função epistêmica do processo, a verdade objetiva como fundamento do processo, se o mesmo restasse construído, principalmente no tema das provas, visando tal busca da verdade. Não é o que se tem, tampouco se imagina que alguém deseje um processo serviente exclusivamente da busca da verdade, que não observasse outros parâmetros mínimos, tais como a dignidade da pessoa humana.

Aliás, o próprio procedimento recursal objetiva o falseamento[23] da decisão frente às provas produzidas nos autos (*non quod est in actis non est in mundo*), sendo o parâmetro de correção de toda e qualquer decisão a realidade retratada no processo, que não passa de uma realidade caricata.

Eis o ponto, como o procedimento para tratamento dos fatos no processo é regrado, sua construção puramente lógica é desnaturada, pelo que não se tem como colocar como finalidade do processo a busca da verdade.

E aí, não se pode sustentar que o objetivo do processo é a verdade até determinado limite. A partir do momento em que o processo se contenta com uma busca parcial de informações, na medida do possível, a verdade não é sua meta existencial.

CARNELUTTI observou com muita percuciência:

> (...) basta um limite mínimo à liberdade de busca do juiz, para que o processo de busca da realidade degenere em processo formal de determinação; em outras palavras: a medida do limite é indiferente para natureza do processo. A verdade é como água: ou é pura, ou não é verdade.[24]

---

22 CALAMANDREI, Direito processual civil, v. 3, op. cit., p. 270.

23 POPPER, Karl. R. *A lógica da pesquisa científica*. Tradução de Leonidas Hegenberg e Octanny Silveira da Mota. São Paulo: Cultrix, 2007, p. 42.

24 CARNELUTTI, A prova civil, op. cit., p. 52.

Ainda, não se pode subdimensionar o fator humano no processo:

> Deveras, a reconstrução de um fato ocorrido no passado sempre vem influenciada por aspectos subjetivos das pessoas que o assistiram, ou ainda do juiz, que há de valorar a evidência concreta. Mais que isso, o julgador (ou o historiador, ou, enfim, quem quer que deva tentar reconstruir fatos do passado) jamais poderá excluir, terminantemente, a possibilidade de que as coisas possam ter-se passado de outra forma. Acreditar que o juiz possa analisar, objetivamente, um fato, sem acrescentar-lhe qualquer dose de subjetividade, é pura ingenuidade.[25]

Novamente vale trazer à lume a lição de CARNELUTTI:

> Mas para conhecer a verdade da coisa, ou digamos, precisamente, da parte, necessita-se conhecer, tanto a sua cara, quanto a sua coroa: uma rosa é um rosa, ensinava FRANCESCO, porque não é alguma outra flor; queria dizer que para conhecer verdadeiramente a rosa, isto é, para chegar à verdade, é necessário conhecer não somente aquilo que a rosa é, mas também aquilo que ela não é. Por isso, a verdade de uma coisa nos foge até que nós não possamos conhecer todas as outras coisas e, assim, não podemos conseguir senão um conhecimento parcial da coisa. E quando digo uma coisa, refiro-me, também, a um homem. Em síntese, a verdade está no todo, não na parte; e o todo é demais para nós.[26]

Em sendo assim, como no processo a aferição das proposições de fato, para além das regras lógicas e metodológicas, é realizada com observância de normas jurídicas, que condicionam o resultado da busca, não se tem como alcançar a verdade no processo.

O aporte da verdade no processo é contingencial, desejado, não necessário.

O processo tem na verossimilhança sua pedra de toque.

Assim, possível juridicamente que fato não ocorrido seja processualmente considerado como realizado, já que a comprovação do fato é normativa: fato juridicamente considerado[27].

---

25 MARINONI, Luiz Guilherme; ARENHART, *Sérgio Cruz. Prova e convicção: de acordo com o CPC de 2015*. 3ª ed. rev., atual. e ampl. São Paulo: RT, 2015, p. 39.

26 CARNELUTTI, Francesco. *Verdade, dúvida e certeza*. In: Genesis – Revista de Direito Processual. nº 1 jan.-abr. 1996. Curitiba: Genesis, 1996, p. 606/607.

27 VILANOVA, Lourival. *As estruturas lógicas e o sistema do direito positivo*. 4ª ed. São Paulo: Noeses, 2010, p. 281-282.

A questão não é ser "verifóbico"[28]. Parte da doutrina retomou a questão da verdade como finalidade epistêmica do processo, como standard de correção externa da decisão[29]. WACH, há mais de dois séculos, informava que os críticos ao objetivo do processo como a verdade material eram taxados como formalistas, de espírito estreito, escolásticos[30].

Ninguém em sã consciência, pensamos, negará que o melhor para o processo é a reprodução da verdade, com todos os seus coloridos e efeitos depuratórios. Todos os atores processuais devem atuar no processo visando uma justa composição da lide, que se resolve também na busca da verdade. Ademais, os próprios avanços científicos tendem a permitir um acervo probatório mais extenso e talvez mais fiel[31], já havendo quem sustente a possibilidade de aplicação da neurociência ao processo judicial[32].

Contudo, tal desejo legítimo não convola a verdade como finalidade das provas e do processo, na medida em que estes também são estruturados com objetivos diversos (supra), que deformam sobremaneira a recepção da realidade no processo.

Obviamente, faz bem aproximar o processo o máximo possível da meta intangível que é a verdade:

> (...) assim, no processo, mesmo convencidos de que a sentença final não pode ser mais que um juízo de verossimilitude que não exclua nunca de forma absoluta o erro judicial, ela não tira para que toda a estrutura do procedimento deva estar previamente ordenada a fazer o mais profunda e controlada possível a investigação da verdade, de maneira que a distância entre esta e a verossimilitude se reduza ao mínimo.[33]

Ainda assim, não podemos trabalhar com a ilusão de que o resultado da apuração de fatos no processo resulte em verdade. Mesmo TARUFFO, no contexto do processo, trata de uma verdade relativa[34], eis que a Verdade, com letra maiúscula,

---

28 TARUFFO, com apoio em SUSAN HAACK, critica uma abordagem dita sínica da verdade (New Cynics), pelo que lhe adjetiva inclusive como veriphobia (TARUFFO, Uma simples verdade, op. cit., p. 95).

29 RAMOS, Vitor de Paula. *Ônus da prova no processo civil: do ônus ao dever de provar.* São Paulo: RT, 2015, p. 33 e 39- 42.

30 WACH, Adolf. *Conferencias sobre la ordenanza procesal civil alemana.* Traddución Ernesto Krotoschin. Buenos Aires: EJEA, 1958, p. 224.

31 VERBIC, Francisco. *La prueba científica en el processo judicial: identificación de la nocion en el marco de la teoría general de la prueba; problemas de admissibilidad y atendibilidad.* Santa Fe: Rubinzal – Culzoni Editores, 2008.

32 TARUFFO, Michele; FENOLL, Jordi Nieva (dirs). *Neurociencia y processo judicial.* Madrid: Marcial Pons, 2013.

33 CALAMANDREI, Direito processual civil, v. 3, op. cit., p. 298.

34 TARUFFO, Michele. *La prueba de los hechos.* Traducción Jordi Ferrer Beltrán. Madrid: Editorial Trotta, 2002, p. 179.

verdade absoluta, não pertence ao mundo das coisas humanas, pelo que não pertence ao mundo da justiça e do processo[35]. Ora bem, tal concepção se pauta em graus de confirmação da verdade, razão porque trabalha com um conceito ressignificado de verdade: *"conceito particular de verdade: um enunciado que descreve um fato pode ser considerado verdadeiro se racionalmente confirmado pelas provas produzidas no processo."*[36].

Ocorre que, como anteposto, inviável trabalhar com um conceito relativo de verdade. Tal só turva o raciocínio. O processo não trabalha com a verdade, mas sim com a verossimilhança, pois são inúmeras suas disposições que produzem um déficit, uma distorção, na apuração da verdade.

TARUFFO, ainda que com ressalvas, reconhece:

> Esse deficit não implica que haja uma verdade processual: implica somente que em um processo em que vigem normas limitadoras da possibilidade de servir-se de todas as provas relevantes, apura-se somente uma verdade limitada e incompleta, ou – nos casos mais graves – não se apura verdade alguma. O problema, então, não concerne à verdade, mas aos limites em que a disciplina do processo consente que essa seja apurada.[37]

Certo é que o processo jamais deve dar as costas para a verdade, mas não menos correto que o mesmo, em diferentes medidas e por diversas razões, contenta-se com menos, haja vista ser aquela verdade inalcançável[38].

3. Persuasão racional qualificada e standard probatório

Recolhendo os aportes dos itens anteriores, temos que no processo judicial as partes apresentam proposições de fato, típicas descrições argumentativas da realidade, que podem ser verdadeiras ou falsas (apofânticas – lógica alética). Tais proposições de fato normalmente são objeto de controvérsia, pelo que caricaturas, com diferentes coloridos, do autor e do réu. Justamente tomando por base tais recortes, o juiz aplicará a norma jurídica ao caso concreto.

Por aí já se depreende a importância da prova para o processo, na medida em que a demonstração das proposições fáticas, mediante a prova, condiciona em larga medida a atividade jurisdicional.

Na conformação da norma jurídica, o juiz está vinculado em maior medida ao direito positivo, existindo margem considerável de liberdade na verificação das proposições factuais. O juiz no ordenamento processual decide livremente, liberdade por não estar amarrado a esquemas pré-estabelecidos de avaliação das provas, liberdade no

35 TARUFFO, Uma simples verdade, op. cit., p. 105.

36 TARUFFO, Uma simples verdade, op. cit., p. 88.

37 TARUFFO, Uma simples verdade, op. cit., p. 107.

38 GAJARDONI, Processo de conhecimento e cumprimento de sentença, op. cit., p. 218.

apreciar as provas. Ainda assim, o juiz no ordenamento processual tem como horizonte para decisão as provas produzidas nos autos (*quod non est in actis non est in mundo*). A decisão do juiz está circunscrita às provas aportadas no processo, as quais, apesar de valoradas livremente, balizam sua decisão. É o sistema da persuasão racional.

No horizonte histórico podem ser lembrados ordenamentos em que a prova tinha valor constante e inalterável, submetendo a apreciação do juiz, em que, por exemplo, aplicavam-se os axiomas: *testis unus, testis nullus e testibus duobus fide dignis credendum*. Em tais contextos, as provas eram avaliadas com base na eficácia conferida pelo ordenamento processual, sendo provas tarifadas com base em tabelamento prévio de valor (*probationes plenae, probationes semiplenae* e *indicia*).

Tangencialmente, também se tem notícia de sistema contraposto, sistema da livre convicção, no qual o juiz poderia formar sua convicção para além das provas, utilizando seu conhecimento e impressões pessoais, podendo até com base neste repelir provas produzidas (*secundum conscientiam*).

O Brasil tradicionalmente se filia ao sistema da persuasão racional, alternando apenas o espaço que concedeu às provas legais, como se verifica das Ordenações Filipinas (Livro III, Título LXVI), o Regulamento 737 (artigo 231), o Código de Processo Civil de 1939 (artigo 118), o Código de Processo Civil de 1973 (artigo 131) e agora no atual artigo 371 do Código de Processo Civil em vigor.

O sistema da persuasão legal confere ao juiz a liberdade, com limites, para fundar seu convencimento nas provas produzidas nos autos. Em suma, tal sistema propugna a outorga ao juiz do exame concreto das provas produzidas nos autos, atribuindo o peso respectivo, em detrimento do estabelecimento prévio e abstrato do peso que as mesmas devem assumir no processo[39].

Portanto, o sistema da persuasão racional, eleito pelo Código de Processo Civil, permite que o juiz analise e avalie as provas produzidas nos autos, atribuindo-lhes o

39 O fato do sistema estar centrado na persuasão racional não impede que o legislador estabeleça preferências apriorísticas por determinado meio de prova, bem como fixe específico meio de prova como a forma, por excelência, para demonstração do fato As razões para que tal se faça atualmente são diversas daquelas presentes na origem histórica das provas legais, sendo normalmente ligadas à facilitação da prova, debilidade de determinado meio de prova, segurança de alguns negócios jurídicos etc.. Diversos são os exemplos: o documento público faz prova de sua formação e dos fatos relatados perante o servidor público (artigo 406 do Código de Processo Civil); as declarações constantes de documento particular são presumidamente atribuídas ao respectivo signatário (artigo 407); existe fixação formal do tempo para determinação da data de documento particular quanto a terceiros (artigo 409, parágrafo único, do Código de Processo Civil); as regras de experiência técnica exigem perícia (artigo 375, parte final, do Código de Processo Civil), não podendo ser supridas por testemunhas (artigo 443, inciso II, do Código de Processo Civil), mas podem ser substituídas por documentos (artigo 472 do Código de Processo Civil); a prova documental e a confissão têm proeminência frente à prova testemunhal (artigo 443, inciso I, do Código de Processo Civil). Existem, ainda, hipóteses em que o sistema se acomoda com a fixação formal estabelecida pelas partes, a despeito das provas (artigo 374, incisos II e III, do Código de Processo Civil). Ainda, o Código Civil estabelece que a escritura pública faz prova plena sobre o que retrata (artigo 215).

peso que devem ter no julgamento. As provas assumem o valor e o peso decorrentes do raciocínio do juiz, conectados aos juízos lógicos e históricos empreendidos, sendo que a motivação expressará o resultado do trabalho intelectual desenvolvido. Não quer isto dizer, entretanto, que o juiz possa assumir uma posição solipsista, decidindo de forma incontrolável, mediante sentimentos indevassáveis. O juiz deve decidir de acordo as provas constantes dos autos, devidamente contextualizadas pelo exercício do contraditório, apresentando as razões do seu convencimento.

Ademais, o atual Código de Processo Civil corrigiu a aplicação do sistema de persuasão racional antes vigorante. Como visto, a matriz da persuasão racional está pautada na vinculação do juiz às provas dos autos, sendo a motivação o parâmetro para aferir a observância de tal laço. Nada obstante, em visão estreita da persuasão racional, suficiente que o juiz apresentasse as razões que levaram ao seu convencimento, precisamente as provas consideradas para suas conclusões.

O artigo 371 do Código de Processo Civil exige mais: *"O juiz apreciará a prova constante dos autos, independentemente do sujeito que a tiver promovido, e indicará na decisão as razões da formação de seu convencimento."*.

Isso porque, como expressa o preceptivo, a persuasão racional adotada pressupõe a apreciação de toda *"a prova constante dos autos"*, pelo que a motivação deve retratar tal exame, tanto das provas consideradas para a conclusão, quanto daquelas refutadas no iter decisório.

Na motivação o juiz deverá perscrutar a integralidade da prova constantes dos autos, assentando as razões que levaram a escolher essa ou aquela prova em detrimento de outras, já que somente assim poderá ser verificado o cumprimento do comando em apreço.

Trata-se de uma *persuasão racional qualificada* que reforça o exame comumente realizado pelo juiz, para que apresente a face positiva da decisão, composta pelas provas que o convenceram, e a sua face negativa, as provas que refutou no contexto decisório. Não é suficiente que a decisão aponte as razões do convencimento, com as provas que lhe dão arrimo, haja vista que deverá apresentar igualmente os motivos que levaram as provas em sentido contrário à conclusão não serem consideradas.

No particular, não havendo comprovação das proposições de fato, ou melhor, não se convencendo o juiz sobre as proposições de fato apresentadas, far-se-á uso do ônus da prova como critério de julgamento (artigo 373 do Código de Processo Civil).

Não temos como correta a possibilidade de ser afastada a incidência da regra do ônus da prova (ou reduzido seu raio de operação), mediante a aplicação da preponderância da prova ou probabilidade prevalecente. Em tal concepção, presente a incerteza após a produção probatória, o juiz deveria outorgar proteção judicial à parte que demonstrou suas proposições de fato com certo grau de probabilidade. Aplicar-se-ia analogicamente o paradigma utilizado para tutela de evidência (artigo 311, inciso IV, do Código de Processo Civil), a suficiência da demonstração das proposições de fato, aliada à ausência de prova capaz de gerar dúvida razoável. Suscita-se inclusive a utilização de números de probabilidade, "um grau de 51%"[40]. A base do raciocínio seduz: melhor do que aplicar a regra do ônus da prova, atribuindo-se razão às vezes para quem nenhuma prova produziu, é de se conferir razão para a parte que apresenta maior probabilidade de correção quanto às assertivas.

Todavia, ainda que o julgamento se paute na verossimilhança, tal se faz por contingências e impossibilidades da reprodução factual. Ainda assim, o sistema exige para o julgamento a persuasão racional do juiz quanto à correção das proposições de fato, não se satisfazendo com a mera probabilidade persuasiva. A ausência de tal persuasão encontra consequência na aplicação das disposições relativas ao ônus da prova (artigo 373 do Código de Processo Civil), as quais inclusive são vetor da conduta (extra)judicial das partes. A ausência de prova equivale a prova insuficiente.

Nesta linha de inteligência, o modelo de probabilidade prevalecente, prova *prima facie*, é inaplicável no ordenamento jurídico brasileiro, em virtude da conjugação dos artigos 371 e 373 do Código de Processo Civil. Limitadamente o legislador permitiu a utilização da probabilidade prevalecente, como na situação da tutela de evidência, o que não pode, nem deve, a falta de norma geral, ser estendido ao julgamento final propriamente dito. Demais disso, incontrolável decisão pautada em uma probabilidade prevalecente, porquanto os diferentes pesos que assumem as provas no julgamento, ausente o tabelamento legislativo, não são passíveis de serem comutados em típica operação matemática.

4. Ônus da prova e sua modulação

Por diversas razões, não adentram no processo as provas necessárias ao julgamento. Em contrapartida, o juiz é obrigado a se pronunciar em todo caso, mesmo que não tenha formado sua convicção[41], inclusive em respeito ao acesso à justiça.

O ônus da prova surge então como critério normativo para decisão, na hipótese em que as provas faltem para o julgamento. O ônus da prova enucleia uma regra de juízo que visa estabelecer a resposta que será dada ao processo, na situação em que não aportaram provas a permitir o julgamento pelo juiz:

> (...) é uma necessidade evidente que a lei tenha algum dispositivo acerca do que deve ser feito quando, entre duas partes e com referência a uma específica norma do direito, não for estabelecida a aplicabilidade ou não da pertinente "consequência jurídica" (...).[42]

---

40 MARINONI, Prova e convicção, op. cit., p. 103. TARUFFO, op. cit., p. 136.

41 MICHELI, Gian Antonio. *La carga de la prueba.* Traducida por Santiago Sentís Melendo. Bogotá: Editoral Temis, 1989, p. 157.

42 MACCORMICK, Neil. *Argumentação jurídica e teoria do direito.* São Paulo: Martins Fontes, 2006, p. 55.

Em tal perspectiva, pode-se dizer que o ônus da prova é a espinha dorsal do processo civil[43], figurando entre os problemas vitais do processo[44]. Ônus são faculdades cujo exercício é necessário para obtenção de um interesse (próprio)[45].

Como o processo depende de provas para o julgamento e as partes são a melhor opção na realização das provas, o ordenamento processual onera as últimas com o ônus de comprovar suas proposições de fato, sob o risco de tais proposições não serem consideradas. As partes não são obrigadas a realizar provas sobre suas proposições factuais, não cometem qualquer ilícito por assim não fazerem, apenas não terão seus próprios interesses tutelados na eventualidade da falta de prova. Portanto, temos propriamente um ônus da prova.

Na regra do ônus da prova assume maior relevo sua característica como regra de julgamento (face objetiva). Como não é dado ao juiz jurar pela obscuridade da causa (*sibi non liquere* — julgamento *non liquet*), o ordenamento lhe dá a tábua de salvação na hipótese da dúvida[46].

Pela inevitabilidade da prestação da tutela jurisdicional (artigo 5°, inciso XXXV, da Constituição), o juiz não pode pronunciar o *non liquet*. O artigo 373 do Código de Processo Civil objetiva exatamente afastar tal possibilidade, no que estabelece a diretriz a ser observada pelo magistrado quando presente dúvida insuperável sobre as proposições afirmadas. Estabelecido o quadro de incerteza, o conteúdo da decisão

---

43 ROSENBERG, Leo. *La carga de la prueba.* Traducción de Ernesto Krotoschin. 2ª ed. Buenos Aires: Julio César Fairda Editor, 2002, p. 80.

44 CHIOVENDA, Giuseppe. *Instituições de direito processual civil: as relações processuais; a relação processual ordinária de cognição.* v. 2. Com anotações de Enrico Tullio Liebman. Traduzido por Paolo Capitanio. Campinas: Bookseller, 1998, p. 443.

45 A distinção entre ônus e a obrigação está em que o primeiro tutela interesse próprio, enquanto a obrigação protege interesse alheio (CARNELUTTI, Francesco. *Sistema de direito processual civil: introdução e função do processo civil.v.1.* Traduzido por Hiltomar Martins Oliveira. São Paulo: Classic Book, 2000, p. 119). Ainda, diferentemente da obrigação, a não observância do ônus não é suscetível de resolver-se como ato ilícito (CARNELUTTI, Francesco. *Teoria geral do direito.* 2. Impressão. São Paulo: Lejus, 2000, p. 289). Assim, ônus é o poder de dar vida à condição (necessária e suficiente) para a obtenção de um efeito jurídico, considerável favorável ao sujeito (MICHELI, op. cit., p. 76). Por conseguinte, o ordenamento utiliza a categoria de ônus para induzir o comportamento do indivíduo, sob a virtualidade de arcar, frustrado o ônus, com consequências prejudiciais aos seus próprios interesses. *"A diferença entre dever e ônus está em que (a) o dever é em relação a alguém, ainda que seja a sociedade; há relação jurídica entre dois sujeitos, um dos quais é o que deve: a satisfação é do interesse do sujeito ativo; ao passo que (b) o ônus é em relação a si mesmo; não há relação entre sujeitos; satisfazer é do interesse do próprio onerado. Não há sujeito do onerado; ele escolhe entre satisfazer, ou não ter a tutela do próprio interesse."* (MIRANDA, Pontes. *Comentários ao Código de Processo Civil: tomo IV (arts. 282-443).* 3ª ed. rev. e aument. Atualização legislativa de Sérgio Bermudes. Rio de Janeiro: Forense, 1996, p. 253).

46 A expressão *non liquet*, suas iniciais N.L., era usada pelos juízes romanos, ao tempo da República, para se demitir do julgamento de questão sobre a qual não estavam suficientemente esclarecidos. Ao votarem, consignavam em pequenas tábuas que traziam tais siglas (N.L.), ou as letras A (absolvo) C (condeno).

a ser prolatada é imposto pela ordem jurídica. A regra de julgamento do artigo 373 permite o juízo afirmativo ou negativo sobre a pretensão, na situação de insuficiência probatória.

De outro norte, o ônus da prova tem também uma dimensão subjetiva, ligada à necessidade de as partes comprovarem suas proposições factuais, sob pena de não verem seus interesses atendidos. As partes são responsáveis por subministrar as provas sobre suas proposições de fato. Não sem razão BENTHAM acentuava que a arte do processo não é em substância senão a arte de produzir as provas[47].

Colhe-se da lição de BUZAID:

> (...) bem se vê que o problema do ônus da prova tem duas faces: uma, voltada para os litigantes, indagando-se qual deles há de suportar o risco da prova frustrada. É o aspecto subjetivo. E outra, voltada para o magistrado, a quem deve dar uma regra de julgamento. É o aspecto objetivo. O primeiro opera geralmente na ordem privada; o segundo, porém, é um princípio de direito público, intimamente ligado à função jurisdicional. O primeiro constitui uma sanção à inércia, ou à atividade infrutosa da parte; o segundo, ao contrário, é um imperativo da ordem jurídica, que não permite que o juiz se abstenha de julgar, a pretexto de serem incertos os fatos, porque não provados cumpridamente.[48]

Critica-se a existência dessa verdadeira feição subjetiva do ônus da prova, principalmente por conta da comunhão das provas no processo, a existência de poderes instrutórios do juiz e o julgamento com base na persuasão racional. Assome-se, como bem observado por MICHELI, que a atividade probatória das partes só mediatamente tem reflexo no resultado do processo[49]. Nessa perspectiva, o ônus subjetivo da prova só teria relevância meramente prática, mais psicológica do que jurídica[50], ou, ainda, seria característica própria de processos dominados pelo princípio dispositivo.

Diversamente, pensamos que o aspecto subjetivo do ônus da prova não pode ser desconsiderado. PONTES DE MIRANDA, ainda que acentuando a face objetiva[51], não deixou de reconhecer que o ônus da prova principia antes de qualquer demanda, preexistindo a ela[52].

---

47 BENTHAM, Jeremías. *Tratado de las pruebas judiciais: obra extraída de los manuscritos de M. Jeremías Bentham.* t. 1. Escrita em francês por Estevam Dumont. Traduzida ao castellano por C. M. V. Paris: Bossange Fréres, 1825, p. 4.

48 BUZAID, Alfredo. *Do ônus da prova. Estudos de direito*. v.1. São Paulo: Saraiva, 1972, p. 66.

49 MICHELI, op. cit., p. 96.

50 MOREIRA, José Carlos Barbosa. *Julgamento e ônus da prova. Tema de direito processual.* 2. série. São Paulo: Saraiva, 1980, p. 75.

51 MIRANDA, op. cit., p. 270.

52 MIRANDA, op. cit., p. 254.

De fato, o ônus da prova é considerado pelas partes, mesmo antes do processo, nas suas diferentes relações e arranjos, especificamente quanto às provas que necessitam preconstituir para a eventualidade de uma futura, mesmo que remota, discussão. Ainda, com base no ônus da prova, as partes avaliam a possibilidade de ingressar com a demanda e demonstrar efetivamente suas proposições de fato. Ao cabo, durante o processo, as partes tomam consciência sobre a distribuição dos riscos da falta da prova (ônus da prova), para definição dos meios de prova que empregarão. O juiz também, em certa medida, tem em conta a oneração das partes ao avaliar a relevância das provas requeridas, em eventual qualificação das diligências como inúteis ou meramente protelatórias (artigo 370 do Código de Processo Civil).

De resto, o ônus da prova pode ser visualizado como regra de instrução, em contraponto à sua função de servir como regramento do resultado (dirimindo a incerteza). A base da dinamização do ônus da prova é a possibilidade de redistribuição dos encargos probatórios, estimulando as partes realizarem a instrução dos fatos com base em novo arranjo dos ônus. A ideia aí é estimular uma melhor formação do módulo da prova no processo, pelo que o ônus é visto na perspectiva de uma regra de instrução a ser observada pelas partes.

O atual Código de Processo Civil manteve a distribuição estática do ônus da prova, fixando antecipada e abstratamente as hipóteses em que o autor e o réu são onerados. Ao autor compete a prova dos fatos constitutivos do seu direito, enquanto ao réu a existência de fato impeditivo, modificativo ou extintivo do direito do autor (artigo 373 do Código de Processo Civil[53]).

Não se pode perder de vista essa correlação entre as atividades das partes e do juiz. As partes, ao apresentarem suas alegações, delimitam o campo de atuação do juiz, predeterminando o conteúdo de sua decisão. A decisão do juiz passará necessariamente pelas alegações apresentadas pelas partes, acentuando sua comprovação respectiva e aplicando eventualmente o ônus da prova. Existe mútua implicação entre

53 Esse prévio arranjo do ônus da prova é a disposição geral estabelecida pelo Código, que observa exigências de conveniência, justiça comutativa (distributiva) e o princípio da igualdade das partes (ROSENBERG, op. cit., p. 114) (CHIOVENDA, op. cit., p. 448). Poder-se-ia pensar em atribuir ao autor a integralidade das provas, já que ele propôs a demanda. Contudo, o réu poderia privar o autor dos seus direitos, mediante assertivas arbitrárias, cuja comprovação negativa pelo autor seria escassa ou remota. Atribuição dessa envergadura esvaziaria, antecipadamente, qualquer possibilidade de êxito das demandas, tornando ineficaz a prometida tutela jurisdicional (artigo 5º, inciso XXXV, da Constituição). Efetivamente, regra de distribuição do ônus da prova é o suprassumo de uma evolução histórica, que remonta ao direito romano, cujos axiomas são particularmente expressivos: *onus probandi ei incumbit qui dicit, non qui negat; onus probandi incumbit actori; reus in excipiendo fit actor*, mas que restou catalisada pelo artigo 1.315 do Código Civil Francês de 1804 (Código Napoleônico) (PACÍFICO, Luiz Eduardo Boaventura. *O ônus da prova no direito processual civil.* São Paulo: RT, 2000, p. 94). Ainda que não imune de críticas, notadamente pela ingente dificuldade de distinguir os fatos constitutivos dos impeditivos, a regra que secciona o ônus da prova com base na *fattispecie*, na dita natureza das proposições de fato, tem prevalecido entre nós (artigo 209 do CPC/1939 ▯ artigo 333 do CPC/1973) (GAJARDONI, op. cit., p. 265-266).

a atividade exercida pelos diversos sujeitos processuais, o que é natural em qualquer dinâmica para obtenção de um resultado, tutela jurisdicional, pelo método da divisão de trabalhos.

À sua vez, a rigidez da regra de distribuição estática do ônus da prova impõe danos marginais, pois, não raramente, o onerado não tem como comprovar proposições de fatos facilmente demonstráveis pela outra parte, a qual se queda inerte de forma estratégica[54].

Inegavelmente, em uma diretriz teleológica, considerando a finalidade probatória do processo, o critério de distribuição mereceria ser pautado na conveniência de estimular a prova por aquele em melhor condição de realizar a comprovação.

Frente a tal contingência, principalmente a partir da doutrina processual Argentina, passou-se a propugnar a modulação do ônus da prova frente ao caso, o que se designa ordinariamente como a teoria dinâmica de distribuição do ônus da prova, a teoria das cargas processuais dinâmicas.

Transcreve-se de PEYRANO:

> En tren de identificar la categoría de las 'cargas probatorias dinámicas', hemos visualizado – entre otras – como formando parte de la misma a aquélla según la cual se incumbe la carga probatoria a quien – por las circunstancias del caso y sin que interese que se desempeñe como actora o demandada – se encuentre en mejores condiciones para producir la probanza respectiva.[55]

A nosso ver, não se trata bem de dinamização do ônus, pois redistribuído que seja, o mesmo volta a ser estático na sua nova conformação. A ideia subjacente ao tema é a possibilidade do juiz modular o ônus da prova de acordo com a situação das partes frente às provas necessárias para instrução do processo, não ficando estritamente vinculado à distribuição apriorística estabelecida na cabeça do artigo 373 do Código de Processo Civil.

Justamente, o artigo 373, § 1º, do Código de Processo Civil permite novo arranjo do ônus da prova por decisão do juiz (*ope iudicis*), afastando, episodicamente, a distribuição legal (*ope legis*). Sempre que o juiz verificar que a produção de determinada prova para uma das partes se faz impossível ou excessivamente difícil, poderá transferir tal ônus para a outra parte, desde que, obviamente, essa impossibilidade ou excessiva dificuldade não seja compartilhada pela última.

A redistribuição do ônus da prova não pode servir para premiar o ócio, mas sim para premer contra omissão probatória. A impossibilidade ou dificuldade excessiva tem que ser apresentada nos autos. A impossibilidade é a incontornabilidade dos em-

---

54 BENTHAM propugnava que o encargo da prova deveria recair sobre os ombros de quem pudesse realizá-la com menores inconvenientes (BENTHAM, op. cit., Tomo III, p. 151).

55 PEYRANO, Jorge W. *Aspectos procesales de la responsabilidad profesional, in Las Responsabilidades Profesionales* – Libro al Dr. Luis O. Andorno, coord. Augusto M. Morello e outros, La Plata: LEP, 1992, p. 263.

pecilhos ou obstáculos para a produção de determinada prova pela parte inicialmente onerada. Não é qualquer dificuldade na produção das provas que permite a modulação do ônus, mas aquela "excessiva", ou seja, que excede as dificuldades naturais. Agora, em nenhuma hipótese, sendo a impossibilidade ou dificuldade excessiva para as duas partes produzirem as provas, pode o juiz redistribuir o ônus da prova, quase que antecipando o julgamento, a dita *probatio diabolica* reversa[56].

Ora bem, as partes antes de ingressar com a demanda aquilatam os riscos, com base nos potenciais meios de prova que podem dispor. As disposições relativas ao ônus da prova são objeto de atenção pelas partes mesmo fora do processo, nas suas diferentes relações e arranjos, especificamente quanto às provas que necessitam preconstituir para a eventualidade de uma futura, mesmo que remota, discussão. Não pode a parte, ciente da impossibilidade na produção de determinada prova ou na excessiva dificuldade na sua realização, inclusive pela parte adversa, pretender com a inversão um verdadeiro julgamento antecipado em desfavor do novo onerado[57]. A existência da regra geral do ônus da prova serve como premonição às partes sobre potencial resultado da demanda.

A maior facilidade na demonstração do fato contrário também permite a modulação do ônus da prova. Em tal situação, a prova positiva do fato afirmado é de responsabilidade de uma das partes. Porém, a outra parte pode demonstrar com maior facilidade a não ocorrência do fato afirmado, haja vista a existência de fato contrário, passível de comprovação, e que logicamente exclui a ocorrência daquele. A atribuição do ônus da prova aqui recai não sobre a proposição factual apresentada pela parte adversa, mas sim sobre fato diverso, que logicamente exclui a ocorrência do primeiro.

Inviável a modulação do ônus da prova decorrente da impossibilidade de realização da prova pela atuação culposa ou desleal da parte contrária. Ter-se-ia aí uma inversão sanção. O Código não agasalha a inversão do ônus da prova como punição para a parte. As condutas da parte que deliberadamente atuem em prejuízo às provas devem ser objeto de sanção por litigância de má-fé (artigo 79 e seguintes do Código de Processo Civil), inclusive podendo ser consideradas como atentado ao processo (artigo 77, inciso VI, § 7º, do CPC), mas não justificam a modulação do ônus da prova.

Finalmente, cumpre-nos ressaltar, que a possibilidade de redistribuição do ônus da prova não importa na inversão mecânica das regras estipuladas no artigo 373 do CPC, para, exemplificadamente, repassar ao autor a prova do fato impeditivo, modificativo ou extintivo do seu direito ou, mesmo, para atribuir ao réu a prova do fato constitutivo. Na dinamização, a redistribuição do ônus da prova pode recair sobre determinado fato, sem que isso envolva necessariamente a atribuição para o onerado de toda uma classe de fatos (*v.g.* fatos constitutivos).

---

56 CARPES, Artur. *Ônus dinâmico da prova*. Porto Alegre: Livraria do Advogado, 2010, p. 94.

57 MACÊDO, Lucas Buril de; PEIXOTO, Ravi. O CPC/2015 e a dinamização do ônus da prova: aspectos essenciais para compreensão das mudanças. In: MACEDO, Lucas Buril de; PEIXOTO, Ravi; FREIRE, Alexandre (org.). *Processo de conhecimento: provas*. Salvador: Juspodivm, 2015, p. 501.

5. Provas típicas e atípicas

O artigo 369 do Código de Processo Civil patenteia a atipicidade dos meios de prova, a permitir que as partes se valham no processo tanto de meios de prova típicos, expressamente admitidos e regulados pelo ordenamento, como dos atípicos, sobre os quais não existe qualquer previsão legislativa.

Na espécie, o conceito de meio de prova atípico se revela pelo seu reverso (meio de prova típico), pelo que são atípicos os meios de acesso às fontes de prova não regulados no ordenamento jurídico[58].

Logo, podem ser utilizados no contexto do processo quaisquer meios de prova, sendo o repertório dos meios de prova apresentado pelo Código de Processo Civil meramente exemplificativo. A rigor, o Código Civil também estabeleceu rol de provas (artigo 212), mas o qual não é exaustivo. Portanto, não existe discriminação exaustiva dos possíveis meios de prova, mas sim um limite negativo, eis que vedados os meios moralmente ilegítimos[59].

De toda forma, não se podem confundir provas atípicas com provas ilícitas, eis que as primeiras não violam o ordenamento jurídico. No âmbito do processo, não se admitem provas ilícitas, isto é, ofensivas ao ordenamento jurídico.

A ampla permissibilidade na utilização dos meios de provas não exclui a necessidade de observância de um padrão ético imposto pelo processo. Todos os participantes do processo devem se abster de produzir provas inúteis ou desnecessárias (artigo 77, inciso II, do Código de Processo Civil), o que bem demonstra a dimensão ética da instrução probatória.

Ademais, o Código de Processo Civil absorveu os valores constitucionais, colocando-os como critério para ordenação, disciplina e interpretação do processo civil (artigo 1º), diminuindo assim o espaço destinado ao formalismo jurídico. O resultado dessa compreensão é a abertura consentida aos valores, princípios e enunciados normativos com cláusulas abertas. Assim, ainda que ausente qualquer ilicitude, estarão vedadas as provas que afetem padrão ético ou moral reconduzível ao texto constitucional.

De outro viso, o tratamento dos meios de prova atípO icos no processo requer redobrado cuidado com as garantias processuais, principalmente o contraditório e a ampla defesa. Como esses meios estão à margem do ordenamento, que não prevê a forma de sua realização, incumbe ao juiz submetê-los ao núcleo de normas fundamentais do processo civil.

---

58 MOREIRA, José Carlos Barbosa. *Observaciones sobre las llasmadas pruebas atípicas. Tema de direito processual*. 7. série. São Paulo: Saraiva, 2001, p. 45.

59 DINAMARCO, Cândido Rangel. *Instituições de direito processual civil*. v. 3. 5ª ed. rev. e atual. de acordo com a emenda constitucional nº 45, de 8.12.2004 (DOU de 31.12.2004). São Paulo: Malheiros, 2005, p. 94.

6. Prova emprestada

O Código de Processo Civil catalogou a prova emprestada como prova típica, regulando sua utilização no artigo 372 do Código de Processo Civil: *"O juiz poderá admitir a utilização de prova produzida em outro processo, atribuindo-lhe o valor que considerar adequado, observado o contraditório."*

Basicamente o empréstimo da prova consiste no traslado da prova juridicamente realizada no bojo de outro processo (origem) para o processo de destino, com idêntica finalidade probatório.

A rigor, de empréstimo não se trata, já que a prova trazida, acaso admitida, é incorporada definitivamente no processo para qual remetida. Porém, a expressão prova emprestada é consagrada na doutrina e nos tribunais pátrios[60].

Muitas são as questões que suscita o empréstimo da prova, principalmente quanto à eficácia probante no processo em que aporta. Obviamente, o que se traz do processo de origem é a prova, não a avaliação ou a valoração realizada pelo juiz daquele. Apesar da prova emprestada ingressar nos autos sob a forma documental, a mesma mantém a eficácia probatória decorrente de sua natureza originária. Prova testemunhal continua sendo testemunho, ainda que tenha aportado aos autos na forma de documento, através de cópia da ata ou registro audiovisual. Igualmente, perícia continua sendo perícia, com sua eficácia natural de prova técnica. O que muda é a forma de ingresso da prova nos autos[61], não as potencialidades probatórias da prova. Eventual peso que a prova emprestada tenha assumido no processo de origem, por conta da valoração lá efetivada, é irrelevante ao processo de destino. Empresta-se a prova, não seu peso ou relevância na visão do juiz de origem. A prova ingressa sem qualquer valor simbólico. A eficácia da prova emprestada será aquilatada frente ao contexto do processo no qual se enxerta por empréstimo, bem como considerando as circunstâncias de sua produção.

A necessidade do empréstimo da prova se dá basicamente pela economia processual (eficiência), evitando a reprodução de uma prova já produzida[62], bem como por contingências que eventualmente impeçam ou dificultem sua repetição.

No contraditório *"reside o maior obstáculo da prova emprestada."*[63]. A questão que se coloca com mais frequência é se para o empréstimo de prova deve existir identidade das partes no processo de origem e de destino, ou seja, saber se a prova em-

60 SANTOS, Moacyr Amaral dos. *Prova judiciária no cível e comercial.* v. 1. 4ª ed. São Paulo: Max Limonad, 1970, p. 307.

61 AMARAL, Paulo Osternak. *Provas: atipicidade, liberdade e instrumentalidade*. São Paulo: RT, 2015, p. 99-100.

62 DIDIER JR., Fredie; BRAGA, Paula Sarno; OLIVEIRA, Rafael Alexandrino de. *Curso de direito processual civil: teoria da prova, direito probatório, ações probatórias, decisão, precedente, coisa julgada e antecipação dos efeitos da tutela.* v. 2. 10ª ed. Salvador: JusPodivium, 2015, p. 131.

63 FERREIRA, William Santos. *Princípios fundamentais da prova cível.* São Paulo: RT, 2014, p. 148.

prestada pode ser utilizada no processo de destino quando alguma de suas partes não tenha participado no procedimento de sua formação no processo de origem.

Regra geral, o empréstimo da prova só pode ser admitido quando não importe em ofensa ao contraditório. Acaso as partes sejam idênticas, no processo de destino e de origem, não há qualquer ofensa ao contraditório no transporte, podendo a prova ser tomada de empréstimo.

Pode ocorrer da prova que se pretenda tomar de empréstimo ter se realizado com a participação de apenas uma das partes do processo de destino. Ou, ainda, a prova foi produzida em processo que não contou com quaisquer das partes constantes do processo onde se pretende seu ingresso.

Não se pode olvidar, as provas normalmente são produzidas em juízo, em contraditório, pelo que as partes participam e influem diretamente no procedimento de sua formação, como posteriormente discutem seu resultado (as partes perguntam para as testemunhas, discutem o corte metodológico da perícia, apresentam quesitos, fazem observações durante a inspeção e etc.). Assim, as partes do processo de destino, acaso não tenham participado do processo de origem, somente poderiam discutir o resultado da prova, mas teriam tolhido o direito de influir sobre a formatação de tal prova, o que afeta irremediavelmente o exercício do contraditório.

Portanto, a parte que não participou na formação da prova no processo de origem pode refutar seu uso no processo de destino, por quebra do contraditório. Isso porque, a outra parte que participou da formação da prova no processo de origem atuou no procedimento de sua confecção, pelo que em situação de vantagem sobre a parte que só tem a possibilidade de discutir seu resultado. Não é possível separar o resultado da prova da potencial influência exercida pela parte durante sua realização, cientes de que o resultado também é condicionado pelo método.

Por outro enfoque, a parte que participou do processo de origem não pode refutar o uso da prova no processo de destino, quando a outra parte, que não participou, não faça objeção ou postule sua inclusão, já que disso não lhe decorre qualquer prejuízo processual (artigo 282, § 1°, do Código de Processo Civil).

Demais disso, quando a prova tenha se realizado em processo no qual nenhuma das partes tenha figurado, pensamos que a mesma pode ser emprestada, embora com reduzida eficácia probatória. Nesta situação, nenhuma das partes está em situação de superioridade por ter participado do processo de formação da prova. As partes recebem a prova já realizada, não tendo influído na sua participação. Seria um contrassenso admitir a possibilidade de ser anexada uma prova preconstituída nos autos, mas se negar a juntada de uma prova produzida em processo envolvendo terceiros e que não representa qualquer possibilidade de vantagem para uma das partes pela participação na sua formação. Evidentemente, tal prova deverá ser avaliada de forma ainda mais crítica, inclusive no tocante ao procedimento de sua formatação.

7. Prova ilícita

A Constituição da República explicita: *"LVI – são inadmissíveis, no processo, as provas obtidas por meios ilícitos;"* (artigo 5°).

O artigo 369 do Código de Processo Civil também adjudica a observância da legalidade no emprego dos meios de prova. A ilicitude ou injuridicidade é tanto de ordem processual quanto material.

Aliás, no plano de nosso direito positivo, destituída de valia a diferenciação de prova ilícita e ilegítima, pela ofensa ao ordenamento processual (ilegítima) ou violação ao direito material (ilícita), com base na doutrina do processualista italiano NUVOLONE[64].

Não existe gradação apriorística entre violação de ordem processual e de ordem material. A sanção de invalidade pode sim ser dimensionada entre nulidade e anulabilidade. A questão da superação de eventual invalidade deve ser feita aplicando as regras relativas ao convalescimento dos atos (artigos 276 e seguintes do Código de Processo Civil).

Presente a ilicitude insanável, seja de ordem processual, seja de ordem material, a prova é inadmissível no processo.

ROQUE consiga:

> Do ponto de vista ontológico, não existe diferença entre um "ato ilícito" e um "ato ilegítimo". Ambas as hipóteses revelam proibições à produção de determinado meio de prova. A diferença que se põe está apenas na origem da proibição, ou seja, se a vedação probatória está contida em uma norma processual ou de direito material. Pelo menos no âmbito do ordenamento jurídico brasileiro, parece que a distinção de Nuvolone restou superada pela inserção de uma norma proibitiva à admissibilidade das provas ilícitas no art. 5°, LVI da Constituição da República. Como a Constituição é uma norma hierarquicamente superior a todas as outras normas processuais e de direito material, pouco importa saber a origem da ilegalidade da prova porque, de qualquer forma, ela acarretará também a sua inconstitucionalidade.[65]

A ilicitude do meio de prova contamina seu resultado e, pela teoria dos frutos da árvore envenenada (*the fruit of the poisonous tree*), não se aceitam as provas obtidas através daquela. É inviável a reedição da prova ilícita, exceto quando derivada de uma fonte independente. Infelizmente, o Código silenciou em consolidar o atual estado da arte no tocante às provas ilícitas, devendo ser aplicado analogicamente o artigo 157 do Código de Processo Penal.

---

64 NUVOLONE, Pietro. *Le prove vietate nel processo penale nei paesi di diritto latino*. Rivista di diritto processuale, Padova, Volume XXI (II Serie), 1966.

65 ROQUE, Andre Vasconcelos. *As provas ilícitas no projeto do novo código de processo civil; primeiras reflexões*. In: *Revista Eletrônica de Direito Processual* – REDP. Volume VI. Disponível:https://www.google.com.br/url?sa=t&rct=j&q=&esrc=s&source=web&cd=1&ved=0ahUKEwia7YqboJTKAhUEkZAKHeFBBOkQFggdMAA&url=http%3A%2F%2Fwww.e-publicacoes.uerj.br%2Findex.php%2Fredp%2Farticle%2Fdownload%2F7984%2F5770&usg=AFQjCNEv4yzUN-QJIVGOt5JjpzEgSGgdwg&sig2=uPqux0UQzfyduck9uNgT6Q Acesso: 21-maio-2017.

8. Instrução Processual

A Suprema Corte do Estados Unidos utilizou uma figura de linguagem expressiva do dever-poder do juiz exercer juízo de admissibilidade sobre as provas, ainda que noutro contexto. O juiz atua como "Gatekeeper" "aquele que guarda a porta de entrada", competindo-lhe controlar o ingresso (entrada) das provas no processo (Daubert vs. Merrel Dow Pharmaceuticals, Inc.).

Exercendo controle sobre a prova, o juiz determinará as provas necessárias ao julgamento do mérito. Tal deve ser mediado com as partes (artigo 6º do Código de Processo Civil), já que não objetiva exclusivamente a satisfazer o juiz, enquanto pessoa física. A instrução probatória mira no processo, permitindo a prolação do julgamento, bem como seu controle pelo Tribunal. O juiz não pode adotar uma postura solipsista, indeferindo determinada prova por conta do seu convencimento sobre o fato. Deve levar em conta que os juízos de admissibilidade das provas e de valoração são distintos, podendo ainda ser levados a cabo por órgãos diversos na dinâmica recursal. A decisão sobre as provas é fundamental para o processo, podendo definir antecipadamente seu resultado. O indeferimento de uma prova destinada a comprovar determinada linha de atuação pode equivaler na antecipação da improcedência do pleito, já que a sentença certamente assentará a ausência de sua comprovação.

Fundamental no ponto, além do exame da licitude, é a identificação da relevância do meio de prova: *"a condição fundamental para sua admissão no processo."*[66].

A análise passa pelo cotejo do meio de prova postulado com as proposições de fato apresentadas pela parte, a fim de aferir, em projeção prospectiva e conjectural, seu potencial de resultado (eficácia objetiva). Verifica-se, no particular, a potencialidade do meio de prova resultar em demonstração empírica de situações que guardam pertinência com as proposições de fato objeto da discussão. Pertinência no sentido de que podem servir à demonstração das proposições de fato.

No particular, a petição inicial e a resposta são os paradigmas primários para exame da relevância das provas, notadamente pelas proposições de fato que alinham, permitindo ao juiz verificar a pertinência das provas postuladas. Tanto é assim que se exige formalmente a indicação na inicial e na resposta das respectivas provas, atreladas às respeitantes proposições de fato (artigos 319 e 336 do Código de Processo Civil). Daí porque, não sem propósito, quando a questão exigir, tais peças processuais devem apresentar justificação pormenorizada sobre a necessidade de determinado meio de prova.

CARNELUTTI emprega curiosa alegoria: *"(...) o juiz está em meio a um minúsculo cerco de luzes, fora do qual tudo são trevas: atrás dele o enigma do passado e diante, o enigma do futuro. Esse minúsculo cerco é a prova."*[67].

---

66 TARUFFO, Uma simples verdade, op. cit., p. 61.

67 CARNELUTTI, Francesco. *A prova civil*. Traduzido por Lisa Pary Scarpa. Campinas: Bookseller, 2001. p. 16.

No exame da relevância das provas, o juiz não deve restringir seu cerco de luz, mas expandi-lo o máximo possível, evitando ficar envolto nas sombras. Mesmo porque, a definição da relevância das provas é realizada por um critério de exclusão, são relevantes as provas que não sejam inúteis ou protelatórias.

Impende ressaltar, o norte verificado nos sistemas processuais é a admissão, via de regra, dos meios de provas, tendo em vista que se trata de uma decisão *a priori* sobre possível futuro do resultado probatório. Só depois da produção da prova que se verifica efetivamente o resultado infrutuoso do meio de prova, pelo que descabem juízos de premonição no tema.

Em tal campo, o juiz exerce amplos deveres-poderes, como deflexão ao princípio dispositivo, que estrutura o ordenamento processual (artigo 141 do Código de Processo Civil): *iudex judicare debet secundum allegata et probata a partibus*[68].

Precisamente, no campo probatório, o poder de disposição das partes sofre ingerência do interesse público, seja como emanação do direito material tutelado, seja por estar intrinsecamente vinculado ao exercício de atividade estatal (prestação da tutela jurisdicional).

Anota com claridade GAIO JÚNIOR:

> Insta pontuar neste ínterim que tais interesses dos partícipes do processo – diga-se aqui, as partes e o juiz – na construção qualitativa probatória, cujo alcance, repito, interessa inegavelmente a todos, é razão inspiradora de um Processo Cooperativo (...).[69]

Conquanto as partes tenham liberdade na submissão da matéria ao Poder Judiciário, inclusive na sua amplitude (formatação da causa de pedir e do pedido) (princípio da demanda), não tem disposição sobre a atividade jurisdicional no perscrutar o objeto litigioso.

CAPPELLETTI agudamente registrou:

> A consequência prática mais evidente desta idéia é a seguinte: que as partes privadas, mesmo sendo livres para dispor dos direitos substantivos deduzidos em juízo, ou seja, do objeto do processo, não são livres, entretanto (ou, pelo menos, não são completamente livres), para dispor ao seu bel-prazer também do próprio processo, ou seja, do instrumento processual. Em ou-

---

68 Independentemente da discussão sobre a incorreção histórica desse axioma romano, no relativo ao vínculo com as provas (TARUFFO, Uma simples verdade, op. cit., p. 47), o princípio dispositivo é elo, ponto de interseção, do direito processual com o direito material, já que intimamente relacionado com a natureza do direito material objeto da tutela (DUARTE, Bento Herculano; OLIVEIRA JUNIOR, Zulmar Duarte. *Princípios do processo civil: noções fundamentais (com remissão ao Novo CPC); jurisprudência do STF e do STJ.* Rio de Janeiro: Forense. São Paulo: Método, 2012).

69 GAIO JÚNIOR, *Antônio Pereira. Instituições de direito processual civil.* 3ª ed. rev. e atual. Salvador: Juspodivm, 2017, p. 411.

> tras palavras, as partes não são livres para determinar, ao seu bel-prazer, o modo como o processo deve se desenvolver.[70]

É certo que o dever-poder do juiz de determinar a realização de provas de ofício merece uma releitura. Dever-poder que expressa o caráter de assujeitamento do poder ao dever, o qual só pode ser exercido em decorrência da atividade exigida (dever) e não como mera potestade[71].

Inegavelmente o Código de Processo Civil em vigor promoveu novo concerto entre as forças atuantes no processo, mormente por sua cariz cooperativa (artigo 6º). Os poderes oficiosos do juiz, frente ao CPC de 1973, foram redimensionados e esmaecidos. O Código conferiu maior protagonismo às partes, inclusive no concernente à marcha processual (artigo 190). Na questão da instrução probatória, duas mudanças acentuam a menor intensidade dos poderes do juiz. Primeiro, a colocação desse dever-poder de instrução dentro do capítulo das provas, não estando mais inserindo dentro dos típicos poderes do juiz (artigo 131 do CPC/1973). Esse reposicionamento topológico expressa uma menor ingerência do juiz em tal dimensão, na medida em que diminui sua feição enquanto poder. Depois, como segunda mudança, outorgou-se às partes maior ingerência sobre a formação do material probatório (artigo 357, §§ 2º e 3º, do Código de Processo Civil). Logo, a atuação oficiosa do juiz no campo probatório é medida de exceção, tendo em vista o protagonismo das partes na apresentação da demanda, na formatação do objeto litigioso e, consequentemente, na instrução probatória.

Ao propósito, crescente a discussão sobre os vieses cognitivos (*cognitive biases*) do juiz ao determinar a realização da prova de ofício, por conta da sobrevalorização do resultado de tais provas (*self-serving bias*). Tomam-se como base os estudos realizados pelos israelenses AMOS TVERSKY e DANIEL KAHNEMAN[72], sobre algumas propensões inconscientes que serviriam de pano de fundo para decisões enviesadas: propensões para tomada de decisões (*cognitive biases*). As influências dessas propensões no processo seriam inúmeras: a tendência do juiz que proferiu tutela provisória confirmá-la em sentença (*confirmation bias*); o juiz daria maior valor para a prova oral realizada perante ele (*representativeness bias*); a dificuldade de serem ignoradas as provas ilícitas (*anchoring-and-adjustment bias*). O Código, em pelo menos uma situação, afasta a participação do juiz do processo pelo risco do enviesamento (artigo 144, inciso II, do Código de Processo Civil). A possibilidade de enviesamento merece ser considerada pelo próprio juiz ao empreender a atividade instrutiva e na avaliação de seus resultados, especialmente a tendência de sobrevalorizar tais provas e refutar eventuais contraprovas. Ainda que assim seja, pensamos que o efetivo exercício do

---

70 CAPPELLETTI, Mauro. *O processo civil no direito comparado.* Belo Horizonte: Líder, 2011, p. 38.

71 MELLO, Celso Antônio Bandeira de. *Curso de direito administrativo.* 11ª ed. São Paulo: Malheiros, 1998, p. 236.

72 Disponível: Judgment under uncertainty: heuristics and biases. Disponível em: http://psiexp.ss.uci.edu/research/teaching/Tversky_Kahneman_1974.pdf Acesso: 21-maio-2017).

contraditório, a motivação, a ciência do juiz sobre tal tendência e os recursos sejam suficientes para controlar eventuais desvios cognitivos.

9. Referências Bibliográficas

AMARAL, Paulo Osternak. *Provas: atipicidade, liberdade e instrumentalidade*. São Paulo: RT, 2015.

BENTHAM, Jeremías. *Tratado de las pruebas judiciais: obra extraída de los manuscritos de M. Jeremías Bentham*. t. 1. Escrita em francês por Estevam Dumont. Traduzida ao castellano por C. M. V. Paris: Bossange Fréres, 1825.

BUZAID, Alfredo. *Do ônus da prova. Estudos de direito*. v. 1. São Paulo: Saraiva, 1972.

CALAMANDREI, Piero. *Direito processual civil: estudos sobre processo civil*. v. 3. Tradução de Luiz Abezia e Sandra Drina Fernandez Barbery. Campinas: Bookseller, 1999.

CAMBI, Eduardo. *Direito constitucional à prova no processo civil*. São Paulo: RT, 2001.

CAPPELLETTI, Mauro. *O processo civil no direito comparado*. Belo Horizonte: Líder, 2011.

CARNELUTTI, Francesco. *A prova civil*. Traduzido por Lisa Pary Scarpa. Campinas: Bookseller, 2001.

_____. *Sistema de direito processual civil: introdução e função do processo civil*. v. 1. Traduzido por Hiltomar Martins Oliveira. São Paulo: Classic Book, 2000.

_____. *Teoria geral do direito*. 2. Impressão. São Paulo: Lejus, 2000.

_____. Verdade, dúvida e certeza. In: *Genesis – Revista de Direito Processual*. nº 1 jan.-abr. 1996. Curitiba: Genesis, 1996.

CANOTILHO, José Joaquim Gomes. *Direito constitucional: e teoria da constituição*. 4ª ed. Coimbra: Almedina, 1997.

CARPES, Artur. *Ônus dinâmico da prova*. Porto Alegre: Livraria do Advogado, 2010.

CHIOVENDA, Giuseppe. *Instituições de direito processual civil: as relações processuais; a relação processual ordinária de cognição*. v. 2. Com anotações de Enrico Tullio Liebman. Traduzido por Paolo Capitanio. Campinas: Bookseller, 1998.

DIDIER JR., Fredie; BRAGA, Paula Sarno; OLIVEIRA, Rafael Alexandrino de. *Curso de direito processual civil: teoria da prova, direito probatório, ações probatórias, decisão, precedente, coisa julgada e antecipação dos efeitos da tutela*. v. 2. 10ª ed. Salvador: JusPodivium, 2015.

DINAMARCO, Cândido Rangel. *Instituições de direito processual civil*. v. 3. 5ª ed. rev. e atual. de acordo com a emenda constitucional nº 45, de 8.12.2004 (DOU de 31.12.2004). São Paulo: Malheiros, 2005.

DUARTE, Bento Herculano; OLIVEIRA JUNIOR, Zulmar Duarte. *Princípios do processo civil: noções fundamentais (com remissão ao Novo CPC); jurisprudência do STF e do STJ*. Rio de Janeiro: Forense. São Paulo: Método, 2012.

FERREIRA, William Santos. *Princípios fundamentais da prova cível*. São Paulo: RT, 2014.

GAIO JÚNIOR, Antônio Pereira. *Instituições de direito processual civil*. 3ª ed. rev. e atual. Salvador: Juspodivm, 2017.

GAJARDONI, Fernando da Fonseca; Dellore, Luiz; ROQUE, André Vasconcelos; OLIVEIRA JUNIOR, Zulmar Duarte de. *Processo de conhecimento e cumprimento de sentença: comentários ao CPC de 2015*. Rio de Janeiro: Forense; São Paulo: Método, 2016.

HESSE, Konrad. *A força normativa da Constituição: (die normative kraft der verfassung)*. Tradução de Gilmar Ferreira Mendes. Porto Alegre: Fabris, 1991.

LUHMANN, Niklas. *Legitimação pelo procedimento*. Tradução de Maria Conceição Côrte-Real. Brasília: Editora Universidade de Brasília, 1980.

MACCORMICK, Neil. *Argumentação jurídica e teoria do direito*. São Paulo: Martins Fontes, 2006.

MACÊDO, Lucas Buril de; PEIXOTO, Ravi. O CPC/2015 e a dinamização do ônus da prova: aspectos essenciais para compreensão das mudanças. In: MACEDO, Lucas Buril de; PEIXOTO, Ravi; FREIRE, Alexandre (org.). *Processo de conhecimento: provas*. Salvador: Juspodivm, 2015.

MARINONI, Luiz Guilherme; ARENHART, Sérgio Cruz; MITIDIERO, Daniel. *Novo código de processo civil comentado*. São Paulo: RT, 2015.

_____.; ARENHART, Sérgio Cruz. *Prova e convicção: de acordo com o CPC de 2015*. 3ª ed. rev., atual. e ampl. São Paulo: RT, 2015

MELLO, Celso Antônio Bandeira de. *Curso de direito administrativo*. 11ª ed. São Paulo: Malheiros, 1998.

MICHELI, Gian Antonio. *La carga de la prueba*. Traducida por Santiago Sentís Melendo. Bogotá: Editoral Temis, 1989.

MIRANDA, Pontes. *Comentários ao Código de Processo Civil*: tomo IV (arts. 282-443). 3ª ed. rev. e aument. Atualização legislativa de Sérgio Bermudes. Rio de Janeiro: Forense, 1996.

MOREIRA, José Carlos Barbosa. *Julgamento e ônus da prova*. Tema de direito processual. 2. série. São Paulo: Saraiva, 1980.

_____. *Observaciones sobre las llasmadas pruebas atípicas*. Tema de direito processual. 7. série. São Paulo: Saraiva, 2001.

NEVES, Antônio Castanheira. *Questão de facto – questão de direito ou o problema metodológico da juridicidade: ensaio de uma reposição crítica*. Coimbra: Livraria Almedina, 1967.

NUVOLONE, Pietro. *Le prove vietate nel processo penale nei paesi di diritto latino. Rivista di diritto processuale*, Padova, Volume XXI (II Serie), 1966.

PACÍFICO, Luiz Eduardo Boaventura. *O ônus da prova no direito processual civil*. São Paulo: RT, 2000.

PEYRANO, Jorge W. *Aspectos procesales de la responsabilidad profesional, in Las Responsabilidades Profesionales* – Libro al Dr. Luis O. Andorno, coord. Augusto M. Morello e outros, La Plata: LEP, 1992.

POPPER, Karl. R. *A lógica da pesquisa científica*. Tradução de Leonidas Hegenberg e Octanny Silveira da Mota. São Paulo: Cultrix, 2007.

RAMOS, Vitor de Paula. *Ônus da prova no processo civil: do ônus ao dever de provar.* São Paulo: RT, 2015.

ROQUE, Andre Vasconcelos. As provas ilícitas no projeto do novo código de processo civil; primeiras reflexões. In: *Revista Eletrônica de Direito Processual – REDP*. VolumeVI.Disponível:https://www.google.com.br/url?sa=t&rct=j&q=&esrc=s&source=web&cd=1&ved=0ahUKEwia7YqboJTKAhUEkZAKHeFBBOkQFggdMAA&url=http%3A%2F%2Fwww.epublicacoes.uerj.br%2Findex.php%2Fredp%2Farticle%2Fdownload%2F7984%2F5770&usg=AFQjCNEv4yzUNQJIVGOt5JjpzEgSGgdwg&sig2=uPqux0UQzfyduck9uNgT6Q Acesso: 21-maio-2017.

ROSENBERG, Leo. *La carga de la prueba*. Traducción de Ernesto Krotoschin. 2ª ed. Buenos Aires: Julio César Fairda Editor, 2002.

SANTOS, Moacyr Amaral dos. *Prova judiciária no cível e comercial*. v.1. 4ª ed. São Paulo: Max Limonad, 1970.

TARUFFO, Michele; FENOLL, Jordi Nieva (dirs). *Neurociencia y processo judicial.* Madrid: Marcial Pons, 2013.

_____. *La prueba de los hechos.* Traducción Jordi Ferrer Beltrán. Madrid: Editorial Trotta, 2002.

_____. *Uma simples verdade: o juiz e a construção dos fatos.* Tradução de Vitor de Paula Ramos. São Paulo: Marcial Pons, 2012.

VERBIC, Francisco. *La prueba científica en el processo judicial: identificación de la nocion en el marco de la teoría general de la prueba; problemas de admissibilidad y atendibilidad.* Santa Fe: Rubinzal – Culzoni Editores, 2008.

VILANOVA, Lourival. *As estruturas lógicas e o sistema do direito positivo*. 4ª ed. São Paulo: Noeses, 2010.

VOLTAIRE. *Oeuvres completes*. Paris: Chez Furne Libraire-Editeur. Tome VIII.

WACH, Adolf. *Conferencias sobre la ordenanza procesal civil alemana*. Traddución Ernesto Krotoschin. Buenos Aires: EJEA, 1958.

Capítulo IX

ATOS E NEGÓCIOS JURÍDICOS PROCESSUAIS

Humberto Dalla Bernardina de Pinho

1. Considerações iniciais

1.1. O novo paradigma do processo civil constitucional

O novo regramento processual civil se encontra cada vez mais estruturado sob a ótica do modelo constitucional de processo[1]. Com isso, princípios e valores da Carta

1 MITIDIERO, Daniel. *Colaboração no processo civil: pressupostos sociais, lógicos e éticos*. 2ª ed. São Paulo: Revista dos Tribunais, 2011. Coleção temas atuais de direito processual civil; v. 14, p. 7.

passam a assumir papel de destaque, tanto nesse quanto em outros ramos do direito, marcando-os todos com o elevado ideário simbólico do constituinte de 1988[2].

Trata-se de verdadeira evolução normativa e principiológica, a inspirar um molde legislativo mais atento à realidade política, jurídica e social do país, o que, por óbvio, acaba, também, por afetar a própria ciência processual, enquanto campo de estudo voltado à satisfação dos jurisdicionados e à pacificação da sociedade – como, no mais, o direito como um todo[3].

Há, hoje, a ideia segundo a qual a justiça coexistencial[4] deve significar gestão participativa e colaborativa, na busca de um processo garantista e justo[5].

Nesse contexto, sobressai o papel relevante desempenhado pelo direito processual, enquanto instrumento de realização dos ideais constitucionais, vez que, pelas vias processuais, concretizam-se os direitos e garantias fundamentais assegurados na Carta.

Não é por outro motivo, aliás, que se impõe ao processo que mantenha diálogo constante com os valores máximos do ordenamento, de maneira a absorvê-los, deixar-se por eles conduzir e transmiti-los.

Em termos de convenções processuais, a influência constitucional fica clara, à medida que se descortina um modelo cooperativo, ou comparticipativo, de processo, tal como previsto no art. 6º do NCPC.

Os sujeitos do processo – não só as partes, mas também o juízo – assumem a responsabilidade de, em atuação conjunta, trabalhar para a obtenção de uma decisão meritória justa e efetiva, em tempo razoável.

Assume relevo a ideia de processo enquanto construção das próprias partes e para elas, segundo seus interesses levados a juízo, o que, de certa forma, faz sobressair o exercício da democracia, em seu viés participativo e discursivo. Os cidadãos são

---

2 CABRAL, Trícia Navarro Xavier. *Ordem pública processual: técnica de controle da regularidade do processo civil.* Tese de Doutoramento. Universidade do Estado do Rio de Janeiro – UERJ, Rio de Janeiro, 2014, p. 33.

3 VIDAL. Ludmilla Camacho Duarte. *Convenções processuais: premissas operacionais e os escopos da jurisdição contemporânea*, in CARNEIRO, Paulo Cezar Pinheiro. GRECO, Leonardo. PINHO, Humberto Dalla Bernardina de. Inovações do CPC/2015, GZ: Rio de Janeiro, 2016, pp. 101/143.

4 CAPPELLETTI, Mauro. *Problemas de Reforma do Processo Civil nas Sociedades Contemporâneas*, in Revista de Processo, ano 17, nº 65, São Paulo: Revista dos Tribunais, 2008, p.129.

5 "Nessa perspectiva, as exigências sociais hodiernas demandam a instauração de um espaço definido por Mauro Cappelletti como justiça coexistencial, em que os jurisdicionados possam compor e influenciar, prévia e eficazmente, a decisão final. Outrossim, devem participar ativamente do procedimento e sobre ele poder deliberar de modo a adequá-lo às idiossincrasias do caso concreto, propiciando uma gestão compartilhada, comparticipativa e, sobretudo, legitimadora da função jurisdicional do Estado". VIDAL. Ludmilla Camacho Duarte. *Convenções processuais: premissas operacionais e os escopos da jurisdição contemporânea*, in CARNEIRO, Paulo Cezar Pinheiro. GRECO, Leonardo. PINHO, Humberto Dalla Bernardina de. Inovações do CPC/2015, GZ: Rio de Janeiro, 2016, pp. 101/143.

chamados a, uma vez acionada a máquina jurisdicional, cooperar entre si para, travando um diálogo, melhor gerirem um processo que, afinal, foi feito para eles mesmos[6].

O centro de tomadas de decisões, de certo modo, acaba por ser deslocado de um Estado-Juiz hierarquicamente superior a um debate intersubjetivo que as partes vêm a travar em busca do consenso. O processo pós-moderno, dessa forma, "representa o mini *locus* para a sempre inacabada construção cotidiana da democracia substancial"[7].

A partir de todas essas considerações, faz-se mister ter em conta que o processo, em sua roupagem contemporânea, se revela nada mais, nada menos, do que o resultado da cooperação entre as partes e o órgão jurisdicional, na busca pela efetivação dos direitos fundamentais e pela edificação de um processo justo.

1.2. Visão geral dos atos processuais

O ato processual é modalidade de ato jurídico[8]. Esses atos pertencem ao processo e exercem efeito jurídico direto e imediato sobre a relação processual[9].

Trata-se, em verdade, do ato jurídico do direito civil estudado na esfera processual[10], pois cada ato tendente a produzir efeitos no processo pode ser estudado *de per si*, sendo definido por Luiz R. Wambier[11] como toda "manifestação de vontade humana que tem por fim criar, modificar, conservar ou extinguir a relação jurídica processual". Portanto, os atos processuais podem ser produzidos pelos sujeitos do processo[12].

---

6 GODINHO, Robson. *A autonomia das partes e os poderes do juiz entre o privatismo e o publicismo do processo civil brasileiro*, in Revista do Ministério Público do Estado do Rio de Janeiro, edição comemorativa, fascículo 2, 2015, pp. 88/123. versão eletrônica disponível em http://www.mprj.mp.br/consulta-juridica/revista-do-mp, acesso em 22 de janeiro de 2016, p. 90.

7 CAVACO, Bruno de Sá Barcelos. *Desjudicialização de Conflitos e Democracia Processual: um Convite à Participação Procedimental e ao Protagonismo do Cidadão na Pós-Modernidade*, dissertação de mestrado. UERJ. Faculdade de Direito. 2016, p. 9.

8 FUX, Luiz. *Teoria Geral do Processo Civil, 2· edição,* Rio de Janeiro: GEN, 2016, p. 187.

9 SILVA, Ovídio Batista da; GOMES, Fabio Luiz. *Teoria geral do processo civil*. São Paulo: Revista dos Tribunais, 1997, p. 207.

10 Há que se distinguir ato jurídico (*stricto sensu*) e negócio jurídico. Neste, a lei reserva margem de liberdade para as partes – autonomia da vontade – dentro de limites que podem os sujeitos criar, modificar, ou extinguir direitos, pretensões e ações, sendo suas consequências determinadas pela autonomia da vontade. Por outro lado, nos atos jurídicos, os efeitos que os atos humanos irão produzir encontram-se determinados diretamente pela lei, com algumas exceções. CABRAL, Trícia Navarro Xavier. *Convenções em matéria processual*. Revista de Processo, vol. 241/2015, pp. 489-516, mar/2015.

11 WAMBIER, Luiz Rodrigues et al. *Curso avançado de processo civil*. Teoria geral do processo e processo de conhecimento v.1. São Paulo: *Revista dos Tribunais*, 2002, p. 183.

12 A questão ganha novos contornos, como veremos adiante, com a figura das convenções processuais. Sobre as controvérsias quanto à classificação dos atos e negócios jurídicos processuais, remetemos o leitor às seguintes obras: PINHO. Humberto Dalla Bernardina de. MELLO PORTO, José Roberto Sotero de. *Colaboração premiada: um negócio jurídico processual?* In ESPIÑEIRA, Bruno. CALDEIRA,

O processo compreende o *procedimento* que, como visto, consiste no conjunto de atos coordenados com vistas à outorga da tutela jurisdicional. Assim, o primeiro ato processual é a demanda e o último, o provimento, que concede a tutela jurisdicional a quem tem razão[13].

Alguns autores[14] fazem uma distinção. Entendem que, na verdade, atos do processo são um gênero que, por sua vez, se divide em duas espécies: atos do processo *stricto sensu* e atos processuais.

Assim, para Dinamarco[15] são atos processuais apenas os *praticados no processo pelos sujeitos processuais*; outros autores, no entanto, sustentam serem atos processuais os que tenham *eficácia* no processo, sejam eles praticados em seu curso ou fora dele (p. ex., produção antecipada de provas, praticada fora e antes de haver processo instaurado, bem como a eleição de foro)[16].

2. Espécies de atos processuais

Os atos processuais podem ser classificados de diversas formas, sendo impossível determinar a melhor classificação. Todavia, devemos destacar duas classificações: atos processuais das partes e atos processuais do juízo.

2.1. Atos processuais praticados pelas partes

Os atos processuais das partes podem ser classificados em atos postulatórios, atos instrutórios, atos dispositivos e atos reais ou materiais.

Felipe. Delação Premiada – Estudos em homenagem ao Min. Marco Aurélio de Mello, D`Plácido: Belo Horizonte, 2016, pp. 115/144. BONFIM, Daniela e DIDIER JR, Fredie. *Colaboração premiada (Lei nº 12.850/2013): natureza jurídica e controle de validade por demanda autônoma – um diálogo com o Direito Processual Civil*. In: *Civil Procédure Review*, v. 7, nº 2, p. 143. O texto está disponível em: https://www.academia.edu/25608182/Colabora%C3%A7%C3%A3o_premiada_Lei_n._12.850_2013_natureza_jur%C3%ADdica_e_controle_da_validade_por_demanda_aut%C3%B4noma_um_di%C3%A1logo_com_o_Direito_Processual_CivilAcesso em 30 de julho de 2016.

---

13 CARNEIRO, Paulo Cezar Pinheiro. PINHO, Humberto Dalla Bernardina de (orgs). Código de Processo Civil anotado e comentado, 2· Ed., GEN: Rio de Janeiro, 2016, p. 15.

14 HARTMANN, Rodolfo Kronemberg. *Curso Completo do novo Processo Civil*, 4. Ed., Niterói: Impetus, 2016, p. 125.

15 Para esse autor, se o ato não for realizado em sede do processo, não será processual; também não será processual se for realizado por alguém que não seja sujeito processual, mesmo que em sede do processo. Exemplo: terceiro como tal não realiza ato processual algum. DINAMARCO, Cândido Rangel. *Fundamentos do processo civil moderno*. São Paulo: Malheiros, 2001, p. 78.

16 PINHO, Humberto Dalla Bernardina de. *Direito Processual Civil Contemporâneo*, vol. 1, 7. ed., São Paulo: Saraiva, 2017, p. 462.

2.1.1. Atos postulatórios

São *postulatórios* todos aqueles praticados pelas partes objetivando o pronunciamento do juiz sobre a lide ou o desenvolvimento da relação já instaurada. Por meio dos atos postulatórios as partes formulam requerimentos ao juízo, referentes ao objeto do processo ou a qualquer outro pedido incidental.

Em regra, o principal ato postulatório da parte autora será a petição inicial (art. 319 do CPC/2015), na qual será demonstrado o fato constitutivo do direito.

Quanto ao réu, temos a contestação (art. 335 do CPC/2015) que deverá respeitar os princípios da eventualidade e da impugnação específica dos fatos, negando a existência do fato constitutivo – defesa direta de mérito – ou alegando fato impeditivo (afasta completamente o fato constitutivo, como mostrar que o pedido é juridicamente impossível), modificativo (altera o teor do fato, e, portanto, as consequências jurídicas) ou extintivo (como a prescrição, que fulmina a possibilidade de tutela judicial) do direito alegado pelo autor (defesa indireta).

2.1.2. Atos instrutórios

Os *atos instrutórios* são os atos praticados pelas partes com a finalidade de inserir na relação processual os elementos de prova com os quais pretendem demonstrar seu direito. São atos tanto de requerimento de prova quanto de realização de provas.

Novamente, destaca-se a petição inicial que, por ser ato complexo, além de iniciar a relação processual, possui em seu corpo provas documentais que constituem requisito essencial, segundo o art. 320 do CPC/2015.

Em regra, somente os fatos necessitam ser provados (arts. 374 e 376 do CPC/2015), devendo a requisição das provas ser feita na petição inicial e na contestação. Seu deferimento, em princípio, ocorre no despacho saneador.

As provas são produzidas em momentos específicos. A documental, logo no início da demanda, facultando-se a juntada de documentos suplementares em casos específicos.

A prova pericial é produzida entre o despacho saneador e a audiência de instrução e julgamento, e a prova oral é produzida na AIJ, salvo hipóteses excepcionais, como a medida de produção antecipada de provas e as diligências externas realizadas pelo juiz (ex.: testemunha gravemente enferma que tenha de ser ouvida no leito do hospital).

2.1.3. Atos dispositivos

Os *atos dispositivos*, por sua vez, são aqueles em que as partes dispõem de algum direito ou vantagem, tal qual ocorre na conciliação, de que são espécies a transação (concessões recíprocas entre as partes), a renúncia ao direito material (ensejando extinção do processo com resolução de mérito, art. 487, III, *c*), a desistência (processual, direta – art. 485, VIII, do CPC/2015 – e indireta – art. 485, III do CPC/2015; levando à extinção do processo sem resolução do mérito, art. 485) e a submissão (em que uma parte reconhece o pedido da outra, submetendo-se a ele).

2.1.4. Atos reais ou materiais

Finalmente, os *atos reais* ou *materiais* são aqueles em que as partes praticam uma conduta processual concreta. São atos praticados no curso do processo residualmente, tais como pagamento de custas, juntada de procuração, comparecimento a audiências etc.

2.2. Atos processuais praticados pelos juízes

Entre os *atos processuais dos juízes*, destacam-se os atos praticados entre o juízo e as partes e os atos praticados entre juízos

2.2.1. Atos praticados pelos juízo tendo como destinatárias as partes

2.2.1.1. Os atos decisórios

Também chamados de provimentos, são definidos como atos praticados pelos juízes com a finalidade de impulsionar ou decidir questões referentes à relação processual instaurada, em obediência ao princípio do impulso oficial (art. 203 c/c o art. 139 do CPC/2015). De acordo com o art. 203, os atos do juiz dividem-se em sentenças, decisões interlocutórias e despachos.

Por força do art. 203, § 1º, do CPC/2015 a sentença passou a ser definida como o *"pronunciamento por meio do qual o juiz, com fundamento nos arts. 485 e 487, põe fim à fase cognitiva do procedimento comum, bem como extingue a execução"*.

Nesse sentido, as sentenças dividem-se em terminativas – quando extinguem o processo sem resolução de mérito – e definitivas – quando há resolução de mérito. Assim, será sentença todo "pronunciamento conclusivo da fase cognitiva do processo, haja ou não julgamento da pretensão de direito material"[17], bem como a resolução da execução, por força do novel dispositivo.

Assim, o novo conceito trazido deixa de correlacionar a prolação da sentença com a extinção da prestação jurisdicional, como anteriormente acontecia, principalmente porque, havendo o cumprimento da sentença com base no arts. 513 e s. do CPC/2015, teremos um prolongamento da relação jurídica processual com base nos atos judiciais necessários à execução[18].

Conforme o art. 489 do CPC/2015, a sentença é composta por três partes: relatório, fundamentação e dispositivo.

No relatório, o juiz fará um breve resumo dos fatos que demonstre seu conhecimento em relação aos acontecimentos do processo. Nesse sentido, o relatório repre-

---

17 GRECO, Leonardo. *Garantias fundamentais do processo: o processo justo*. Disponível em: <htttp://www.mundojuridico.adv.br/html/artigos/documentos/texto165.htm>. Acesso em: 2 maio 2006.

18 PINHO, Humberto Dalla Bernardina de. *Direito Processual Civil Contemporâneo*, vol. 1, 7ª ed. , São Paulo: Saraiva, 2017, p. 466.

senta um verdadeiro mecanismo de controle social dos atos do juiz. Na fundamentação, o juiz apresentará os dispositivos legais e jurisprudenciais que fundamentam sua decisão, resolvendo, no dispositivo, as questões que lhe foram apresentadas ao proferir sua decisão final.

Proferida a sentença teremos a formação da coisa julgada (art. 502 do CPC/2015), que pode ser material – quando a sentença torna-se imutável dentro e fora daquela relação processual – ou formal – a imutabilidade localiza-se apenas dentro daquela relação processual. Nesse sentido, a sentença que examina o mérito (art. 487 do CPC/2015) gera coisa julgada formal e material, enquanto a sentença que não realiza esse exame (art. 485 do CPC/2015) encerra apenas coisa julgada formal.

Enquanto as decisões proferidas pelos juízes são denominadas sentenças, as proferidas pelos tribunais (órgãos colegiados) são chamadas de acórdãos. Cabe ressaltar que as decisões proferidas pela turma recursal dos Juizados Especiais também são denominadas acórdãos, muito embora essas turmas não sejam formadas por desembargadores, mas por juízes que integram os próprios Juizados.

Será *decisão interlocutória* "todo ato realizado pelo juiz, no curso do processo, por meio do qual ele resolve alguma questão incidente"[19]. É consequência natural da própria definição de processo – sucessão de atos processuais – que abrange, ao longo de seu curso, uma série de decisões do magistrado. O art. 203, § 2º, do CPC/2015 dispõe que decisão interlocutória é todo pronunciamento judicial de natureza decisória que não se enquadre no conceito de sentença.

Por meio da decisão interlocutória, resolve-se qualquer questão levantada pelas partes, desde que não diga respeito ao mérito e que não leve à extinção do feito.

Um exemplo é a decisão de saneamento, prevista no art. 357, a qual tem as seguintes finalidades:

a) resolver as questões processuais pendentes, se houver;

b) delimitar as questões de fato sobre as quais recairá a atividade probatória, especificando os meios de prova admitidos;

c) definir a distribuição do ônus da prova, observado o art. 373;

d) delimitar as questões de direito relevantes para a decisão do mérito;

e) designar, se necessário, audiência de instrução e julgamento.

Por fim, temos o *despacho*, que é o ato realizado pelo juiz e que não implica gravame para qualquer das partes.

O art. 203, § 3º, dispõe que são despachos todos os demais pronunciamentos do juiz praticados no processo, de ofício ou a requerimento da parte.

Trata-se de ato desprovido de conteúdo decisório, por meio do qual o juiz apenas impulsiona a relação processual. Por não possuir efeito decisório, o ato torna-se irrecorrível.

Não obstante, sendo o despacho abusivo, embora não caiba recurso, é possível a impetração de mandado de segurança contra o ato do juiz, bem como o ajuizamento de reclamação (requerimento administrativo) ou correição parcial.

---

19 SILVA, Ovídio Batista da; GOMES, Fabio Luiz. *Teoria geral do processo civil*. São Paulo: Revista dos Tribunais, 1997, p. 213.

No § 4º do art. 203 do CPC/2015, foram previstos os *atos de mero expediente*, agora chamados de *atos meramento ordinatórios*, que podem ser praticados pelo servidor na moderna tendência da efetividade do processo e celeridade processual.

2.2.1.2. Atos instrutórios

Os juízes também realizam *atos instrutórios* voltados à busca de elementos de prova necessários para proferir a sentença. Nesse sentido, pode o juiz determinar a produção *ex officio* de provas consideradas indispensáveis.

Prova é todo e qualquer elemento levado à apreciação do juiz – em regra, pelas partes – e que o auxilia na formação de seu convencimento. As provas devem ser requeridas no primeiro ato postulatório – petição inicial para o autor, contestação para o réu e na primeira oportunidade para terceiro interventor[20].

Deixando os sujeitos processuais de requerer a produção das provas, haverá, em princípio, a preclusão, observado, entretanto, que o juiz dispõe de poder instrutório, que deverá ser utilizado com parcimônia e equilíbrio, sob pena de não se vulnerar a imparcialidade e a equidistância que devem orientar a conduta do magistrado na condução da causa.

Conforme dito, o deferimento do pedido de produção de provas ocorre no despacho saneador, o qual também estabiliza a demanda. Após esse momento, não poderá haver produção de novas provas, salvo se o autor ou réu provarem que não tinham conhecimento do fato ou se surgir fato novo[21].

Retornando ao procedimento, dá-se o nome de julgamento, conforme o estado do processo, à última fase antes da abertura da fase instrutória do processo. São duas hipóteses: extinção do processo (art. 354 do CPC/2015), julgamento antecipado do mérito, que pode ser total ou parcial (arts. 355 e 356 do CPC/2015). Não sendo nenhum desses dois casos, o juiz passa ao saneamento do processo (art. 357 do CPC/2015).

Na extinção do processo, teremos a hipótese do art. 485 do CPC/2015, ou seja, o encerramento do processo sem resolução do mérito, com a formação da coisa julgada formal, vista anteriormente.

A segunda hipótese é o julgamento antecipado do mérito que ocorre quando não é necessária a fase instrutória, pois os elementos presentes no processo são suficientes para o julgamento.

Ele encerrará o feito por completo quando tivermos a chamada "causa madura" (art. 355, I), verificada quando a matéria for de direito ou quando não houver controvérsia sobre a questão de fato. Outra hipótese de julgamento antecipado da lide

---

20 FUX, Luiz. *Teoria Geral do Processo Civil,* 2. ed , Rio de Janeiro: GEN, 2016, p. 199.

21 Importante ressaltar a diferença entre *prova ilícita* e *prova ilegítima*. A primeira é obtida com violação de norma legal como, por exemplo, escuta telefônica sem autorização judicial, enquanto a segunda não apresenta ilicitude na obtenção, mas, sim, irregularidade quanto ao mo;mento em que se junta a prova no processo. PINHO, Humberto Dalla Bernardina de. *Direito Processual Civil Contemporâneo*, vol. 2, 4. ed., São Paulo: Saraiva, 2017, p. 180.

encontra-se prevista no art. 355, II, quando da ocorrência da revelia, já que na ausência de manifestação do réu presumem-se verdadeiros os fatos alegados pelo autor.

Ressalte-se que, pelo novo CPC, o julgamento antecipado do mérito poderá ser, também, parcial. Isso ocorrerá quando apenas parte dos pedidos se mostrarem incontroversos ou em condição de imediato julgamento. A decisão que julga parcialmente o mérito é impugnável por Agravo de Instrumento, nos termos dos art. 356, § 5º, c/c o art. 1.015, II.

2.2.1.3. Atos de documentação

São aqueles praticados pelos magistrados, pelos quais se procura reduzir a termo os atos praticados verbalmente, tais como o termo de depoimento e a assentada da instrução de instrução e julgamento.

Hoje, em muitos juízos, as audiências são gravadas em áudio e vídeo, o que torna mais simples e rápida a documentação.

2.2.1.4. Atos reais

São os atos praticados no dia a dia do processo e que viabilizam o seu andamento. Nesse rol encontramos a juntada de peças, a rubrica de folhas dos autos e a assinatura de termos. Alguns desses atos podem ser praticados pelos auxiliares do juízo como os oficiais de justiça e avaliadores, apesar de não serem sujeitos do processo.

Os atos praticados pelos auxiliares do juízo possuem o que chamamos de *fé pública*, ou seja, são considerados verdadeiros até que se prove o contrário – presunção de veracidade relativa.

Os auxiliares também praticam os atos processuais ou atos de execução, que são aqueles realizados por determinação do juiz.

Nesse sentido, encontramos, por exemplo, os arts. 206 a 209 do CPC/2015[22].

2.2.1.5. Atos de comunicação processual

No que tange aos atos de comunicação entre juiz e parte, a citação é o ato pelo qual o réu ou o interessado é chamado a juízo a fim de se defender (art. 238 do CPC/2015), no prazo de 15 dias.

---

22 "Art. 206. Ao receber a petição inicial de processo, o escrivão ou o chefe de secretaria a autuará, mencionando o juízo, a natureza do processo, o número de seu registro, os nomes das partes e a data de seu início, e procederá do mesmo modo em relação aos volumes em formação. Art. 207. O escrivão ou o chefe de secretaria numerará e rubricará todas as folhas dos autos. Parágrafo único. À parte, ao procurador, ao membro do Ministério Público, ao defensor público e aos auxiliares da justiça é facultado rubricar as folhas correspondentes aos atos em que intervierem. Art. 208. Os termos de juntada, vista, conclusão e outros semelhantes constarão de notas datadas e rubricadas pelo escrivão ou pelo chefe de secretaria. Art. 209. Os atos e os termos do processo serão assinados pelas pessoas que neles intervierem, todavia, quando essas não puderem ou não quiserem firmá-los, o escrivão ou o chefe de secretaria certificará a ocorrência."

Ocorre uma única vez, refere-se ao réu, ao executado ou ao interessado, e tem por intuito avisar que existe um processo contra ele e que terá 15 dias para elaborar sua defesa ou adimplir obrigação, nos casos de processo de execução. Depois disso, haverá apenas a intimação, que se diferencia porque pode-se endereçar a qualquer uma das partes, pode ocorrer várias vezes e apenas avisa da prática de um ato.

Pode ser classificada em:

i) real (ou pessoal) – quando há a certeza de que o interessado foi citado, subdividindo-se em

a) postal, realizada por meio de carta registrada (art. 248 do CPC/2015);

b) por mandado (oficial de justiça);

c) pelo escrivão ou chefe de secretaria, se o citando comparecer em cartório; e

d) por meio eletrônico, na forma da Lei nº 11.419/2006 c/c o art. 246, V, do CPC/2015.

Pode ser, ainda:

ii) ficta – na qual se presume que o interessado foi citado, dando prosseguimento ao processo, nas hipóteses de citação

a) por edital; e

b) por hora certa, podendo esta última ser considerada como um incidente na hipótese de citação por mandado, observada a regra do art. 252 do CPC/2015.

A citação válida, ainda que ordenada por juiz incompetente (art. 240):

i) induz litispendência;

ii) torna litigiosa a coisa; e

iii) constitui em mora o devedor, ressalvado o disposto nos arts. 397 e 398 do Código Civil.

O vício na citação acarreta nulidade no processo, em relação à qual não há preclusão.

Nesse sentido, a nulidade pode ser alegada mesmo na fase de execução, sendo verdadeira garantia[23]. Não obstante, o art. 244 do CPC/2015 estabelece hipóteses em que não haverá citação, cuja realização é admitida apenas para evitar o perecimento do direito.

Em relação à citação postal (art. 248 do CPC/2015), esta é a regra no direito brasileiro (art. 247 do CPC/2015), mediante registro postal com aviso de recebimento (art. 248, parágrafo único, do CPC/2015). Pelo novo Código, entretanto, nos casos de entes da Administração Pública direta ou indireta e empresas privadas, o meio preferencial passa a ser o eletrônico (art. 246, §§ 1º e 2º).

Segundo o art. 246, § 3º, na ação de usucapião de imóvel, os confinantes serão citados pessoalmente, exceto quando tiver por objeto unidade autônoma de prédio em condomínio, caso em que tal citação é dispensada.

---

23 Verificado o vício na citação após o fim da relação jurídica, teremos a possibilidade de propositura da ação declaratória de nulidade, prevista no art. 966, § 4º, do CPC/2015.

De se observar que, na citação postal, não há certeza se o réu foi realmente citado, o legislador silencia na hipótese do réu não se encontrar em seu domicílio e outro receber a citação. Nesse caso, ou quando a citação postal for proibida (art. 247 do CPC/2015), será mais acertado determinar a citação por oficial de justiça em virtude da fragilidade da citação postal.

Não obstante, o art. 248, § 4º, dispõe que nos condomínios edilícios ou nos loteamentos com controle de acesso, será válida a entrega do mandado a funcionário da portaria responsável pelo recebimento de correspondência, que, entretanto, poderá recusar o recebimento, se declarar, por escrito, sob as penas da lei, que o destinatário da correspondência está ausente.

No caso de citação por oficial de justiça, deve ocorrer nos moldes dos arts. 249 a 251 do CPC/2015, podendo o oficial realizar citações e intimações em comarcas contíguas e nas que componham a mesma região metropolitana (art. 255 do CPC/2015), sem autorização do juízo.

Nas modalidades de citação ficta, a primeira é a citação por hora certa. O oficial de justiça, depois de se dirigir 2 vezes ao endereço do réu sem encontrá-lo, mas suspeitando que o demandado esteja se escondendo para impedir a citação, intima qualquer pessoa da família do réu ou vizinho, informando que voltará em determinado dia e horário. Retornando ao local, o oficial de Justiça, se encontrar o réu, fará a citação normalmente. Caso não o encontre, ter-se-á ele como citado, deixando cópia com a família ou com o vizinho.

A outra modalidade de citação ficta ocorre por edital, realizada nas hipóteses do art. 256 do CPC/2015, quando o réu se encontra em local ignorado, incerto ou inacessível.

O edital de citação deve ser fixado na sede do juízo e, além disso, publicado 3 vezes num prazo de 15 dias, a primeira no *Diário Oficial* e as demais em jornal local de grande circulação.

Já a intimação é o ato pelo qual se dá ciência a alguém dos atos e termos do processo (art. 269 do CPC/2015).

O § 1º do dispositivo prevê ser facultado aos advogados promover a intimação do advogado da outra parte por meio do correio, juntando aos autos cópia do ofício de intimação e do aviso de recebimento.

Já a intimação da União, dos Estados, do Distrito Federal, dos Municípios e de suas respectivas autarquias e fundações de direito público será realizada perante o órgão de Advocacia Pública responsável por sua representação judicial, na forma do § 3º.

Como regra, as intimações são feitas por meio eletrônico (art. 270). Quando isso não for possível, devem ser feitas por meio de publicação dos atos no órgão oficial (art. 272).

Na impossibilidade da utilização desses dois meios, o art. 273 prevê a intimação dos advogados das partes, em duas hipóteses:

I – pessoalmente, se tiverem domicílio na sede do juízo;

II – por carta registrada, com aviso de recebimento, quando forem domiciliados fora do juízo.

Em último caso, será feita por oficial de justiça (art. 275).

Regra interessante está expressa no § 6º do art. 272. Segundo o dispositivo, a retirada dos autos do cartório ou da secretaria em carga pelo advogado, por pessoa credenciada a pedido do advogado ou da sociedade de advogados, pela Advocacia Pública, pela Defensoria Pública ou pelo Ministério Público implicará intimação de qualquer decisão contida no processo retirado, ainda que pendente de publicação.

Importante atentar, ainda, para o parágrafo único do art. 274, que dispõe serem válidas as intimações dirigidas ao endereço constante dos autos, ainda que não recebidas pessoalmente pelo interessado, se a modificação temporária ou definitiva não tiver sido devidamente comunicada ao juízo, fluindo os prazos a partir da juntada aos autos do comprovante de entrega da correspondência no primitivo endereço.

2.2.2. Atos praticados pelo Juízo tendo como destinatário outro Juízo

O novo CPC trata dos atos entre juízos separando-os em atos de cooperação internacional e em atos de cooperação nacional.

O art. 26 do CPC/2015 dispõe que a cooperação jurídica internacional será regida por tratado em que o Brasil for parte, sendo atos de cooperação a carta rogatória, que é utilizada entre juízos de países diferentes, a homologação de sentença estrangeira, requerida diretamente no STJ e executada perante o juiz federal, e o auxílio direto, baseado em tratado ou compromisso de reciprocidade e apreciado em cada caso pelo juiz federal.

Os mecanismos de cooperação jurídica internacional previstos no projeto do novo CPC têm por objeto a comunicação de atos processuais; a produção de provas; as medidas de urgência; o perdimento de bens, direitos e valores; o reconhecimento e execução de outras espécies de decisões estrangeiras; informações do direito estrangeiro; e, ainda, a prestação de qualquer outra cooperação não vedada pela lei.

Já na cooperação nacional, constante dos arts. 67 e s. do CPC/2015, o projeto prevê um auxílio entre juízos no território nacional para a prática de um ato processual.

A cooperação parte do Princípio da Unidade do Poder Judiciário. Apesar da previsão de diversos órgãos no art. 92 da CF/88, o Poder Judiciário é uno e, como tal, deve manter permanente conectividade entre seus integrantes.

A ideia do novo CPC parte das premissas da efetividade e da instrumentalidade. Assim, os "juízos poderão formular um ao outro pedido de cooperação para a prática de qualquer ato processual", segundo o princípio da liberdade das formas. São modalidades de cooperação (art. 69):

a) auxílio direto;

b) reunião ou apensamento de processo;

c) prestação de informações;

d) atos concertados entre os juízes cooperantes.

Obviamente essas modalidades, não obstante as melhores intenções do legislador reformista, dependem, em grande parte, da migração do sistema do processo físico para o processo eletrônico.

Enquanto houver a necessidade de expedir uma precatória ou encaminhar um ofício em papel, por correio, para outro juízo, haverá demora desnecessária na prática do ato.

Infelizmente, a realidade e a prática demonstram que atos que deveriam ser simples, como uma precatória ou um pedido de informações, demoram meses, por vezes anos, causando inúmeros prejuízos aos litigantes. Tais providências, num ambiente eletrônico, serão quase imediatas. Então, poderemos provar a efetividade preconizada pela Comissão.

Além dos atos praticados pelas partes, pelo juiz e pelos auxiliares do juízo, temos os chamados *atos de comunicação,* que consistem nos atos realizados pelos juízes entre juízos diversos (entre países, comarcas diferentes ou entre juízos de hierarquia diferente). Também são atos de comunicação aqueles realizados entre o juízo e as partes, ou seja, citações e intimações realizadas pelo oficial de justiça ou pelo escrivão com auxílio dos Correios.

2.2.2.1. Carta de ordem

A carta de ordem é utilizada quando há relação de hierarquia entre o juízo emitente e o juízo ao qual foi destinada. Pode ter qualquer objeto, como a requisição de documento ou a oitiva de testemunha, tendo natureza instrutória.

2.2.2.2. Carta precatória

A carta precatória é utilizada para comunicação entre comarcas diferentes. É uma carta de cooperação entre juízos. Ela, por sua vez, também é utilizada para comunicação dentro de uma mesma comarca, mas quando os juízos possuem competência diferente.

2.2.2.3. Carta rogatória

A carta rogatória é utilizada na comunicação entre juízos de países diferentes. Recebida a carta rogatória, nosso ordenamento prevê seu envio ao Superior Tribunal de Justiça, que possui o poder de deferir ou não o pedido. Deferido que seja o pedido, há o reenvio da carta ao juízo natural.

2.2.2.4. Carta arbitral

Interessante observar que o texto (art. 260 do CPC/2015) menciona as cartas de ordem, precatória e a rogatória (que é objeto da cooperação internacional e não doméstica), além de incluir um instrumento denominado "carta arbitral" (art. 260, § 3º).

De acordo com o art. 237, IV, a carta arbitral é utilizada para que o órgão do Poder Judiciário pratique ou determine o cumprimento, na área de sua competência territorial, de ato objeto de pedido de cooperação judiciária formulado por juízo arbitral, inclusive os que importem efetivação de tutela provisória.

Trata-se de modalidade ausente no CPC de 1973, porém já utilizada na prática em razão de atos e diligências determinados em sede arbitral. Como tais atos dependem de certa dose de coercibilidade, demandam uma ordem judicial. Como é cediço, a Lei nº 9.307/96 igualou a sentença arbitral à sentença "judicial", mas não transferiu ao árbitro a coerção, como característica do Poder Jurisdicional.

Dessa forma, se um árbitro defere uma medida de urgência, manda conduzir uma testemunha ou mesmo julga o pedido procedente, e ocorre o descumprimento a essa decisão, torna-se necessário recorrer ao Poder Judiciário a fim de "emprestar" força coercitiva aquele ato, uma vez que o árbitro não a possui.

Embora tal circunstância seja frequentemente apontada como uma das causas da falta de efetividade do procedimento arbitral, por outro lado, é forçoso reconhecer que o legislador não poderia ter outorgado tal poder ao árbitro, sob pena de causar situação de grave insegurança jurídica.

Interessante observar que durante algum tempo houve certo desconforto na doutrina sobre a natureza dessa providência. Pensavam alguns se tratar de um requerimento do interessado ao Poder Judiciário (algo assemelhado a uma cautelar inominada). Outros já enxergavam a natureza cooperativa do ato e procuravam aplicar-lhe o *status* assemelhado de uma carta precatória, observada a situação de paridade, ao menos quanto ao poder decisório, entre o juízo arbitral e o juízo "judicial".

Fica, agora, a certeza do acerto deste segundo posicionamento, merecendo elogios a iniciativa da nova legislação, no sentido de reforçar a arbitragem, colocando à disposição dos árbitros um procedimento legal, claro e preciso.

Nesse passo, o novo CPC (art. 260, § 3º, *in fine*) coloca que aos requisitos formais dessa carta arbitral, aplicam-se, no que couber, os requisitos das demais cartas, devendo, ainda, ser instruída com a convenção de arbitragem, a prova da nomeação do árbitro e a prova da aceitação da função pelo árbitro.

3. Tempo

O tempo dos atos processuais encontra-se regido pelos arts. 212 a 216 do CPC/2015. O tempo de realização do ato processual distingue-se do horário forense.

O horário de expediente forense é o horário de funcionamento das atividades administrativas do tribunal, o qual é determinado por cada Estado da Federação. O CPC determina que os atos processuais podem ser realizados nos dias úteis das 6:00 às 20:00 horas.

Os recursos poderão ser interpostos até as 20:00 horas, desde que haja expediente forense no tribunal, conforme permissão existente na lei de organização judiciária local. Verifica-se, com isso, que o legislador pretendeu dar aos Estados a prerrogativa de organizar seus próprios horários dentro do limite padrão estabelecido pelo CPC.

Os atos processuais por meio eletrônico, contudo, poderão ser praticados em qualquer horário, até as 24 horas do último dia do prazo, conforme o art. 213 do CPC/2015.

Apesar dos limites temporais estabelecidos, devemos ter em mente que a prova não deve ser cindida, ou seja, uma audiência de instrução e julgamento, por exemplo, não deve ser interrompida às 20:00 horas, sob pena de comprometer a atividade de busca dos elementos de convicção pelo magistrado (art. 212, § 1º).

Quanto ao plantão judiciário, este existe a qualquer dia da semana, inclusive nos fins de semana e feriados, e consiste na presença de um juiz, um promotor e um defensor público de plantão para atender às causas urgentes, como, mandados de segurança, pedidos de tutela antecipada, alimentos e providências cautelares diversas.

O plantão é regulamentado por normas internas de cada Tribunal.

Há que se lembrar, ainda, que, no CPC de 1973 (art. 172), nada obstava a prática de atos processuais aos sábados, considerados dias úteis. Contudo, no novo CPC, os sábados passaram a ser considerados feriados para efeitos forenses (art. 216).

Importante ressaltar que durante as férias forenses os prazos processuais se suspendem, conforme o art. 214 do CPC/2015, podendo ser praticados, apenas e excepcionalmente: a) as citações, intimações e penhoras, observado o disposto no art. 5º, XI, da Constituição Federal; e b) os atos relativos à tutela provisória.

Ademais, o art. 215 prevê que serão processados durante as férias forenses, e não se suspendem pela superveniência delas:

a) os procedimentos de jurisdição voluntária e os necessários à conservação de direitos, quando puderem ser prejudicados pelo adiamento;

b) a ação de alimentos e os processos de nomeação ou remoção de tutor e curador;

c) os processos que a lei determinar.

4. Lugar

O lugar dos atos processuais é regido pelo art. 217 do CPC/2015, sendo realizados, em princípio, na sede do juízo. Os atos mais importantes praticados em sede do juízo são as audiências, tanto a de conciliação e de mediação (art. 334) quanto a de instrução e julgamento (art. 358).

Há atos que não podem ser praticados na sede do juízo, como, por exemplo, a oitiva de uma testemunha que não pode se locomover até o Fórum. Nesse caso, o juiz tomará o depoimento da testemunha no lugar em que se encontra, devendo, no entanto, avisar às partes com antecedência, para não ferir o princípio da ampla defesa e do contraditório.

Outra hipótese de ato processual praticado fora da sede do juízo é a inspeção judicial prevista nos arts. 481 a 484 do CPC/2015, que ocorre quando o juiz observa a necessidade de ir até o local do fato para, mediante contato direto e imediato, formar o seu convencimento.

5. Forma

5.1. Disposições Gerais

O CPC especifica os requisitos dos atos processuais. A tradição no direito brasileiro é que os atos processuais sejam sempre escritos. Os atos orais ocorrem, em regra, nos juizados especiais e na conciliação, podendo ser gravados ou reduzidos a termo, conforme o princípio da documentação dos atos processuais[24].

Quanto ao modo dos atos processuais, estes devem ser escritos em língua portuguesa, atendendo aos requisitos dos arts. 192, *caput* e parágrafo único, e 209 do CPC/2015[25].

Assim, qualquer petição deve ser redigida em português, devendo ser assinada pelo sujeito que a realiza (art. 209 do CPC/2015). Tradutores juramentados serão utilizados, por expressa exigência legal, podendo o juiz desentranhar dos autos documentos em língua estrangeira.

Ressalte-se, no entanto, que a forma prevista para os atos processuais não deve ser levada ao extremo, visto que o processo não é um fim em si, mas um instrumento para a segurança da relação processual. Assim, em caso de desobediência à forma, mas alcance do fim almejado, o ato poderá ser considerado válido.

Essa, aliás, é uma tendência do processo civil moderno, que valoriza mais o conteúdo do ato, se atinge sua finalidade essencial, do que o respeito propriamente à sua forma. Nesse sentido, o art. 188, *caput,* do CPC/2015 preceitua que: "os atos e os termos processuais não dependem de forma determinada, senão quando a lei expressamente a exigir, considerando-se válidos os que, realizados de outro modo, lhe preencham a finalidade essencial".

De acordo com o art. 189, os atos processuais são públicos. Contudo, devem tramitar em segredo de justiça os processos:

a) em que o exija o interesse público ou social;

b) que versem sobre casamento, separação de corpos, divórcio, separação, união estável, filiação, alimentos e guarda de crianças e adolescentes;

c) em que constem dados protegidos pelo direito constitucional à intimidade;

d) que versem sobre arbitragem, inclusive sobre cumprimento de carta arbitral, desde que a confidencialidade estipulada na arbitragem seja comprovada perante o juízo.

Não obstante a decretação do segredo de justiça, podem as partes e seus procuradores consultar os autos e pedir certidões de seus atos (§ 1º).

Já o terceiro que demonstrar interesse jurídico (§ 2º) pode requerer ao juiz certidão do dispositivo da sentença, bem como de inventário e de partilha resultantes de divórcio ou separação.

---

24 Apesar das reformas processuais tentarem impulsionar a oralidade em nosso ordenamento processual, a aceitação desta forma é lenta, em virtude, principalmente, da própria cultura jurídica abraçada pelos países de linha romano-germânica que não possuem em sua história a tradição da oralidade. Ressalte-se que há autorização expressa para a prática de atos orais, que deverão, naturalmente, ser reduzidos a termo, na Lei dos Juizados Especiais – Lei n° 9.099/95, arts. 2°, 14, caput e § 3°, 30, caput, 36 e 49.

25 Com o objetivo de adequar os institutos processuais à nova sistemática, o art. 193 do CPC/2015 estabelece que, nos processos total ou parcialmente eletrônicos, poderão ser produzidos e armazenados digitalmente os atos praticados na presença do juiz.

5.2. Atos praticados pro meio eletrônico

5.2.1. Disposições gerais da Lei n° 11.419/06 – Lei do Processo Eletrônico

O processo eletrônico se apresenta como uma forma de acelerar o moroso trâmite processual, notadamente na possibilidade de intimação pela forma eletrônica.

Iniciaremos a análise das disposições atuais sobre processo eletrônico pelo disposto na Lei nº 11.419/2006, para, após, analisar as disposições do atual Código de Processo Civil, que mais dispõe sobre atos praticados por meio eletrônico do que sobre o processo eletrônico e, em seguida, tentaremos ressaltar alguns dos institutos mais polêmicos para a doutrina.

A esses dispositivos deve ser acrescido o teor da Lei nº 12.682, de 9 de julho de 2012[26], que dispõe sobre a digitalização, o armazenamento em meio eletrônico, óptico ou equivalente e a reprodução de documentos públicos e privados.

A Lei nº 11.419/2006 é oriunda do Projeto de Lei nº 5.828/2001, posteriormente convertido em PLC nº 71/2002. A Lei foi editada em 19 de dezembro de 2006 e entrou em vigor no dia 20 de março de 2007.

Segundo as disposições da lei, são regulamentadas a tramitação de processos judiciais, a comunicação de atos e a transmissão de peças processuais.

A lei se aplica aos procedimentos cíveis, criminais e trabalhistas, em todas as instâncias, sendo certo, porém, que há restrições em procedimentos criminais, como é o caso da citação expressamente referida no art. 6º, aplicável também aos procedimentos infracionais, previstos no Estatuto da Criança e do Adolescente.

A fim de garantir a segurança dos atos processuais praticados dentro da nova sistemática, a lei prevê a figura da assinatura eletrônica, que será instrumentalizada por meio de uma assinatura digital, baseada em certificado emitido por autoridade credenciada, bem como a existência de um cadastro de usuários do Poder Judiciário (art. 2º).

A legislação que trata especificamente da utilização de certificados digitais para garantir a autenticidade e validade jurídica de documentos e transações em forma eletrônica é a Medida Provisória nº 2.200, que instituiu a ICP-Brasil.

Os órgãos do Poder Judiciário poderão criar um cadastro único para o credenciamento dos usuários do sistema eletrônico, fornecendo a estes o registro e meio de acesso ao sistema, de forma a preservar o sigilo, a identificação e a autenticidade de suas comunicações (art. 2º, §§ 2º e 3º).

Segundo a regra do art. 3º, o ato processual efetivado por meio eletrônico é considerado realizado no dia e hora de seu envio, sendo certo que isso poderá ocorrer até às 24 horas do último dia do prazo, como acrescenta o parágrafo único desse dispositivo.

---

26 O art. 3º dessa lei determina que o processo de digitalização deverá ser realizado de forma a manter a integridade, a autenticidade e, se necessário, a confidencialidade do documento digital, com o emprego de certificado digital emitido no âmbito da Infraestrutura de Chaves Públicas Brasileira – ICP-Brasil. O art. 6º, a seu turno, assegura que os registros públicos originais, ainda que digitalizados, deverão ser preservados de acordo com o disposto na legislação pertinente. Disponível em: http://www.planalto.gov.br/ccivil_03/_Ato2011-2014/2012/Lei/L12682.htm. Acesso em: 20-8-2012.

Essa é, sem dúvida, uma das grandes inovações da lei. Com a nova sistemática, os advogados não ficam mais restritos ao horário de fechamento do Setor de Protocolo, podendo aproveitar ao máximo o último dia do prazo.

Outra grande inovação, relativa à comunicação eletrônica dos atos processuais, encontra-se no art. 4º e seus parágrafos. Segundo esse dispositivo, a publicação eletrônica substitui qualquer outro meio de publicação oficial, para quaisquer efeitos legais, com exceção das hipóteses em que se exigir, por lei, intimação ou vista pessoal.

Ainda segundo esse dispositivo, os atos judiciais poderão ser publicados em um Diário de Justiça Eletrônico, que ficará hospedado em um sítio na internet.

Segundo as novas regras, publicado o ato judicial na internet, considera-se como data da publicação o primeiro dia útil seguinte ao da disponibilização da informação. E o prazo processual só se inicia no primeiro dia útil seguinte à data da publicação, ou seja, o segundo dia útil seguinte à data da disponibilização da informação.

Assim, por exemplo, se a decisão é disponibilizada no sítio do Tribunal numa sexta-feira, o prazo só se inicia na terça-feira subsequente.

Relevante observar que essa regra não se aplica aos casos em que a lei exija intimação pessoal, como ocorre na hipótese do art. 267, § 1º, quando o juiz deve notificar pessoalmente o autor, antes de extinguir o feito sem resolução de mérito, ante a sua pretensa inércia.

O art. 5º trata das intimações feitas por meio eletrônico para as pessoas que se cadastrarem no órgão do Poder Judiciário, dispensando-se a publicação no órgão oficial, inclusive eletrônico. Nesse caso, considera-se efetivada a intimação, no dia em que a pessoa realiza a consulta eletrônica ao ato judicial, o que deverá ser regularmente certificado nos autos.

Caso a consulta seja feita em dia não útil, considera-se realizada no primeiro dia útil seguinte.

O § 3º do art. 5º estabelece o prazo de 10 dias corridos, contados da data do envio da intimação, para que seja feita a consulta. Ao término desse prazo, considera-se realizada a diligência.

Essa regra é atenuada pelo § 5º do mesmo artigo, nas hipóteses de casos urgentes, ou de perigo de prejuízo para as partes. Podemos exemplificar com a hipótese tão corriqueira das partes que demandam nos Juizados Especiais Cíveis sem assistência de advogado, quando o valor da causa não ultrapassa 20 salários mínimos.

O § 4º do art. 5º prevê o serviço opcional, de caráter informativo, da remessa de correspondência eletrônica pelos Tribunais para aqueles que se manifestarem interessados em obter informações acerca do envio da intimação e abertura automática do prazo processual.

Para que não reste nenhuma dúvida acerca da efetividade das novas regras, o § 6º determina que essas intimações são consideradas pessoais para todos os efeitos legais.

Também os atos de comunicação entre Juízos (art. 7º) serão efetivados preferencialmente por meio eletrônico. É o caso das cartas precatória, rogatória e de ordem.

Quanto às citações, elas poderão ser feitas por meio eletrônico, desde que a íntegra dos autos seja acessível ao citando. Necessário aqui fazer referência ao art. 11,

§ 5º, que trata da hipótese de existência de documentos, cuja digitalização seja tecnicamente inviável. Nesse caso, os documentos devem ser apresentados no cartório ou na secretaria dentro do prazo de 10 dias, a contar do envio da petição eletrônica de comunicação do fato, sendo devolvidos à parte após o trânsito em julgado.

Os arts. 8º a 13 tratam do processo eletrônico. Pelas regras, os autos podem ser total ou parcialmente digitais, devendo-se utilizar de preferência a internet e a assinatura eletrônica para todos os atos processuais.

O art. 9º estabelece que todas as citações, intimações e notificações no processo eletrônico, incluindo a Fazenda Pública, serão feitas por meio eletrônico. Caso seja constatada a inviabilidade técnica para a realização de tais atos processuais, esses poderão ser praticados de acordo com as regras ordinárias, digitalizando-se o documento físico, que deverá ser destruído posteriormente.

O art. 10 permite a prática dos atos processuais, incluindo petição inicial, contestação e recursos diretamente pelos advogados, públicos ou privados, sem a necessidade da intervenção física do cartório, devendo o sistema fornecer automaticamente recibos eletrônicos de protocolo, dispensando a juntada de certos documentos.

O art. 10, § 2º, traz regra expressa para a hipótese de o sistema do Poder Judiciário se tornar indisponível, determinando que o prazo será automaticamente prorrogado para o primeiro dia útil seguinte ao da resolução do problema.

Ademais, para garantir o acesso à Justiça nessa nova dimensão virtual, o § 3º do art. 10 determina que os órgãos do Poder Judiciário devem manter à disposição da população equipamentos de digitalização e de acesso à internet.

O art. 11 estabelece que os documentos produzidos eletronicamente que contenham garantia da origem e de seu signatário serão considerados originais para fins de prova judicial.

Observe-se, contudo, que o STJ[27] já decidiu que os Tribunais não podem, por ato administrativo, impor à parte autora o dever de providenciar a digitalização das peças dos autos, tampouco o dever de guarda pessoal de alguns dos documentos físicos do processo, ainda que os autos sejam provenientes de outro juízo ou instância.

Já no tocante aos originais dos documentos digitalizados, o detentor deverá preservá-los até o trânsito em julgado da sentença, ou, quando admitida, até o final do prazo para interposição de ação rescisória (§§ 2º e 3º do art. 11).

Cabe ainda ao Poder Judiciário proteger os autos dos processos eletrônicos por meio de segurança de acesso, além de armazená-los de forma que seja garantida a preservação e a integridade dos dados, conforme estabelecido no § 1º do art. 12.

Se houver necessidade de os autos de processos eletrônicos serem remetidos a outro Juízo ou instância superior que não disponha de sistema compatível, estes deverão ser impressos em papel (art. 12, § 2º). Nesse caso, o escrivão ou o chefe da secretaria certificará a origem dos documentos, bem como a forma pela qual será possível acessar o banco de dados para confirmação da autenticidade das peças e assinaturas digitais (art. 12, § 3º).

27 REsp 1.448.424-RS, rel. Min. Herman Benjamin, j. 22-5-2014, *Informativo STJ*, nº 544.

O art. 13 prevê a possibilidade de o magistrado determinar que sejam realizados a exibição e o envio de dados e documentos necessários à instrução do processo por meio eletrônico.

Para os efeitos desse mesmo artigo, são considerados cadastros públicos aqueles que contenham informações indispensáveis ao exercício da função judicante, sejam eles mantidos por concessionárias de serviço público ou por empresas privadas, podendo ser acessados por qualquer meio tecnológico (art. 13, §§ 1º e 2º).

Por fim, a lei, a partir do art. 14, traz disposições gerais acerca do procedimento.

Os sistemas e programas de informática devem ser desenvolvidos preferencialmente com o código aberto, priorizando-se a sua padronização e permitindo o acesso ininterrupto via internet.

Os sistemas devem ainda identificar ocorrências de prevenção, litispendência e coisa julgada, bem como conter o número do CPF ou do CNPJ das partes, para fins de busca ou indexação de informações.

De acordo com o parágrafo único do art. 15, as peças de acusação criminais deverão ser instruídas pelos membros do Ministério Público ou pelas autoridades policiais com os números de registros dos acusados no Instituto Nacional de Identificação do Ministério da Justiça, se existirem.

O art. 19 determina a convalidação de atos eletrônicos praticados antes da publicação da lei e desde que não tenha havido prejuízo para as partes.

O art. 20 alterou diversos dispositivos do CPC de 1973, para adequar os institutos processuais à nova sistemática.

Deve ser observado, com relação ao § 2º acrescido ao referido art. 154, que faltou ao legislador cuidado ao implementar as reformas, pois não dispôs sobre a renumeração do parágrafo único, anteriormente existente.

Quanto às provas documentais arquivadas em repartições públicas, a nova lei permite que o juiz, no prazo máximo de 30 (trinta) dias, requisite certidões ou reproduções fotográficas das peças necessárias à instrução do processo. As repartições públicas poderão também fornecer todos os documentos por meio eletrônico.

Importante ressaltar que o STJ entendeu que o tribunal local pode, por meio de resolução, regulamentar o processo eletrônico no âmbito da sua competência, gerando, por exemplo, a responsabilidade do autor com relação à digitalização dos autos físicos para que lhes seja dada continuidade pela via eletrônica[28].

5.2.2. A Resolução n° 185/2013 do CNJ

Finalmente, a Resolução nº 185/2013[29] institui o Sistema Processo Judicial Eletrônico – PJe como sistema de processamento de informações e prática

---

28 Nesse sentido: STJ, REsp 1.374.048-RS, rel. Min. Humberto Martins, j. 21-5-2013, *Informativo STJ*, nº 524.

29 Disponível em: http://www.cnj.jus.br/atos-administrativos/atos-da-presidencia/resolucoes presidencia / 27241-resolucao-n-185-de-18-de-dezembro-de-2013.

de atos processuais, estabelecendo os parâmetros para sua implementação e funcionamento.

Esta Resolução estabelece em seu art. 1º que:

Art. 1º A tramitação do processo judicial eletrônico nos órgãos do Poder Judiciário previstos no art. 92, incisos I-A a VII, da Constituição Federal, realizada por intermédio do Sistema Processo Judicial Eletrônico – PJe, é disciplinada pela presente Resolução e pelas normas específicas expedidas pelos Conselhos e Tribunais que com esta não conflitem.

A Resolução, em seu art. 3º, define diversos conceitos essenciais ao PJe, tais como:

I – assinatura digital: resumo matemático computacionalmente calculado a partir do uso de chave privada e que pode ser verificado com o uso de chave pública, estando o detentor do par de chaves certificado dentro da Infraestrutura de Chaves Públicas Brasileira (ICP-Brasil), na forma da legislação específica;

II – autos do processo eletrônico ou autos digitais: conjunto de metadados e documentos eletrônicos correspondentes a todos os atos, termos e informações do processo;

III – digitalização: processo de reprodução ou conversão de fato ou coisa, produzidos ou representados originalmente em meio não digital, para o formato digital;

IV – documento digitalizado: reprodução digital de documento originalmente físico;

V – documento digital: documento originalmente produzido em meio digital;

VI – meio eletrônico: ambiente de armazenamento ou tráfego de informações digitais;

VII – transmissão eletrônica: toda forma de comunicação a distância com a utilização de redes de comunicação, preferencialmente a rede mundial de computadores;

VIII – usuários internos: magistrados e servidores do Poder Judiciário, bem como outros a que se reconhecer acesso às funcionalidades internas do sistema de processamento em meio eletrônico, tais como estagiários e prestadores de serviço;

IX – usuários externos: todos os demais usuários, incluídos partes, advogados, membros do Ministério Público, defensores públicos, peritos e leiloeiros.

O art. 6º determina ser obrigatória a utilização da assinatura digital, e o art. 8º dispõe que o PJe estará disponível 24 (vinte e quatro) horas por dia, ininterruptamente, ressalvados os períodos de manutenção do sistema.

O art. 13 estabelece que o sistema receberá arquivos com tamanho máximo definido por ato do Tribunal ou Conselho e apenas nos formatos definidos pela Presidência do Conselho Nacional de Justiça, ouvido o Comitê Gestor Nacional do PJe.

O art. 19 trata dos atos processuais e determina que, no processo eletrônico, todas as citações, intimações e notificações, inclusive da Fazenda Pública, far-se-ão por meio eletrônico, nos termos da Lei nº 11.419, de 19 de dezembro de 2006.

O art. 21. dispõe que:

I – o dia inicial da contagem é o dia seguinte ao da disponibilização do ato de comunicação no sistema, independentemente de esse dia ser, ou não, de expediente no órgão comunicante;

II – o dia da consumação da intimação ou comunicação é o décimo dia a partir do dia inicial, caso seja de expediente judiciário, ou o primeiro dia útil seguinte, conforme previsto no art. 5º, § 2º, da Lei nº 11.419, de 19 de dezembro de 2006.

Finalmente, os arts. 27 e 28 tratam da consulta ao sistema e das hipóteses de decretação de sigilo.

5.2.3. As disposições sobre o processo eletrônico no CPC/2015

O novo Código de Processo Civil tem como objetivo eliminar os obstáculos ao acesso à Justiça, tentando minimizar a situação de crise que se encontra o Poder Judiciário, abarrotado de processos e com recursos humanos e materiais que não são suficientes para atender à demanda.

O processo eletrônico vem tratado entre os arts. 193 e 199.

A questão, porém, não passa simplesmente por aumentar os recursos do Poder Judiciário, e sim por uma simplificação procedimental e por assegurar a visão de que o processo não seja um fim em si, mas um meio para assegurar a tutela de direitos.

Para isso, o novo Código de Processo Civil busca uma simplificação procedimental, a fim de garantir a celeridade processual, sem esquecer que a celeridade não pode se desvincular da segurança jurídica, e a garantia de um processo ético, de respeito e colaboração entre os sujeitos processuais, em que o juiz tem papel importante, pois é a figura que mais precisa ser revista, não podendo ser inerte ou todo-poderoso, mas agir de forma equilibrada de maneira a garantir a paridade das armas e a tutela dos direitos fundamentais.

Tratando-se de um novo Código, os anseios são que a nova legislação já traduza a nova tendência do Direito Processual que, inegavelmente, é a inserção da informática no Direito.

Por isso, muito se indaga como é a relação entre o novo CPC e o processo eletrônico.

O projeto do novo CPC não regula o que seria propriamente processo eletrônico, deixando tal tarefa a cargo do Conselho Nacional de Justiça, mas se preocupa com a privacidade das partes em processos eletrônicos.

Também admite que os processos sejam total ou parcialmente eletrônicos e não dispõe nem mesmo sobre a regulamentação dos processos eletrônicos já existentes no âmbito dos Juizados Especiais, preferindo deixar tal mister para o CNJ ou mesmo para a consolidação de enunciados desses órgãos (FONAJE).

No art. 194 encontramos importante regra, no sentido de que os sistemas informatizados devem respeitar a publicidade dos atos e o acesso e participação das partes e de seus procuradores.

Devem, ainda, ser preservadas as seguintes garantias:

a) disponibilidade;

b) independência da plataforma computacional; e

c) acessibilidade e interoperabilidade dos sistemas, serviços, dados e informações.

O art. 195 ratifica o padrão aberto, observada a ICP unificada nacionalmente, e sujeito aos seguintes requisitos:

i) autenticidade;
ii) integridade;
iii) temporalidade;
iv) não repúdio;
v) conservação; e
vi) confidencialidade, nos casos que tramitem em segredo de justiça.

O Código se preocupa também com a transparência e a acessibilidade. No art. 197 encontramos a determinação para que os Tribunais divulgem as informações constantes de seu sistema de automação em página própria na rede mundial de computadores, gozando a divulgação de presunção de veracidade e confiabilidade.

Já o art. 198 dispõe que as unidades do Poder Judiciário deverão manter gratuitamente, à disposição dos interessados, equipamentos necessários à prática de atos processuais e à consulta e ao acesso ao sistema e aos documentos dele constantes.

O parágrafo único desse dispositivo garante ainda que será admitida a prática de atos por meio não eletrônico no local onde não estiverem disponibilizados os equipamentos previstos no *caput*.

Finalmente, o art. 199 prevê que as unidades do Poder Judiciário assegurarão às pessoas com deficiência acessibilidade aos seus sítios na rede mundial de computadores, ao meio eletrônico de prática de atos judiciais, à comunicação eletrônica dos atos processuais e à assinatura eletrônica.

6. Prazos

Prazo é o espaço de tempo dentro do qual deve ser praticado o ato processual.

Houve significativa mudança em face da nova legislação processual, no que tange à continuidade da contagem de prazos.

No CPC/1973, os prazos eram contínuos, interrompendo-se apenas no período de férias forenses[30].

No novo CPC (art. 219), os prazos serão computados apenas nos dias úteis, sendo também interrompidos do dia 20 de dezembro a 20 de janeiro (art. 220, *caput*). Para a contagem em si manteve-se o mesmo regime, ou seja, exclui-se o primeiro dia – *dies a quo* – e inclui-se o último (art. 224, *caput*) – *dies ad quem*.

Observe que o art. 219 se refere aos prazos processuais contados em dias. Dessa forma, ficam excluídos os prazos do direito material (prescrição e decadência, por exemplo), bem como os prazos previstos em meses e anos, como por exemplo as hipóteses previstas no art. 334 – audiência de conciliação e mediação, e na ação rescisória – art. 966.

30 Quanto ao direito intertemporal, devem ser observados os seguintes Enunciados aprovados pelo Fórum Permanente de Processualistas Civis: Enunciado n° 267 do FPPC: (arts. 218, e 1.046). Os prazos processuais iniciados antes da vigência do CPC serão integralmente regulados pelo regime revogado. Enunciado n° 268 do FPPC: (arts. 219 e 1.046). A regra de contagem de prazos em dias úteis só se aplica aos prazos iniciados após a vigência do Novo Código.

Quanto à paralisação dos prazos, temos as figuras da

a) interrupção – "zera" a contagem, não computa os dias antecedentes à paralisação;

b) suspensão – contam-se os dias que antecedem a paralisação; e

c) impedimento – óbice que impede o início da contagem do prazo.

Os prazos processuais, quanto à fonte, classificam-se em:

i) legais (previstos em lei); e

ii) convencionais (por acordo entre as partes).

Quanto à obrigatoriedade, temos os

i) dilatórios (com mera função indicativa, já que sua inobservância não gera prejuízo algum à parte); e

ii) peremptórios[31] (aqueles cujo descumprimento gera a perda de uma faculdade).

Encerrado o prazo para a prática de um ato processual, cessa para a parte a faculdade de praticá-lo, independente de qualquer comunicação, por meio do instituto da preclusão temporal (art. 223, *caput*, CPC/2015).

Como regra, deve ser observado o prazo previsto para a prática de cada ato processual (art. 218). Quando a lei for omissa:

a) o juiz determinará os prazos em consideração à complexidade do ato (art. 218, § 1º);

b) as intimações somente obrigarão a comparecimento após decorridas 48 horas (art. 218, § 2º);

c) os demais atos serão praticados em cinco dias (art. 218, § 3º).

Além da contagem em dias úteis, outra inovação é que o Código expressamente prevê que se consideram tempestivos os atos praticados antes do prazo, assunto que, até o momento, já foi objeto de grande dissenso em nossos tribunais superiores (art. 218, § 4º, CPC/2015).

O art. 225 permite que a parte renuncie ao prazo estabelecido exclusivamente em seu favor, desde que o faça de maneira expressa.

O art. 226 fixa os prazos para o magistrado, determinando que ele proferirá:

I – os despachos no prazo de 5 (cinco) dias;

II – as decisões interlocutórias no prazo de 10 (dez) dias;

III – as sentenças no prazo de 30 (trinta) dias.

Contudo, o art. 227 ressalva que, havendo motivo justificado, pode o juiz exceder, por igual tempo, os prazos a que está submetido.

O novo CPC estabelece, também, prazos para os serventuários. Assim, de acordo com o art. 228, deve o servidor remeter os autos conclusos no prazo de 1 dia e executar os atos processuais no prazo de 5 dias, contado da data em que:

---

31 A preclusão está normalmente associada ao aspecto temporal, mas não necessariamente. A preclusão temporal decorre da perda de prazo peremptório (art. 223 do CPC/2015); a preclusão lógica gera a perda de uma faculdade jurídica (art. 1.000 do CPC/2015); e a preclusão consumativa, a perda da faculdade pelo indeferimento de uma providência requerida (art. 507 do CPC/2015).

a) houver concluído o ato processual anterior, se lhe foi imposto pela lei;

b) tiver ciência da ordem, quando determinada pelo juiz.

Tendo em vista todas essas regras, passa a ser importante definir com clareza o momento inicial da fluência dos prazos. Dessa matéria, cuida o art. 231 do CPC/2015. Segundo esse dispositivo, considera-se dia do começo do prazo:

I – a data de juntada aos autos do aviso de recebimento, quando a citação ou a intimação for pelo correio;

II – a data de juntada aos autos do mandado cumprido, quando a citação ou a intimação for por oficial de justiça;

III – a data de ocorrência da citação ou da intimação, quando ela se der por ato do escrivão ou do chefe de secretaria;

IV – o dia útil seguinte ao fim da dilação assinada pelo juiz, quando a citação ou a intimação for por edital;

V – o dia útil seguinte à consulta ao teor da citação ou da intimação ou ao término do prazo para que a consulta se dê, quando a citação ou a intimação for eletrônica;

VI – a data de juntada do comunicado de que trata o art. 232 ou, não havendo esse, a data de juntada da carta aos autos de origem devidamente cumprida, quando a citação ou a intimação se realizar em cumprimento de carta;

VII – a data de publicação, quando a intimação se der pelo *Diário da Justiça* impresso ou eletrônico;

VIII – o dia da carga, quando a intimação se der por meio da retirada dos autos, em carga, do cartório ou da secretaria.

De se observar que, a teor do § 1º, quando houver mais de um réu, o dia do começo do prazo para contestar corresponderá à última das datas. Por outo lado, sendo caso de intimação, na forma do § 2° desse dispositivo, o prazo para cada indivíduo é contado isoladamente.

Ademais, havendo litisconsórcio e tendo as partes diferentes procuradores, de escritórios de advocacia distintos, terão os prazos contados em dobro para todas as suas manifestações, em qualquer juízo ou tribunal, independentemente de requerimento (art. 229).

No entanto, se apenas um deles contesta e são só dois réus, ou ainda em se tratando de processo em autos eletrônicos, o benefício não será aplicado (§§ 1º e 2º do art. 229).

O novo CPC trata, ainda, de apuração de responsabilidade dos servidores que excederem o prazo para a prática de atos processuais (art. 233), o que pode incentivar a celeridade na tramitação processual, evitando que processos fiquem sem andamento sem qualquer justificativa plausível, mas deve ser interpretado em observância à realizada da vultosa quantia de processos que tramitam na Justiça brasileira.

Nessa mesma linha de raciocínio, o art. 234 prevê que os advogados públicos ou privados, o defensor público e o membro do Ministério Público devem restituir os autos no prazo do ato a ser praticado.

Se, apesar de intimado, o advogado não devolver os autos no prazo de 3 dias, perderá o direito à vista fora de cartório e incorrerá em multa correspondente à metade do salário mínimo, na forma do § 2º do art. 234. Ademais, verificada a falta, o juiz comunicará o fato à seção local da Ordem dos Advogados do Brasil para procedimento disciplinar e imposição de multa (§ 3º).

Paralelamente, se a situação envolver membro do Ministério Público, da Defensoria Pública ou da Advocacia Pública, a multa será aplicada ao agente público responsável pelo ato, e o juiz comunicará o fato ao órgão competente responsável pela instauração de procedimento disciplinar contra o membro que atuou no feito (§§ 4º e 5º).

Especificamente no que se refere aos magistrados, o art. 235 prevê que qualquer das partes, o Ministério Público ou a Defensoria Pública poderá representar ao corregedor do tribunal ou ao Conselho Nacional de Justiça contra juiz ou relator que injustificadamente exceder os prazos previstos em lei, regulamento ou regimento interno.

Independentemente da instauração de procedimento administrativo e da aplicação das sanções cabíveis, o § 3º prevê que os autos serão remetidos ao substituto legal do juiz ou do relator contra o qual se representou para decisão em 10 dias.

7. Princípios

7.1. Princípios aplicáveis aos atos processuais em geral

A principiologia dos atos processuais é importante para a interpretação de todos os dispositivos sobre os atos processuais, tanto no CPC de 1973 como no CPC/2015.

7.1.1. Princípio da liberdade das formas

O primeiro princípio a ser destacado é o da liberdade das formas. Segundo esse princípio, desde que a lei não preveja forma específica, a forma do ato processual é livre. Tal princípio é complementado pelo princípio da instrumentalidade das formas, corolário da instrumentalidade do processo, previsto no art. 188 do CPC/2015.

De acordo com esse artigo, os atos processuais não sujeitos à forma específica podem ser praticados de forma livre, reputando-se válidos aqueles que, realizados de outro modo, alcancem sua finalidade essencial.

Esse princípio granha considerável amplitude no CPC/2015, impulsionado, sobretudo, pelos institutos da convenção processual e do processo calendário, bem como diante da possibildiade do magistrado aplicar o comando previsto no inciso VI do art. 139, que lhe autoriza dilatar os prazos processuais e alterar a ordem de produção dos meios de prova, adequando-os às necessidades do conflito.

7.1.2. Princípio da documentação

Em seguida, temos o princípio da documentação (art. 192, *caput* e parágrafo único), segundo o qual todo ato processual deve ser documentado. Conforme visto, a forma mais tradicional em nosso ordenamento é a escrita, devendo ser reduzido a termo quando oral, e traduzido quando em língua estrangeira. Nesse passo, ou os atos são praticados por escrito ou são reduzidos a termo, como, por exemplo, nos depoimentos prestados em audiência de instrução e julgamento.

7.1.3. Princípio da publicidade

O terceiro princípio é o da publicidade dos atos processuais, previsto no art. 189 do CPC/2015, constituindo o segredo de Justiça (art. 189, I a IV) exceção a essa regra. Não custa lembrar que a publicidade é genericamente prevista no art. 37 da Carta de 1988, e, ainda, referida como princípio geral do processo, nos termos do art. 11 do CPC/2015.

7.1.4. Princípio da celeridade

O quarto é o princípio da celeridade, genericamente previsto no art. 5º, LXXVIII, da Carta de 1988 e no art. 4º, primeira parte, do CPC/2015.

7.1.5. Princípio da Efetividade

Por fim, o quinto é o princípio da efetividade. Todos os atos praticados no curso do processo devem se voltar à atividade satisfativa (art. 4º, parte final, do CPC/2015). Da mesma forma, não pode o magistrado extinguir o feito sem resolução do mérito sem antes dar oportunidade à correção do vício, mesmo que se trata de matéria cognoscível *ex officio* (art. 10, parte final). E, ainda, sempre que concorrerem causas de extinção do feito sem resolução do mérito e de resolução deste, deve o magistrado optar pela segunda medida, quando a decisão for mais favorável à parte a quem aproveitaria a primeira (art. 488).

7.2. Princípios aplicáveis aos defeitos dos atos processuais

Além da principiologia básica do novo CPC, alguns princípios regem a teoria das nulidades:

7.2.1. da causalidade, da consequência ou do efeito expansivo das nulidades (art. 281, primeira parte, do CPC/2015): a nulidade de um ato contamina os atos posteriores dele dependentes, que produzirão seus efeitos até que sejam decretados nulos ou declarados anulados por decisão judicial;

7.2.2. da instrumentalidade das formas (art. 277 do CPC/2015): apesar da imperatividade das regras sobre as formas processuais, o ato praticado em desconformidade com o modelo legal não será invalidado, em virtude da ponderação de princípios, se alcançar os objetivos desejados;

7.2.3. do prejuízo (art. 283, parágrafo único, do CPC/2015): também chamado de princípio da transcendência, é muito usado pela doutrina e pela jurisprudência ***em*** conjunto com a instrumentalidade das formas. Se não houver prejuízo para as partes, não será declarada a invalidade do ato processual. O princípio decorre do direito francês, da fórmula pas de nullité sans grief (não há nulidade sem prejuízo), e revela uma tendência do direito processual de banir as formalidades não essenciais. Sua aplicação se dá às nulidades relativas e às anulabilidades, mas não no caso de nulidades absolutas, já que, havendo violação à norma cogente que tutele o interesse público, o prejuízo é presumido de forma absoluta. A novidade aqui é a expressão legal de que a não intimação do Ministério Público para processos em que sua intervenção era obrigatória só gera nulidade se houver prejuízo (art. 279, § 2º, do CPC/2015);

7.2.4. do legítimo interesse ou do interesse processual (arts. 276 e 282, § 2º, do CPC/2015): a anulação do ato somente poderá ser requerida pela parte que tiver interesse, sendo reconhecido o interesse apenas de quem não tiver dado causa a sua nulidade. Também não será reconhecida a invalidade processual quando o juiz decidir o mérito em favor daquele a quem aproveitaria a decretação da invalidade;

7.2.5. da economia processual (arts. 281, segunda parte, e 283 do CPC/2015): possui diversas aplicações na teoria das nulidades, como na não contaminação dos atos posteriores que do nulo não dependam. Esse princípio tem, ainda, outro significado: caso seja possível a conservação dos atos processuais, por meio de retificação, ratificação ou repetição do ato, eles deverão ser mantidos;

7.2.6. da preclusão: perda de uma faculdade processual aplicável apenas às nulidades relativas, podendo assumir as seguintes formas:

(i) preclusão temporal: as partes poderão alegar as nulidades porventura identificadas, devendo fazer na primeira oportunidade que tiverem; (ii) preclusão lógica, em que há inconsistência entre atos praticados sucessivamente pela mesma parte (ex.: requerer a homologação do divórcio e depois recorrer da sentença homologatória); ou (iii) preclusão consumativa, aquela em que há insistência da parte em questão já decidida pelo juiz e não atacada por recurso no momento próprio (ex.: indeferido o requerimento de oitiva de testemunha, a parte interessada não agrava e, após algum tempo, renova o pedido sem acrescentar qualquer elemento novo).

7.2.7. Disposições suplementares

Uma observação cabível, em relação às nulidades, é que se não forem decretadas até o trânsito em julgado, todos os vícios convalescerão, sendo sanados em virtude da formação da coisa julgada, até mesmo aqueles tidos inicialmente como insanáveis. Por essa razão, aliás, a coisa julgada é chamada de sanatória geral: como regra geral, ela faz desaparecer todos os vícios existentes durante o processo.

Entretanto, alguns vícios o legislador considera tão graves que poderão ser alegados até mesmo após o trânsito em julgado da decisão. São as hipóteses previstas no art. 966, do CPC/2015, que, após o trânsito em julgado, não mais receberão o nome de invalidades, mas sim de causas de rescindibilidade do pronunciamento judicial.

Contudo, após o decurso do prazo de 2 anos do trânsito em julgado, nem mesmo a rescindibilidade poderá ser alegada[32], estando o vício sanado com a formação do fenômeno conhecido como coisa soberanamente julgada (valendo observar, como será melhor estudado no volume 2, que, no caso de vício de citação, é possível alegá-lo mesmo após o decurso do prazo da rescisória, razão pela qual é denominado vício transrescisório).

Ainda no plano da existência, cabe destacar que alguns atos podem não obedecer a forma prescrita em lei, mas ser meras irregularidades, apenas com sanção extraprocessual, ou até mesmo não possuírem qualquer consequência.

8. Defeitos

8.1. Considerações iniciais

O estudo do sistema das nulidades envolve a análise dos três diferentes planos do ato processual: existência, validade e eficácia, uma vez que os vícios dos atos processuais se assentarão em um dos planos descritos.

A existência é o primeiro plano a ser analisado e, somente se o ato existir, serão estudados os demais planos. O ato existe quando reúne elementos identificadores mínimos que permitem reconhecê-lo, isto é, quando possui um agente, um objeto e uma forma. O ato existente pode ou não ser válido.

A validade é o segundo plano do ato processual, sendo o ato válido quando passa pela exata correspondência entre o plano dos fatos e o modelo descrito normativamente, ou seja, obedece à forma prescrita em lei para sua realização. Um ato inválido, em sentido contrário, consiste na dissonância entre o ato praticado e as regras estabelecidas pela lei.

O ato inválido, em geral, não produz efeitos, ou seja, a invalidade do ato acarretaria automaticamente sua ineficácia. Ocorre que o plano da validade é independente do plano da eficácia, podendo haver alguns casos em que o ato, mesmo inválido, é eficaz.

A eficácia, terceiro plano do ato processual, é a aptidão para o ato produzir os efeitos desejados, sendo estes efeitos especificamente os previstos em lei. O ato que não produz efeitos é ineficaz.

---

32 A exceção aqui estaria na invalidade de extrema gravidade, a qual, ainda que não tenha sido alegada no curso da demanda e não tenha sido objeto de ação rescisória no prazo estipulado pela lei, o legislador prevê que seja atacada por ação autônoma, de nulidade da relação jurídica ou *querella nullitatis*. A regra é a formação da coisa soberanamente julgada, como forma de trazer segurança às relações jurídicas, mas, em casos como a nulidade de citação, o legislador prevê que o vício, por ser de extrema gravidade, pode ser alegado a qualquer tempo, mesmo após o trânsito em julgado e o decurso do prazo para a ação rescisória.

Os atos processuais encontram-se, então, sujeitos a requisitos de forma a serem observados em cada um dos planos processuais e sua inobservância produz consequências diversas, alterando os efeitos que normalmente esses atos deveriam produzir.

Existem vícios que não produzem consequências, havendo determinados casos que, ainda que a forma não tenha sido absolutamente seguida, se os efeitos atingidos pelo ato forem os previstos pelo legislador, não haverá qualquer sanção.

Todavia, há vícios que acarretam sanções extraprocessuais, como, por exemplo, o retardamento de ato por parte do juiz (art. 143, I, do CPC/2015), enquanto outras geram a nulidade do ato ou, até mesmo, a inexistência do ato processual. Essas sanções são impostas como garantia das partes no processo[33].

Passemos a ver, agora, as modalidades de atos processuais defeituosos.

8.2. Modalidades de atos processuais defeituosos

8.2.1. Ato inexistente

O ato inexistente é o que está no primeiro plano, não chegando a preencher os elementos essenciais à sua constituição. São exemplos: a petição inicial não assinada, a sentença sem dispositivo, a sentença assinada por quem não seja juiz ou a audiência de instrução e julgamento realizada sem a presença do juiz[34].

O ato inexistente não produz efeitos jurídicos, simplesmente por não existir, não incidindo sobre ele o fenômeno da coisa julgada, que torna imutável e indiscutível a decisão judicial.

A inexistência não convalesce, devendo ser praticado um novo ato, com elementos constitutivos mínimos. Nos casos acima, torna-se necessária a elaboração de um dispositivo para a sentença proferida e a realização de uma nova audiência, na presença do magistrado.

Superado o plano da existência, analisa-se o plano da validade.

---

33 Enunciado n° 451 do FPPC: (arts.1.046, § 1º; art. 1.047). Invalidado o ato processual praticado à luz do CPC de 1973, a sua repetição observará o regramento do CPC-2015, salvo nos casos de incidência do art. 1047 do CPC-2015 e no que refere às disposições revogadas relativas ao procedimento sumário, aos procedimentos especiais e às cautelares. (Grupo: Direito Intertemporal)

34 Alguns doutrinadores denominam o ato inexistente como *"não ato"*. Outros, todavia, negam a existência dessa categoria, falando apenas em nulidade absoluta. Para esses, o ato inexistente não precisa ser declarado judicialmente, pois não produz qualquer efeito. Existindo relação jurídica que envolva ato inexistente e, posteriormente, sentença transitada em julgado, essa sentença prevalece, apesar do ato inexistente anterior, sendo, no entanto, passível de anulação através de ação rescisória ou revisão criminal, salvo, obviamente, se o ato inexistente consistir na própria sentença. GRINOVER, Ada Pellegrini. DINAMARCO, Cândido Rangel; CINTRA, Antônio Carlos de Araújo. *Teoria geral do processo*. São Paulo: Revista dos Tribunais, 1990, p. 346.

8.2.2 Ato nulo

A nulidade significa, basicamente, a sanção imposta em razão da prática de um ato em desconformidade com o preceito legal. A nulidade não decorre apenas do vício de forma, uma vez que o ato também é composto de conteúdo. Assim, também é nulo o ato desprovido do conteúdo que lhe é inerente.

A nulidade pode ser adstrita apenas àquele ato ou abarcar os demais que sejam decorrentes deles, conforme o prudente arbítrio do juiz no caso concreto.

Dessa forma, pode ocorrer a contaminação dos atos posteriores. Assim, se o juiz admite no processo prova ilícita (por exemplo, documento falso) e usa esse documento como base para inquirir uma testemunha, não apenas o primeiro, mas também o segundo será nulo. É a chamada nulidade por derivação. No processo penal, ficou famosa a expressão "frutos da árvore envenenada", que ilustra bem essa hipótese.

O ato nulo existe, mas não observou todos os requisitos do plano da validade. Por isso, é imposta uma sanção, segundo um dos três sistemas a seguir:

i) numa perspectiva mais radical, e como expressão de um formalismo absoluto, todo e qualquer defeito do ato processual conduz sempre à sua nulidade;

ii) o ato só será nulo se a lei expressamente o declarar; e

iii) a nulidade do ato depende basicamente do comprometimento do seu conteúdo e da comprovação do efetivo prejuízo suportado ao menos por uma das partes.

O CPC de 1973 já havia abandonado o primeiro sistema. Podemos dizer que o novo CPC abandonou também o segundo, nos exatos termos do art. 277.

Na vigência do CPC de 1973, a doutrina comumente classificava a nulidade em absoluta e relativa.

8.2.2.1. Nulidade absoluta

Configura-se a nulidade absoluta quando a exigência da forma é necessária para preservar o interesse da ordem pública. Não sendo observada a forma, não há como o ato ser consertado. A irregularidade é insanável, motivo pelo qual pode ser decretada de ofício pelo juiz ou requerida pelas partes, a qualquer tempo, até o trânsito em julgado da decisão. O seu reconhecimento tem eficácia *ex tunc*, ou seja, retroage à época da prática do ato defeituoso.

Em se tratando de nulidade absoluta, não há necessidade de perquirir o prejuízo para que fique caracterizada a possibilidade de decretação da nulidade, eis que esse é presumido.

Ressalva-se, apenas, que os atos nulos, embora insanáveis, poderão ser supridos por outro ato válido. Não se trataria de um convalescimento do vício, pois isso não ocorrerá, mas apenas do suprimento de um ato pelo outro, em observância aos princípios da economia processual e da efetividade da tutela jurisdicional. Por exemplo, o vício na citação não acarretará nulidade absoluta no processo se o réu espontaneamente aparecer e apresentar defesa. Ainda, a decretação da nulidade deve respeitar a boa-fé das partes, ou seja, eventual erro de magistrado ou serventuário não pode ser capaz de prejudicar a parte que está de boa-fé[35].

Comumente a nulidade absoluta é associada aos vícios na citação.

8.2.2.2. Nulidade relativa

Já a nulidade relativa é verificada quando o objeto de proteção visado é de interesse da parte, só podendo ser declarada mediante provocação dela na primeira oportunidade que tiver para falar nos autos, sob pena de convalescimento do ato.

Dessa forma, se não alegada dentro do prazo, ela preclui, restando, assim, sanada. Todavia, se requerida a nulidade, caberá ao juiz avaliar se houve prejuízo, hipótese em que ocorrerá sua declaração, com efeitos *ex nunc*, ou seja, dali para frente.

É lugar comum na doutrina a referência a outorga uxória (atualmente prevista no art. 74, parágrafo único, do CPC/2015) como exemplo de nulidade relativa. Trata-se, como já visto, da hipótese em que uma pessoa casada propõe, sem a autorização do cônjuge, e sem suprir tal autorização judicialmente, alguma das demandas que versem sobre direito real imobiliário, prevista no art. 73 do Código. Essa norma objetiva proteger um interesse privado, o patrimônio da família, e não um interesse público.

8.2.3. Anulabilidade

Ao lado da nulidade absoluta e relativa, temos a figura da anulabilidade, que representa o resultado da infração a normas relativas ao poder dispositivo das partes. A anulabilidade é um vício sanável e deve ser feita pela parte que se sentir prejudicada, não podendo ser reconhecida de ofício pelo juiz. Não obstante, é comum observarmos em doutrina a ausência de distinção entre anulabilidade e nulidade relativa, ou mesmo a dificuldade na determinação do traço diferenciador entre ambas.

Um exemplo de anulabilidade é a competência relativa. Se a parte ré não arguir, em sua contestação, a declinação de foro, ocorrerá a prorrogação da competência, passando o juízo relativamente incompetente a ser um juízo absolutamente competente para processar e julgar o feito.

8.2.4. Irregularidade

As irregularidades são meras inobservâncias da determinação legal, que não geram qualquer consequência mais grave.

Em alguns casos, pode gerar sanção apenas extraprocessual, como é o caso do art. 143, II, do CPC/2015. O juiz tem 5 dias para proferir despacho e 10 dias para proferir decisão interlocutória ou sentença (art. 226, I e II, do CPC/2015).

---

35 STJ, AgRg no AREsp 91.311-DF, rel. Min. Antonio Carlos Ferreira, j. 6-12-2012, *Informativo STJ*, nº 511.

Se este prazo for ultrapassado, a decisão do juiz não será nula ou anulável. Não padecendo de qualquer outro vício, será válida e eficaz. O possível descontentamento das partes com o prazo extrapolado poderá acarretar apenas uma reclamação na Corregedoria ou no Conselho Nacional de Justiça (ressalvadas as hipóteses de atraso maior, nas quais os autos poderão ser remetidos ao tabelar, como visto acima).

Contudo, há, ainda, as irregularidades que não possuem consequência, nem mesmo fora da relação processual. Esses são os vícios processuais mais tênues, considerados como erros materiais que podem ser corrigidos de ofício pelo juiz ou alegados pelas partes por mera petição. Imagine-se, por exemplo, que a etiqueta dos autos tenha se desprendido ou que algumas das folhas dos autos não estejam rubricadas. São exemplos de meras irregularidades, ressalvada, obviamente, a hipótese de haver impugnação quanto ao teor desses atos.

8.2.5. Ineficácia

Por fim, algumas considerações acerca do instituto da ineficácia, o terceiro plano analisado. Aqui, o vício é extrínseco. O ato é válido, mas, por uma circunstância externa, não pode produzir seus efeitos.

É o caso da sentença proferida contra a Fazenda Pública, na forma do art. 496, *caput*, do CPC/2015, e ainda não confirmada pelo Tribunal.

Pode haver ineficácia em duas situações distintas. Na primeira, a ineficácia é atribuída pela própria lei, que determina que o ato, apesar de válido, é ineficaz. É o caso do art. 115, II, do CPC/2015, em que a ausência de um dos litisconsortes necessários acarreta a ineficácia da sentença.

Aqui, registre-se uma alteração na nova legislação. Pelo referido art. 115, II, do CPC/2015, a sentença passa a ser ineficaz apenas quanto aos que não integraram a relação processual.

O segundo motivo é da própria natureza do ato, que, apesar de válido, não tem como produzir efeitos. É o caso da sentença ilíquida. Ela é válida, preenche todos os requisitos exigidos pelo CPC, porém, não tem como ser cumprida até que seja liquidada, na forma dos arts. 509 a 512 do CPC/2015.

Ainda em relação à eficácia, cabe analisar a questão dos atos condicionados, se eles produziriam efeitos, ainda que sujeitos à condição, ou se seriam ineficazes.

Se estivermos tratando de uma condição intraprocessual, isto é, um evento futuro e incerto que deverá ocorrer dentro do processo, a eficácia do ato ficará subordinada à condição.

É o caso da denunciação da lide: há uma primeira demanda, a principal, e a demanda da denunciação da lide. A segunda demanda só poderá ter sentença proferida após o julgamento da demanda principal, uma vez que eventual direito de regresso em face do denunciado dependerá da procedência do pedido principal.

Já os atos submetidos a condições extraprocessuais não são admitidos pela doutrina, por se defender que um ato processual jamais poderá ficar submetido a um evento futuro e incerto que não tenha relação com o processo.

Dessa forma, predomina na doutrina o entendimento de que é admissível a prática de um ato processual condicional, desde que a condição seja intraprocessual.

8.3. Regramento imposto ao tema pelo novo CPC

Além das considerações feitas acima, importante registrar que o texto do novo CPC não se refere às modalidades de nulidade (absoluta e relativa). Contudo, o parágrafo único do art. 278 dispõe não haver preclusão nas hipóteses nas quais o juiz deva decretar a nulidade *ex officio*.

As matérias que podem ser objeto de cognição *ex officio* pelo magistrado estão referidas no art. 485, § 3º:

a) ausência de pressupostos de constituição e de desenvolvimento válido e regular do processo;

b) existência de perempção, de litispendência ou de coisa julgada;

c) ausência de legitimidade ou de interesse processual;

d) se, em caso de morte da parte, a ação for considerada intransmissível por disposição legal;

Outra hipótese que parece consubstanciar nulidade absoluta está no art. 280. Segundo esse dispositivo, as citações e as intimações serão nulas quando feitas sem observância das prescrições legais. Aqui parece não haver espaço para a discricionariedade judicial.

Por outro lado, nas demais hipóteses, não obstante a existência de forma prevista em lei, tem o magistrado a liberdade para considerá-lo válido caso tenha alcançado sua finalidade, embora praticado de outro modo (art. 277).

Em complementação, o art. 283 ressalva que o erro de forma do processo acarreta unicamente a anulação dos atos que não possam ser aproveitados, devendo ser praticados os que forem necessários, a fim de se observarem as prescrições legais.

9. Convenções processuais

9.1. Aproximação ao tema

Até março de 2016, o Processo Civil brasileiro era regido sob a batuta do maestro de 1973. O Código, então vigente por mais de quarenta anos, veio a lume no auge da ditadura militar; experimentou a revolução democrática das eleições diretas e da Assembleia Constituinte de 1988; acompanhou, em suma, os passos vagarosos do Estado rumo à construção de sua própria identidade.

Naturalmente, muitas foram as emendas, adendos, reformas e alterações por que passou seu texto, em mutação a olhos vistos para manter-se atual e apto a corresponder aos anseios sociais. A título exemplificativo, convém citar a grande reforma da Execução, que, a partir de 2005, passou a orientar-se pelo princípio do sincretismo.

A ideia de um novo Diploma Processual, decerto, era inevitável. Mais do que uma colcha de retalhos, era chegada a hora de o ordenamento pátrio agasalhar-se em nova manta, mais uniforme e condizente com os novos valores da Pós-Modernidade.

Nesse cenário de rupturas, porém, nem tudo será diferente. A ideia da nova lei – como deveria, aliás, ser a de todas as novas normas – é otimizar a vida processual, mantendo os instrumentos que se mostram eficazes e trazendo novos mecanismos com o fito de desobstruir os gargalos. Assim é o NCPC, ao trazer uma mescla daquilo que já existe e cumprir seus objetivos com aquilo que promete ser uma inovação interessante.

É o que pode ser dito das convenções processuais[36]. Inéditas no direito brasileiro, ainda incógnitas, já se revelam importante objeto de estudos, debates e discussões[37], a marcar a tônica de um Código que já entra em vigor como um querido conhecido.

Despontando como uma das temáticas de maior relevo com o início da vigência do novo *Codex*, as convenções processuais representarão uma considerável tentativa de rompimento com a já consolidada cultura de inibição da livre manifestação da vontade e do autorregramento na esfera processual.

Notoriamente, a realidade processual até hoje conhecida pelo jurisdicionado brasileiro repousa em estruturas firmadas pelo próprio Estado julgador[38], o grande regente da sinfonia de procedimentos.

---

36 Uma pequena nota acerca da nomenclatura do instituto, redigida por Trícia Navarro e aqui reproduzida, in verbis: "Não há um consenso sobre a denominação que deve ser empregada nas convenções em tema de processo. Na doutrina nacional o assunto é chamado de negócios processuais, acordos processuais e contratos processuais. No direito estrangeiro o instituto também recebe locuções distintas. Na Alemanha utiliza-se a expressão Prozessverträge, que se refere a contratos processuais. Na França fala-se em contract de procèdure. Já na Itália usa-se accordi processual para abordar as avenças sobre processo. O significado jurídico dos termos 'convenção', 'negócios', 'contratos' e 'acordos' é bem próximo, sendo que todos eles envolvem manifestações de vontade, visando um fim específico e a produção de efeitos jurídicos. (...) Todavia, para traduzir o fenômeno em que duas ou mais pessoas expressam declarações de vontade que se fundem para formar um ato uno, novo, com a produção de efeitos processuais –, mostra-se mais apropriado o uso do termo 'convenção', embora não seja adequado o acompanhamento do adjetivo 'processual' para designar uma avença cujo conteúdo é relacionado a processo, mas cuja natureza jurídica é de direito material. Primeiro porque 'convenções' é a terminologia utilizada pelo Código de Processo Civil atual e também pelo projetado. Segundo para diferenciar o instituto dos 'negócios jurídicos' Civil, já que este também usa a expressão quando há uma só manifestação de vontade. Terceiro porque o termo 'contrato' traduz apenas a ideia de forma de materialização do ajuste, sendo que eventual divergência sobre a sua extensão conceitual poderia comprometer o sentido aqui empregado. E quarto porque 'acordo' nem sempre indica somente o objeto ou o conteúdo das convenções, podendo ainda se referir a um fim específico de fazer cessar uma pendência ou demanda, o que não corresponde exatamente ao que se pretende aduzir. Desse modo, prefere-se falar em 'convenções em matéria processual'." CABRAL, Trícia Navarro Xavier. *Convenções em matéria processual. Revista de Processo*, vol. 241/2015, pp. 489-516, mar/2015.

37 Há processualistas que tradicionalmente defendiam a inexistência de negócios jurídicos processuais, pois os atos de vontade das partes apenas produziriam, no processo, os efeitos previstos e impostos pelo texto legal. Nesse sentido, LIEBMAN, Enrico Tullio. *Manual de Direito Processual Civil*. v. 1. 2ª ed. Rio de Janeiro: Forense, 1985, p. 226.

38 GRECO, Leonardo. *Publicismo e privatismo no processo civil*. In: Revista de Processo. São Paulo: Revista dos Tribunais, Outubro/2008, vol. 164, p. 45.

Não obstante a vontade privada tenha alcançado relevantes patamares no direito privado contemporâneo, o mesmo nunca pôde ser aplicado aos ramos públicos. Certa incompatibilidade, inclusive, seria apontada, ante a natureza do interesse neles tutelado.

Eis porque o presente tema desponta como uma das principais inovações do Código de 2015. Ao incorporarem-se ao processo noções de democracia deliberativa, os procedimentos em juízo passam a fundar-se, também, na participação ativa dos indivíduos no debate processual e na construção conjunta da decisão final.

Para que houvesse essa elaboração dialógica e comparticipativa do processo, necessária se mostrou a criação de uma técnica que permitisse a flexibilização do procedimento, dando o dinamismo que se espera na atual concepção deste ramo do direito. Para tanto, existem as convenções processuais.

Também denominadas negócios ou contratos processuais, as convenções constituem instituto pelo qual aos litigantes é dado modular aspectos ou mesmo o *iter* do feito, conforme a vontade acordada, estabelecendo as características que entendam relevantes para por termo à controvérsia e, com isso, assumindo responsabilidade comum por toda a prestação da jurisdição.

A doutrina aponta uma influência da arbitragem sobre a matéria, dada a notável valorização da autonomia privada das partes. Destaca-se, inclusive, que a marca participativa na modelagem do procedimento constituir a uma das justificativas para o índice elevado de cumprimento efetivo das sentenças arbitrais, e que o aprendizado afeto àquela seara e à ampla flexibilização procedimental nela operada transportar-se-iam como motivação para os estudiosos da área jurisdicional[39], enquanto alternativas aos problemas enfrentados pelo Poder Judiciário[40].

Decerto que a correspondência entre as duas áreas – arbitral e jurisdicional – não poderia ser perfeita, dadas as particularidades de cada uma[41]. A ideia daqueles que traçam esse paralelo, justamente, é destacar as convenções processuais, enquanto mecanismos de flexibilização procedimental, como ponto de interligação entre tais distintos campos.

---

39 MACÊDO, Lucas Buril de; PEIXOTO, Ravi de Medeiros. *Negócio processual acerca da distribuição do ônus da prova*. Revista de Processo, vol. 241/2015, p. 463-487, mar/2015.

40 São alguns os fatores atrativos exercidos pelas cortes de arbitragem, tais como o sigilo, a celeridade e a própria convencionalidade, destacando-se, inclusive, a possibilidade de julgamento por equidade, admitida pelo art. 2º, caput, da Lei nº 9.307/96. Entretanto, não se podem ignorar os fatores repelentes da mesma via, como os custos elevados e a ausência de ius imperium, impondo-se o socorro à seara jurisdicional para cumprimento forçado dos comandos arbitrais. De certo modo, as convenções buscam reduzir o abismo que por vezes se manifesta entre a via judicial e a arbitral.

41 "O que se percebe, porém, é a possibilidade de submissão do litígio ao Poder Judiciário, mas com adaptações procedimentais que tornem a jurisdição tão ou mais atrativa do que a arbitragem. Vale dizer, a possibilidade dessa liberdade contratual também no método oferecido pelo Estado. E a forma encontrada é a convenção relativa ao processo e ao procedimento." ALMEIDA, Diogo Assumpção Rezende de. *Das Convenções Processuais no Processo Civil*. Tese de Doutoramento. Universidade do Estado do Rio de Janeiro – UERJ, Rio de Janeiro, 2014, p. 99.

Em visão extremamente didática, Trícia Navarro, ao tratar das variações do procedimento, admite a classificação em quatro categorias: por imposição legal; por ato judicial; por ato conjunto das partes e do juiz; e por atos de disposição das partes. A novidade trazida pela Lei de 2015 diria respeito, justamente, às duas últimas modalidades, até então inéditas na ordem jurídica brasileira.

Via de consequência, intuitivo concluir-se que o ato criado a partir da manifestação de vontade de ambos os jurisdicionados apenas poderá ser revogado por disposição da lei ou do próprio pacto, ressalvada a hipótese extrema do art. 966, § 4° do CPC/2015.

Ou seja, a partir do momento em que as partes convencionam, somente o direito positivo ou elas mesmas, de modo bilateral, poderão por fim ao acordo. Evitam-se, com isso, alterações repentinas e que constituam indesejado abalo à segurança jurídica, um dos valores mais caros ao ordenamento.

Ademais, faz-se salutar a obediência a certas formalidades, como a formulação por escrito, eis que essencial à submissão ao controle de validade exercido pelo juiz da causa, bem como sua expressa concordância quanto às cláusulas que abordem as prerrogativas do magistrado[42]. Fica claro, dessarte, porque a forma oral desponta incompatível com o mecanismo.

Quando elaborada extrajudicialmente, a convenção pode ser redigida em instrumento autônomo ou constituir parte integrante de negócio jurídico mais amplo, ou seja, em formatos variados. Já quando dentro do processo, pode ser acostada em peça individual ou ato processual conjunto.

Diante de tantas peculiaridades e de seu evidente ineditismo, não são poucos os questionamentos que já cercam o ponto[43]. Com a nova disposição positiva, intenta a lei equilibrar, em uma mesma equação, as atuações das partes e do Juízo, conferindo às primeiras um espaço de disponibilidade que jamais lograram obter, mesmo sendo o escopo do processo a satisfação de seus interesses e a efetivação da justiça ao seu caso concreto.

O modelo processual, enfim, que está se descortinando, ao mesmo tempo em que persegue propósitos transindividuais, reconhece posição de destaque aos litigantes, enquanto destinatários diretos e imediatos do pronunciamento judicial.

Não se defende que as convenções confeririam caráter eminentemente privado ao processo. Elas vêm, ao contrário, garantir uma maior tutela de valores sobremaneira relevantes, como a liberdade, além da edificação de pautas emancipatórias,

42 Caso o magistrado discorde dos termos da convenção, e não queira a ela se vincular, decerto lhe é dada a oportunidade, impondo-se, todavia, a correspondente comunicação às partes, para que, caso desejem, refaçam cláusulas e alterem disposições, para nova análise do órgão de julgamento.

43 Segundo Macêdo e Peixoto, a existência dos negócios processuais foi posta à controvérsia, diante da recorrente negativa em se tomar como possível que os sujeitos processuais adequem o processo conforme sua vontade, especialmente por se tratar de um complexo de normas de natureza pública. MACÊDO, Lucas Buril de; PEIXOTO, Ravi de Medeiros. *Negócio processual acerca da distribuição do ônus da prova*. Revista de Processo, vol. 241/2015, pp. 463-487, mar/2015.

assegurando, simultaneamente, que o autorregramento da vontade encontre limites maiores quando confrontado com as normas processuais cogentes do que na seara do direito privado.

Nunca é demais destacar, portanto, que a autonomia privada não obrará com poderio absoluto e incontrastável. Ao contrário, marchará em um campo mínimo de convencionalidade, pelo espaço deixado pelas normas processuais obrigatórias, cuja aplicação nem mesmo os interessados podem afastar.

O direito processual não passará a equivaler ao direito privado. A participação estatal exigirá uma regulamentação específica, embora não se possa olvidar que os maiores interessados na solução da controvérsia são as próprias partes, que podem, se for o caso, proceder à livre disposição do bem da vida em litígio, transacionando direitos, renunciando-os ou mesmo reconhecendo sua existência e satisfazendo-os.

Em outras palavras, o que se busca é um maior equilíbrio entre os atores do processo. Assim como não vão poder as partes moldá-lo sem limites ou respeito à lei, tampouco o juiz será a figura concentradora de todos os poderes, como se fossem absolutamente irrelevantes os jurisdicionados.

Defende-se um meio-termo entre o autoritarismo judicial e o Estado meramente espectador da lide, ou seja, um órgão de julgamento que direcione o processo, em conjunto com as partes, que mantêm um espectro de autonomia. A estrutura visada, em síntese, é a de formação policêntrica das decisões, com a participação de todos a serem por elas afetados.

Com isso, o processo, tradicionalmente visto como norma de direito público indisponível, passa a tingir-se de matizes cooperativas e dialéticas, a partir de força jurígena oriunda das próprias partes, as quais, mediante uma contratualização do procedimento, adaptam as formas para tornar mais efetiva a tutela jurisdicional.

Saem, dessarte, de uma previsão genérica e fria da lei e buscam a determinação concreta das peculiaridades do rito, fugindo às eventuais lacunas e insuficiências de uma norma que, afinal, foi elaborada para todos os casos em abstrato, mas para nenhum em particular.

Entretanto, nunca é demais frisar que não se trata de um jogo de extremos, ou seja, é equivocado e mesmo temerário defender-se uma pauta absolutamente emancipatória e completamente coincidente com a órbita estritamente privada dos litigantes. Entre um polo e outro, a parcimônia e a prudência recomendam o caminho do meio-termo, racionalizando-se o campo de incidência da autonomia das partes à luz dos princípios e valores basilares da jurisdição contemporânea.

Eis a tônica das convenções processuais: adaptar (princípio da adaptabilidade) o procedimento, adequando-o (princípio da adequação) à melhor tutela pela qual clamam as especificidades do caso *sub judice*. Flexibilizando-se o procedimento, torna-se mais fácil garantir uma prestação jurisdicional efetiva e concretamente justa, apta, pois, a conferir aos jurisdicionados a proteção de seus direitos, objetivo primeiro quando de seu acesso ao Poder Judiciário.

9.2. *As convenções no CPC/2015*

Duas importantes inovações trazidas pelo CPC/2015 estão nos arts. 190 e 191.

O primeiro dispositivo trata das convenções processuais e o segundo da calendarização processual, que será visto no item seguinte.

Com efeito, em sua gênese, o direito processual pertence ao ramo do direito público, ou seja, suas normas, como regra, são cogentes e não admitem modificação pelas partes[44].

No CPC/73, a ideia de negócio jurídico processual era controvertida[45]. A doutrina[46] entendia cabível em algumas hipóteses excepcionais, sempre quando houvesse norma expressa autorizativa, e a jurisprudência[47] caminhava no mesmo sentido. Entretanto, o assunto já era debatido desde a década de 1980[48].

Em seu caminho evolutivo[49], o direito processual vem incorporando vários dispositivos que prestigiam o princípio da livre manifestação de vontade das partes[50].

A doutrina[51]-[52], a seu turno, também tem feito grande contribuição no sentido de concretizar e consolidar o instituto.

---

44 SANTOS, Marina França. *Intervenção de Terceiro Negociada: Possibilidade Aberta pelo Novo Código de Processo Civil*. Revista de Processo, vol 241/2015, p. 96.

45 MACÊDO, Lucas Buril de; PEIXOTO, Ravi de Medeiros. *Negócio processual acerca da distribuição do ônus da prova*. Revista de Processo, vol. 241/2015, p. 463-487, mar/2015,

46 CUNHA, Leonardo Carneiro. *Negócios Jurídicos Processuais no Direito Brasileiro*. Disponível na internet. https://www.academia.edu/10270224. Acesso em 17 de abril de 2015, p. 14.

47 Com relação à alteração da ordem probatória e sua viabilidade por iniciativa do juiz, o STJ já se manifestou favoravelmente, em decisão de 1994. "Ementa: Prova. Inversão na ordem prevista no art. 452 do CPC. Ausência de prejuízo. Além de não ser peremptória a ordem estabelecida no art. 452 do CPC, há parte de evidenciar o prejuízo que lhe adviria com a inversão ocorrida. Aplicação ao caso, ademais, da Súmula nº 283-STF. Recurso Especial não conhecido." STJ – REsp 35786 SP 1993/0016147-4. 4ª Turma. Pub. em: 12.12.1994, DJ p. 34350, RSTJ, vol. 79, p. 238.

48 BARBOSA MOREIRA, José Carlos. *Convenção das partes sobre matéria processual*. In: Temas de Direito Processual. 3 série. São Paulo: Saraiva, 1984, pp. 87-88.

49 ARENHART, Sérgio Cruz; OSNA, Gustavo. *Os "acordos processuais" no projeto do Novo CPC – aproximações preliminares*. Revista Eletrônica – Tribunal Regional do Trabalho do Paraná, v. 39, 2015. Disponível em: http://www.mflip.com.br/pub/escolajudicial/index.jsp?ipg=194778. Acesso em 20 abr 2015.

50 MITIDIERO, Daniel. *Bases para a construção de um processo civil cooperativo: o direito processual civil no marco teórico do formalismo valorativo*. 147 f. Tese (Doutorado em Direito) – Programa de Pós-Graduação em Direito, Universidade Federal do Rio Grande do Sul, Porto Alegre, 2007. Disponível em: <http://www.bibliotecadigital.ufrgs.br/da.php?nrb=000642773&loc=2008&l=fff90792c6702178>. Acesso em: 15 out. 2011, p. 48.

51 CAPONI, Remo. *Autonomia privata e processo civile: gli accordi processuali. Accordi di Parte e Processo*. Quaderni della Rivista Trimestrale di Diritto e Procedura Civile, nº 11. Milano: Giuffrè, 2008, pp. 105/111.

52 CARPI, Federico. *Introduzione. Rivista Trimestrale di Diritto e Procedura Civile. Numero speciale: accordi di parte e processo.* Ob. cit., p. 4.

A propósito, o art. 41, §1º do *Code de Procédure Civil* (CPC) francês[53] dispõe que, nascido o litígio, as partes poderão acordar que este será resolvido por determinado órgão jurisdicional, ainda que incompetente em razão da quantia. O §2º desse dispositivo dispõe que, surgida a controvérsia, e sempre que se trate de direitos de sua livre disposição, as partes podem acordar de maneira expressa, que o litígio seja resolvido sem possibilidade de recurso, ainda que o valor da causa supere a importância mínima para recorrer.

Na doutrina alemã, destaca-se a obra de Gerhard Wagner[54]. O autor sistematiza seu pensamento no princípio da autonomia privada e apresenta distinção fundamental entre duas categorias de acordos processuais.

A primeira refere-se ao exercício ou não de poderes processuais (*Befugnisdisposition*), os quais não afetam as normas instrumentais, como é o caso dos pactos de não executar, ou ainda o acordo para renúncia ao exercício do direito de ação.

Já a segunda categoria de convenções abrange a derrogação consensual da norma processual (*Normdisposition*). Nesse último caso, é necessária autorização legal expressa, como ocorre com a distribuição dinâmica do ônus da prova e a modificação dos critérios de fixação de competência[55].

Leonardo Greco[56], a seu turno, sistematiza as convenções em três grupos:

(i) aquelas que afetam apenas a direitos processuais das partes, sem interferir nas prerrogativas do órgão julgador, demonstrando-se, portanto, aptas a produzirem efeitos imediatos;

(ii) aquelas que afetam os poderes do juiz, o que é autorizado por lei na hipótese de conjugação de intenção das partes, razão pela qual também produzem efeitos desde a avença;

(iii) aquelas nas quais a conjugação da vontade das partes deve ser somada à concordância do juiz, que fará uma análise da *conveniência e oportunidade* para que

---

53 QUEIROZ, Pedro. *Convenções Disciplinadoras do Processo Judicial*, in Revista Eletrônica de Direito Processual, vol. XIII, 2014, disponível em http://www.e-publicacoes.uerj.br/index.php/redp, pp. 693/732.

54 WAGNER, Gerhard. *Prozeßverträge*, Tübingen, 1998. CAPONI, Remo. *Autonomia privata e processo civile: gli accordi processuali.* Rivista Trimestrale di Diritto e Procedura Civile. Numero speciale: accordi di parti e processo. Milano: Giuffrè, 2008.

55 "Com o advento dos art. 190 e 191 do Código de Processo de 2015, constata-se que a cláusula geral atípica de negócios processuais não somente estabelece a possibilidade de disposição sobre direitos processuais, como também faculta às partes ditar alterações no procedimento, disciplinando os seus ônus, poderes, deveres e faculdades processuais, com a possibilidade de ser fixado calendário para cadenciar a sequência dos atos que serão praticados". VIDAL. Ludmilla Camacho Duarte. *Convenções processuais: premissas operacionais e os escopos da jurisdição contemporânea*, in CARNEIRO, Paulo Cezar Pinheiro. GRECO, Leonardo. PINHO, Humberto Dalla Bernardina de. Inovações do CPC/2015, GZ: Rio de Janeiro, 2016, p. 101/143.

56 GRECO, Leonardo. *O juiz pode ser sujeito de um negócio processual?* Palestra proferida no Seminário "Negócios Processuais no Novo CPC" promovida pela Associação dos Advogados de São Paulo/SP – AASP, em 06 de março de 2015.

o acordo passe a surtir efeitos, haja vista a inexistência de autorização legal para a limitação dos poderes apenas pela conjugação da vontade dos litigantes.

Ainda segundo o autor[57], as convenções processuais devem obedecer aos seguintes requisitos:

(a) a possibilidade de autocomposição a respeito do próprio direito material posto em juízo ou a impossibilidade de que a convenção prejudique o direito material indisponível ou a sua tutela;

(b) a celebração por partes plenamente capazes;

(c) o respeito ao equilíbrio entre as partes e à paridade de armas, para que uma delas, em razão de atos de disposição seus ou de seu adversário, não se beneficie de sua particular posição de vantagem em relação à outra quanto ao direito de acesso aos meios de ação e de defesa; e

(d) a preservação da observância dos princípios e garantias fundamentais do processo e da ordem pública processual[58].

Duas questões precisam ser esclarecidas:

a) A primeira diz respeito à definição do alcance da expressão ordem pública processual. Como bem sinaliza Diogo Rezende, a expressão se refere a *direitos públicos inafastáveis*: São eles:

(a.1) a igualdade e a capacidade das partes;

(a.2) o contraditório e a ampla defesa;

(a.3) o devido processo legal;

(a.4) o princípio do juiz natural;

(a.5) a independência e a imparcialidade do julgador;

(a.6) a fundamentação das decisões judiciais;

(a.7) a busca da verdade;

(a.8) a celeridade;

(a.9) a coisa julgada material.

A propósito, Robson Godinho[59] critica o conceito tradicional de "ordem pública", salientando ser necessário rever alguns desses conceitos diante da problemática do processo contemporâneo.

b) A segunda se refere à possibilidade da realização de convenções processuais mesmo quando está em jogo direito identificado como indisponível[60]. Nesse passo,

---

57 GRECO, Leonardo. Instituições de Processo Civil – *Introdução ao Direito Processual Civil*. vol. 1, 5. ed, Rio de Janeiro: Forense, 2015, pp.61-62.

58 ALMEIDA, Diogo Assumpção Rezende. *Das Convenções Processuais no Processo Civil*. Ob. Cit., p.149.

59 GODINHO, Robson Renault. *Convenções sobre o ônus da prova: estudo sobre a divisão de trabalho entre as partes e os juízes no Processo Civil brasileiro*. 2013. 259 f. Tese (Doutorado em Direito Processual Civil) – Pontifícia Universidade Católica de São Paulo, São Paulo, 2013, pp. 175-176.

60 "Apesar de inexistir expressa conceituação legal no ordenamento brasileiro a respeito da locução "direitos indisponíveis", pode-se dizer que existe uma compreensão generalizada no sentido de se tratar de uma especial categoria de direitos cujo interesse público de efetiva proteção,

importante reconhecer que com o advento do CPC/2015 (arts. 165 e 334, §4°) e da Lei de Mediação (art. 3°, §2° da Lei n° 13.140/2015) não há mais dúvida quanto à possibilidade de composição em direitos indisponíveis.

Temos sustentado[61] que, diante dos termos adotados pelo legislador, aliados à ideia da ressignificação da indisponibilidade a partir das premissas da contemporaneidade, a abrangência do direito indisponível que não admite autocomposição deve ser reduzida às hipóteses nas quais haja vedação expressa ao acordo, ou quando a disposição violentar um direito fundamental do cidadão.

Igualmente, na seara penal[62], recentes alterações na legislação brasileira vêm criando um espaço de consenso mesmo nos casos em que a conduta é sancionada em patamar elevado.

O Código de 2015, com isso, traz a técnica de flexibilização do processo, o que acaba por acarretar um dinamismo diferente às condutas dos sujeitos processuais, permitindo, dessa forma, que as partes tenham uma maior contribuição sobre a gestão do processo.

A ideia encontra certa resistência, sobretudo em virtude da cultura da *civil law* brasileira, apegada à forma preestabelecida do ato e do procedimento, enquanto sinônimo de previsibilidade e segurança, bem como de ordem apta a garantir um tratamento isonômico a todos os envolvidos na relação jurídico-processual.

Essa mentalidade acaba se enraizando no ideário coletivo e, via de consequência, tornando difícil a abertura à atuação dispositiva dos particulares.

De toda forma, maleabilizar-se o procedimento revela-se tendência natural e consequência inata à evolução dos parâmetros constitucionais e, por conseguinte, processuais.

---

irrenunciáveis, inalienáveis e intransmissíveis por parte de seus próprios titulares. A marca da indisponibilidade, assim, revelaria uma legítima opção intervencionista do Estado no campo das liberdades individuais e sociais no sentido de, paradoxalmente, por via de vedações ou restrições do exercício de certos direitos ou interesses, protegê-los contra lesões ou ameaças provenientes de seus próprios titulares ou de terceiros". VENTURI, Elton. *Transação de Direitos Indisponíveis?* In Revista de Processo, vol. 251, São Paulo: Revista dos Tribunais, jan / 2016, pp. 392/393.

61 Ver nossa exposição sobre Convenções Processuais, realizada no Auditório do Ministério Público de Minas Gerais, em agosto de 2015: http://humbertodalla.podomatic.com/entry/2015-08-19T07_10_28-07_00, acesso em 15 de novembro de 2015.

62 Como bem sistematiza Elton Venturi: "Em 2011, a colaboração premiada foi incluída na nova Lei de Drogas (art. 41 da Lei 11.343/2006), sendo sua aplicação estendida pela na Lei 12.529/2011 aos crimes contra a ordem econômica, regulando-se também a partir daí os chamados "acordos de leniência", cabíveis nas hipóteses nas quais inexistam ainda provas suficientes para assegurar a condenação do colaborador que, mediante confissão de sua participação no ilícito, deve cooperar plena e permanentemente com as investigações. Finalmente, a Lei 12.850/2013 (Lei de combate às organizações criminosas) regulamentou o procedimento para a realização da delação premiada e dos acordos de leniência". VENTURI, Elton. *Transação de Direitos Indisponíveis?*, In Revista de Processo, vol. 251, São Paulo: Revista dos Tribunais, jan / 2016, p. 423.

Como tal, afastá-la equivaleria a manter o ordenamento processual brasileiro estagnado no tempo pré-Constituição, na contramão de alternativas viáveis para procedimentos preestabelecidos que, face ao caso concreto, mostrem-se não efetivos e, por isso mesmo, incompatíveis com o verdadeiro e pleno acesso à justiça e à tão visada tutela jurisdicional.

Trata-se, enfim, de apenas um dos muitos exemplos de inovações trazidas pela Lei nº 13.105/2015. Por mais que algumas vozes, em doutrina[63], apregoem que o Novo Código não representa grande ruptura em relação a seu predecessor, são inúmeras as normas que parecem apontar para o sentido oposto, sendo as convenções processuais apenas um desses temas.

Nesse sentido, e seguindo tendência que já se verifica em outros ordenamentos jurídicos, o art. 190 permite às partes adaptar o procedimento às peculiaridades da causa, constituindo cláusula geral de negociação processual[64].

O grande desafio é encontrar o ponto de equilíbrio. De fato, é muito mais fácil visualizar as hipóteses de cabimento das convenções no plano teórico do que na prática.

O NCPC, para mal ou para bem, só o tempo dirá, optou pela técnica da cláusula geral ao dispor sobre o novo instituto, ao mesmo tempo propiciando potenciais conquistas em termos de uma prestação jurisdicional mais ajustada às particularidades do litígio, e exigindo um estudo cauteloso e ponderado dos limites a serem observados.

Não há um rol de hipóteses[65] nas quais a convenção é possível, mas sim uma autorização genérica subordinada a determinadas condições. O dispositivo prevê, para

---

63 http://www.migalhas.com.br/Quentes/17,MI146096,71043-Antonio+Claudio+da+Costa+Machado+ critica+proposta+de+reforma+do+CPC

64 CADIET, Loïc. *Les conventions relatives au procès en droit français. Sur la contractualisation du règlement des litiges. Rivista Trimestrale di Diritto e Procedura Civile. Numero speciale: accordi di parte e processo. Milano: Giuffrè, 2008, pp.8/9.*

65 Não obstante a técnica legislativa, a doutrina tem manifestado grande preocupação com o tema. Nesse sentido, podem ser colhidos alguns enunciados do Fórum Permanente de Processualistas Civis, buscando identificar as hipóteses nas quais é possível ou não estabelecer convenções processuais: Enunciado n° 19 do FPPC: São admissíveis os seguintes negócios processuais, dentre outros: pacto de impenhorabilidade, acordo de ampliação de prazos das partes de qualquer natureza, acordo de rateio de despesas processuais, dispensa consensual de assistente técnico, acordo para retirar o efeito suspensivo de recurso, acordo para não promover execução provisória; pacto de mediação ou conciliação extrajudicial prévia obrigatória, inclusive com a correlata previsão de exclusão da audiência de conciliação ou de mediação prevista no art. 334; pacto de exclusão contratual da audiência de conciliação ou de mediação prevista no art. 334; pacto de disponibilização prévia de documentação (pacto de disclosure), inclusive com estipulação de sanção negocial, sem prejuízo de medidas coercitivas, mandamentais, sub-rogatórias ou indutivas; previsão de meios alternativos de comunicação das partes entre si. Enunciado n° 20 do FPPC: Não são admissíveis os seguintes negócios bilaterais, dentre outros: acordo para modificação da competência absoluta, acordo para supressão da primeira instância. Enunciado n° 254 do FPPC: É inválida a convenção para excluir a intervenção do Ministério Público como fiscal da ordem jurídica. Enunciado n° 255 do FPPC: É admissível a celebração de convenção processual coletiva.

tanto, dois requisitos: um objetivo e outro subjetivo. Assim, o processo deve versar sobre direitos que admitam autocomposição[66] e as partes devem ser capazes.

Quanto à autocomposição, nada mais é do que uma das formas de resolução de conflitos, tal como correntemente classificada pela doutrina tradicional[67], que permite às partes acordarem quanto à existência ou inexistência de um direito.

Há de se observar, assim, que direitos que admitam autocomposição são, em sua essência, disponíveis ou reflexos patrimoniais de direitos indisponíveis[68].

Podem, ainda, ser de cunho material ou processual, ressalvando-se a impossibilidade de atingimento de norma processual de interesse público relevante. Somente as regras que interessem precipuamente às partes se enquadram no dispositivo, e, mesmo assim, desde que atentem para as indisponibilidades previstas na Lei civil.

Além desse requisito objetivo, o art. 190 faz menção a um de natureza subjetiva, ao exigir que as partes sejam plenamente capazes. A lógica da Lei é intuitiva: apenas aqueles que possuem aptidão plena para a prática dos atos da vida civil podem decidir sobre os rumos da tutela de seus direitos no processo.

Tal capacidade, para convenções elaboradas de forma endoprocessual, é aferida em seu tríplice aspecto: capacidade de ser parte, capacidade de estar em juízo e capacidade postulatória.

Já para aquelas realizadas na seara extrajudicial, em que pesem posições doutrinárias divergentes, Trícia Navarro sustenta a necessidade tão só da capacidade de ser parte, até o momento de ingresso no processo, uma vez que sua natureza seria de ato material[69].

Preenchidos ambos os requisitos, podem ser realizados acordos processuais versando sobre:

a) ônus;

b) poderes;

c) faculdades; e

d) deveres[70].

---

66 GODINHO, Robson. *Convenções sobre o ônus da prova – estudo sobre a divisão de trabalho entre as partes e os juízes no processo civil brasileiro*. Tese. PUC/SP, 2013.

67 Sobre a autocomposição, destacamos, em outra obra, seu caráter residual no direito moderno, consistindo em "(...) solução parcial (por ato dos sujeitos em conflito) na qual as partes chegam a um acordo quanto à existência ou inexistência de um direito, seja pela renúncia, pela transação (concessões recíprocas) ou mediante o reconhecimento da pretensão alheia, pondo fim ao conflito de interesses existente." PINHO, Humberto Dalla Bernardina de. *Teoria geral do processo civil contemporâneo*. 3ª ed. Rio de Janeiro: Lumen Juris, 2010, p. 27.

68 MARTEL, Letícia de Campos Velho. *Indisponibilidade dos Direitos Fundamentais: conceito lacônico, consequências duvidosas.* Espaço Jurídico, v. 11, p. 334-373, julho/dezembro de 2010.

69 CABRAL, Trícia Navarro Xavier. *Convenções em matéria processual.* Revista de Processo, vol. 241/2015, p. 489-516, mar/2015.

70 Sobre a criação de deveres e sanções processuais, vide Enunciado nº 17 do FPPC: "As partes podem, no negócio processual, estabelecer outros deveres e sanções para o caso do descumprimento da convenção."

O acordo pode ser prévio[71] (realizado antes do processo, por exemplo, em uma cláusula contratual) ou incidental (quando já iniciada a relação processual).

O art. 357, § 2º, que trata da decisão de saneamento, prevê ainda que as partes podem apresentar ao juiz, para homologação, delimitação consensual das questões de fato e de direito.

E, ainda, o art. 373, § 3º, dispõe que a distribuição diversa do ônus da prova também pode ocorrer por convenção das partes, salvo quando recair sobre direito indisponível da parte ou tornar excessivamente difícil a uma parte o exercício do direito.

São expressões concretas do princípio da cooperação, genericamente disposto no art. 6º do CPC/2015.

Retornando ao art. 190, seu parágrafo único determina que o magistrado, *ex officio* ou mediante provocação da parte interessada, deverá controlar a validade das convenções, sobretudo a fim de preservar os princípios constitucionais[72], observando os limites impostos pela ordem pública processual.

Ao examinar a convenção, o juiz pode homologá-la, ou, excepcionalmente, recusá-la, somente nos seguintes casos: a) configuração de nulidade; b) inserção abusiva em contrato de adesão; c) quando uma das partes se encontre em manifesta situação de vulnerabilidade.

Para Fernanda Tartuce[73], vulnerabilidade significa suscetibilidade. É possível falar-se, ainda, em vulnerabilidade processual[74].

Necessário, aqui, estabelecer em qual sentido o termo dever ser interpretado. Temos para nós que a vulnerabilidade, aqui, é somente a processual, devendo ser aferida pelo magistrado diante das peculiaridades do caso concreto. Diversa, portanto, da vulnerabilidade do consumidor, que será examinada abaixo.

No que se refere ao eventual cabimento das convenções em relações consumeristas, temos algumas dificuldades.

Em primeiro lugar, o art. 1° do CDC estabelece que as normas ali elencadas são de ordem pública. Em seguida, o art. 4° reconhece expressamente a vulnerabilidade do

---

71 SANTOS, Tatiana Simões dos. *O processo civil modulado pelas partes: ampliação da autonomia privada em matéria processual.* 2009. Dissertação (Mestrado) – Universidade Estadual do Rio de Janeiro, Rio de Janeiro, p. 93.

72 BEDAQUE, José Roberto dos Santos. *Tutela cautelar e tutela antecipada: tutelas sumárias e de urgência (tentativa de sistematização).* 4ª ed. São Paulo: Malheiros, 2006, p. 168.

73 "Vulnerabilidade indica suscetibilidade em sentido amplo, sendo a hipossuficiência uma de suas espécies (sob o viés econômico) ". TARTUCE, Fernanda. *Vulnerabilidade Processual no novo CPC,* artigo disponível no seguinte endereço: https://www.academia.edu/25885818/Vulnerabilidade_processual_no_Novo_CPC, acesso em 05 de junho de 2016.

74 "Vulnerabilidade processual é a suscetibilidade do litigante que o impede de praticar atos processuais em razão de uma limitação pessoal involuntária; a impossibilidade de atuar pode decorrer de fatores de saúde e/ou de ordem econômica, informacional, técnica ou organizacional de caráter permanente ou provisório". TARTUCE, Fernanda. *Igualdade e Vulnerabilidade no Processo Civil.* São Paulo: Método, 2012, p. 184.

consumidor no mercado de consumo. Ademais, o art. 6°, que trata dos direitos básicos do consumidor assegura:

a) a proteção contra práticas e cláusulas abusivas ou impostas no fornecimento de produtos e serviços (inciso IV);

b) a vedação à modificação das cláusulas contratuais que estabeleçam prestações desproporcionais ou excessivamente onerosas (inciso V); e

c) a facilitação defesa de seus direitos, inclusive com a inversão do ônus da prova, a seu favor (inciso VIII).

Finalmente o art. 51, VI estabelece serem nulas de pleno direito as cláusulas contratuais relativas ao fornecimento de produtos e serviços que estabeleçam inversão do ônus da prova em prejuízo do consumidor;

Não se está dizendo, com isso, que haverá uma proibição absoluta. Contudo, forçoso reconhecer que, diante de todas as restrições apontadas acima, será bastante improvável que o Judiciário admita convenções processuais prévias ou incidentais em processos envolvendo relações de consumo.

10. Calendarização

A segunda inovação está no art. 191, que traz a previsão do chamado processo calendário[75].

De acordo com o dispositivo, de comum acordo, o juiz e as partes podem fixar calendário para a prática dos atos processuais, sendo crucial, assim, a concorrência da vontade do juiz, fiscalizando e aceitando, para que a avença se aperfeiçoe dentro dos limites do processo, eis que não surte efeitos imediatamente após a pactuação extrajudicial.

É bem verdade que não há norma que impeça nem a pactuação do calendário pelas partes, extrajudicialmente (o que demandará posterior concordância pelo juiz da causa), nem que a iniciativa seja do magistrado (que poderá submeter sua proposta às partes, no curso do processo).

Nesse dispositivo, é pactuado um cronograma para a realização dos atos do processo, em comum acordo entre as partes e o magistrado, como uma tentativa de se encontrar o tão desejado ponto de equilíbrio entre a duração razoável do feito e a efetividade da prestação jurisdicional, otimizando o tempo de desenrolar do processo,

---

75 "O processo calendário consiste numa importante técnica de gestão compreendida como modelo de governança judicial, e reverbera na dispensa dos atos processuais extremamente morosos e burocratizados, como as publicações e intimações das partes para as providências cabíveis ou para o comparecimento em audiências, cujas datas já tiverem sido designadas no calendário." VIDAL. Ludmilla Camacho Duarte. *Convenções processuais: premissas operacionais e os escopos da jurisdição contemporânea,* in CARNEIRO, Paulo Cezar Pinheiro. GRECO, Leonardo. PINHO, Humberto Dalla Bernardina de. Inovações do CPC/2015, GZ: Rio de Janeiro, 2016, pp. 101/143.

sem, contudo, abrir mão da justiça. Afinal, de nada adiantaria uma decisão rápida, se não justa[76].

Considerando-se que, no mais das vezes, o intuito de flexibilizar-se o procedimento visa à sua aceleração, suprimindo atos desnecessários ou criando atalhos que atendam às peculiaridades do caso *sub examine*, a calendarização trazida pelo art. 191 revela-se mecanismo deveras importante para esse fim.

Trata-se de mais um avanço no caminho de valorizar a manifestação de vontade das partes, valendo observar que, quando o legislador deixou de determinar a quem incumbiria tomar a iniciativa de fixar o calendário, ressaltou ainda mais o papel nuclear desempenhado pela consensualidade e pelo debate entre os sujeitos da demanda.

Isto é, não só fica aberto a qualquer um dos indivíduos suscitar a utilização do instrumento, como também se perfaz necessária a participação de todos, litigantes e magistrado, na avença, conjuntamente[77].

Na prática, esse acordo poderá ser realizado ou na audiência de conciliação e de mediação, de que cuida o art. 334, ou na audiência para realização do saneamento em cooperação com as partes, prevista no art. 357, § 3°.

Uma vez fixado o calendário, este se torna vinculante e os prazos nele previstos só podem ser modificados excepcional e justificadamente (§ 1º), embora, quando disserem respeito aos atos do juízo, continuem sendo impróprios, uma vez que os previstos *ex vi legis* o são, e esperar o contrário constituiria verdadeiro contrassenso.

Ademais, não será mais necessário intimar as partes para a prática de atos que tiverem sido objeto do referido calendário (§ 2º), incluindo as audiências designadas.

11. Aspectos Econômicos do Processo

11.1. Noções gerais

Todo processo importa em um custo. O custo do processo engloba:

a) os honorários advocatícios; e

---

76 Sobre o calendários procedimental e o ganho de tempo que poderá proporcionar, o processualista expõe: "Se, em vez disso, especialmente em casos complexos, restasse estabelecido um calendário procedimental pelas partes – por meio de cláusula de diferendo, de instrumento próprio após o nascimento do conflito ou incidentalmente ao processo -, com a concordância do juiz, ou até o inverso, com a iniciativa oficial seguida do acordo das partes, os tempos mortos seriam reduzidos drasticamente." ALMEIDA, Diogo Assumpção Rezende de. *Das Convenções Processuais no Processo Civil*. Tese de Doutoramento. Universidade do Estado do Rio de Janeiro – UERJ, Rio de Janeiro, 2014, pp. 199 e 201.

77 Exsurgem, nesse contexto, alguns cenários possíveis, todos eles exigindo atuação conjunta dos sujeitos processuais: se a convenção for acordada na seara extrajudicial, fica sujeita à posterior análise em juízo; se originada após o ajuizamento da demanda, por iniciativa das partes, mais uma vez o magistrado deve ser chamado a manifestar-se a seu respeito, necessariamente concordando com o cronograma apresentado, sob pena de imposição de sua reformulação aos litigantes; por fim, partindo da iniciativa do juiz, os jurisdicionados é que devem ser instados a se manifestar.

b) as despesas processuais.

As despesas processuais são cobradas de acordo com a natureza e o rito processual adotado. O art. 84 do CPC/2015 estabelece que as despesas abrangem:

a) as custas do processo;

b) a indenização de viagem;

c) a remuneração do assistente técnico; e

d) a diária da testemunha.

Quanto a essas despesas, existe uma responsabilidade provisória e uma responsabilidade definitiva. Responsabilidade provisória é o ônus de antecipar o pagamento das despesas respeitantes aos atos. Esse ônus é imposto:

a) à parte que os requerer; ou

b) nos casos definidos em lei, ao autor que tiver mais interesse do que o réu na prática do ato, mesmo que tenha sido:

b.1) determinado pelo juiz, agindo de ofício; ou

b.2) requerido pelo Ministério Público, como parte ou como *custos legis*.

Responsabilidade definitiva, por sua vez, é o dever (e não simples ônus) imposto à parte derrotada de ressarcir à vencedora as despesas cujos pagamentos esta antecipou no curso do processo.

11.2. Despesas processuais

O novo CPC regula de forma clara e sistemática as despesas processuais nos arts. 82 a 97.

O art. 82 dispõe que, ressalvada a hipótese de concessão de gratuidade, devem as partes antecipar o pagamento dos atos que requererem, tanto na fase cognitiva como no cumprimento de sentença. No entanto, o vencido deverá pagar ao vencedor as despesas que tenha antecipado.

Na hipótese de sucumbência recíproca, ou seja, sendo cada litigante vencedor e vencido, em parte, as despesas devem ser proporcionalmente distribuídas entre eles (art. 86), salvo se um deles sucumbir em parte mínima do pedido (parágrafo único do art. 86).

Havendo litisconsórcio, os vencidos respondem proporcionalmente pelas despesas e pelos honorários (art. 87).

As despesas determinadas *ex officio* pelo magistrado ou requeridas pelo Ministério Público, na qualidade de fiscal da ordem jurídica, devem ser igualmente antecipadas pelo autor (art. 82, § 1º). A regra é complementada pelo art. 91, que determina que as despesas dos atos processuais praticados a requerimento da Fazenda Pública, do Ministério Público ou da Defensoria Pública serão pagas, ao final, pelo vencido.

Nos procedimentos de jurisdição voluntária, as despesas são adiantadas pelo requerente e rateadas entre os interessados (art. 88).

Na hipótese de desistência, renúncia ou reconhecimento do pedido, as despesas e os honorários serão pagos pela parte que deu causa a um desses fatos (art. 90).

Segundo o art. 93, as despesas de atos adiados ou cuja repetição for necessária ficarão a cargo da parte, do auxiliar da justiça, do órgão do Ministério Público ou da Defensoria Pública ou do juiz que, sem justo motivo, houver dado causa ao adiamento ou à repetição.

Com relação à prova pericial, dispõe o art. 95 que cada parte adiantará a remuneração do assistente técnico que houver indicado, sendo a do perito adiantada pela parte que houver requerido a perícia ou rateada quando a perícia for determinada de ofício ou requerida por ambas as partes.

Se o pagamento da perícia for de responsabilidade de beneficiário de gratuidade da justiça, ela poderá ser (art. 93, § 3º):

a) custeada com recursos alocados no orçamento do ente público e realizada por servidor do Poder Judiciário ou por órgão público conveniado; ou

b) paga com recursos alocados no orçamento da União, do Estado ou do Distrito Federal, no caso de ser realizada por particular, hipótese em que o valor será fixado conforme tabela do tribunal respectivo ou, em caso de sua omissão, do Conselho Nacional de Justiça.

Interessante inovação do novo CPC está no art. 83, que cria a figura da caução a ser prestada pelo autor brasileiro ou estrangeiro que resida fora do país ou que venha a deixar de residir durante a tramitação do processo. O objetivo de tal caução é garantir justamente o pagamento das custas e dos honorários.

Essa garantia é dispensada:

a) se deixar bens imóveis que assegurem o pagamento;

b) quando houver dispensa prevista em acordo ou tratado internacional de que o Brasil faz parte;

c) na execução fundada em título extrajudicial e no cumprimento de sentença;

d) na reconvenção.

11.3. Honorários advocatícios

Atualmente, no Brasil, a remuneração dos advogados é composta por três espécies de honorários: contratuais/convencionais, arbitrados judicialmente e de sucumbência, conforme prevê o art. 22 da Lei nº 8.906/94.

Em todos os casos, os honorários têm por finalidade remunerar os serviços prestados pelos advogados diretamente em favor de seus clientes, no exercício das funções públicas e sociais que exercem.

Os honorários contratuais, como a própria nomenclatura denuncia, são estabelecidos mediante um contrato, preferencialmente escrito, celebrado entre os advogados e seus clientes.

Os honorários arbitrados judicialmente decorrem da necessidade de fixação dos honorários que deveriam ter sido convencionados, seja em razão da inexistência de contrato previamente estabelecido, seja nas hipóteses de contrato verbal em que haja divergência entre os contratantes quanto às suas condições.

Note-se que, a despeito de serem fixados nos autos de um processo judicial, diversamente do que ocorre com os honorários de sucumbência, os honorários arbitrados não guardam relação com a sucumbência, ou com a teoria da causalidade, sendo fixados tão somente para suprir a ausência de honorários contratuais incontroversos.

É importante destacar, ainda, que os honorários convencionados, ou arbitrados judicialmente não prejudicam o recebimento de eventuais honorários de sucumbência.

No tocante aos honorários de sucumbência, entre as principais regras trazidas pelo novo Código de Processo Civil, destacam-se:

a) o *caput* do art. 85 deixa claro que os honorários são devidos ao advogado do vencedor;

b) os honorários são devidos na reconvenção, no cumprimento de sentença, provisório ou definitivo, na execução, resistida ou não, e nos recursos interpostos, cumulativamente (art. 85, § 1º);

c) os honorários serão fixados entre o mínimo de 10% (dez por cento) e o máximo de 20% (vinte por cento) sobre o valor da condenação, do proveito econômico obtido ou, não sendo possível mensurá-lo, sobre o valor atualizado da causa, atendidos (art. 85, § 2º):

c.1) o grau de zelo do profissional;

c.2) o lugar de prestação do serviço;

c.3) a natureza e a importância da causa;

c.4) o trabalho realizado pelo advogado e o tempo exigido para o seu serviço.

Já quanto às inovações, registramos:

i) a fixação de percentuais sobre o valor da condenação, do proveito econômico ou sobre o valor atualizado da causa, nas ações em que a Fazenda Pública for parte;

ii) a majoração, de ofício, pelo Tribunal, dos honorários fixados na primeira instância, de modo a remunerar o trabalho adicional realizado em grau de recurso;

iii) o reconhecimento dos honorários de sucumbência como direito autônomo dos advogados, e o caráter alimentar dessa verba, mesmo que recebidos pelas sociedades de advogados;

iv) o fim da compensação de honorários na hipótese de sucumbência recíproca;

v) a possibilidade de propositura de ação autônoma para cobrança de honorários de sucumbência cuja condenação tenha sido omitida na demanda originária; e

vi) a previsão de pagamento de honorários de sucumbência aos advogados públicos.

A possibilidade de fixação de honorários com base em critérios objetivos, nas causas em que a Fazenda Pública for parte, representa uma mudança significativa no sistema então vigente, pois, conforme o disposto no § 4º do art. 20 do CPC/1973, tais honorários devem ser fixados de forma equitativa, observando os critérios apontados em seu § 3º.

A majoração de ofício também é uma grande novidade. Até a entrada em vigor do novo Código de Processo Civil, os honorários só podem ser modificados mediante provocação das partes.

No novo cenário, e nos termos da redação dada ao § 11 do art. 85 do novo Código, a majoração dos honorários pelo Tribunal não será mera faculdade, mas um dever legal dos julgadores.

Os honorários de sucumbência e os arbitrados judicialmente, por força do disposto no art. 23 da Lei nº 8.906/94, antes mesmo do novo Código, já são reconhecidos como direito autônomo dos advogados, que podem não só executá-los, como requerer que a expedição de precatório de tais verbas seja feita diretamente em seu favor.

Tendo como um de seus fundamentos a autonomia do direito dos advogados sobre os honorários, a 1ª Turma do Supremo Tribunal Federal[78], em decisão unânime, reconheceu sua natureza alimentar, podendo, inclusive, ser incluídos na ordem preferencial de pagamento de precatórios, uma vez que o rol do § 1º-A do art. 100 da CF seria meramente exemplificativo.

A assertiva do novo Código quanto à natureza alimentícia dos honorários de sucumbência põe por terra eventuais divergências que ainda possam haver sobre a questão, conferindo maior segurança aos profissionais, principalmente considerando que o novo Código estende expressamente essa prerrogativa aos honorários de sucumbência recebidos pelos escritórios de advocacia.

O fim da compensação dos honorários nas hipóteses de sucumbência recíproca é uma demanda antiga dos advogados, que foi atendida no § 14 do art. 85 do novo Código[79].

Muito embora o art. 21 do CPC/1973 autorizasse a compensação das verbas honorárias, fato é que, em regra, os advogados credores não preenchem os requisitos previstos nos arts. 368 e 369 do CC, para compensação de dívidas, sendo o mais flagrante deles a falta de reciprocidade entre credor e devedor.

Entre as principais alterações enumeradas, tem-se, ainda, a possibilidade de propositura de ação própria para fixação e cobrança de honorários de sucumbência omitidos na sentença do processo originário.

De toda forma, é inquestionável a intenção do novo Código de solucionar matérias até então bastante controvertidas no tocante aos honorários de sucumbência.

---

78 "A definição contida no § 1-A do artigo 100 da Constituição Federal, de crédito de natureza alimentícia, não é exaustiva. HONORÁRIOS ADVOCATÍCIOS – NATUREZA – EXECUÇÃO CONTRA A FAZENDA. Conforme o disposto nos artigos 22 e 23 da Lei nº 8.906/94, os honorários advocatícios incluídos na condenação pertencem ao advogado, consubstanciando prestação alimentícia cuja satisfação pela Fazenda ocorre via precatório, observada ordem especial restrita aos créditos de natureza alimentícia, ficando afastado o parcelamento previsto no artigo 78 do Ato das Disposições Constitucionais Transitórias, presente a Emenda Constitucional nº 30, de 2000. Precedentes: Recurso Extraordinário nº 146.318-0/SP, Segunda Turma, relator ministro Carlos Velloso, com acórdão publicado no *Diário da Justiça* de 4 de abril de 1997, e Recurso Extraordinário nº 170.220-6/SP, Segunda Turma, por mim relatado, com acórdão publicado no *Diário da Justiça* de 7 de agosto de 1998" (STF, RE 470.407-2/DF, 1ª Turma, rel. Min. Marco Aurélio, j. 9-5-2006, *DJ* 13-10-2006).

79 Enunciado 244 do FPPC: (art. 85, § 14) Ficam superados o Enunciado 306 da súmula do STJ ("Os honorários advocatícios devem ser compensados quando houver sucumbência recíproca, assegurado o direito autônomo do advogado à execução do saldo sem excluir a legitimidade da própria parte") e a tese firmada no REsp Repetitivo 963.528/PR, após a entrada em vigor do CPC, pela expressa impossibilidade de compensação.

Finalmente, de se registrar que há hipóteses determinadas por lei nas quais os honorários advocatícios de sucumbência não serão devidos, ainda que a parte representada seja vencedora na demanda. É o que ocorre nas hipóteses do mandado de segurança, de acordo com as Súmulas 512 do STF e 105 do STJ; nas ações civis públicas, exceto quando comprovada a má-fé, conforme preceituam os arts. 17 a 19 da Lei nº 7.347/85.

Importante lembrar que nas ações em que a Defensoria Pública atue e seja vencedora, sendo vencido o Estado, não há que se falar em honorários sucumbenciais[80], visto que se operaria o instituto jurídico da confusão, ainda que haja autonomia administrativa e de cunho organizacional e financeiro entre esses órgãos[81].

Quando o advogado vencedor for o advogado indicado para patrocinar causa de economicamente necessitado, por impossibilidade de Defensoria Pública para prestar o serviço, terá o advogado direito aos honorários fixados pelo juiz, conforme tabela organizada pelo Conselho Seccional da OAB.

11.4. Gratuidade de justiça

Todos que desejam exercer seu direito de ação, a princípio, estão sujeitos ao pagamento das custas processuais, com exceção dos hipossuficientes, aos quais é assegurado o direito à gratuidade de Justiça por força da garantia constitucional de acesso à Justiça (art. 5º, XXXV, da CF).

A proteção aos hipossuficientes encontra-se prevista em nossa Constituição no art. 5º, LXXIV[82], que garante a gratuidade dos atos processuais mediante a afirmação de insuficiência de recursos. No plano infraconstitucional, a Lei nº 1.060/50 (Lei de Assistência Judiciária) regula a forma de concessão dessa assistência.

No entanto, o novo CPC, por meio do art. 1.072, III, revogou os arts. 2º, 3º, 4º, 6º, 7º, 11, 12 e 17 desse Diploma. A matéria vem hoje tratada nos arts. 98 a 102 do CPC/2015.

---

80 Igual regra se aplica aos casos em que a Defensoria Pública exerça o papel de Curadoria Especial, nas hipóteses do art. 9º do CPC. Nesse sentido, REsp 1.201.674-SP, rel. Min. Luis Felipe Salomão, j. 6-6-2012 (*Informativo STJ*, nº 499).

81 Em relação aos honorários advocatícios devidos à Defensoria Pública, cabe ressaltar que serão devidos apenas quando estiverem em polos opostos da federação o mesmo ente a que pertença a Defensoria Pública, já que há uma confusão entre a pessoa do credor e a pessoa do devedor, pois seria a Fazenda Pública de determinado ente da federação pagando honorários para si mesma. Nesse mesmo sentido, é a Súmula 421, publicada em 11-3-2010, que afirma que "os honorários advocatícios não são devidos à Defensoria Pública quando ela atua contra a pessoa jurídica de direito público à qual pertença". Contudo, estando no outro polo ente diverso do qual pertença a Defensoria (como, p. ex., o INSS e a Defensoria Pública do Estado), os honorários advocatícios serão devidos, pois não se confunde a pessoa do credor e do devedor, pelo dinheiro ser proveniente de fundos distintos.

82 Art. 5º, LXXIV, da CF/88: "o Estado prestará assistência jurídica integral e gratuita aos que comprovarem insuficiência de recursos".

No art. 98 encontramos a solução de antiga questão: quem pode ser beneficiário: apenas pessoas físicas ou também pessoas jurídicas[83]?

Agora não há mais espaço para dúvidas ou controvérsias, já que o dispositivo afirma, peremptoriamente, que toda pessoa natural ou jurídica, brasileira ou estrangeira, com insuficiência de recursos para pagar as custas, as despesas processuais e os honorários advocatícios tem direito à gratuidade da justiça, na forma da lei.

Segundo o § 1º do art. 98, a gratuidade compreende as seguintes parcelas:

a) as taxas ou as custas judiciais;

b) os selos postais;

c) as despesas com publicação na imprensa oficial, dispensando-se a publicação em outros meios;

d) a indenização devida à testemunha que, quando empregada, receberá do empregador salário integral, como se em serviço estivesse;

e) as despesas com a realização de exame de código genético – DNA e de outros exames considerados essenciais;

f) os honorários do advogado e do perito e a remuneração do intérprete ou do tradutor nomeado para apresentação de versão em português de documento redigido em língua estrangeira;

g) o custo com a elaboração de memória de cálculo, quando exigida para instauração da execução;

h) os depósitos previstos em lei para interposição de recurso, para propositura de ação e para a prática de outros atos processuais inerentes ao exercício da ampla defesa e do contraditório;

i) os emolumentos devidos a notários ou registradores em decorrência da prática de registro, averbação ou qualquer outro ato notarial necessário à efetivação de decisão judicial ou à continuidade de processo judicial no qual o benefício tenha sido concedido.

No entanto, os demais parágrafos desse dispositivo trazem algumas restrições.

Assim, pelo § 2º, a concessão de gratuidade não afasta a responsabilidade do beneficiário pelas despesas processuais e pelos honorários advocatícios decorrentes de sua sucumbência.

De acordo com o § 3º, se vencido o beneficiário, as obrigações decorrentes de sua sucumbência ficarão sob condição suspensiva de exigibilidade e somente poderão ser executadas se, nos cinco anos subsequentes ao trânsito em julgado da decisão que as certificou, o credor demonstrar que deixou de existir a situação de insuficiência de recursos que justificou a concessão de gratuidade. Passado esse prazo tais obrigações do beneficiário serão extintas.

Ademais, pelo § 4º, a concessão de gratuidade não afasta o dever de o beneficiário pagar, ao final, as multas processuais que lhe sejam impostas.

---

83 Deve ser observada, ainda, a Súmula 481 do STJ: "Faz jus ao benefício da justiça gratuita a pessoa jurídica com ou sem fins lucrativos que demonstrar sua impossibilidade de arcar com os encargos processuais" (rel. Min. Cesar Asfor Rocha, em 28-6-2012. Publicada no *Informativo STJ*, nº 500).

O § 5º prevê a figura da gratuidade parcial ou percentual, ao dispor que o benefício pode ser concedido em relação a algum ou a todos os atos processuais, ou consistir na redução percentual de despesas processuais que o beneficiário tiver de adiantar no curso do procedimento.

Por fim, o § 6º permite, ainda, o direito ao parcelamento de despesas processuais que o beneficiário tiver de adiantar no curso do procedimento.

De acordo com o art. 99 do CPC/2015, o pedido de gratuidade da justiça pode ser formulado na petição inicial, na contestação, na petição para ingresso de terceiro no processo ou em recurso.

O Código, seguindo orientação predominante nos Tribunais, adota a regra segundo a qual, em princípio, presume-se que o requerente faz jus ao benefício (§ 3º) se for pessoa natural.

No entanto, o § 2º do art. 99 permite ao magistrado indeferir o pedido se houver nos autos elementos que evidenciem a falta dos pressupostos legais para a concessão de gratuidade. No entanto, antes de indeferir o pedido, deve determinar à parte a comprovação do preenchimento dos referidos pressupostos.

Deferido o pedido (art. 100), a parte contrária poderá oferecer impugnação no prazo de 15 dias, nos autos do próprio processo, sem suspensão de seu curso.

Se o benefício for revogado (art. 100, parágrafo único), a parte arcará com as despesas processuais que tiver deixado de adiantar e pagará, em caso de má-fé, até o décuplo de seu valor a título de multa.

Essa multa não é revertida para a parte contrária, mas em benefício da Fazenda Pública estadual ou federal.

Contra a decisão que indeferir a gratuidade ou a que acolher pedido de sua revogação caberá agravo de instrumento (art. 101). Se a questão for resolvida na sentença, caberá apelação.

Caso a decisão que revogue o benefício venha a transitar em julgado (art. 102), deverá a parte efetuar o recolhimento de todas as despesas de cujo adiantamento foi dispensada, inclusive as relativas ao recurso interposto, se houver, no prazo fixado pelo juiz, sem prejuízo de aplicação das sanções previstas em lei.

Se o valor das despesas não for recolhido:

a) o processo será extinto sem resolução de mérito, tratando-se do autor;

b) nos demais casos, não poderá ser deferida a realização de nenhum ato ou diligência requerida pela parte enquanto não efetuado o depósito.

12. Aspectos éticos do processo

12.1 A repressão à má-fé e a responsabilidade por dano processual

O processo, como o conjunto complexo de atos em que se busca a satisfação de uma pretensão, possui uma série de regras e fundamentos que limitam tanto a atuação das partes quanto a atuação do magistrado com vistas a assegurar os princípios e fundamentos constitucionais. A esse conjunto de regras e fundamentos que rege a atuação dos personagens do processo encontram-se relacionados os aspectos éticos dele.

Para assegurar a ética no processo, o CPC prevê limitações da combatividade permitida, além de diversas sanções à deslealdade que vão desde a perda de uma faculdade processual até a multa aplicada pelo magistrado.

Violando a parte seus deveres éticos, isto é, de lealdade e boa-fé processual, ela é considerada litigante de má-fé por estar utilizando o processo com o objetivo de vencer a qualquer custo ou de, pelo menos, prolongar deliberadamente o seu curso normal, causando dano à parte contrária.

Nesse sentido, o novo CPC estabelece, nos arts. 77 e 78, os deveres das partes e de seus procuradores. Nos arts. 79 a 81 regulamenta a responsabilidade das partes por dano processual.

De acordo como o art. 77, cujo rol é taxativo, são deveres das partes, de seus procuradores e de todos aqueles que participem do processo:

I – expor os fatos em juízo conforme a verdade;

II – não formular pretensão ou de apresentar defesa quando cientes de que são destituídas de fundamento;

III – não produzir provas e não praticar atos inúteis ou desnecessários à declaração ou à defesa do direito;

IV – cumprir com exatidão as decisões jurisdicionais, de natureza provisória ou final, e não criar embaraços à sua efetivação;

V – declinar, no primeiro momento que lhes couber falar nos autos, o endereço residencial ou profissional onde receberão intimações, atualizando essa informação sempre que ocorrer qualquer modificação temporária ou definitiva;

VI – não praticar inovação ilegal no estado de fato de bem ou direito litigioso.

O § 2º estabelece que a violação ao disposto nos incisos IV e VI constitui ato atentatório à dignidade da justiça, devendo o juiz, sem prejuízo das sanções criminais, civis e processuais cabíveis, aplicar ao responsável multa de até vinte por cento do valor da causa, de acordo com a gravidade da conduta.

Trata-se do *contempt of court* configurado pela prática de ato com o dolo de desafiar e de se opor à efetividade da decisão judicial.

Caso o valor da multa não seja pago, será ele inscrito como dívida ativa da União ou do Estado após o trânsito em julgado da decisão que a fixou, e sua execução observará o procedimento da execução fiscal, revertendo-se aos fundos previstos no art. 97.

Devemos lembrar que a execução fiscal não é regulada pelo CPC, mas sim pela Lei nº 6.830/80.

Essa multa pode ser fixada independentemente da incidência daquelas previstas nos arts. 523, § 1º, e 536, § 1º.

Dispõe o § 5º do art. 77 que, quando o valor da causa for irrisório ou inestimável, a multa poderá ser fixada em até 10 vezes o valor do salário mínimo.

Se houver violação aos deveres por parte dos advogados públicos ou privados, dos membros da Defensoria Pública e do Ministério Público (§ 6º), a responsabilidade disciplinar será apurada pelo respectivo órgão de classe ou corregedoria.

O art. 78, a seu turno, dispõe ser vedado a qualquer pessoa que participe do processo empregar expressões ofensivas nos escritos apresentados.

De acordo com o art. 79, todo aquele que litigar de má-fé responde por perdas e danos.

O Código nos fornece a relação de condutas que tipificam a litigância de má-fé no art. 80. São elas:

I – deduzir pretensão ou defesa contra texto expresso de lei ou fato incontroverso;

II – alterar a verdade dos fatos;

III – usar do processo para conseguir objetivo ilegal;

IV – opuser resistência injustificada ao andamento do processo;

V – proceder de modo temerário em qualquer incidente ou ato do processo;

VI – provocar incidente manifestamente infundado;

VII – interpuser recurso com intuito manifestamente protelatório.

Configurada uma das situações acima, o magistrado, *ex officio* ou a requerimento, condenará o litigante de má-fé ao pagamento:

a) de multa, que deverá ser superior a 1% (um por cento) e inferior a 10% (dez por cento) do valor corrigido da causa;

b) de indenização à parte contrária pelos prejuízos que esta sofreu; e

c) dos honorários advocatícios e de todas as despesas que a parte contrária efetuou.

12.2. A cooperação como novo parâmetro ético dos sujeitos do processo

12.2.1. Noções gerais da Cooperação

O papel que, contemporaneamente, o Estado deve desempenhar não é o de um inimigo da sociedade, mas sim de um concretizador de direitos fundamentais[84].

Trazendo essa ideia para o processo, espera-se um sistema no qual o magistrado, ao mesmo tempo em que não fica apenas como espectador das partes, confere ampla oportunidade à manifestação dos sujeitos parciais, contribuindo, assim, para um resultado processual justo e tempestivo[85].

Nesse sentido, fala-se de um modelo cooperativo de processo, atuando o princípio da cooperação para assegurar a ampla colaboração e participação das partes e do juiz na formação das decisões judiciais.

Dentro da perspectiva do processo civil cooperativo, a distinção existente entre Estado, sociedade e indivíduo, não impede o estabelecimento de um equilíbrio entre seus deveres e poderes para efetivar a participação de todos. Nessa dimensão, fala-se em um "juiz isonômico na condução do processo e assimétrico quando da decisão das questões processuais e materiais da causa"[86].

---

84 SANTOS, Boaventura de Sousa; MARQUES, Maria Manuel Leitão; PEDROSO, João. *Os Tribunais nas sociedades contemporâneas*, artigo disponível em endereço: http://www.anpocs.org.br/portal/publicacoes/rbcs_00_30/rbcs30_07.htm.

85 PINHO. Humberto Dalla Bernardina de. *Direito Processual Civil Contemporâneo*, vol. 1, Rio de Janeiro: Saraiva, 2012, p. 74.

86 GRASSO, Eduardo. *La collaborazione nel processo civile*. Rivista di Diritto Processuale, Padova, 1966, p. 587.

Por um lado, então, a cooperação fortalece os poderes das partes, de modo que participem e influenciem efetivamente a formação do convencimento do magistrado[87]. Por outro lado, requer uma postura mais ativa do juiz, com as devidas cautelas para não recair em arbitrariedade ou parcialidade. Com isso, a cooperação acaba por gerar uma comunidade de trabalho[88], com uma efetiva participação das partes na condução e instrução, e se torna prioridade no processo[89].

Todo o processo se dará com a observância intensa de um contraditório redimensionado, o qual passa a ser visto não só como mera regra formal para a validade da decisão judicial, mas como elemento que permite o seu efetivo aprimoramento[90].

Nesse sentido, Carlos Alberto Alvaro de Oliveira[91] ensina que o princípio da cooperação está intimamente ligado à própria dignidade da pessoa humana e à democracia.

Essas mudanças no modelo processual alteram não somente as posições e papéis dos sujeitos, mas também as relações éticas das partes entre si, e delas com o magistrado.

No modelo cooperativo, todos aqueles que atuam no processo, incluindo o magistrado, devem fazê-lo com lealdade, somando-se à boa-fé[92] subjetiva a sua vertente objetiva[93].

Assim sendo, o modelo cooperativo, na sua incidência, acarreta diversos deveres às partes, seja pela boa-fé objetiva, seja pelo princípio da cooperação, propriamente dito.

---

87 OLIVEIRA, Carlos Alberto Alvaro de. *Poderes do juiz e visão cooperativa do processo*. Academia Brasileira de Direito Processual Civil. Seção Artigos. Disponível em: <http://www.abdpc.org.br/abdpc/artigos/Carlos%20A%20A%20de%20Oliveira%20(8)%20-formatado.pdf>. Acesso em: 17 jul. 2013.

88 SOUZA. Miguel Teixeira de. *Aspectos do novo processo civil português*. Revista Forense, São Paulo: Revista dos Tribunais, v. 93, nº 338, pp. 149-158, abr./ jun. 1997.

89 ANDREWS, Neil. *Relações entre a corte e as partes na era do case management*. Revista de Processo. São Paulo: Revista dos Tribunais, v. 217, p. 181-195, mar. 2013.

90 THEODORO JUNIOR, Humberto. *Processo justo e contraditório dinâmico*. In: ASSIS, Araken et.al. (Org.). Processo coletivo e outros temas de direito processual: homenagem 50 anos de docência do professor José Maria Tesheiner, 30 anos de docência do professor Sérgio Gilberto Porto. Porto Alegre: Livraria do Advogado Editora, 2012. p. 264/265.

91 OLIVEIRA, Carlos Alberto Alvaro de. *Poderes do juiz e visão cooperativa do processo*. Academia Brasileira de Direito Processual Civil. Seção Artigos. Disponível em: <http://www.abdpc.org.br/abdpc/artigos/Carlos%20A%20A%20de%20Oliveira%20(8)%20-formatado.pdf>. Acesso em: 17 jul. 2013.

92 "A doutrina atualmente divide a boa-fé em subjetiva e objetiva. A primeira é uma "qualidade reportada ao sujeito"; é a crença do sujeito de que seu comportamento está em conformidade com o direito e que de nenhum modo ofende aos direitos de outrem. (...) Entretanto, não é a esse aspecto a que se refere a doutrina quando exalta o princípio jurídico da boa-fé, mas ao da chamada boa-fé objetiva em que, evitando o risco do subjetivismo e a impenetrabilidade da consciência humana, a sua aferição decorre do exame da observância das regras de conduta que são normalmente esperadas dos sujeitos de determinada relação jurídica. CARNEIRO, Paulo Cezar Pinheiro. SCHENK, Leonardo Faria. *O Justo Processo Arbitral e o Dever de Revelação (Disclosure) dos Peritos*, in Revista Eletrônica de Direito Processual, vol. XII, Dezembro de 2013, disponível em http://www.e-publicacoes.uerj.br/index.php/redp/.

93 Na acepção objetiva, a boa-fé pode ser entendida como norma ou regra de conduta, a qual denota um standard de comportamento correspondente àquilo que possa ser razoavelmente esperado do homem médio em suas relações sociais, dadas, logicamente, as particularidades da situação concreta.

12.2.2. A cooperação no CPC/2015

Com inspiração no CPC português, o novo Código de Processo Civil brasileiro apresenta um título e um capítulo dedicados às normas fundamentais do processo civil. Entre elas, há previsão expressa de uma cláusula geral de cooperação (art 6º).

Há também influência do direito alemão, de onde o NCPC colheu elementos para a previsão de diversas normas específicas que concretizam a cooperação no processo civil, de modo a conferir mais celeridade e eficácia ao exercício da jurisdição.

Nesse contexto, o art. 10 do novo Código proscreve a chamada decisão-surpresa. Por isso, o Juiz, antes de proferir qualquer decisão, mesmo sobre matérias que ele pode conhecer de ofício, deve oportunizar a manifestação das partes.

Trata-se do dever de consulta, que, conforme destacado, deriva do princípio da cooperação, para se assegurar a observância do contraditório participativo, na medida em que tem como contrapartida o direito de participação das partes[94].

Sem embargo, uma das maiores novidades do novo Código é mesmo a cláusula geral da cooperação. Isso porque, a partir dela, poderão ser extraídas situações jurídicas atípicas.

Assim sendo, tendo o objetivo de estabelecer uma "comunidade de trabalho" e a obtenção de um processo leal e cooperativo, o princípio da cooperação obriga a certos comportamentos, não importando tanto a existência específica de regra. Havendo uma finalidade específica a ser alcançada, devem ser assegurados os meios necessários ao seu atingimento.

Para se chegar a qualquer conclusão sobre os efeitos e consequências da cooperação, cumpre-se fazer uma análise mais detida do princípio. A cooperação vem prevista no mencionado art. 6º do novo Código, inserto no capítulo "Das Normas Fundamentais do Processo Civil", e que estabelece que "todos os sujeitos do processo devem cooperar entre si para que se obtenha, em tempo razoável, decisão de mérito justa e efetiva".

Em relação aos magistrados a cooperação gera uma série de deveres[95], para, em síntese, aperfeiçoar a prestação jurisdicional e garantir a prolação de decisões mais justas. Já para as partes, a cooperação pode gerar deveres que incentivem uma atuação mais ética e escorreita, possibilitando um ganho de eficiência n a entrega da prestação jurisdicional.

A existência, no processo civil brasileiro, de inúmeros mecanismos para assegurar os direitos e garantias constitucionais torna imprescindível uma atuação cooperativa das partes, atenta às peculiaridades do caso concreto para se conseguir promover

---

94 RAATZ, Igor. *Colaboração no processo civil e o projeto do novo código de processo civil.* Revista da SJRJ, Rio de Janeiro, v. 18, nº 31, p. 23-36, ago 2011. Disponível em: <http://www4.jfrj.jus.br/seer/index.php/revista_sjrj/article/view/274>. Acessado em: 17 jul. 2013.

95 São eles: dever de esclarecimento, dever de prevenção, dever de consulta e dever de auxílio. Para mais informações, v. PINHO, Humberto Dalla Bernardina de; ALVES, Tatiana Machado. *A cooperação e a principiologia no processo civil brasileiro. Uma proposta de sistematização.* Revista Eletrônica de Direito Processual, v. 12, disponível em http://www.e-publicacoes.uerj.br/index.php/redp.

a celeridade do processo, considerando as limitações do Poder Judiciário, já assoberbado de processos.

Ademais, traz-se um dever de as partes colaborarem uma com a outra e com o órgão jurisdicional, mas sempre com o objetivo comum de adequada gestão do processo, de acordo com os instrumentos proporcionados pelo diploma processual para o alcance de uma decisão justa.

Não se suprimiu a liberdade das partes no litígio, mas ela fica subordinada às regras do processo. Por outro lado, não se está impondo, através do princípio da cooperação, um "comportamento absolutamente altruísta dos litigantes adversários no desenrolar do feito", o que seria completamente utópico e irrealizável.

É claro que o princípio da cooperação não abarca o dever de uma parte ajudar a outra, fornecendo ao seu adversário elementos para a sua derrota. Não se perde de vista que autor e réu têm, evidentemente, interesses parciais e contrapostos no processo.

Contudo, isso não as isenta de agir com lealdade e boa-fé. Nesse sentido, aponta Guilherme Hartmann que o *"desfecho positivo [para qualquer das partes] está associado à capacidade de exploração dos elementos e argumentos que lhe são favoráveis"*[96].

Nessa amplitude de cooperação, defende-se uma atuação ética e correta dos indivíduos na narrativa dos fatos, na defesa dos seus direitos e na identificação das questões em que a intervenção judicial é efetivamente, colaborando com o juiz para a resolução do mérito de forma justa e em tempo razoável sem o emprego de meios fraudulentos, maliciosos e ardis.

Assim considerada, a cooperação está em total harmonia com as normas constitucionais. Até mesmo porque limita-la à sua ligação com o contraditório é desconsiderar os matizes que a cooperação possui.

De fato, o contraditório é um fundamento da cooperação. Contudo, ele atua primordialmente quando temos o magistrado como destinatário dos deveres de cooperação, na medida em que o contraditório representa um direito da parte de "influência na construção dos provimentos jurisdicionais", assegurando a efetiva participação de todos os sujeitos processuais, pela qual o juiz deve zelar.

Entretanto, o contraditório deve respeitar certos limites, dentre os quais o dever das partes de cooperação e de colaboração para a resolução da lide no menor tempo possível e com o menor custo, de modo que a prestação jurisdicional possa ser efetiva e justa. Não se pode perder de vista que a conduta temerária das partes viola o interesse público imanente ao processo e à administração da Justiça[97].

Em suma, se, por um lado, o contraditório assegura a manifestação e a influência das partes na formação das decisões judiciais, por outro lado, tal participação deve ser ética e colaborativa.

---

96 HARTMANN, Guilherme Kronemberg. *Amplitude do dever de colaboração processual*. In: MACEDO, Elaine Harzheim; STAFFEN, Márcio Ricardo (Coord.). Jurisdição e processo: tributo ao constitucionalismo. Belo Horizonte: Arraes Editores, 2012, p. 281.

97 MITIDIERO, Daniel. *A Colaboração como modelo e como Princípio no processo civil,* in https://www.academia.edu/10250562/Coopera%C3%A7%C3%A3o_como_Modelo_e_como_Princ%C3%ADpio_no_Processo_Civil, acesso em 05 de fevereiro de 2014.

Ademais, Fabio Milman destaca que o direito ao contraditório e à ampla defesa, não autorizam o exercício abusivo do processo, tendo em vista a inegável existência de "regras de conduta, dentro do exercício das mencionadas prerrogativas"[98] que regulam a atuação das partes no processo.

Nesse ponto, a cooperação, para além de fonte deveres típicos e atípicos, orienta, como princípio, o manuseio das normas para assegurar não só a observância do contraditório pelo magistrado, mas também pelas partes.

Mesmo que o contraditório não pudesse ser considerado um fundamento constitucional para o aspecto da cooperação das partes *entre si*, isso não traz como conclusão necessária a inconstitucionalidade dessas normas.

O princípio da solidariedade, com previsão no inciso I do artigo 3º da Constituição Federal de 1988[99], ao estabelecer como objetivo fundamental da República Federativa do Brasil a construção de uma "sociedade livre, justa e solidária", estaria instituindo um "dever fundamental de solidariedade, do qual decorreria o dever de não quebrar a confiança e de não agir com deslealdade" também pode ser visto como fonte constitucional para a cooperação[100].

A visão de que haveria incompatibilidade entre solidariedade e processo parte da concepção errônea de grande parte da comunidade jurídica do processo como uma arena de batalhas, um "vale-tudo". Enquanto continuarmos considerando o processo como uma arena de batalhas, na qual vale tudo para se sagrar o vencedor, de fato não haverá muito espaço para solidariedade.

Essa concepção se mostra de todo inadequada, não só para o processo como para a sociedade como um todo. Isso porque ela gera uma cultura de que qualquer problema que surge, por menor que ele seja, somente será resolvido na esfera judicial – e por uma decisão assimétrica do juiz.

A solidariedade se correlaciona diretamente com a fraternidade do direito, preconizada pelo jurista italiano Eligio Resta[101]. A cooperação surge, portanto, como uma forma de auxiliar a concretizar, no processo civil, essa solidariedade preconizada pela Constituição.

Em artigo sobre o tema, Marco Aurélio Marrafon denuncia a falência do modelo de direito atual[102], de base extremamente individualista, que se preocupa muito

98 MILMAN, Fabio. *Improbidade processual*. 2ª ed. Rio de Janeiro: Forense, 2009, p. 84.

99 VINCENZI, Brunela Vieira de. *A boa-fé no processo civil*. São Paulo: Atlas, 2003, p. 163.

100 DIDIER JR., Fredie. Op. cit., p. 86

101 RESTA, Eligio (trad. Sandra Vial). *O Direito Fraterno*. Santa Cruz do Sul: EDUNISC, 2004.

102 De forma precisa, Marco Aurélio Marrafon aponta que "[p]assados alguns séculos desde as grandes revoluções jurídicas da modernidade, o esfacelamento ético-moral da sociedade (quanto menos prevalece a ética social, mais o direito se torna necessário para estabilizar as relações e condutas humanas), a intolerância oriunda dos maniqueísmos e o excessivo apego ao judiciário como superego da sociedade (afinal não conseguimos resolver pacificamente nem a guarda do nosso animal de estimação, tendo que recorrer ao juiz para que ele estabeleça a guarda cão-partilhada, como tem se tornado comum nas ações de divórcio) são sintomas evidentes de esgotamento do

pouco com o próximo, em prol de um modelo de direito fraterno, não violento, no qual as relações jurídicas se pautam em uma "maior simetria e [na] responsabilidade recíproca pelos nossos atos e pela guarda primária do direito do próximo, enquanto expressão maior da fraternidade"[103].

Destarte, não há dúvidas de que o princípio da cooperação representa um avanço importante rumo à incorporação da fraternidade no Direito, especialmente no direito processual, que parece mais esgotado em razão da beligerância dos sujeitos[104].

Todavia, não se pode ignorar os desafios concretos que a implementação da cooperação apresenta: o que acontece se uma ou ambas as partes não cooperarem? Qual o núcleo essencial (já que estamos falando de princípio) da cooperação? Quais os parâmetros que permitem auferir se houve ou não cooperação? Como esse princípio seria aplicado na prática? São questionamentos inteiramente válidos e que não podem deixar de ser enfrentados nesse novo momento por que passa o processo civil nacional.

13. Referências Bibliográficas

ANDREWS, Neil. *Relações entre a corte e as partes na era do case management*. Revista de Processo. São Paulo: Revista dos Tribunais, v. 217, p. 181-195, mar. 2013.

ALMEIDA, Diogo Assumpção Rezende de. *Das Convenções Processuais no Processo Civil*. Tese de Doutoramento. Universidade do Estado do Rio de Janeiro – UERJ, Rio de Janeiro, 2014.

ARENHART, Sérgio Cruz; OSNA, Gustavo. *Os "acordos processuais" no projeto do Novo CPC – aproximações preliminares*. Revista Eletrônica – Tribunal Regional do Trabalho do Paraná, v. 39, 2015. Disponível em: http://www.mflip.com.br/pub/escolajudicial/index.jsp?ipg=194778. Acesso em 20 abr 2015.

BARBOSA MOREIRA, José Carlos. *Convenção das partes sobre matéria processual*. In: Temas de Direito Processual. 3 série. São Paulo: Saraiva, 1984.

BEDAQUE, José Roberto dos Santos. *Tutela cautelar e tutela antecipada: tutelas sumárias e de urgência (tentativa de sistematização)*. 4ª ed. São Paulo: Malheiros, 2006.

BONFIM, Daniela e DIDIER JR, Fredie. *Colaboração premiada (Lei nº 12.850/2013): natureza jurídica e controle de validade por demanda autônoma – um diálogo com o Direito Processual Civil*. In: *Civil Procédure Review*, v. 7, nº 2, p. 143. O texto está disponível em: https://www.academia.edu/25608182/Colabora%C3%A7%C3%A3o_premiada_Lei_n._12.850_2013_natureza_jur%C3%ADdica_e_controle_da_validade_por_demanda_aut%C3%B4noma_um_di%C3%A1logo_com_o_Direito_Processual_CivilAcesso em 30 de julho de 2016.

atual modelo". (in *O futuro do Direito como Direito fraterno*. Consultor Jurídico, 29 de dezembro de 2014. Disponível em <http://www.conjur.com.br/2014-dez-29/constituicao-poder-futuro-direito-direito-fraterno>. Acesso em 26 jan. 2015.).

103 MARRAFON, Marco Aurélio. *O futuro do Direito como Direito fraterno*. Consultor Jurídico, 29 de dezembro de 2014. <http://www.conjur.com.br/2014-dez-29/constituicao-poder-futuro-direito--direito-fraterno>. Acesso em 26 jan. 2015.

104 SPENGLER, Fabiana Marion; SPENGLER NETTO, Theobaldo. *A boa-fé e a cooperação previstas no PL 8.046/2010 (Novo CPC) como princípios viabilizadores de um tratamento adequado dos conflitos judiciais*, in Revista de Processo, vol. 230, abr/2014, p. 13.

CABRAL, Trícia Navarro Xavier. *Convenções em matéria processual. Revista de Processo*, vol. 241/2015, pp. 489-516, mar/2015.

_____. *Ordem pública processual: técnica de controle da regularidade do processo civil.* Tese de Doutoramento. Universidade do Estado do Rio de Janeiro – UERJ, Rio de Janeiro, 2014.

CADIET, Loïc. *Les conventions relatives au procès en droit français. Sur la contractualisation du règlement des litiges. Rivista Trimestrale di Diritto e Procedura Civile. Numero speciale: accordi di parte e processo. Milano: Giuffrè, 2008.*

CAPONI, Remo. *Autonomia privata e processo civile: gli accordi processuali. Accordi di Parte e Processo.* Quaderni della Rivista Trimestrale di Diritto e Procedura Civile, nº 11. Milano: Giuffrè, 2008, pp. 105/111.

CARNEIRO, Paulo Cezar Pinheiro. PINHO, Humberto Dalla Bernardina de (orgs). Código de Processo Civil anotado e comentado, 2ª ed. Rio de Janeiro: GEN. 2016.

_____. SCHENK, Leonardo Faria. *O Justo Processo Arbitral e o Dever de Revelação (Disclosure) dos Peritos,* in Revista Eletrônica de Direito Processual, vol. XII, Dezembro de 2013, disponível em http://www.e--publicacoes.uerj.br/index.php/redp/.

CARPI, Federico. *Introduzione. Rivista Trimestrale di Diritto e Procedura Civile. Numero speciale: accordi di parte e processo. Milano: Giuffrè, 2008.*

CAVACO, Bruno de Sá Barcelos. *Desjudicialização de Conflitos e Democracia Processual: um Convite à Participação Procedimental e ao Protagonismo do Cidadão na Pós-Modernidade*, dissertação de mestrado. UERJ. Faculdade de Direito. 2016.

CUNHA, Leonardo Carneiro. *Negócios Jurídicos Processuais no Direito Brasileiro*. Disponível na internet. https://www.academia.edu/10270224. Acesso em 17 de abril de 2015.

FUX, Luiz. *Teoria Geral do Processo Civil, 2 edição,* Rio de Janeiro: GEN, 2016.

GODINHO, Robson. A autonomia das partes e os poderes do juiz entre o privatismo e o publicismo do processo civil brasileiro. *In*: *Revista do Ministério Público do Estado do Rio de Janeiro*, edição comemorativa, fascículo 2, 2015, pp. 88/123. versão eletrônica disponível em http://www.mprj.mp.br/consulta-juridica/revista-do-mp, acesso em 22 de janeiro de 2016.

_____. *Convenções sobre o ônus da prova: estudo sobre a divisão de trabalho entre as partes e os juízes no Processo Civil brasileiro*. 2013. 259 f. Tese (Doutorado em Direito Processual Civil) – Pontifícia Universidade Católica de São Paulo, São Paulo, 2013.

GRASSO, Eduardo. *La collaborazione nel processo civile*. Rivista di Diritto Processuale, Padova, 1966.

GRECO, Leonardo. *Garantias fundamentais do processo: o processo justo*. Disponível em: <htttp://www.mundojuridico.adv.br/html/artigos/documentos/texto165.htm>. Acesso em: 2 maio 2006.

_____. *Instituições de Processo Civil – Introdução ao Direito Processual Civil*. vol. 1, 5. ed, Rio de Janeiro: Forense, 2015.

_____. *Publicismo e privatismo no processo civil*. In: Revista de Processo. São Paulo: Revista dos Tribunais, Outubro/2008, vol. 164.

GRINOVER, Ada Pellegrini. DINAMARCO, Cândido Rangel; CINTRA, Antônio Carlos de Araújo. *Teoria geral do processo*. São Paulo: Revista dos Tribunais, 1990

HARTMANN, Guilherme Kronemberg. *Amplitude do dever de colaboração processual*. In: MACEDO, Elaine Harzheim; STAFFEN, Márcio Ricardo (Coord.). Jurisdição e processo: tributo ao constitucionalismo. Belo Horizonte: Arraes Editores, 2012.

LIEBMAN, Enrico Tullio. *Manual de Direito Processual Civil*. v. 1. 2ª ed. Rio de Janeiro: Forense, 1985.

MACÊDO, Lucas Buril de; PEIXOTO, Ravi de Medeiros. *Negócio processual acerca da distribuição do ônus da prova*. Revista de Processo, vol. 241/2015, p. 463-487, mar/2015.

MARRAFON, Marco Aurélio. *O futuro do Direito como Direito fraterno*. Consultor Jurídico, 29 de dezembro de 2014. <http://www.conjur.com.br/2014-dez-29/constituicao-poder-futuro-direito-direito-fraterno>. Acesso em 26 jan. 2015.

MARTEL, Letícia de Campos Velho. *Indisponibilidade dos Direitos Fundamentais: conceito lacônico, consequências duvidosas*. Espaço Jurídico, v. 11, p. 334-373, julho/dezembro de 2010.

MILMAN, Fabio. *Improbidade processual*. 2ª ed. Rio de Janeiro: Forense, 2009

MITIDIERO, Daniel. *Bases para a construção de um processo civil cooperativo: o direito processual civil no marco teórico do formalismo valorativo*. 147 f. Tese (Doutorado em Direito) – Programa de Pós-Graduação em Direito, Universidade Federal do Rio Grande do Sul, Porto Alegre, 2007. Disponível:<http://www.bibliotecadigital.ufrgs.br/da.php?nrb=000642773&loc=2008&l=fff9079 2c6702178>. Acesso em: 15 out. 2011.

_____. *A Colaboração como modelo e como Princípio no processo civil*, in https://www.academia.edu/10250562/Coopera%C3%A7%C3%A3o_como_Modelo_e_como_Princ%C3%ADpio_no_Processo_Civil, acesso em 05 de fevereiro de 2014.

OLIVEIRA, Carlos Alberto Alvaro de. *Poderes do juiz e visão cooperativa do processo*. Academia Brasileira de Direito Processual Civil. Seção Artigos. Disponível em: <http://www.abdpc.org.br/abdpc/artigos/Carlos%20A%20A%20de%20Oliveira%20(8)%20-formatado.pdf>. Acesso em: 17 jul. 2013.

_____, Daniel. *Colaboração no processo civil: pressupostos sociais, lógicos e éticos*. 2ª ed. São Paulo: Revista dos Tribunais, 2011.

PINHO, Humberto Dalla Bernardina de; ALVES, Tatiana Machado. *A cooperação e a principiologia no processo civil brasileiro. Uma proposta de sistematização.* Revista Eletrônica de Direito Processual, v. 12, disponível em http://www.e-publicacoes.uerj.br/index.php/redp.

_____. *Direito Processual Civil Contemporâneo*, vol. 1, 7. ed., São Paulo: Saraiva, 2017.

_____. *Direito Processual Civil Contemporâneo*, vol. 2, 4. ed., São Paulo: Saraiva, 2017.

_____. MELLO PORTO, José Roberto Sotero de. *Colaboração premiada: um negócio jurídico processual?* In ESPIÑEIRA, Bruno. CALDEIRA, Felipe. Delação Premiada – Estudos em homenagem ao Min. Marco Aurélio de Mello, D`Plácido: Belo Horizonte, 2016.

_____. *Teoria geral do processo civil contemporâneo*. 3ª ed. Rio de Janeiro: Lumen Juris, 2010

QUEIROZ, Pedro. *Convenções Disciplinadoras do Processo Judicial*, in Revista Eletrônica de Direito Processual, vol. XIII, 2014, disponível em http://www.e-publicacoes.uerj.br/index.php/redp, pp. 693/732.

RAATZ, Igor. *Colaboração no processo civil e o projeto do novo código de processo civil*. Revista da SJRJ, Rio de Janeiro, v. 18, nº 31, p. 23-36, ago 2011. Disponível em: <http://www4.jfrj.jus.br/seer/index.php/revista_sjrj/article/view/274>. Acessado em: 17 jul. 2013.

RESTA, Eligio (trad. Sandra Vial). *O Direito Fraterno*. Santa Cruz do Sul: EDUNISC, 2004.

SANTOS, Boaventura de Sousa; MARQUES, Maria Manuel Leitão; PEDROSO, João. *Os Tribunais nas sociedades contemporâneas*, artigo disponível em endereço: http://www.anpocs.org.br/portal/publicacoes/rbcs_00_30/rbcs30_07.htm.

SANTOS, Marina França. *Intervenção de Terceiro Negociada: Possibilidade Aberta pelo Novo Código de Processo Civil*. Revista de Processo, vol 241/2015.

SANTOS, Tatiana Simões dos. *O processo civil modulado pelas partes: ampliação da autonomia privada em matéria processual.* 2009. Dissertação (Mestrado) – Universidade Estadual do Rio de Janeiro, Rio de Janeiro.

SOUZA. Miguel Teixeira de. *Aspectos do novo processo civil português.* Revista Forense, São Paulo: Revista dos Tribunais, v. 93, nº 338, pp. 149-158, abr./ jun. 1997.

SPENGLER, Fabiana Marion; SPENGLER NETTO, Theobaldo. *A boa-fé e a cooperação previstas no PL 8.046/2010 (Novo CPC) como princípios viabilizadores de um tratamento adequado dos conflitos judiciais*, in Revista de Processo, vol. 230, abr/2014.

SILVA, Ovídio Batista da; GOMES, Fabio Luiz. *Teoria geral do processo civil.* São Paulo: Revista dos Tribunais, 1997.

TARTUCE, Fernanda. *Igualdade e Vulnerabilidade no Processo Civil.* São Paulo: Método, 2012, p. 184.

_____. *Vulnerabilidade Processual no novo CPC,* artigo disponível no seguinte endereço: https://www.academia.edu/25885818/Vulnerabilidade_processual_no_Novo_CPC, acesso em 05 de junho de 2016.

THEODORO JUNIOR, Humberto. *Processo justo e contraditório dinâmico. In*: ASSIS, Araken et.al. (Org.). *Processo coletivo e outros temas de direito processual: homenagem 50 anos de docência do professor José Maria Tesheiner, 30 anos de docência do professor Sérgio Gilberto Porto.* Porto Alegre: Livraria do Advogado Editora, 2012.

VENTURI, Elton. *Transação de Direitos Indisponíveis?* In Revista de Processo, vol. 251, São Paulo: Revista dos Tribunais, jan / 2016.

VIDAL. Ludmilla Camacho Duarte. Convenções processuais: premissas operacionais e os escopos da jurisdição contemporânea. *In*: CARNEIRO, Paulo Cezar Pinheiro. GRECO, Leonardo. PINHO, Humberto Dalla Bernardina de. Inovações do CPC/2015, Rio de Janeiro: GZ, 2016.

VINCENZI, Brunela Vieira de. *A boa-fé no processo civil.* São Paulo: Atlas, 2003.

WAGNER, Gerhard. *Prozeßverträge*, Tübingen, 1998.

WAMBIER, Luiz Rodrigues et al. *Curso avançado de processo civil.* Teoria geral do processo e processo de conhecimento, v.1. São Paulo: Revista dos Tribunais, 2002.

Capítulo X

SENTENÇA E SEUS NOVOS PARÂMETROS NO CPC/2015

Antônio Pereira Gaio Júnior
Humberto Dalla Bernadina de Pinho

Introdução

Trata-se o presente estudo da análise de relevantes questões referentes aos novos parâmetros ofertados pelo novel Código de Processo Civil Brasileiro de 2015 no tocante ao instituto da Sentença e demais elementos que a compõe bem como seus efeitos e alcances no contexto das dinâmicas procedimentais ofertadas pelo diploma retro.

1. Sentença

1.1. Conceituação e Noções Gerais

Define-se sentença como o pronunciamento por meio do qual o magistrado, com fundamento nos arts. 485 e 487 põe fim à fase cognitiva do procedimento comum, bem como extingue a execução.

Insta notar que o CPC/1973, em seu art. 162, § 1º, em redação anterior à Lei nº 11.232/05 conceituava sentença como *"ato pelo qual o juiz põe termo ao processo, decidindo ou não o mérito da causa"*.

Já era entendimento da doutrina, de um modo geral, que o juiz ao proferir a sentença, nem sempre colocava fim ao processo ora iniciado, pois que, haveria ainda a possibilidade de recurso à instância superior ou mesmo, diante da incidência de embargos declaratórios, haveria possibilidade de, p.ex., o próprio magistrado proferir novo julgado completando o anterior.

Com uma nova definição comandada pela lei supracitada, o legislador do código revogado não mais situou o final do processo somente com a simples prolação da sentença, levando ele em conta também a possibilidade da incidência de outros casuísmos, dando margem a que o próprio processo, mesmo depois de dito pronunciamento do ato decisório, pudesse ter como encerrado apenas um procedimento ou fase cognitiva (de conhecimento), *v.g.*, nos casos do procedimento de liquidação de sentença (arts. 475-A a H do CPC/1973) e do cumprimento da sentença (arts. 475-I a R do CPC/1973), etapas finais de um processo de conhecimento, onde neste último, após um *tempus iudicati*, satisfar-se-ia o direito sem a necessidade, de instauração de um novo processo.

Assim, conjugando as diversas situações e possibilidades decorrentes da prolação da sentença, pode então conceituá-la como pronunciamento do juiz que contém algumas das situações previstas nos arts. 267 e 269 do CPC/1973 e que poderia extinguir o processo ou procedimento, resolvendo ou não o mérito.

Já no CPC/2015, nota-se que o legislador, além de acostar conceitualmente à sentença "o pronunciamento por meio do qual o juiz, com fundamento nos arts. 485 e 487 põe fim à fase cognitiva do procedimento comum", determina então específica etapa da marcha procedimental em 1º grau como delimitação de incidência de sua existência (diga-se, havendo ou não interposição recursal!), estendendo sua presença, de maneira formal-conceitual também ao ato que encerra a execução, entendido aí, pois, atividade executiva, portanto, tanto o Cumprimento de Sentença quanto o Processo de Execução.

Daí, portanto, tem-se que o conceito de sentença operado pelo CPC/2015 leva em consideração o somatório das matérias arroladas como fundamentação do ato decisório (arts. 485 e 487) bem como a fase procedimental (*põe fim à fase cognitiva do procedimento comum, bem como extingue a execução*).

Observe-se, contudo, que o CPC/2015 traz algumas hipóteses nas quais haverá fracionamento das questões de mérito, como é o caso da decisão que extingue o processo reconhecendo a prescrição quanto a um dos pedidos, mas autoriza o prosseguimento quanto ao remanescente (art. 354, parágrafo único) ou da decisão que julga antecipadamente o mérito apenas quanto a um dos pedidos que restou incontroverso (art. 356, I).

De se observar que o art. 1.015, II, prevê o cabimento de agravo de instrumento para atacar as decisões interlocutórias de mérito.

1.1.2. Sentenças Terminativa e Definitiva

1.1.2.1. Terminativa

Chamamos de terminativa a sentença que põe termo ao processo sem resolução do mérito da demanda, seja por motivo decorrente da ausência de pressuposto processual, falta de condições da ação ou mesmo de ato motivado pela(s) parte(s) (*vide* art. 485 do CPC).

Pode a sentença terminativa ser proferida a qualquer momento no processo, visto que a matéria relacionada tanto aos pressupostos processuais quanto às condições da ação não são passíveis de preclusão (*vide* art. 485, § 3º).

Por fim, deve-se ressaltar que a extinção do processo decorrente de sentença terminativa em virtude da inocorrência da coisa julgada material (apenas faz coisa julgada formal) não impede que a parte intente novamente a demanda, no entanto, ocorrendo a extinção em razão de litispendência e nos casos dos incisos I, IV, VI e VII do art. 485, a propositura da nova ação dependerá da correção do vício que levou à sentença sem resolução do mérito. E mais: a petição inicial nestes casos, somente será despachada com mediante prova do pagamento ou do depósito das custas e dos honorários de advogado (§2º do art. 486).

1.1.2.2. Definitiva

É sentença definitiva aquela que põe fim ao processo com resolução do mérito da causa, no todo ou em parte.

Importante se faz salientar que, não obstante o vocábulo "definitiva", tal sentença não se torna absolutamente imutável, pois que o dito vocábulo significa que houve, a princípio, um pronunciamento final do juiz de 1º grau, definindo o mérito da questão em litígio (acertamento do direito). Tornará, sim, imutável, quando transitada em julgado e passado o lapso de tempo para a propositura da ação rescisória (art. 975 – 2 anos), não permitindo, portanto, nova discussão sobre o mérito já decidido; tudo isto por força da chamada coisa julgada material, refletindo os efeitos da sentença para o mundo externo ao processo.

A presente sentença se faz representada pelo art. 487 e seus incisos.

De se ressaltar que, segundo Luiz Fux, as sentenças definitivas de improcedência, por negarem a existência do direito material alegado pelo autor, possuem um provimento declaratório-negativo. Ele explica que "mesmo que a sentença de improcedência verse sobre 'pedido de declaração de inexistência' de relação jurídica, ela será declaratório-negativa, porquanto, não obstante afirme a existência do direito material, rejeita a pretensão formulada"[1]. Já as sentenças de procedência têm a mesma natureza dos pedidos que contemplam.

1.1.3. Elementos da Sentença

No CPC/1973 já fazíamos crítica acerca do termo usado pelo legislador naquela oportunidade. Tratava o Código do termo "Requisitos da Sentença" e dizíamos sobre isso:

> Antes de analisar ditos requisitos, faz-se importante esclarecer que o termo 'requisito' foi etimologicamente mal colocado visto que requisito vem a ser uma espécie de condição ou condicionamento para que se chegue a determinado objetivo e, portanto, anterior lógico ao seu objetivo.[2]

1 FUX, Luiz. *Curso de direito processual civil*. Rio de Janeiro: Forense, 2008, p. 639.

2 GAIO JÚNIOR, Antônio Pereira. *Instituições de Direito Processual Civil*. 2ª ed. Belo Horizonte: Del Rey, 2013, p.277.

O termo correto deveria ser "quesitos" ou "elementos".

Pois bem. Assim o fez então o CPC/2015, ou seja, trata agora em bons termos, dos denominados Elementos da Sentença, conforme ilustra o art.489, sendo eles o relatório, os fundamentos e o dispositivo.

– *O relatório*

Consiste precisamente na exposição clara de toda a marcha procedimental, ou seja, um histórico de todas as ocorrências do processo bem como os elementos básicos da demanda (partes, causa de pedir, pedido).

Constitui, em sentido amplo, uma verdadeira demonstração de que o magistrado compreendeu a casuística que lhe foi submetida.

– *Fundamentação ou motivação*

Momento no qual o magistrado expõe especificamente as suas razões de convencimento, bem como os motivos relevantes que o conduzirá a dirimir a lide em questão (desta ou daquela maneira).

Digno de elogios é a preocupação do legislador no tocante ao que se entende por decisão judicial fundamentada e adequada, consubstanciando em forma analítica ao prever o dever do órgão julgador, dentre outros, de enfrentar todos os argumentos deduzidos no processo capazes de, em tese, infirmar a conclusão adotada pelo mesmo, o que, smj, sempre fora obrigação deontológica daquele que, em nome do Estado, presta a atividade judicante na solução dos litígios e, por isso, nos destinos da sociedade.

Por oportuno, vale lembrar Calamandrei,[3] onde, já de muito, esclarecia que em um Estado de Direito acende a exigência que o órgão julgador julgue em conformidade com a lei e não, a pretexto de aplicar a Constituição, conduza a sua interpretação de maneira inteiramente incompatível com os preceitos atinentes àquela Carta Maior.

Em verdade, o CPC/2015 elenca as hipóteses onde qualquer decisão judicial, seja ela interlocutória, sentença ou acórdão, não se faz considerada fundamentada.

Assim, acostamos os incisos do parágrafo1º bem como os parágrafos 2º e 3º, todos do art. 489, onde se enfrenta a problemática das decisões judiciais carecedoras de fundamentação, problema que, infelizmente, se observa com mais frequência a partir do último quartel do séc. XX nos mais diversos foros deste país de dimensões continentais, algumas vezes agravada pela própria complexidade das relações sociais e a baixa densidade normativa de alguns textos legais. *In verbis*:

> *§ 1º Não se considera fundamentada qualquer decisão judicial, seja ela interlocutória, sentença ou acórdão, que:*
> *I - se limitar à indicação, à reprodução ou à paráfrase de ato normativo, sem explicar sua relação com a causa ou a questão decidida;*
> *II - empregar conceitos jurídicos indeterminados, sem explicar o motivo concreto de sua incidência no caso;*

---

3 CALAMANDREI, Piero. *Opere Giuridiche*. Vol. I. Napoli: Morano Editore, 1965, p. 643-644.

III - invocar motivos que se prestariam a justificar qualquer outra decisão;
IV - não enfrentar todos os argumentos deduzidos no processo capazes de, em tese, infirmar a conclusão adotada pelo julgador;
V - se limitar a invocar precedente ou enunciado de súmula, sem identificar seus fundamentos determinantes nem demonstrar que o caso sob julgamento se ajusta àqueles fundamentos;
VI - deixar de seguir enunciado de súmula, jurisprudência ou precedente invocado pela parte, sem demonstrar a existência de distinção no caso em julgamento ou a superação do entendimento.
§ 2º No caso de colisão entre normas, o juiz deve justificar o objeto e os critérios gerais da ponderação efetuada, enunciando as razões que autorizam a interferência na norma afastada e as premissas fáticas que fundamentam a conclusão.
§ 3º A decisão judicial deve ser interpretada a partir da conjugação de todos os seus elementos e em conformidade com o princípio da boa-fé.

Conforme determina o inciso I, do §1º em destaque, não basta a sentença se limitar a indicar, reproduzir ou parafrasear o ato normativo, devendo, efetivamente, explicar sua relação com a causa ou a questão decidida, ou seja, com o caso concreto, e não simplesmente transcrever o enunciado da regra em questão para fins de somente indicar em que se fundamenta o julgado.

Fundamental é, por tudo, que o magistrado explique especificamente o motivo da escolha da norma empregada.

Com relação ao entendimento do inciso II supra, deve qualquer decisão judicial empregar conceitos jurídicos determinados, explicando o motivo concreto de sua incidência no caso.

É fato que não somente legislativamente, mas, em igual ocorrência na experiência da vida forense, é prática extremamente comum o uso reiterado de conceitos jurídicos vagos e indeterminados,[4] tudo com o fito de se ter "espaço" para a justificável adequação em específica realidade quando do enfrentamento de uma questão, e por mais incrível que pareça, sendo esta de reconhecida complexidade ou não, levando-se inúmeras vezes a um uso irracional de pan-principiologismo, verdadeira usina de produção de princípios despidos de qualquer normatividade.[5]

Já o inciso III nos demonstra que a sentença não poderá invocar motivos que se prestariam a justificar qualquer outra decisão, devendo-se ter uma explicação para

---

4 Em obra clássica enfrentando o tema, bem ensina Karl Engisch ser conceito jurídico indeterminado um conceito cujo conteúdo e extensão são em larga medida incertos, causando insegurança e relativa desvinculação na aplicação da lei. (*Introdução ao Pensamento Jurídico*. 8ª ed. Trad. J. Baptista Machado. Lisboa: Calouste Gulbenkian, 2001, p. 208-210.

5 Em excelente texto sobre o assunto, cf. STRECK Lenio Luiz. *O pan-principiologismo e o sorriso do lagarto*. Disponível em:< http://www.conjur.com.br/2012-mar-22/senso-incomum-pan-principiologismo-sorriso-lagarto>. Acesso em: 29.11.2016.

aquele caso concreto debruçado. Evita-se assim a denominada decisão "padrão" como por exemplo, ao deferir uma liminar onde simples e lacunosamente o julgador se presta apenas a dizer em sua decisão *"estão presentes os pressupostos legais"*, como se faz o padrão em qualquer outra decisão judicial.[6]

O inciso IV mostra a necessidade de o magistrado enfrentar todos os argumentos arguidos pelas partes no processo capazes de infirmar a sua conclusão frente a demanda enfrentada. Decorre daí, inegavelmente, o prestígio quanto à realização do contraditório como direito de influência (arts. 5º, LV, da CF/88; 9º e 10 do CPC). Tem as partes da controvérsia o direito de conhecer da razão adotada pelo órgão julgador quando de qualquer decisão judicial e para isso, inegável o enfrentamento dos argumentos deduzidos por elas. É o mínimo que se espera de uma prestação jurisdicional qualitativa, enquanto serviço público prestado.

No que se refere ao inciso V, este aponta ser é defeso a qualquer decisão judicial se limitar a invocar precedente ou enunciado de súmula, sem identificar seus fundamentos determinantes e nem mesmo demonstrar que a *questio* em julgamento se ajusta àqueles fundamentos.

Assim, deve o julgador demonstrar a semelhança do caso que está a debruçar com o respectivo precedente utilizado ou mesmo com o conteúdo inventariado pelo qual se construiu a súmula em apreço, objetivando justificar adequadamente a utilização do precedente em questão em sua decisão e, igualmente, sua concordância com o caso em julgamento.

Por fim, o inciso VI, último inciso do fundamental dispositivo que é o §1º do art. 489, determina que não poderá a decisão judicial deixar de seguir enunciado de súmula, jurisprudência ou precedente invocado pela parte, sem demonstrar a existência de distinção no caso em julgamento ou a devida superação do entendimento.

Há de se entender neste ínterim pela importância da fundamentação analítica e adequada do comando judicial, justificadora aqui da autorização para que o julgador deixe de aplicar enunciado de súmula, jurisprudência ou precedente manifestado por qualquer das partes.

Cabe tratar neste ponto, em um sentido geral, das figuras do *distinguishing* e do *overruling*.

---

6 HABEAS CORPUS. SENTENÇA MANTIDA EM SEDE DE APELAÇÃO. ABSOLUTA FALTA DE FUNDAMENTAÇÃO. ACÓRDÃO QUE SE LIMITA A MANTER OS FUNDAMENTOS DO JUIZ E ADOTAR O PARECER MINISTERIAL. NULIDADE. ORDEM CONCEDIDA. 1. O dever de motivar as decisões implica necessariamente cognição efetuada diretamente pelo órgão julgador. Não se pode admitir que a Corte estadual limite-se a manter a sentença por seus próprios fundamentos e a adotar o parecer ministerial, sendo de rigor que acrescente fundamentação que seja própria do órgão judicante. 2. A mera repetição da decisão atacada, além de desrespeitar o regramento do art. 93, IX, da Constituição Federal, causa prejuízo para a garantia do duplo grau de jurisdição, na exata medida em que não conduz a substancial revisão judicial da primitiva decisão, mas a cômoda reiteração. (STJ. 6º T. HC 232.653/SP. Rel. Min. Maria Thereza de Assis Moura. Julg. 24.04.2012, *DJe* 07.05.2012).

Com relação ao *distinguishing*, se presta a uma técnica ou método de confronto, sendo através desta que se faz a distinção entre os casos para efeito de se subordinar, ou não, o caso sob julgamento a um precedente. Para isso é necessário que se faça a identificação da *ratio decidendi* do precedente, bem como sua delimitação. Raciocina-se do particular para o geral.

Não basta ao juiz apontar fatos diferentes sob o argumento de realizar a *distinguishing;* cabe-lhe, sim, argumentar para demonstrar que a distinção é material e que, portanto, há justificativa para não se aplicar o precedente.

Já, com relação ao *overruling* trata-se da revogação de um precedente. No entanto, para que se possa realizar o *overruling*, deve-se realizar a adequada confrontação entre os requisitos básicos, ou seja, a perda da congruência social e o surgimento de inconsistência sistêmica, além dos critérios que ditam as razões para a estabilidade ou para a preservação do precedente – basicamente, a confiança justificada e a prevenção contra a surpresa injusta.

Por tudo, infere-se sobre ao referido §1º e todos seus incisos, a evidência de que resultará, esperamos, em maior segurança e previsibilidade nas decisões judiciais, não privando o cidadão das fundamentações genéricas que o obstruem de saber as devidas e necessárias razões que levaram o Poder Judiciário a tomar determinada decisão.[7]

Aliás, bem dispondo sobre a racionalidade das decisões, atesta Ronaldo Kochem:[8]

> A racionalidade das decisões judiciais é entendida como a possibilidade de realizar uma recognição analítica da decisão, isto é: a possibilidade de reconhecer da decisão judicial analiticamente, as diferentes operações realizadas (ou melhor: justificadas) pelo intérprete e, tendo em conta o método de cada uma dessas operações, de aferir a correção das operações. É por isso que a exigência constitucional de motivação das decisões judiciais deve ser lida como verdadeira exigência de fundamentação jurídica, i. e., de justificação racional da determinação dos fatos e da interpretação e aplicação da norma jurídica ao caso. Somente dessa forma a imputação das consequências jurídicas por meio do processo pode ser tida como não arbitrária.

Chama ainda atenção os §§2º e 3º do art. 489 do CPC

Com relação ao §2º, dispõe este que havendo de colisão entre normas, deverá o justificar o objeto e os critérios gerais da ponderação efetuada, enunciando as razões que autorizam a interferência na norma afastada, assim como as premissas fáticas que fundamentam a conclusão.

---

7 Enunciado nº 308 do FPPC: "Aplica-se o art. 489, § 1º, a todos os processos pendentes de decisão ao tempo da entrada em vigor do CPC."

8 KOCHEM, Ronaldo. Racionalidade e decisão - A fundamentação das decisões judiciais e a interpretação jurídica. *In*: *Revista de Processo*, v. 244. São Paulo: Revista dos Tribunais, 2015, p. 68.

Por certo, cabe ao magistrado, diante da colisão entre normas, a demonstração de por que um determinado postulado deve ser preterido em face de outro para fins de solução do caso concreto, como, por exemplo, em questões que envolve a alcunhada "relativização da coisa julgada" e aí, a colisão entre segurança do julgado (art. 5º XXXVI da CF/88) e justiça da decisão (art. 5º, XXXV da CF/88).

No que toca ao §3º, indica seu texto que a decisão judicial deve ser interpretada a partir da conjugação de todos os seus elementos e em conformidade com o princípio da boa-fé, regra que se relaciona com o art.322, §2º, este relativo aos pedidos endereçados pelas partes ao órgão judicial.

É de importância sublinhar que o aludido §3º deverá ter sua interpretação alcançada verdadeiramente junto aos próprios elementos da sentença, a dizer: relatório, fundamentação e dispositivo em seu conjunto e não de forma isolada.

– Dispositivo ou conclusão

Momento em que o juiz resolve as questões principais submetidas a ele pelas partes, acolhendo ou rejeitando o(s) pedido(s) do autor (sentença definitiva) ou mesmo extinguido o processo sem resolução de mérito (sentença terminativa).

O CPC, no art. 489, III, omite que a parte dispositiva ou conclusiva é a que, efetivamente, definirá a resolução do pedido, isto em uma análise em sentido literal; porém, devemos entender a palavra "questões" ao sentido do pedido e da controvérsia para, então, compreendermos a solução da lide na frase "o juiz resolverá as questões principais que as partes lhe submeterem" (art. 489, III, do CPC).

Cabe aqui relacionar um conjunto de três observações:

a) Ausência dos Elementos

– Sentença sem relatório, por infringência à disposição contida no art. 489, I é sentença nula.[9]

– Sentença sem fundamentação ou motivação é sentença nula por infringência a enunciado constitucional (art. 93, IX da CF/88) e mesmo infraconstitucional (art. 489, II do CPC), não obstante o legislador reconhecer aí um caso de omissão, o que possibilitará o manejo dos Embargos de Declaração, *ex vi* do art. 1.022, parágrafo único, II do CPC.

– Sentença sem dispositivo é vício processual de tal ordem que leva à inexistência do próprio ato, ou seja, a sentença.

b) Princípio da Congruência ou da Correspondência (arts. 141 e 492).

Deve a atividade jurisdicional limitar-se dentro do princípio da congruência (ou da correspondência), mantendo uma relação exata entre o pedido e a sentença conforme preceituam os arts. 141 e 492 do CPC.

Sendo assim, é defeso ao órgão judicial ditar sobre aquilo que não foi objeto específico de manifestação do titular do interesse, devendo ainda, a interpretação

---

9 Cabe salientar que, no tocante aos Juizados Especiais Estaduais – Lei nº 9.099/95 –, por disposição legal (art. 38), poderá o juiz dispensar o relatório. Sobre o assunto, ver o nosso *O Processo nos Juizados Especiais Cíveis Estaduais, Federais e da Fazenda Pública*. 2ª ed. Belo Horizonte: Del Rey, 2015.

do pedido, considerar o conjunto da postulação pretendida pela parte, notadamente, sempre em observância ao princípio indissociável de uma prestação jurisdicional legítima, que se faz encarnado naquele da "boa-fé".

Baseado, portanto, no princípio dispositivo, o pedido (tanto imediato quanto mediato) é que delimitará a extensão da atividade jurisdicional.

Pode, por isso, a atividade jurisdicional desviar os limites do pedido nas seguintes hipóteses:

– *Extra Petita*: é a sentença que decide sobre pedido diverso daquele que consta da petição inicial.

– *Ultra Petita*: trata-se de sentença que alcança além da própria extensão do pedido, isto é, aprecia-se além do que foi pleiteado.

Importante ressaltar que não constitui decisão *ultra petita*, embora nenhum desses pedidos conste da inicial:

– A que concede correção monetária ou que condena ao pagamento de juros legais (art. 322, §1º).

– A que expressa as despesas e honorários advocatícios (art. 322, §1º).

– A que condena às prestações vincendas (art. 323).

– Aquela que, em ação de rescisão de promessa de compra e venda (Decreto-lei nº 58/37, art. 12), determina a restituição das prestações pagas.

Na ocorrência de sentença *ultra petita*, o tribunal não anulará a mesma, devendo, por isso, reduzi-la aos limites do pedido.

– *Citra Petita*: constitui na sentença que não examina em toda sua amplitude, o pedido formulado na inicial ou na defesa do réu. Como exemplo, temos a hipótese onde o autor propõe respectiva ação de indenização por danos emergentes e lucros cessantes. O juiz julga procedente o pedido relacionado aos danos emergentes, porém não faz quaisquer menções aos solicitados lucros cessantes.

c) Pedido Genérico e liquidez da sentença.

Em regra, o pedido deve ser sempre certo (art. 322, *caput* do CPC) e determinado (art. 324, *caput* do CPC).

No tocante à certeza, significa que o pedido (mediato ou imediato) deve ser sempre expresso quanto ao gênero do objeto pretendido e nunca implícito.

Quanto à determinação, esta correspondente à definição dos limites daquilo que se pede, ou seja, à sua extensão. Assim, por exemplo, o autor pede a condenação do réu em perdas e danos. Neste caso, o pedido é certo, mas não determinado; o autor pede que seja o réu condenado a pagar R$10.000,00 a título de perdas e danos. O pedido, neste caso, é certo e determinado.

A certeza e a determinação do pedido são fundamentais tanto pelo aspecto de se evitar que o órgão julgador atue sob dúvidas ou hipóteses, como também no tocante à fixação do objeto litigioso, determinando mais claramente a possibilidade de evitar a ocorrência de litispendência, perempção e a invasão à coisa julgada.

Porém, em exceção aos ditames da certeza e determinação do pedido está a disposição do §1º do art. 324, onde se permite a formação de pedido de natureza genérica, ou seja, pedido certo quanto à existência e gênero, contudo não especificamente individualizado quanto à quantidade e extensão.

Assim, dispõe o art. 324, §1º as seguintes hipóteses permissivas de pedido genérico:

I – *nas ações universais, se o autor não puder individuar os bens demandados* como acontece em casos relativos à "herança".

Não sendo possível especificar desde logo os bens, pode o autor pedir parcela de direito que lhe toca; apresentará, neste caso, pedido certo, ainda que a amplitude seja verificada quando for possível a individuação de todos os bens que integram a herança.

II – *quando não for possível determinar, desde logo, as consequências do ato ou do fato.*

Nisso, *v.g.*, caso se busque a indenização por atropelamento, é perfeitamente possível que somente após o término do tratamento médico, a amplitude dos danos físicos sejam apuráveis, sendo as sequelas oriundas do acidente, reversíveis ou não.

III – *quando a determinação do objeto ou do valor da condenação depender de ato que deva ser praticado pelo réu.*

É o que ocorre nas obrigações de fazer (art. 821, parágrafo único) quando o autor opta pela indenização em virtude do inadimplemento da avença.

Somente em tais situações se admite pedido genérico.

Da mesma forma, será possível ao magistrado proferir sentença ilíquida, quando: I - não for possível determinar, de modo definitivo, o montante devido; II - a apuração do valor devido depender da produção de prova de realização demorada ou excessivamente dispendiosa, assim reconhecida na sentença.(art. 491 do CPC), devendo então o montante ser apurado em sede de liquidação (§1º do art. 491 do CPC).[10]

Importante destacar ainda que, as hipóteses previstas no art. art. 324, §1º são igualmente aplicáveis à reconvenção, conforme bem expressa o §2º do art. 324.

1.1.4. Emendas à Sentença

Publicada a sentença, o juiz somente poderá alterá-la pelos motivos contidos no art. 494, I e II, de ofício ou a requerimento das partes.

No inciso I, o próprio juiz (de ofício ou a requerimento das partes) poderá corrigir inexatidões materiais ou erros de cálculo, erros aritméticos, tais como omissão quanto à inclusão de parcela devida e não constante do cálculo efetuado (erro de cálculo); omissão do nome de uma das partes (inexatidão material).

Entendem-se aqui como correções em que não venham descompatibilizar o entendimento e a vontade do juiz com o que consta expressamente no conteúdo objetivado pela sentença.

---

10 Súmula n.318 do STJ: "Formulado pedido certo e determinado, somente o autor tem interesse recursal em arguir o vício da sentença ilíquida.".

No inciso II, o juiz poderá emendar a sentença, desde que seja motivado pelo recurso denominado "embargos de declaração" impetrado pela parte interessada, quando, necessariamente, terá esta que alegar obscuridade, contradição ou omissão quanto a algum ponto sobre o qual o juiz deveria pronunciar-se (*vide* arts. 1.022 a 1.026 do CPC).

1.1.5. Classificação das Sentenças e seus Efeitos

As sentenças são classificadas pela doutrina por diversos aspectos e óticas diferentes, contudo a classificação mais relevante, cientificamente falando, é aquela que leva em conta a "natureza da prestação jurisdicional concedida" à parte, nas palavras de José Frederico Marques,[11] ou seja, o conteúdo da sentença.

Neste sentido, podem as sentenças ser classificadas em:

a) Meramente declaratórias

São aquelas que simplesmente declaram a existência ou inexistência de uma relação jurídica ou a autenticidade ou falsidade de um documento (art. 19 do CPC).

Temos como exemplo a declaração da existência ou não de um crédito ou débito; a declaração de validade ou não de um contrato.

Na verdade, toda sentença tem a sua parte declaratória, isto porque, sempre de início, visa a uma declaração positiva ou negativa de um fato ou direito.

No presente caso, trata-se de sentença meramente declaratória (*stricto sensu*), que, por si só, se torna suficiente para o exercício do direito declarado, não comportando, portanto, execução.

Importante se faz ressaltar que os efeitos da declaração retroagem à época da formação do objeto (relação jurídica ou documento) que subsidia o pedido da parte interessada (efeito *ex tunc*).

Qualquer sentença que julgue improcedente o pedido, independente da natureza deste, é denominada "declaratória negativa" visto que apenas declara a inexistência do direito pleiteado.

b) Constitutivas

São as sentenças que, além do elemento declaratório (comum a todos os tipos de sentença), criam, modificam ou extinguem uma relação ou situação jurídica.

As sentenças constitutivas não necessitam de execução, portanto, são suficientes para alterar a realidade jurídica, objeto da decisão judicial.

Geralmente as sentenças constitutivas possuem efeito *ex nunc* (para o futuro), tendo, como exceção a esta regra, os casos de vício de consentimento (art. 182 do Código Civil) cujo ato jurídico é anulado, causando o efeito *ex tunc* e, portanto, as partes são restituídas ao estado em que se achavam antes do ato anulado (ex.: sentença que anula casamento).

---

11 MARQUES, José Frederico. *Manual de Direito Processual Civil*. Vol. III. São Paulo: Saraiva, 1975, p.33.

São exemplos de sentenças constitutivas, entre outros, as que decidem uma rescisão contratual, anulação de ato jurídico, separação e divórcio.

c) Condenatórias

São aquelas que, além do elemento declaratório (comum a todos os tipos de sentença), impõem ao réu o cumprimento de uma obrigação (dar, fazer, não fazer).

Neste sentido, tal sentença acerta o direito da parte (objeto do pedido), condenando o vencido ao cumprimento de decisão judicial passível de execução forçada.

Assim, a sentença condenatória confere um título judicial ao vencedor da demanda, que lhe possibilitará o exercício do cumprimento da sentença.

Os efeitos da sentença condenatória, geralmente, retroagem para alcançar situações pretéritas (*ex tunc*), devendo lembrar que, em relação à mora *ex persona* (art. 240 do CPC), os efeitos se dão a partir da citação (data em que o devedor é constituído em mora) como, por exemplo, os juros moratórios fixados em sentença.

Exemplos desta sentença: aquela que condena à reparação de danos, a realizar determinada obrigação ou mesmo desfazer o que se realizou.

– *Importantes observações*

1) Regra geral é que as sentenças condenatórias e meramente declaratórias produzem efeito *ex tunc*, enquanto que a constitutiva só produz efeitos para o futuro. Excepcionalmente, porém a sentença condenatória pode ter efeitos *ex nunc* (como na ação de despejo, cuja sentença não projeta efeitos pretéritos) ou mesmo, ainda que excepcionalmente, algumas sentenças constitutivas possuem efeitos direcionados à data da propositura da ação (*v.g.*, ação para a rescisão de contrato por inadimplemento ou mesmo por vício de consentimento).

2) Temos, ao lado da tripartição tradicional, uma outra classificação doutrinária que, além das já citadas sentenças, elenca mais dois tipos de sentenças aptas a generalizar o efeito principal deste ato processual: as sentenças executiva *lato sensu* e mandamental.

A primeira (executiva *lato sensu*) é entendida como uma sentença condenatória, possuindo ainda uma eficácia especial que consiste em, além de condenar, legitimar cumprimento da sentença ou processo de execução. Como exemplos, temos: as ações possessórias, ação de despejo, sentença em ação de adjudicação compulsória, ação executiva de obrigação de prestar declaração de vontade.[12]

Já a segunda (mandamental) tem por objetivo a obtenção de uma sentença à qual o juiz, ao invés de substituir as partes na solução da demanda, emite uma ordem de autoridade, que, caso não cumprida da forma determinada, implicará sujeição daquele obrigado a cumpri-la.

---

12 Sobre o assunto, ver como temática principal o nosso GAIO JÚNIOR. *Tutela Específica das Obrigações de Fazer*. 5ª ed. Curitiba: Juruá, 2015. Nos Capítulos 13 e ss. da presente obra, trataremos com maior incidência a executiva *Lato Sensu*, sobretudo no tocante às Tutelas Específicas de Obrigações de Fazer, Não Fazer e de Entregar a Coisa, quando do enfrentamento do tema "Cumprimento da Sentença".

Em sentido exato ao magistério de Pontes de Miranda, nas sentenças mandamentais, o juiz não constitui: "manda". Assim, a parte pede ao magistrado que mande, não somente que declare, ou condene ou nasça de seu ato uma eficácia constitutiva, por isso, não se pode pedir que dispense o "mandado".

Outra característica aludida pelo eminente autor é que, na sentença condenatória, o ato do magistrado poderá ser praticado pela parte obrigada, espontaneamente, ao passo que na ação mandamental só o juiz poderia praticá-lo por sua estatalidade.[13]

Dentre os exemplos típicos da presente ação, estão o mandado de segurança, ação de nunciação de obra nova, interdito proibitório, *habeas data*, tutelas inibitórias de um modo geral, aquelas proferidas para a retificação do nome pelo oficial de registro público etc.

3) Efeitos secundários ou acessórios da sentença[14]

São efeitos que atuam em virtude da própria lei, não dependendo de pedido específico das partes no processo para a ocorrência dos mesmos. Neste sentido, leciona o mestre italiano:

> Produz a sentença, às vezes, ao lado de seus efeitos principais, os efeitos secundários, que se distinguem dos primeiros, não por seu caráter exclusivamente privatístico, nem por sua importância menor, porque, não raro, são praticamente os mais relevantes, mas por sua falta absoluta de autonomia; são simplesmente acessórios e consequentes aos efeitos principais e ocorrem automaticamente por força da lei, quando se produzem os principais.[15]

Assim, temos como exemplo:

– Hipoteca judicial (art. 495 do CPC) – direito de sequela e não preferência.

A Hipoteca[16] Judiciária mereceu do CPC/2015 uma maior atenção do que o código revogado.

---

13 PONTES DE MIRANDA. *Tratado das ações*, t. I. São Paulo: Revista dos Tribunais, 1973, p. 211.

14 Cf. em LIEBMAN, Enrico Tullio. *Eficácia e Autoridade da Sentença e outros escritos sobre a coisa julgada.* 3ª ed. Rio de Janeiro: Forense, 1984, p. 71-76.

15 Idem, p. 75.

16 A hipoteca é uma espécie de direito real de garantia e tem por objetivo impor que um determinado bem passe a garantir o cumprimento de uma obrigação pecuniária, sob pena de sua alienação como forma de satisfação do direito do credor. Ela é dividida em três espécies: (a) convencional, quando decorre de negócio jurídico entre as partes; (b) legal, decorrente da legislação e (c) judicial, nos casos em que é originada de decisão judicial. Haverá, tal qual nas demais hipotecas, os seguintes elementos: (a) publicidade, havendo a necessidade do registro para que produza efeitos perante terceiros, (b) especialidade; precisando de individualização dos bens hipotecados e, (c) indivisibilidade, ou seja, o pagamento parcial não a extinguirá. O seu beneficiário ainda terá os direitos de sequela e também de preferência em face do bem hipotecado. PEIXOTO, Ravi. Aspectos relevantes da hipoteca judicial no CPC/2015. In *Revista de Processo*, vol. 243, maio/2015, Revista dos Tribunais: São Paulo, 2015, p. 243.

Procurou o legislador do novel Código detalhar que, qualquer decisão condenatória de obrigação de pagar ou mesmo aquelas que determinam a conversão de prestação de fazer, de não fazer ou de dar coisa em prestação pecuniária, terão valor como título constitutivo de hipoteca judiciária (art. 495, *caput*).[17]

Foi ainda mais longe o legislador, e exteriorizou outras questões atinentes a decisões que produzem, igualmente, a devida hipoteca judiciária em comento bem como seu registro na entidade cartorária.

Disso, toma a questão o §1º e seus incisos, todos pertencentes ao art. 495, que a decisão produzirá hipoteca judiciária: (i) embora a condenação seja genérica; (ii) ainda que o credor possa promover o cumprimento provisório da sentença ou esteja pendente arresto sobre bem do devedor e, mesmo que (iii) seja impugnada por recurso dotado de efeito suspensivo.

Poderá a hipoteca em tela ser realizada mediante apresentação de cópia da sentença junto o cartório de registro imobiliário, independentemente de ordem judicial, de declaração expressa do juiz ou de demonstração de urgência na questão.

Uma vez realizada a hipoteca no cartório competente, a parte, no prazo e 15 (quinze) dias de tal realização a informará ao juízo da causa e este determinará a intimação da outra parte para que tome ciência do ato.

É de acentuar que, uma vez constituída a hipoteca judiciária, implicará para o credor hipotecário o direito de preferência quanto ao pagamento, isso em relação a outros credores, observada a prioridade no registro (§4º do art.495 do CPC).

Certo de que a hipoteca representa um direito de preferência ainda que o processo esteja em andamento, caso sobrevenha a reforma ou a invalidação da decisão que impôs o pagamento de quantia ao vencedor da demanda, portanto, titular da hipoteca realizada, este responderá, independentemente de culpa, pelos danos que a outra parte tiver eventualmente sofrido em razão da constituição da garantia hipotecária, devendo o valor da indenização ser liquidado e executado nos próprios autos, *ex vi* do §5º do art.495 do CPC.

– Perempção (art. 486, §3º do CPC).

– Perda do direito de usar o sobrenome do outro cônjuge, caso declarado culpado em respectiva ação de separação judicial (art. 1.578 do Código Civil).

– Condenação em ação de obrigação de emitir declaração de vontade (art. 501 do CPC), onde a sentença, uma vez transitada em julgado, produzirá todos os efeitos da declaração não emitida.

4) Protesto de decisão judicial transitada em julgado

Trata-se o protesto de técnica de indução, objetivando a forçar o devedor ao adimplemento da obrigação devida, por isso, somente podendo ser requerido depois de esgotado respectivo lapso temporal para o pagamento voluntário do devedor.

O CPC/2015 optou por regular a possibilidade de protestar título judicial. Nestes termos, assenta o *caput* o art. 517:

---

17 Enunciado nº 310 do FPPC: "Não é título constitutivo de hipoteca judiciária a decisão judicial que condena à entrega de coisa distinta de dinheiro."

> *"A decisão judicial transitada em julgado poderá ser levada a protesto, nos termos da lei, depois de transcorrido o prazo para pagamento voluntário previsto no art. 523."*

Para levar a cabo o protesto da sentença transitada em julgado, caberá ao próprio credor, por ato voluntário, i.e., não dependente de autorização judicial, otimizar o ato.

Assim, para fins de efetivar o protesto, incumbirá ao exequente a apresentação da certidão de teor da decisão, esta que deverá ser fornecida no prazo de 3 (três) dias e indicará o nome e a qualificação do exequente e do executado, o número do processo, o valor da dívida e a data de decurso do prazo para pagamento voluntário (§§1º e 2º do art. 517).

Uma vez purgada a integral obrigação devida, caberá ao executado requerer ao juiz o cancelamento do protesto, o que se dará mediante ofício a ser expedido ao cartório, no prazo de 3 (três) dias, contado da data de protocolo do requerimento, desde que comprovada a satisfação integral da obrigação (§4º do art. 517).

Por outro lado, caso o executado tenha proposto ação rescisória para fins de impugnar a decisão exequenda, poderá ele requerer, a suas expensas e sob sua responsabilidade, a anotação da propositura da ação referida ação rescindenda junto à margem do título protestado, conforme se denota do §3º do art. 517.

1.1.6. Duplo Grau de Jurisdição (Devolução Oficial ou Recurso de Ofício)

Objetiva o duplo grau de jurisdição garantir a justiça das decisões, fundando-se em uma possível falibilidade humana do juiz monocrático (de 1º grau), ao sentenciar sobre qualquer ação a ele submetida; podendo tal possibilidade de falha ser corrigida ou mesmo ser reconhecida como inexistente por um tribunal superior, composto por juízes mais experientes, por meio da interposição de recurso pela parte derrotada.

Dentro de um aspecto geral, caberá à parte vencida em processo tramitado no 1º grau de jurisdição, provocar o órgão jurisdicional através de recurso próprio, objetivando modificar a sentença proferida pelo juiz de 1º grau; porém, excepcionalmente, o nosso ordenamento jurídico prevê situações em que, não obstante inexista provocação da parte vencida, haverá sempre a necessidade do duplo grau de jurisdição, devido a interesses públicos relevantes ("devolução oficial ou Recurso de Ofício"),[18]/[19] como em algumas das hipóteses do art. 496 do CPC:[20]

---

18 Súmula n.423 do STF: "Não transita em julgado a sentença por haver omitido o recurso 'ex officio', que se considera interposto 'ex lege'."

19 Súmula n.620 do STF: "A sentença proferida contra autarquias não está sujeita a reexame necessário, salvo quando sucumbente em execução de dívida ativa."

20 Enunciado n.164 do FPPC: "A sentença arbitral contra a Fazenda Pública não está sujeita à remessa necessária."

Art. 496. Está sujeita ao duplo grau de jurisdição, não produzindo efeito senão depois de confirmada pelo tribunal, a sentença:

I - proferida contra a União, os Estados, o Distrito Federal, os Municípios e suas respectivas autarquias e fundações de direito público;

II - que julgar procedentes, no todo ou em parte, os embargos à execução fiscal.

§ 1º Nos casos previstos neste artigo, não interposta a apelação no prazo legal, o juiz ordenará a remessa dos autos ao tribunal, e, se não o fizer, o presidente do respectivo tribunal avocá-los-á.

§ 2º Em qualquer dos casos referidos no § 1o, o tribunal julgará a remessa necessária.

§ 3º Não se aplica o disposto neste artigo quando a condenação ou o proveito econômico obtido na causa for de valor certo e líquido inferior a:

I - 1.000 (mil) salários-mínimos para a União e as respectivas autarquias e fundações de direito público;

II - 500 (quinhentos) salários-mínimos para os Estados, o Distrito Federal, as respectivas autarquias e fundações de direito público e os Municípios que constituam capitais dos Estados;

III - 100 (cem) salários-mínimos para todos os demais Municípios e respectivas autarquias e fundações de direito público.

§ 4º Também não se aplica o disposto neste artigo quando a sentença estiver fundada em:

I - súmula de tribunal superior;

II - acórdão proferido pelo Supremo Tribunal Federal ou pelo Superior Tribunal de Justiça em julgamento de recursos repetitivos;

III - entendimento firmado em incidente de resolução de demandas repetitivas ou de assunção de competência;

IV - entendimento coincidente com orientação vinculante firmada no âmbito administrativo do próprio ente público, consolidada em manifestação, parecer ou súmula administrativa.

1.1.7. Julgamento das Ações Relativas às Prestações de Fazer, de Não Fazer e de Entregar Coisa

Ao tratar do julgamento das demandas que tenham por objeto prestação de fazer, não fazer ou entregar coisa, o CPC/2015 optou, em princípio, manter em manifesta igualdade de termos, o *caput* do art.461 do CPC/1973 estabelecendo que em ditas demandas, sendo procedente o pedido, o magistrado concederá a Tutela Específica ou mesmo determinará providências que assegurem o resultado prático equivalente ao adimplemento do direito material agredido. Ainda, tratando-se de entrega de coisa, será fixado pelo juízo o prazo para o cumprimento da obrigação, sendo tal locução, entendemos nós, extensiva às obrigações de fazer ou não fazer, não se configurando aí qualquer objeção. Eis os dispositivos:

> Art. 497. Na ação que tenha por objeto a prestação de fazer ou de não fazer, o juiz, se procedente o pedido, concederá a tutela específica ou determinará providências que assegurem a obtenção de tutela pelo resultado prático equivalente.(...).
> Art. 498. Na ação que tenha por objeto a entrega de coisa, o juiz, ao conceder a tutela específica, fixará o prazo para o cumprimento da obrigação.
> Parágrafo único. Tratando-se de entrega de coisa determinada pelo gênero e pela quantidade, o autor individualizá-la-á na petição inicial, se lhe couber a escolha; se a escolha couber ao réu, este a entregará individualizada, no prazo fixado pelo juiz.

Na mesma toada do CPC/1973, tem-se a possibilidade de conversão em perdas e danos das obrigações retro referidas, quando o autor a requerer e ainda, se impossível a concessão da Tutela Específica ou a exata obtenção do resultado prático equivalente ao adimplemento da obrigação ora devida, neste caso, pelo próprio órgão julgador. *In verbis*:

> *"Art. 499. A obrigação somente será convertida em perdas e danos se o autor o requerer ou se impossível a tutela específica ou a obtenção de tutela pelo resultado prático equivalente."*

Ainda neste ínterim, ressalta-se que indenização por perdas e danos dar-se-á sem prejuízo da multa fixada periodicamente, de modo a compelir o réu ao cumprimento específico da obrigação reconhecida como devida (art.500), sendo de relevante importância notar a compreensão de que eventual a multa cominatória, conforme afirmado a pouco, possui o caráter inibitório sobre o réu recalcitrante no cumprimento da obrigação a ele exigida[21], valendo daí trazer à luz a exata lição do saudoso Alcides de Mendonça Lima[22]:

> (...) enquanto o devedor tiver ânimo para suportar o ônus da incidência das *astreintes*, ele pagará a pena, inclusive, se houver obstinação irreversível. Não se pode deixar de reconhecer, como JOSSERAND adverte, que 'não há fortuna que possa resistir a uma pressão contínua e incessantemente acentuada; a capitulação do devedor é fatal; vence-se a sua resistência, sem haver exercido violência sobre sua pessoa; procede-se contra seus bens, contra sua fortuna, contra seus recursos materiais.

Disso queremos dizer que eventual limitação de valores e/ou tempo de incidência da multa, a despeito do próprio ordenamento não impor tais limites, deve ser

---

21 Cf. o nosso *Tutela Específica....*, p.90-91.

22 LIMA, Alcides de Mendonça. *Comentários ao Código de Processo Civil*, Rio de Janeiro: Forense, Vol. VI, Tomo II, 1979, p. 869.

sopesado pelo órgão julgador, seja na questão que envolve a própria efetividade da sanção pecuniária, já que valores e/ou tempo incipientes podem gerar inegável resistência do réu, sobretudo quando este vislumbrar o minúsculo impacto da medida em que seu erário ou mesmo de modo a inviabilizar o respectivo cumprimento de todo o montante obrigacional a ele (réu) exigido.[23]

Prevendo tais circunstâncias, coube ao legislador do CPC/2015 pontuar a atividade volitiva do juiz na concessão da multa, balizando em importantes termos tanto o avanço quanto a redução da medida cominatória (o que, aliás, já o fez em outros termos o parágrafo único do art. 645 do revogado CPC/1973).

Assim, a despeito de estar contemplado em capítulo que trata do "cumprimento" da sentença que reconheça a exigibilidade de obrigação de fazer, de não fazer ou de entregar coisa e não do "julgamento", onde por ora estamos, expressa bem o parágrafo 1º do art. 537 do CPC/2015:

> §1º O juiz poderá, de ofício ou a requerimento, modificar o valor ou a periodicidade da multa vincenda ou excluí-la, caso verifique que:
> I – se tornou insuficiente ou excessiva;
> II – o obrigado demonstrou cumprimento parcial superveniente da obrigação ou justa causa para o descumprimento.

Cabe para momento ainda explicitar que a multa independerá de requerimento da parte e poderá ser concedida tanto na fase de conhecimento, em sede de tutela provisória ou na sentença, ou ainda na fase de execução, desde que seja suficiente e compatível com a obrigação e que se determine prazo razoável para cumprimento do preceito, *ex vi* do *caput* do art. 537.

Digno de nota é a destinação dos valores auferidos pela multa.

Nisso, o NCPC prevê como destinatário da multa o próprio exequente (§2º do art. 537),[24] independente do valor a que a mesma alçar.

1.1.7.1. A Obrigação de Emissão de Declaração de Vontade[25]

Contrariamente ao modelo do CPC/1973, e a nosso ver, com acerto, o CPC/2015 oportunizou dispor em único dispositivo o julgamento das obrigações de emitir (prestar) declaração de vontade.

---

23 "A cominação da multa deve ser forte, mas não deve inviabilizar a execução propriamente dita, que, no caso, é a resultante das perdas e danos. De nada vale levar o devedor à insolvência se, insolvente, não puder atender sequer ao prejuízo real causado ao credor". GRECO FILHO, Vicente. *Direito Processual Civil Brasileiro*. Vol. 3. São Paulo: Saraiva, 1995, p. 69.

24 *"Art. 534 (...) §2º O valor da multa será devido ao exequente."*

25 Cf. obra totalmente dedicada ao tema em tela: GAIO JÚNIOR, Antônio Pereira. *Tutela Específica das Obrigações de Fazer.* 5ª ed. Curitiba: Juruá, 2017.

Destaca-se que o CPC/1973, mais precisamente nos arts. 466-A, 466-B e 466-C, tratava de regular a presente obrigação em diferentes dispositivos, ainda que de maneira tautológica em alguns de seus conteúdos/e ou situações circunstanciais de incidência da dita obrigação.

Verdade é que a presente obrigação vem sofrendo seguidas modificações relativas à sua localização no ordenamento processual civil pátrio.

Originariamente, localizava-se, teratologicamente, no Livro II do CPC/1973.

Conforme já pudemos salientar em outras oportunidades[26], modificação operada pela Lei nº 11.232, de 22.12.2005 veio situar nos termos corretos a localização normativa desta tutela obrigacional, pois que, de forma meândrica, estava ela, a despeito de seu caráter cognitivo, assentada no Livro II, Título II, Capítulo II, mais precisamente nos arts. 639 a 641 do CPC/1973, figurando-se formalmente em um Processo de Execução quando, na verdade, não o é.

Neste sentido, já asseverava BARBOSA MOREIRA que[27]

> na verdade, apesar da localização no texto do Código, o assunto de que tratou os arts. 639 e 641 nada tem que ver com o processo de execução, que, por supérfluo, nem sequer chega a formar-se. Aqueles dispositivos regulam questões pertinentes à atividade cognitiva do órgão judicial. O lugar apropriado seria o Capítulo referente aos efeitos da sentença.

Como dissemos e com acerto, o novel Código de 2015 disciplina o julgamento das obrigações de emitir declaração de vontade nos seguintes termos:

> Art. 501. Na ação que tenha por objeto a emissão de declaração de vontade, a sentença que julgar procedente o pedido, uma vez transitada em julgado, produzirá todos os efeitos da declaração não emitida.

Despiciendo notar que se trata de ação pessoal, abrangendo as declarações de vontade inadimplidas, comumente decorrentes de um negócio jurídico unilateral ou bilateral que tenha por objeto tanto bens móveis quanto imóveis.

Assim, por exemplo, desde que uma parte, em contrato preliminar, assuma uma obrigação de contratar, bem como de emitir declaração de vontade e a isso deixe de fazer ou se recuse a fazê-la, poderá a outra parte acioná-la judicialmente, objetivando com isso obter uma sentença que produza os mesmos efeitos da declaração não emitida pelo obrigado.

A presente solução encontra-se consubstanciada na ideia da denominada "infungibilidade jurídica", quando o Estado, através do provimento jurisdicional, cria urna

---

26 Idem, p.100.

27 BARBOSA MOREIRA, José Carlos. Aspectos da Execução em Emitir Declaração de Vontade *In*: *Temas de Direito Processual*. Sexta Série. São Paulo: Saraiva, 1997, p. 236.

situação jurídica equivalente à que se verificaria se a declaração de vontade fosse prestada pelo próprio devedor.[28]

1.1.8. O art. 493 do CPC e o fato superveniente

O art. 493 trata da figura do fato superveniente, ou seja o fato que surge após a propositura da demanda.

Fato jurídico é todo acontecimento de origem natural ou humana que gera consequências jurídicas. Pode ser constitutivo, modificativo ou extintivo de direitos.

Após a angularização da lide – que ocorre com a citação válida do réu (art. 240) – o autor não pode mais modificar ou inserir pedidos (art. 329), a menos que haja a concordância do réu.

É o chamado princípio da imutabilidade da ação. Já pelo princípio da eventualidade (concentração da defesa na contestação), o réu, ao contestar a ação, deve expor todas as razões de fato e direito com as quais refuta o pedido do autor, já que, após esse momento, dá-se a preclusão (art. 336).

Os dois princípios são absolutos, salvo na hipótese de ocorrência de fato superveniente (art. 342, I a III).

Na doutrina, encontramos debate quanto à possibilidade de o fato superveniente alterar a causa de pedir. De um lado, há o posicionamento que sustenta a não admissão, para quem o art. 493 aplica-se com mais intensidade ao réu do que ao autor, pois este deveria, se fosse o caso de novo fato, intentar nova demanda.

De outro lado, quem sustenta a admissão da alteração da *causa petendi* afirma que a norma do artigo supracitado é de aplicação indistinta a autor e réu.

A controvérsia é bastante ampla, abrangendo também os doutrinadores que afirmam que, muito embora o fato superveniente deva ser considerado pelo juiz na sentença, não deve alterar a causa de pedir, salvo se tiver sido submetido ao contraditório e à ampla defesa[29].

---

28 Sobre o efeito jurídico da sentença substitutiva da vontade, vale lembrar LIEBMAN ao afirmar: "o respeito à vontade individual não pode ser tão absoluto a ponto de impedir a produção do efeito jurídico que a declaração de vontade produziria, quando existe obrigação anterior de emitir essa declaração e o obrigado se recusa a cumpri-la" (LIEBMAN, Enrico Tullio. *Embargos do Executado.* São Paulo: Saraiva, 1952, p. 161).

29 Assim expõe Leonardo Carneiro da Cunha, que conclui: "Na realidade, o juiz deve, ao proferir sua sentença, tomar em consideração o fato superveniente, mesmo que isso implique mudança na causa de pedir *remota*. Impõe-se, entretanto, que sejam respeitados o contraditório, os deveres de cooperação e os deveres de lealdade e boa-fé processuais, não devendo ser permitida tal modificação se houver tumulto processual ou prejuízo à defesa do réu". WAMBIER, Teresa Arruda Alvim et al. *Breves comentários ao novo Código de Processo Civil*, São Paulo: Revista dos Tribunais, 2015, p. 1.246.

A doutrina diverge quanto ao momento de informar o surgimento de fato novo e superveniente. Para Pontes de Miranda[30], o aproveitamento de fato novo pode ocorrer até ser proferida a sentença.

Já Ernani Fidélis dos Santos[31] sustenta que o fato novo pode ser apreciado até em sede de apelação, e o STJ já se posicionou admitindo a apresentação do fato novo até em sede de contrarrazões[32], ou mesmo até o último pronunciamento do Poder Judiciário[33].

Na realidade, o art. 493, como bem salienta Luiz Fux, "não se limita apenas ao juiz de primeiro grau, mas também ao Tribunal, se o fato é superveniente à sentença"[34].

Assim, órgão jurisdicional, qualquer que seja o grau de jurisdição, deve considerar eventuais fatos supervenientes à propositura da ação que possam influenciar em seu resultado, sob pena de omissão[35].

Não obstante, há de se considerar que o próprio provimento jurisdicional pode ser considerado como espécie de fato superveniente apto a ensejar a aplicabilidade do dispositivo em comento, eis que existe sempre a possibilidade de a decisão proferida num processo influir decisivamente na discussão de outro.

Por fim, é importante ressaltar o parágrafo único do art. 493, que exige a oitiva das partes quando o juiz conhecer de fato novo de ofício.

2. Referências Bibliográficas

BARBOSA MOREIRA, José Carlos. Aspectos da Execução em Emitir Declaração de Vontade. *In*: *Temas de Direito Processual.* Sexta Série. São Paulo: Saraiva, 1997.

CALAMANDREI, Piero. *Opere Giuridiche*. Vol. I. Napoli: Morano Editore, 1965.

FUX, Luiz. *Curso de direito processual civil.* Rio de Janeiro: Forense, 2008.

GAIO JÚNIOR, Antônio Pereira. *Instituições de Direito Processual Civil.* 2ª ed. Belo Horizonte: Del Rey, 2013.

_____. *O Processo nos Juizados Especiais Cíveis Estaduais, Federais e da Fazenda Pública.* 2ª ed. Belo Horizonte: Del Rey, 2015.

30 PONTES DE MIRANDA, Francisco Cavalcanti. *Comentários ao Código de Processo Civil,* Tomo IV. Rio de Janeiro: Forense, 1974, p. 101.

31 SANTOS, Ernane Fidélis dos. *Manual de direito processual civil*, vol. 1. 11ª ed. São Paulo: Saraiva, 1998, p. 224.

32 STJ, 1ª T., REsp 847.831-SP, rel. Min. Francisco Falcão, j. 28-11-2006.

33 "O conhecimento de fatos supervenientes pode ser realizado até o último pronunciamento do julgador singular ou colegiado. A desconsideração de tais fatos pode gerar a situação indesejada de coexistência de duas decisões inconciliáveis, razão pela qual o reconhecimento de fato superveniente (art. 462 do CPC) pode ocorrer também no âmbito de tribunal, até o último pronunciamento judicial." REsp 1.074.838-SP, rel. Min. Luis Felipe Salomão, j. em 23-10-2012. Anote-se que o julgado faz referência ao dispositivo que, no Código de 1973, equivalia ao atual art. 493.

34 FUX, Luiz. *Curso de direito processual civil.* Rio de Janeiro: Forense, 2008, p. 800.

35 STJ, EDcl no REsp 487.784-DF, 6ª Turma, rel. Min, Paulo Gallotti, j. em 26-5-2008.

_____. *Tutela Específica das Obrigações de Fazer*. 5ª ed. Curitiba: Juruá, 2017.

GRECO FILHO, Vicente. Direito Processual Civil Brasileiro. Vol. 3. São Paulo: Saraiva, 1995.

KOCHEM, Ronaldo. Racionalidade e decisão - A fundamentação das decisões judiciais e a interpretação jurídica. *In*: *Revista de Processo*, v. 244. São Paulo: Revista dos Tribunais, 2015.

LIEBMAN, Enrico Tullio. *Eficácia e Autoridade da Sentença e outros escritos sobre a coisa julgada*. 3ª ed. Rio de Janeiro: Forense, 1984.

_____. *Embargos do Executado*. São Paulo: Saraiva, 1952.

LIMA, Alcides de Mendonça. *Comentários ao Código de Processo Civil*. Rio de Janeiro: Forense, Vol. VI, Tomo II, 1979.

MARQUES, José Frederico. *Manual de Direito Processual Civil*. Vol. III. São Paulo: Saraiva, 1975.

PEIXOTO, Ravi. Aspectos relevantes da hipoteca judicial no CPC/2015. *In*: *Revista de Processo*, vol. 243, maio/2015, Revista dos Tribunais: São Paulo, 2015.

PONTES DE MIRANDA, Francisco Cavalcanti. *Comentários ao Código de Processo Civil, Tomo IV*. Rio de Janeiro: Forense, 1974.

_____. *Tratado das ações*. t. I. São Paulo: Revista dos Tribunais, 1973.

SANTOS, Ernane Fidélis dos. *Manual de direito processual civil, vol. 1*. 11ª ed. São Paulo: Saraiva, 1998.

STRECK Lenio Luiz. O pan-principiologismo e o sorriso do lagarto. Disponível em:< http://www.conjur.com.br/2012-mar-22/senso-incomum-pan-principiologismo-sorriso-lagarto> . Acesso em: 29.11.2016.

WAMBIER, Teresa Arruda Alvim et al. *Breves comentários ao novo Código de Processo Civil*, São Paulo: Revista dos Tribunais, 2015.